# 100 Jahre Fußball in Thüringen

# 100 Jahre Fußball in Thüringen

## Die Geschichte des Fußballs in Thüringen und des Thüringer Fußball-Verbandes

**Die Autoren:**

Rainer Baumann, Günter Beck, Harry Felsch, Wolfgang Hempel, Gerhard Holzinger, Jürgen Kirchner, Gert Körner, Manfred Lindenberg, Heinz Linke, Dirk Pille, Prof. Dr. Werner Riebel, Karl-Heinz Sauerbrey, Karl-Heinz Scheler, John Schmidt, Heinz Stieler, Werner Triebel, Eberhard Wasner, Gerhard Weigel Egon Wohlfahrth

**Fotos:**
Sascha Fromm, Peter Poser, Gerhard König Archiv und privat

Printed in Germany 2001
ISBN 3-86180-122-1 (Verlag Frankenschwelle KG,
Hildburghausen)

**Herausgeber:**
Thüringer Fußball-Verband

**Redaktion:**
Hans-Günter Hänsel,
(Hauptgeschäftsführer des TFV)

Wolfgang Hempel
Gerhard Holzinger
Jürgen Kirchner
Gerhard Weigel

**ViSdP:**
Hans-Günter Hänsel

**Redaktionsschluss:**
31. März 2001

**Satz & Layout:**
Gerhard Holzinger

**Einbandgestaltung:**
Rittweger & Team Werbeagentur GmbH, Schleusingen
Foto: Gerhard König, Zella-Mehlis

**Druck und buchbinderische Verarbeitung:**
Offizin Hildburghausen GmbH

# Inhaltsverzeichnis

# Im schönen Thüringen steht auch die „Wiege des Breitensports"

**Von Dr. Bernhard Vogel, Ministerpräsident des Landes Thüringen**

Liebe Leserinnen und Leser, ich freue mich, dass dieses Buch die einhundertjährige Geschichte des Fußballs in Thüringen darstellt. Es dokumentiert, dass auch die „schönste Nebensache der Welt" bei uns Tradition hat. Eine Tradition, die sich einreiht in die lange Geschichte des Sports in Thüringen.

Denn in unserem Land steht nicht nur die „Wiege der deutschen Klassik", hier steht auch die „Wiege des Breitensports": In Bad Blankenburg wirkte der Pädagoge Friedrich Fröbel als Vorkämpfer des Schulsports. Und im thüringischen Schnepfenthal hat Johann Christoph GutsMuths in der Mitte des nun schon vorvorletzten Jahrhunderts erstmals den Schulsport als Unterrichtsfach eingeführt. Wir können zu Recht stolz auf diese Tradition sein, sie sollte uns aber auch Ansporn sein, den Sport in Thüringen weiter zu fördern und Sportlerinnen und Sportler zu unterstützen.

Der Thüringer Fußball-Verband gehört zu den Sportverbänden, die sich dieser Verpflichtung stellen und damit die „Sporttradition" in unserem Land hochhalten. Herzlichen Dank an dieser Stelle insbesondere den vielen ehrenamtlichen Helfern, die sich seit Jahren für den Thüringer Fußball einsetzen und mit ihrer Einsatzfreude und ihrem Elan Vorbilder für viele sind. Ich wünsche allen, die sich im Freistaat für diesen spannenden Sport engagieren, weiterhin Kraft und Begeisterung für ihre vielfältigen Aufgaben.

Ein herzliches Dankeschön aber auch den Vertretern des Thüringer Fußball-Verbandes, die mit viel Mühe und Fleiß das Material für dieses Buch zusammengetragen haben. Den Lesern unterhaltsame Stunden bei der Lektüre!

# Fußball - Vorreiter für Gemeinsamkeiten

## Von Egidius Braun, Präsident des Deutschen Fußball-Bundes

Sehr geehrte Damen und Herren, liebe Thüringer Sportfreunde, Thüringer Wald, wunderbare Landschaften, Elisabeth von Thüringen und Rostbratwürste - das fällt dem Betrachter des Bundeslandes im Bereich der deutschen Mittelgebirgsschwelle von jeher so auf die Schnelle ein. Fußball in Thüringen - die Gedanken dazu sind ganz fest mit unserer Wiedervereinigung verbunden, politisch wie auch sportpolitisch.

Sie blicken auf 100 Jahre Fußballsport in Thüringen zurück. Geschichte aufarbeiten, die Beschäftigung mit der Vergangenheit, heißt zugleich, Basis schaffen für die Zukunft. Erkennen von historischen Zusammenhängen bringt auch immer Erkenntnis für die Zukunft. So ist Geschichtsstudium nicht nur ein Blick nach hinten, sondern auch nach vorn.

Unsere neuere Geschichte hat uns große Veränderungen gebracht, eine wunderbare Chance gegeben. Wir alle erinnern uns noch gerne an den symbolischen Händedruck von 1990 zwischen dem damaligen DFB-Präsidenten Dr. Hermann Neuberger und Dr. Hans-Georg Moldenhauer, der bis

zu diesem Zeitpunkt Präsident des Deutschen Fußball-Verbandes der DDR gewesen war. Der Fußballsport hatte einmal wieder bewiesen, dass er Vorreiter für Gemeinsamkeiten ist, die in der Politik oftmals viel schwieriger zu erarbeiten sind.

Gerne erinnere ich mich auch an den ehemaligen Vorsitzenden Ihres Verbandes, Werner Triebel, mit dem es unmittelbar nach der Wiedervereinigung hervorragende Kontakte gab, die auch dazu führten, dass er Delegationsmitglied bei der EURO '92 in Schweden gewesen ist. Viel ist getan, vieles steht aber auch noch bevor. Der Prozess der Einheit ist noch nicht abgeschlossen und auch nicht getrennt von der gesamten wirtschaftlichen Entwicklung zu sehen, vor allem im Hinblick auf die Abwanderung von Spielern.

Ich bin aber sehr zuversichtlich, dass sich mit einem wirtschaftlichen Gleichgewicht auch das sportliche Gleichgewicht einstellen wird. Bei der Behebung dieses Problems werden sicherlich vor allem die sportbetonten Schulen eine ganz besondere Rolle einnehmen. Voraussetzung für alles: die Fußballbegeisterung! Die ist vorhanden. Das zeigt auch der Thüringer Fußball-Verband. Was die Mitgliederentwicklung angeht, ist er geradezu ein „Vorzeigeverband". Der Aufschwung ist beachtlich. Gratulation, schließlich spiegelt der Zustrom auch die Qualität des Verbandes und der Vereine wider.

Bei der Lektüre des vorliegenden Buches über 100 Jahre Fußballgeschichte wünsche ich viel Freude. Tauchen Sie ein in ein Stück bewegte und bewegende Fußball-Geschichte.

# Millionenfache Liebe für die „schönste Nebensache der Welt"

## Von Rainer Milkoreit, Präsident des Thüringer Fußball-Verbandes

Vor wenigen Monaten begingen wir in würdiger Form das 10-jährige Bestehen des Thüringer Fußball-Verbandes. Mit Stolz blicken wir auf unsere Entwicklung zurück, die mit der politischen Wende möglich wurde.

Wer hat schon Ende der 80er Jahre geahnt, dass die Thüringer Fußballer im Jahr 2000, dem Jahr des 100. Geburtstages des größten Sportverbandes der Welt, des Deutschen Fußball-Bundes, ein solches Jubiläum als Bestandteil eben dieses Verbandes feiern können.

Dennoch, das wird dieses Buch den Lesern zeigen, sind die Jahre von 1990 bis 2000 nur ein geschichtlich kurzer Zeitraum, gemessen an der Zeit, in der in Thüringen Fußball gespielt wird. Die Bilanz dieser Zeit wird dominiert von der millionenfachen Liebe zum Fußball, vom Idealismus und Enthusiasmus all derer, die sich für die „schönste Nebensache der Welt" engagierten.

Es wird berichtet von den glänzenden Zeiten der 50er, 60er und 70er Jahre mit Meistertiteln und Pokalsiegen unserer Thüringer Clubs aus Erfurt und Jena. Wir müssen aber auch akzeptieren, dass wir gegenwärtig ein ganzes Stück von der absoluten Leistungsspitze des deutschen Fußballs entfernt sind.

Das Eng-Aneinanderliegen zwischen Sieg und Niederlage wird dokumentiert. In jahrelanger, immenser Klein- und Fleißarbeit wurden Zahlen, Fakten und Statistiken zu diesen 100 Jahren erfasst und zu einem Werk verarbeitet, welches Sie mit diesem Buch vor sich haben. Ein ganz besonderer Dank geht dafür an dieser Stelle an den 1. Präsidenten des TFV nach der Wende, meinen Vorgänger und persönlichen Freund Werner Triebel aus Benshausen. Ohne sein Engagement und die Hilfe vieler Ehrenamtlicher wäre dieses Buch nicht geschrieben worden. Leider ist er viel zu früh verstorben und kann die Früchte seiner Arbeit nicht mehr ernten.

Erfreuen können sich jedoch hoffentlich alle Leser, Insider, Anhänger, Fans oder Liebhaber des runden Leders beim Studium der folgenden Seiten. Viele, gerade die Älteren, die schon erfolgreichere Thüringer Fußballzeiten miterlebt haben, werden sich entweder selbst als ehemalige Aktive wieder erleben oder durch das Gelesene an Ereignisse und Begebenheiten erinnert, die eventuell schon fast vergessen waren.

Ich bin überzeugt, für alle Leser wird etwas Interessantes dabei sein. In diesem Sinne wünsche ich Ihnen viel Spaß beim persönlichen Erschließen des Buches „100 Jahre Fußball in Thüringen".

# 100 Jahre Fußball in Thüringen

## Von Werner Triebel, erster Präsident des Thüringer Fußball-Verbandes

Fußball - seit über einem Jahrhundert hat dieses Spiel über Länder, Meere und Kontinente hinweg ständig neue Anhänger gewonnen, ist immer jung geblieben und es lässt die jung bleiben, die sich ihm verschrieben.

Dieses Spiel lässt sich als das der Gegensätze bezeichnen. Es wird von den Älteren mit der gleichen, eher noch größeren Leidenschaft gespielt wie von den Jüngsten. Es ist im kühlen Norden ebenso bekannt wie im heißen Süden, macht weder vor Altersgrenzen Halt noch vor einem Längen- oder Breitengrad.

Fußball ist eine Mannschaftssportart, ein Kollektivspiel, und gerade das macht seinen Wert aus. Dieses kollektive Wirken wird getragen vom Vermögen der einzelnen Mitglieder einer Mannschaft, die ihr individuelles Können in den Dienst einer Sache, eines Zieles stellen, damit eben jenes Kollektiv hohe Leistungen zu vollbringen vermag. Das bedingt eine Wechselwirkung, und nur wer hier das harmonische Miteinander findet, wird sich durchsetzen können.

Fußball wird in den modernsten Stadien gespielt. Wir sehen aber auch junge Burschen auf Wiesen mit dem Ball umhertollen, und oft haben sie mehr Vergnügen daran, sind zumin-

dest mit der gleichen Begeisterung bei der Sache wie jene, die von zehntausenden umjubelt werden.

Fußball ist das Spiel der Millionen. Es hat sich leider auch zu einem der Millionäre entwickelt, weniger zu einem Spiel als vielmehr zu einem Geschäft. Wie ungesund diese Entwicklung, wie abträglich sie dem ursprünglichen Sinn des Spiels ist, das liegt auf der Hand. Dennoch beweist der Fußball selbst in dieser Umgebung, wie urwüchsig er trotz allem ist, dass er seinen eigentlichen Charakter nicht verliert. Mehr Gegensätze noch ließen sich anführen, sie alle können nur dazu dienen, jenes Wort von der Einheit in der Vielfalt zu untermauern.

Im Überschwang der Begeisterung neigt man gern zu Übertreibungen. Hüten wir uns vor ihnen, der Fußball bedarf ihrer nicht, sie schaden ihm mehr, als sie ihm nutzen. Niemand soll glauben, dass dieses Spiel, so weltweit es auch ist, Probleme dieser Welt zu lösen vermag. Es kann aber einen, wenn auch bescheidenen Beitrag dazu leisten, und es leistet ihn auch.

Dieses Spiel verbindet die Menschen über Grenzen hinweg, es hilft, dass sie sich besser verstehen lernen, dass sie miteinander spielen, nicht gegeneinander kämpfen. In diesem Sinn erfüllt das Spiel seine höhere Mission, unabhängig von den in Zahlen ausgedrückten Resultaten, die, so sehr sie auch angestrebt werden, zurücktreten angesichts jenes Ergebnisses, das da Verständigung heißt.

*(Werner Triebel war nach Gründung des Thüringer Fußball-Verbandes dessen erster Präsident. Er arbeitete bis kurz vor seinem Tode am 19. Mai 1999 an der Erforschung der Geschichte des Fußballs in Thüringen und legte damit auch den Grundstein für dieses Buch.)*

# Fußball braucht auch die Wirtschaft

## Von Stefan Sarry, Mitglied des Vorstandes der TEAG Thüringer Energie AG

Liebe Leser und Freunde des Thüringer Fußballs,

Fußball ist die schönste Nebensache der Welt. Keine andere Sportart mobilisiert so viele Fans wie „König Fußball": Etwa 34 Millionen sollen es in Deutschland sein - das ist europäische Spitze!

Auch in Thüringen begeistert das runde Leder seit nunmehr 100 Jahren von Jahr zu Jahr mehr Erwachsene, Jugendliche und Kinder. Dass dieser Sport auch hier zu Lande auf der Beliebtheitsskala ganz oben liegt, verdankt er ohne Zweifel solchen legendären Spielern wie Helmut Nordhaus, „Eddi" Francke oder Jürgen Heun und natürlich siegreichen Mannschaften wie dem FC Carl Zeiss Jena und dem FC Rot-Weiß Erfurt. Man kann also ohne Übertreibung sagen, dass der Thüringer Fußball zu allen Zeiten ein Publikumsmagnet war und ist.

100 Jahre Thüringer Fußball sind zugleich 100 Jahre einer äußerst fruchtbaren Wechselbeziehung zwischen Massensport und Wirtschaft. Zwar war bis vor wenigen Jahrzehnten kaum denkbar, dass sich mit dem Kampf um das runde Leder Millionen einspielen lassen oder gar Fußballvereine in Aktiengesellschaften umfirmieren und ihre Aktien an der Börse gehandelt werden, doch ein Wirtschaftsfaktor war der Ball von Anfang an allemal. Und sehr schnell haben Kaufleute und Wirtschaftsmanager erkannt, dass sich das positive Image des Massenphänomens Fußball gut für Werbezwecke nutzen lässt. Auf diese Weise entwickelte sich mit dem Fußball ein ganzer, überaus einträglicher Wirtschaftszweig, der heute mit Sponsoring und der Vermarktung von Rechten jedes Jahr einen Milliardenumsatz macht. Der Fußball wäre in Deutschland ohne das Engagement der Wirtschaft nicht auf dem Niveau von heute.

Wenngleich sich die Fußballlandschaft in Thüringen nach der Wende, meist auf Grund von Finanzproblemen, verändert hat, ist es doch gelungen, den Thüringer Fußball nicht ins Abseits rollen zu lassen. Dieses Ziel hatte auch die TEAG Thüringer Energie AG, als sie vor drei Jahren die Haupt- und Trikotsponsorenschaft des FC Rot-Weiß Erfurt übernahm. Und der Erfolg spricht für sich: Genau wie die TEAG als kundenorientierter Energiedienstleister hat sich der FC Rot-Weiß Erfurt Einsatz, Leistung und Energie auf seine Fahne geschrieben. Und durch die Konzentration der eigenen Stärken und Ressourcen auf die wichtigsten Ziele, ist es dem Club gelungen, an seine erfolgreiche Tradition anzuknüpfen. Auf der anderen Seite verschafft die Sportwerbung unserem Unternehmen eine hohe Medienpräsenz und eignet sich daher ideal für den Aufbau einer Unternehmens- oder Markenbekanntheit.

Auch für die kommenden Jahre prophezeien Experten dem Fußball hohe Wachstumsraten. Meiner Ansicht nach ist vor allem der sportliche Erfolg das ausschlaggebende Moment für die Fußballbegeisterung der Fans und damit für die finanzielle Förderung durch die Wirtschaft. Und hier gilt nach wie vor: Das nächste Spiel ist immer das schwerste. Und mit spielerischem Können und der Mobilisierung aller Energie ist der Sieg immer möglich.

In diesem Sinne wünsche ich diesem Buch viele Leser und dem Thüringer Fußball auch für die kommenden 100 Jahre maximale Erfolge.

# Daten aus der Thüringer Geschichte

**843** — Vertrag von Verdun. Teilung des fränkischen Reiches. Thüringen verbleibt beim ostfränkischen Reich von Ludwig (II.) dem Deutschen. Beginn der Kleinstaaterei.

**1815** — Wiener Kongress. Preußen erhält erneut die Städte Erfurt, Mühlhausen, Nordhausen, das Obereichsfeld sowie das gesamte albertinisch-sächsische Nordthüringen.

**1826** — Es existieren die Herzogtümer Sachsen-Meiningen, Sachsen-Altenburg und Sachsen-Coburg-Gotha.

**1866** — Das Eichsfeld gehört zu zwei preußischen Provinzen (Erfurt und Hildesheim).

**1866** — Zugehörigkeit von Schmalkalden zusammen mit Kurhessen zur preußischen Provinz Hessen-Nassau

**1871** — Beitritt der Thüringer Kleinstaaten zum Deutschen Reich

**1918** — Abdankung der thüringischen Fürstenhäuser nach dem Sturz der Hohenzollern-Monarchie

**1919** — Bildung des Volksstaates Reuß. Tagung der Nationalversammlung in Weimar. Gründung der Weimarer Republik.

**1920** — Gründung des Landes Thüringen (1. 5. 1920) aus 7 Nachfolgestaaten ohne Anschluss des preußischen Regierungsbezirkes Erfurt, zu dem auch der Kreis Schleusingen gehörte. Der Kreis Coburg entscheidet sich für Bayern.

**1921** — Verabschiedung der Verfassung des Landes Thüringen

**1922** — Neue Kreisordnung und -einteilung Thüringens in 9 Stadtkreise und 15 Landkreise

**1933** — Verlust der Thüringer Eigenstaatlichkeit

**1920/33** — Schmalkalden ist als Landkreis eine preußische Enklave des Regierungsbezirks Kassel.

**1944** — Eingliederung des Kreises Schmalkalden in den preußischen Regierungsbezirk Erfurt

**1944** — Zuordnung des preußischen Regierungsbezirks Erfurt zum Land Thüringen

**1949** — Eingliederung Thüringens in die neu gegründete DDR

**1952** — Auflösung des Landes Thüringen (25. 7. 1952 Bildung der DDR-Bezirke Erfurt, Gera, Suhl)

**1990** — Neubildung des Landes Thüringen am 14. 10. 1990; Hauptstadt wird Erfurt.

# Der weite Weg von Oxford ins grüne Herz Deutschlands

## Thüringens Fußball von Gründerjahren bis Ende Zweiter Weltkrieg

Historiker verweisen auf biblische Darstellungen von Ballspielen der Römer, Griechen und Ägypter, in altnordischen Sagen wird von Wettkämpfen mit aufgeblasenen Lederstücken erzählt. Doch das Mutterland von König Fußball ist zweifelsfrei England. Schon 1875 trugen dort Oxforder Studenten ein in der damaligen Presse als „Fusslümmelei" oder „Zeitvertreib des Teufels" apostrophiertes offizielles Spiel gegen ein gemischtes Team anderer Schulen aus.

Dabei war der Fußball auf der Insel nie ein Privileg der Akademiker. Er verdankte seine schnell wachsende Popularität vielmehr der weitestgehenden Unabhängigkeit von Jahreszeit und Witterung und kam zudem den durch rasante Entwicklung der Industrie entstandenen sozialen Verhältnissen in den englischen Großstädten entgegen. So löste der 1863 auf der britischen Insel unter dem Namen „Freemasons Tavern" gegründete erste Fußballverband eine wahre Kettenreaktion aus. Es entstand eine Vielzahl von Vereinen, in denen die von Schulen und Universitäten gekommenen jungen Leute ihren dort betriebenen Sport weiter ausüben konnten.

Auf dem europäischen Festland war der Weg des Fußballs zum Gegenpol der dort seinerzeit allmächtigen Turnbewegung wesentlich schwerer. Auch in Deutschland wurde die neue Sportart allgemein sehr reserviert aufgenommen, in der Presse stieß sie sogar auf fast einmütige Ablehnung. Die Behörden waren ohnehin prinzipiell dagegen, in den Schulen verhinderten konservative Bürgerschichten die Eingliederung des Fußballs in den Sportunterricht. Doch Namen wie 1878 Hannover und FC Frankfurt 1880 belegen, dass es in Deutschland bereits im letzten Viertel des 19. Jahrhunderts ein paar meist aus dem Rugbylager hervorgegangene und nun mit dem Fußball befasste Vereine gab.

Es gingen allerdings noch einige Jahre ins Land, ehe sich am 28. Januar 1900 die Vertreter von 86 Vereinen in der Leipziger Gaststätte „Mariengarten" zur Gründung des Deutschen Fußball-Bundes zusammenfanden. Das Gros von ihnen kam aus dem süddeutschen Raum und den Großstädten Berlin und Hamburg, wo der neue Fuß-Sport am ehesten fest Fuß gefasst hatte. Zu dem illustren Kreis zählten mit dem Sportclub Erfurt und dem FC Germania Mühlhausen aber auch schon zwei Vereine aus Thüringen. Sie alle votierten damals für den Zusammenschluss eines Verbandes, der 100 Jahre später mit seinen in mehr als 27.000 Vereinen zusammengefassten weit über sechs Millionen Mitgliedern zu den größten gesellschaftlichen Gruppierungen in Deutschland zählt.

Bereits sieben Jahre zuvor hatte es im Jenaer Ausflugs-„Paradies" am Saaleufer ein Wettspiel zwischen dem seit 1890 dort bestehenden Fußballverein und dem ATV Leipzig gegeben. Im ersten Jahrzehnt des 20. Jahrhunderts gelang dem seinerzeit noch längst nicht „königlichen" Fußball dann vor allem in den größeren Städten Thüringens der endgültige Durchbruch. So wurden im Jahre 1901 Preußen Langensalza und

*Spott-Tiraden gegen das neue Spiel. Ende des 19. Jahrhunderts musste sich der immer mehr aufkommende Fußball in den Gazetten Schimpfworte wie „Fusslümmelei" oder „Zeitvertreib des Teufels" gefallen lassen.*

Gotha 01 gegründet, nur ein Jahr später der FC Barchfeld, dazu in Weimar mit Vimaria, Victoria und dem FC gleich drei Vereine. 1903 nahmen dann der FC Carl Zeiss Jena und der BC Altenburg den Spielbetrieb auf, und bis Ende 1905 stellte der Fußball schließlich auch in Gera, Meiningen, Sonneberg, Schmalkalden, Salzungen und Nordhausen eine feste Größe im sportlichen Leben dar.

Nicht unwesentlich für diese stürmische Entwicklung dürfte die Tatsache gewesen sein, dass der sich vorrangig mit Satzungsfragen beschäftigende 2. DFB-Bundestag im Juni 1900 in Erfurt stattgefunden hatte. Vier Jahre später scheiterte allerdings der Versuch, einen Thüringer Fußball-Verband ins Leben zu rufen, da sich die meisten der zu diesem Zeitpunkt bestehenden Klubs bereits dem Verband Mitteldeutscher Ballspiel-Vereine (VMBV) angeschlossen hatten. Unabhängig davon gab es jedoch im Spieljahr 1903/04 die erste Thüringer Meisterschaft, in der sich der Sportclub Erfurt gegen die Konkurrenz von Meteor Waltershausen, Teutonia Erfurt, Germania Mühlhausen, Sportclub Weimar, Brittania Erfurt, FC Carl Zeiss Jena und den Ballspielclub Erfurt den Titel sicherte. Ein Jahr später wurde der Thüringer Meister in einem Finale ermittelt, das den Sportclub Erfurt mit 3:0 über den FC 01 Gotha siegreich sah.

Der auf der Erfurter Cyriaksburg, dem heutigen ega-Gelände, beheimatete Klub blieb in den Folgejahren die führende Mannschaft im Thüringer Raum und nahm auch an der 1908 erstmals ausgespielten mitteldeutschen Meisterschaft teil. Neben dem Sportclub Erfurt als Vertreter Thüringens waren damals bereits einige später bekannt gewordene Vereine wie Wacker Leipzig, der Dresdner Sportclub, der Chemnitzer BC und Halle 96 dabei. Im Achterfeld kamen die Erfurter bis in das Viertelfinale, wo dann eine 2:6-Niederlage gegen den Magdeburger FC Victoria 1896 das „Aus" bedeutete.

Ein Jahr später waren die Männer von der Cyriaksburg jedoch am Ziel. Sie schalteten in der Finalrunde den Chemnitzer Ballspiel-Club (3:1) und den Dresdner Sportclub (7:2) aus und gewannen auch das Endspiel mit 5:4 gegen den Halleschen FC 1896. Damit waren sie neben FC Mönchengladbach, Altona 93, VfB Königsberg, Tasmania Berlin, Victoria Berlin, Alemannia Cottbus und Phönix Karlsruhe für die Endrunde der deutschen Meisterschaft qualifiziert. Hier setzten sie sich zunächst in einer dramatischen Partie nach Verlängerung mit 5:4 gegen Alemannia Cottbus durch, um dann aber im Semifinale in Frankfurt/Main mit einer deftigen 1:9-Niederlage durch Phönix Karlsruhe auszuscheiden.

Inzwischen hatte der Fußball längst auch in Thüringen festen Fuß gefasst und immer mehr Anerkennung in der Öffentlichkeit mit dem entsprechenden Zuspruch gefunden. So waren im VMBV im Jahre 1910 bereits 167 Vereine mit 10.947 Mitgliedern registriert und bis zum Beginn des Ersten Weltkrieges 1914 hatten sich diese Zahlen mit 414 Vereinen und 26.964 Mitgliedern mehr als verdoppelt. Mit Kriegsausbruch wurde die bis zu diesem Zeitpunkt stetige Aufwärtsentwicklung dann jedoch jäh gestoppt.

Nach Kriegsende wurde im Spieljahr 1918/19 der Teilnehmer an der Endrunde der mitteldeutschen Meisterschaft erstmals in einer Thüringen-Liga ermittelt. Erfurt stellte mit dem Sportclub, der Spielvereinigung, dem VfB und Borussia die Hälfte der teilnehmenden Mannschaften, zu denen außerdem noch 1. SV Jena, Wacker Gotha, SC Weimar und Sportverein Gotha zählten. Doch die neue Klasse sollte sich nicht bewähren. Die zu jener Zeit noch völlig unzureichenden Verkehrsbedingungen und dementsprechend hohe Fahrtkosten zu den Spielen bildeten die Hauptgründe für das Scheitern des Projektes Thüringen-Liga.

In den Folgejahren waren die Staffel- und Klasseneinteilung im Thüringer Fußball ständigen Änderungen unterworfen. Der radikalsten nach der Machtergreifung durch die Nazis, als Deutschlands Fußball-Mannschaften in insgesamt 16 Gaue aufgeteilt wurden. Dabei bildeten Thüringens führende Mannschaften in der Auftaktsaison 1933/34 zusammen mit den Spitzen-Vertretungen aus Sachsen-Anhalt den Gau Mitte.

Erster Gaumeister wurde Wacker Halle, bestplatzierte Thüringer Vereine waren der SV Steinach 08 als Vizemeister und die auf dem vierten Rang der Abschlusstabelle platzierte Spielvereinigung Erfurt. Mit dem SC Erfurt (6.) und dem bereits 1917 aus dem ehemaligen FC Carl Zeiss hervorgegangenen 1. SV Jena (7.) waren zwei weitere Thüringer Klubs in der Zehnerstaffel.

Danach waren ein rundes Jahrzehnt lang Dessau 05 und der 1. SV Jena die dominierenden, sich in den Titelgewinnen abwechselnden Vereine im Gau Mitte.

Die Ausrufung des totalen Krieges 1943 bedeutete dann auf den meisten Ebenen das abrupte Ende eines geregelten Spielbetriebes. Der war in den Jahren davor durch kurzfristige Einberufungen zur Wehrmacht auf der einen und das ebenso unkalkulierbare Mitwirken von Gastspielern und Urlaubern auf der anderen Seite ohnehin längst zu einer für die Bevölkerung als Ablenkungsmanöver gedachten Farce geworden. Als Großdeutschland dann im Mai 1945 bedingungslos kapitulierte, schien in dem riesigen Ruinenfeld vom Rhein bis zur Oder, von der Nordsee bis zu den Alpen auch der Fußballsport für immer begraben.

# Ein Streifzug durch zehn Jahrzehnte

## Glanzlichter der Thüringer Fußballgeschichte im 20. Jahrhundert

### Von Anbeginn bis zum Jahre 1911

Im Mutterland des Fußballs wurde am 26. Oktober 1863 der erste Fußballbund in der „Freemasons Tavern" gegründet. Die Fußballklubs schossen in England wie Pilze nach einem warmen Sommerregen aus der Erde. Auf dem Kontinent ging es dagegen sehr bescheiden zu und vor allem im spießigen, reaktionären Deutschland des Kaiserreiches sollte durch Verbote ein schnelleres Entfalten verhindert werden.

Wie überall in Deutschland war auch Thüringen in hohem Maße ein Hort der Turnerei, und es ist verständlich, dass die Turnbewegung mit allen Mitteln die Entstehung und späterhin Verbreitung einer selbstständigen Fußballsportbewegung zu verhindern versuchte.

Fußball war in jener Zeit alles andere als anerkannt. Nicht nur in den regierenden Schichten fand er Ablehnung, sondern damit auch in den Behörden und darüber hinaus in den Bürgerschichten und in den Schulen.

Diese Voreingenommenheit musste in jahrelangem ernsten Bemühen erst einmal überwunden werden. Der Opfersinn und der Idealismus wurden auf eine harte Probe gestellt, eine Probe, die nur mit dem unbändigen Willen eines Idealisten zu bestehen ist.

Wie in England so auch in Deutschland hielt der Drang nach Fußball an. Es entstanden die ersten Fußball-Vereine, so am 15. April 1888 der „Berliner FC Germania 1888", und auch schon die ersten regionalen Fußball-Verbände. In Berlin existierten seit 1890 und 1891 zwei Verbände, die sich 1897 zum Verband deutscher Ballspielvereine vereinigten (seit 1902 Verband Berliner Ballspielvereine). Weiter entstanden 1893 die „Süddeutsche Fußball-Union", 1894 der „Hamburg-Altonaer Fußball-Bund" und 1895 der „Tor- und Fußball-Bund Berlin".

Im mitteldeutschen Raum leistete der 1897 gegründete „Verband Leipziger Ballspiel-Vereine" Pioniertaten, und dieser Verband war es auch, der gemeinsam mit allen interessierten Fußballfreunden die Initiative ergriff, nach mehreren Versuchen nun endlich eine einheitliche Fußball-Organisation in ganz Deutschland zu bilden. So kam es zur offiziellen Einladung zum 1. Allgemeinen Fußballtag.

Am 3. Februar 1900 erschien in der Berliner Zeitung „SPIEL UND SPORT" ein Bericht über den ersten Fußballtag in Leipzig. Dort heißt es u. a.:

*Die Zeit ist gekommen, die Notwendigkeit liegt vor, einen wohlorganisierten und achtunggebietenden „Deutschen Fußball-Bund" ins Leben zu rufen. Ueberall empfindet man das Fehlen eines solchen. In Laienkreisen stößt man leider immer noch auf die Fragen: 1. Was ist ein Fußballspiel? 2. Was sind das für Leute? 3. Auf welchen Regeln baut sich das Fußballspiel auf? u. a. m. Das alles soll und muß anders werden! Analog den Turnern, Radfahrern, Schwimmern usw. wollen wir durch einheitliches Zusammenstreben, durch Schaffung eines Deutschen Fußball-Bundes unserem Fußballsport das Ansehen und die Achtung verschaffen, die ihm in so hohem Maße gebührt.*

*Das Streben unserer Fußballvereine, deren Entstehen anfangs arg bespöttelt wurde, geht darauf aus, unserer deutschen Jugend das schönste aller Rasenspiele, das Fußballspiel, zugänglich zu machen, um so in reichem Maße an der körperlichen Erziehung, an der sittlichen Entfaltung unserer deutschen Jugend, gegründet auf ein echt deutsch-nationales Empfinden, teilzunehmen, so daß wir heute mit Freuden konstatieren können, daß in allen Orten Deutschlands Fußballspiel-Vereine blühen, und daß allerorts neue gegründet werden. Möge nie der Eifer für unsere große Sache erlahmen.*

*In welcher Art und Weise nun die Frage, die auf der Tagesordnung steht: „Ob und wie ist eine Einigung sämtlicher deutscher Fußball-Verbände und -Vereine möglich?" zu lösen ist, kommt nun den hier heute anwesenden Vertretern zu.*

Und bei der Feststellung der Namen und vertretenen Clubs konstatierte man, dass es 86 Vereine waren, welche fast die gesamte Fußballwelt Deutschlands repräsentierten. Zu ihnen gehörten auch zwei Vereine aus Thüringen, der 1895 gegründete Sportclub (SC) Erfurt und der 1899 ins Leben gerufene Fußballclub (FC) Germania Mühlhausen.

Der II. Bundestag fand noch im gleichen Jahr am 2. Juni 1900 in Erfurt statt. Diese Zusammenkunft war festgelegt, um die Satzungen zu beraten und zu beschließen. Im offiziellen Bericht heißt es dazu, dass die Beratung ein höchst erfreuliches Resultat bot, als über alle strittigen Punkte Einigung erzielt wurde.

Ein weiterer Schritt für den mitteldeutschen Raum wurde am 26. Dezember 1900 im Leipziger Mariengarten mit der Gründung des „Verbandes Mitteldeutscher Ballspiel-Vereine" (VMBV) (VMBV) getan.

Den ersten bekannten Versuch - so heißt es in „Thüringer Sportgeschichte" von Schröder, Thieß, Lölke -, das Fußballspiel in Thüringen nach den Regeln der Football-Association einzuführen, unternahm der von Gymnasiallehrer Hermann Peter 1890 begründete Fußballverein Jena. Immerhin dauerte es drei Jahre, ehe am 30. 7. 1893 im Jenaer Paradies das erste öffentliche Spiel durchgeführt wurde. Gegner war die Spielabteilung des Allgemeinen Turnvereins Leipzig, die

# Amtlicher Theil.

## III. Wahlversammlung

der

## Deutschen Sportbehörde für Athletik

und

## Erster Allgem. Deutscher Fußballtag.

— Programm. —

## Sonnabend, den 27. Januar 1900

Empfang der Vertreter. (Es wird höflichst gebeten, dem Unterzeichneten vorher die Ankunftszeit mitzutheilen).

Abends ³/₄8 Uhr (Mariengarten): Offizielle Begrüßung der Vertreter durch den 1. Vorsitzenden des Verbandes Leipziger Ballspielvereine.

Abends 8 Uhr: Eröffnung der III. Wahlversammlung der Deutschen Sportbehörde für Athletik. Ev. nach diesem geselliges Beisammensein.

## Sonntag, den 28. Januar 1900

Früh 8.30: Eröffnung des I. Allgem. Deutschen Fußballtages.

Nachm. 1 Uhr: Gemeinsames Mittagessen.

Nachm. 2.30 Uhr: Fortsetzung der Verhandlungen.

Abends 8 Uhr: Commers zu Ehren der anwesenden auswärtigen Vertreter, veranstaltet vom Verband Leipziger Ballspiel-Vereine.

Leipzig, am 22. Januar 1900.

J. A.: **E. J. Kirmse,**

als 1. Vorsitzender des Verbandes Leipziger Ballspielvereine.

*Die offizielle Einladung zum I. Allgemeinen Deutschen Fußballtag, auf dem der Deutsche Fußball-Bund ins Leben gerufen wurde.*

sich sehr um die Popularisierung dieses Spiels in der deutschen Turnerschaft bemühte und mehrere Jahre lang enge Kontakte zu den fußballinteressierten Kreisen der Stadt Jena pflegte. An einem Fußballturnier in der Saalestadt 1895 nahm neben den Mannschaften aus Leipzig und Jena auch eine Vertretung des Männerturnvereins Gotha teil.

In der Residenzstadt Weimar verbreiteten ansässige englische Familien das Fußballspiel am Realgymnasium und am Lehrerseminar. An beiden Einrichtungen entstanden 1896 Schülerfußballvereine, die gegeneinander nach dem Modus spielten, dass nach jedem erzielten Tor ein neues Spiel begonnen wurde. Zu dieser Zeit hatte in

Erfurt wie auch im westlichen und südlichen Thüringen das Fußballspiel erste Wurzeln geschlagen und es gründeten sich folgende Vereine:

1901 Gotha 01 und Preußen Langensalza,
1902 Fußballklub Barchfeld,
1903 FC Weimar, BC Vimaria Weimar, FC Victoria Weimar, FC Carl Zeiss Jena, BC Altenburg
1904 Gera, Meiningen, Sonneberg, Büßleben, Schmalkaden, Salzungen, BC Erfurt, Edelweiß Viernau.
1905 wurde der Fußballclub Wacker Nordhausen gegründet. Wie das in jener Zeit geschah, das schilderte anschaulich Horst Kieler in der Nordhäuser Fußballchronik.

...Um die Jahrhundertwende begann man auch in Nordhausen und Umgebung mit Ballspielen. Bereits 1904 hatte sich eine Reihe „kaum aus der Schule entwachsener Jünglinge, die dem Evangelischen Jünglingsverein angehörten, zu einer losen Vereinigung zusammengeschlossen". Diese Vereinigung nannte sich die „Fünferloge". Der Name resultierte aus der Tatsache, daß bei den wöchentlichen Zusammenkünften auf dem „Kaiserberg" ein Beitrag von fünf Pfennigen, also ein Fünfer, erhoben wurde.

Mit dem eingesammelten Geld erwarb man 1904 den ersten richtigen Fußball. Anfang 1905 gründete man im Rahmen des evangelischen Jünglingsvereins eine Fußballriege. Ihr Spielfeld war auf dem Sportplatz am Grenzrasen hinter dem Kurhaus. Aber die Unterstellung der Fußballriege im Verein entsprach nicht den Wünschen und Vorstellungen der Jünglinge. Man strebte nach mehr Selbständigkeit, nach Eigenstän-

digkeit. So wählten sie den Namen „Wacker" für die eigene neugebildete Gruppe.

Der zeitungslesende Nordhäuser erhielt seine ersten Informationen über die neue Sportart in einem Artikel vom 16. Oktober 1905. Da hieß es:

„...Aufsehen erregten gestern Nachmittag auf dem Rasenplatze hinter dem Kurhause eine Anzahl junger Leute, die dort trotz strömenden Regens, nur mit Hemd und Hose gekleidet, Fußball spielten. Die Passanten der oberen Harzstraße, die Zeuge dieses Vorganges wurden, konnten sich, wie uns einer derselben schreibt, nicht genug über die Rücksichtslosigkeit wundern, mit welcher die jungen Leute sich und ihre Gesundheit Sturm und Wetter aussetzte."

Natürlich erfolgte eine entsprechende Erwiderung seitens der als „rücksichtslos" bezeichneten Ballspieler, in der es u. a. hieß: „... da wir uns nur am Sonntag dem Fußballspiel widmen können, so müssen wir die

Zeit ordentlich ausnutzen, und es ist wohl nicht das letzte Mal, daß wir uns durch ungünstige Witterung von unserem interessanten Spiel nicht abbringen lassen. Jedenfalls ist es für uns besser, wenn wir uns an die Witterung gewöhnen, als daß wir uns, wie es so viele unserer Altersgenossen tun, sonntags nachmittags in dumpfigen Bierstuben hinter den Ofen setzen. Darum immer lustig weiter nach dem Liede 'Regen, Schnee und Sturmgebraus' hält uns Spieler nicht zu Haus'."

Immer öfter konnten nun die Spaziergänger hinter dem Kurhaus dem sportlichen Treiben der Jugendlichen zuschauen. Da sie bei ihrem sportlichen Spiel zweifarbige, kurzärmelige Hemden trugen, erhielten sie die Bezeichnung „Hemdsärmeljungen".

Wenige Tage später, am 1. November 1905, wurde aus der Fußballriege des Evangelischen Jünglingsvereins der unabhängige Fußballclub „Wacker" gegründet

---

Im September 1904 wendet sich der VMBV in einem Aufruf an die Fußballvereine Sachsens, Thüringens und Anhalts.

## Verband Mitteldeutscher Ballspiel=Vereine.
### Aufruf an die
### Fussballvereine Sachsens, Thüringens und Anhalts.

Nachdem der **Verband Mitteldeutscher Ballspiel-Vereine** seinen inneren Ausbau vollendet hat und somit seinen Mitgliedern grössere Vorteile bieten kann, richten wir hierdurch nochmals an alle verehrlichen Vereine, die uns noch nicht angehören, die höfliche Aufforderung, dem Verband Mitteldeutscher Ballspielvereine beizutreten.

12 Städte mit 22 Vereinen haben sich uns bisher angeschlossen, 2000 Mitglieder gehören unserer Organisation an. 45 Mannschaften werden sich in der kommenden Saison in 3 Gauen um den Vorrang in 5 Klassen streiten und jeder Verein wird nach seiner Stärke und Mitgliederzahl Gelegenheit haben, sein Können zu zeigen.

Wir wollen in Wahrheit ein Verband aller mitteldeutschen Ballspiel-Vereine werden, um geschlossen für das Wohl jedes einzelnen Mitgliedes — sei es zur Beschaffung von Spielplätzen oder im Verkehr mit Behörden und Zeitungen etc. — eintreten zu können.

Manche Erfolge können wir schon nachweisen, manche Zugeständnisse sind uns bereits gemacht worden oder in Aussicht gestellt — wir können noch mehr erreichen, wenn wir auch durch Anzahl und Grösse imponierend wirken. Im Interesse eines jeden deutschen Fussballspielers liegt es, den Deutschen Fussball-Bund zu stärken — also unterstützt seine Unterorganisation in Mitteldeutschland!

Sämtliche nur irgend gewünschte Auskünfte, Zusendung von Satzungen, Spiellisten etc. erledigt prompt der 1. Schriftführer, A. Westeroth, Leipzig-Gohlis, Langestr. 58 III.

In der Hoffnung, recht bald mit Ihnen in Verbindung treten zu können, zeichnen wir

mit sportlichem Grusse.
Der Vorstand des Verbandes Mitteldeutscher Ballspiel-Vereine.
Joh. Scharfe, 1. Vorsitzender     A. Westeroth, 1. Schriftf.

Auch im Jahr 1904 wurde der Versuch unternommen, einen Thüringer Fußballverband ins Leben zu rufen. Der Aufruf kam vom SC Erfurt und dem BC Erfurt im August 1904, dem jedoch nur wenige Vereine Mittel- und Ostthüringens beitraten. Elf Vereine schlossen sich 1905 dem Verband Mitteldeutscher Ballspiel-Vereine (VMBV) als Gau Thüringen an, und 1907 hatte sich die Anzahl auf 21 Vereine (davon 11 aus Erfurt) mit insgesamt 742 Mitgliedern erhöht. Der VMBV war sehr aktiv und führte im gleichen Jahr seinen 15. Verbandstag in Dresden durch. Grundlage für das Stimmrecht war die Mitgliederstärke der einzelnen Gaue. Sieben Gaue gehörten dem VMBV an, stärkster Gau war Nordwestsachsen mit 25 Vereinen und 1711 Mitgliedern. Gleich danach kam aber schon der Gau Thüringen, der entsprechend seiner Mitgliederzahl auf dem Verbandstag 37 Stimmen hatte. Denn das Stimmrecht sah „für je vollendete 20 Mitglieder 1 Stimme" vor.

Die 21 Thüringer Vereine und ihre Mitgliederzahlen: FC Borussia Erfurt (30 Mitglieder), SC Erfurt (67), FC Britannia Erfurt (36), BC Saxonia Erfurt (29), BC Teutonia Erfurt (40), MTV Erfurt (45), BC Gotha (41), Ilmenauer BC (22), FC Gotha 01 (40), Turnverein Jena (15), FC Carl Zeiss Jena (24), FC Germania Mühlhausen (25), FV Victoria

Mühlhausen (45), FC Meteor Waltershausen (37), BC Vimaria Weimar (47), FC Weimar (63), Turnverein Ilversgehofen (21), FC Germania Erfurt (30), FC Falke Erfurt (14), FV Saalfeld (40).

Am 30. Juli 1905 fand der erste Kongress des „Verbandes Thüringer Fußballvereine" in Meiningen statt. Zahlreiche Teilnehmer kamen. Dem Verband gehörten in dieser Zeit an: Sportklub Meiningen, FC 02 Barchfeld, Sportklub Schmalkalden 04, Näherstille, Wacker Meiningen. Auch Hildburghausen, Eisfeld und Kleinschmalkalden nahmen als Gäste teil. Vorsitzender des Verbandes war Herr Lehrer Geßner aus Barchfeld.

Nachfolgend ein Bericht aus der Schmalkalder Zeitung „Hausfreund" vom 21. August 1905:

Am 16. Februar 1908 wurde in Coburg die Gründung des „Verbandes Thüringer-Fränkischer Ballspielvereine" beschlossen. Organisator war der im Jahr 1907 gegründete Coburger-Fußball-Club (CFC). Diesem Verband schlossen sich Sonneberg, Oberlind, Neustadt b. Coburg, Lichtenfels an und aus dem „Verband Thüringer Fußballvereine" traten über der SC Eisfeld und Hildburghausen.

Der erste Vorstand setzte sich wie folgt zusammen:
1. Vorsitzender: Ludwig Escher, Coburg;
2. Vorsitzender: Karl Schröder, Sonneberg;
1. Schriftführer: Karl Lupprian, Coburg;
2. Schriftführer: Edgar Heymann, Oberlind;
1. Kassierer: Max Bischoff, Eisfeld;
2. Kassierer: Hans Bähring, Sonneberg;
Obmann des Spielausschusses: Emil Weber, Coburg.

Der junge Verband wurde sehr aktiv und versuchte, einen geregelten Spielbetrieb aufzubauen. Der Schriftführer Karl Lupprian schrieb dazu: „Der Spielbetrieb begann sofort und zwar in einer Klasse. Zur Durchführung des Verbandsspielbetriebes mußten die einzelnen Vereine alle Kräfte einsetzen und Vorstand und Spielausschuß viel Nachsicht und Verständnis aufbringen. Selten kam es vor, daß ein Verbandsspiel an dem Termin, an dem es zum ersten Mal angesetzt wurde, auch zur Durchführung gelangte. Am schwierigsten war die Platzfrage zu lösen, aber sie wurde gelöst. Hatte der bauende Verein keinen Platz, so reiste er eben zu seinem Partner und spielte dort. Und opferwillig mußte jeder einzelne Fussballspieler sein. Wie manches Gerät war zu beschaffen, ohne daß die Geldmittel vorhanden waren, und wie oft mußte für einen Sportkameraden, der nicht das nötige Kleingeld besaß, das Fahrrad durch eine Umlage aufgebracht werden. Alle standen treu zusammen, um das Ziel, die Verbandsspiele bis zum Juni zu beenden, zu erreichen, und durch diese Einmütigkeit aller Angehörigen des Gaues wurde es geschafft."

Und im Süden Thüringens wurde bereits zu jener Zeit der Fair-Play-Gedanke geboren. Denn Karl Lupprian schrieb weiter: „Auf dem ersten Verbandstag wurde auch der Beschluß gefaßt, der am fairsten und schönsten spielenden Mannschaft am Schlusse des Verbandsjahres ein Diplom zu verleihen, das ebenso hoch bewertet werden sollte, wie das Meisterschaftsdiplom! Dieser Beschluss zeigte wohl am deutlichsten, von welch starkem idealen Wollen die Leitung des jungen Verbandes beseelt war."

Doch leider stellte es sich sehr bald heraus, dass die Ausdehnungsmöglichkeiten nach der meiningenschen Seite hin, und nur dort war der Boden noch zu beackern, durch den „Verband Thüringischer Fußballvereine von 1905" unterbunden wurde. Kurzum, weder der eine noch der andere Verband war allein lebensfähig.

Und es wurde noch schlimmer. Denn im Territorium Süd- und Westthüringen wurde 1909 ein „Verband Thüringer Ballspielvereine von 1909" gegründet. Vereine wechselten von hier nach da, spielten ohne Verbandszugehörigkeit unter sich oder traten aus dem Verband aus. Zu ihnen gehörten die Pioniere des Fußballsports westlich des Rennsteigs, nämlich der FC 02 Barchfeld und der SC 04 Meiningen. Nur ein Jahr hielt diese Situation an und die beiden Verbände wandten sich an den VMBV in Leipzig und baten um Aufnahme. Am 18. Dezember 1910 wurde diese Angliederung auf einer Versammlung in Meiningen beschlossen.

Die damaligen Machtkämpfe zwischen den beiden Verbänden, die ihren Sitz in Meiningen hatten, schildert ein Bericht zum 30-jährigen Jubiläum des VfL 04 Meiningen. Dort hieß es:

„Im Dezember 1904 wurde der Sportklub Meiningen gegründet. Nachdem die ersten Wochen mit eifrigem Erlernen des neuen Spiels ausgefüllt waren, stieg bald das 1. Wettspiel. Der Gegner war FC Barchfeld. Der Fußballsport zieht immer mehr Anhänger herbei. Der Verein wächst, 1905 werden die thüringischen Vereine in einen Verband, den Verband thüringischer Ballspielvereine, zusammengefaßt. Im Jahre 1907 bildet sich die erste Absplitterung vom Sportklub und es bildet sich der FC Wacker Meiningen, der jedoch nie eine echte Konkurrenz für den Sportklub bildet. Das Jahr 1909 war ein schicksalsschweres für den Sportklub, es bildete sich der VfB Meiningen - mit dem späteren Vorsitzenden des Gau Westthüringen, Herrn Filbrich, an der Spitze -, der ein starker Rivale des Sportklubs wurde. Durch wenig saubere Mittel wollte die Leitung des VfL den Sportklub beseitigen und erreichte auch seine Disqualifikation.

Der „Verband Thüringer Ballspielvereine" ging im VMBV auf. Um wieder Fußball spielen zu können, gründeten die Sportklubspieler neben ihrem alten Verein einen neuen, die Spielvereinigung Meiningen. 1911 kehrt der Sportklub zurück und 1913/14 wurde die Gaumeisterschaft errungen. Dann kam der Weltkrieg, 28 der besten Spieler waren gefallen. 1919 erhält der SK außerordentlichen Mitgliederzuwachs. Wieder ist die erste Mannschaft auf dem Wege zur Gaumeisterschaft, da trennt sich ein Teil der Mitglieder ab und gründet erneut die Spielvereinigung Meiningen. Ein Verschmelzungsplan nach kaum einjährigem Bestand scheiterte. Im März 1922 schließen sich

die beiden Kontrahenten dann doch wieder zusammen unter dem Namen ‚VfL 04 Meiningen'".

Der „Verband Thüringer-Fränkischer Ballspielvereine" hatte auch die Verhandlungen mit Leipzig aufgenommen und am 5 Juni 1910 wurde einstimmig der Beschluss zur Angliederung an den VMBV gefasst. Der Vorsitzende des VMBV, Herr Alfred Perls, führte die Beratungen und es wurden Süd- und Westthüringen integriert.

Neben den sehr guten Erfolgen in der Mitgliederbewegung wurde natürlich auch auf dem Rasen oder auf einem Hartplatz Fußball gespielt. Damals aber, zu Beginn der Entwicklung des Fußballsports, ging die Tätigkeit der Vereine über ein primitives Training der Mitglieder oder über ein hin und wieder ausgetragenes Gesellschaftsspiel (wir nennen es heute Freundschaftsspiel) mit einem Verein des Nachbarortes nicht hinaus. Einen eigenen Platz hatte keiner der Vereine und häufig musste von Sonntag zu Sonntag mit den Toren von einer Wiese zur anderen gewandert werden. Obwohl es diese Schwierigkeiten gab, begann im Gau Thüringen des VMBV 1903 ein organisierter Wettkampfbetrieb. Mit welchen Ergebnissen, das soll nach den aufgefundenen Unterlagen und Zeitungsberichten nun dargestellt werden.

## Der Mitgliederbestand
### des Verbandes Mitteldeutscher Ballspiel-Vereine.
(Amtliche Veröffentlichung des 2. Schriftf. Herm. Schelling, Weimar.)

#### Gau Nordthüringen.

| | |
|---|---|
| 1. B. Arnstadt 1907 . . 37 | 15. F. C. Gotha 1901 . . 60 |
| 2. Ballspielklub Erfurt . 37 | 16. F. C. Greußen 1905 15 |
| 3. F. C. Borussia Erfurt 35 | 17. S. C. Gera (S. Gotha) 28 |
| 4. F. C. Britannia Erfurt 62 | 18. Sportver. Kyffhäuser |
| 5. F. C. Germania Erfurt 66 | Frankenhausen . . 31 |
| 6. Spielabt. W. I. II.-Erfurt 66 | 19. F. C. Germ. Ilmenau 40 |
| 7. F. C. Saxonia Erfurt 55 | 20. Ilmen. B. C. Ilmenau 31 |
| 8. Sportklub, e. V., Erfurt 120 | 21. F. C. Germ. Mühlh. Th. 49 |
| 9. F. C. Sportfr. Erfurt 29 | 22. F. C. Thüringia Mühl- |
| 10. F. C. Normannia Erfurt 30 | hausen i. Th. . . . 36 |
| 11. Spielabteil. Turnverein | 23. Sp. C. Preußen Mühlh. — |
| Ilversgehoven . . 34 | 24. F. C. Teut. Mühlh. i. Th. 67 |
| 12. B. C. Teut., e. V. Ilversg. 70 | 25. B. C. Boruss. Mühlh. — |
| 13. F. C. Wacker Gotha 57 | 26. Spielv. Wacker-Mars. |
| 14. F. C. Britannia Gotha 39 | Nordhausen . . . . 28 |
| 27. F. C. Meteor Waltersh. 25 | 30. F. C. Preuß. Langens. 43 |
| 28. Spielabt. Turnv. Gotha 31 | 31. Sportklub Arnstadt . 36 |
| 29. Spielver. Gotha . . . 46 | 32. Ballsp.-Klub Sangerh. 26 |

#### Gau Ostthüringen.

| | |
|---|---|
| 1. S. C. Weimar . . . . 87 | 6. F. C. Hohenzollern |
| 2. B. C. Vimaria Weimar 78 | Naumburg a. S. . . 43 |
| 3. Spielabt. Turnv. Weim. 39 | 7. F. C. Zeiß Jena . . . 183 |
| 4. Fußb.-V. Saalfeld 1906 20 | 8. Sportklub Jena . . . 28 |
| 5. Sportklub Gera-R. . 36 | 9. F. C. Sportfr. Rudolst. 19 |

#### Gau Westthüringen.

| | |
|---|---|
| 1. F. C. Preußen Suhl 36 | 7. V. f. B. Meiningen . 82 |
| 2. F. C. Zella St. Blasii 41 | 8. F. C. Germania Mehlis 79 |
| 3. Mein. Sportkl. v. 04 53 | 9. F. C. Teut. M.-Schmalk. 24 |
| 4. F.C. Frauenbreitungen 30 | 10. Sportkl. Schmalkalden 44 |
| 5. Sprtabt. Heiterk. Mehl. 25 | 11. B. C. Hildburghausen 23 |
| 6. Sportkl. Schleusingen 30 | 12. Sportklub Salzungen 18 |

#### Gau Südthüringen.

| | |
|---|---|
| 1. Coburger F. C. . . . 48 | 5. S.C.Oberlind b.Sonneb. 30 |
| 2. S. C. Eisfeld . . . 23 | 6. F. C. Viktoria Schalkau 32 |
| 3. F. C. Kronach i. B. . 36 | 7. 1. S. C. Sonneberg . 37 |
| 4. F. C. Adler Neustadt | 8. F. C. Steinach (S. M.) 27 |
| bei Coburg . . . 44 | 9. F.C.Germ.Rodach b.C. 23 |

*Der Mitgliederstand der vier Thüringer Gaue im Jahre 1911.*

### 1903/04

In der 1. Klasse spielten SC Erfurt, BC Erfurt, Teutonia Erfurt, Germania Mühlhausen, SC Weimar, FC Carl Zeiß Jena und Britannia Erfurt. Die erste Thüringer Fußballmeisterschaft sicherte sich der Sport-Club Erfurt.

### 1904/05

Gegenüber dem Jahr zuvor waren neu in die 1. Klasse der Ballspielclub Ilmenau und der FC Gotha gekommen, dagegen waren Britannia Erfurt und der FC Carl Zeiß Jena nicht mehr dabei. Germania Mühlhausen wurde in diesem Spieljahr disqualifiziert.

Erneut holte sich der Sportclub Erfurt ungeschlagen den Meistertitel. Er gewann gegen BC Erfurt 4:1, BC Ilmenau 9:1, FC Gotha 3:0, Teutonia Erfurt 8:2 und SC Weimar 7:0.

Allein diese Ergebnisse zeigen, wie dominierend der Sport-Club Erfurt damals war.

## 1905/06

In diesem Spieljahr wird in Thüringen eine Gauliga (1. Klasse) gebildet, in der folgende Vereine vertreten sind:

SC Erfurt I, SC Erfurt II, BC Erfurt I, FC Teutonia Erfurt I, Ilversgehofen, FC Germania Mühlhausen I und SC Weimar. Bei Festsetzung der Wettspieltermine wünschten der FC Gotha und der BC Ilmenau, in dieser Saison in der II. Klasse zu spielen. Dem Wunsch entsprachen die Verantwortlichen, bestimmten aber, dass „nur fünf Herren der ehemaligen ersten Mannschaft das Wettspielen gestattet ist".

Die **II. Klasse** war in einen Westgau und einen Ostgau eingeteilt. Im **Westgau** spielten: SC Erfurt III, BC Erfurt II, FC Teutonia Erfurt II, FC Saxonia, FC Britannia und BC Vimaria Weimar. **Ostgau:** FC Meteor Waltershausen, FC Gotha, BC Ilmenau, FC Germania II, FC Viktoria Mühlhausen.

In der I. Klasse tauchte auch der Verein Ilversgehofen auf. Im Atlas war dieser Ort nicht zu finden. Dann aber fanden wir durch Zufall in der „Suhler Zeitung" vom 12. März 1910 folgende Meldung: „Erfurt, 12. März (Eingemeindung von Ilversgehofen). Über sämtliche Eingemeindungsbedingungen wurde eine Einigung erzielt. Am kommenden Mittwoch wird eine außerordentliche Gemeindevertretersitzung den Eingemeindungsvertrag beraten und darüber Beschluß fassen. Der Stadt Erfurt wird u. a. zur Pflicht gemacht, umfangreiche Straßenpflasterungen in Ilversgehofen auszuführen, zwei befahrbare Brücken über die Gera zu bauen, gärtnerische Anlagen, ein Volksbad und eine zweimal neunklassige Mittelschule zu errichten. Ilversgehofen wird nach der Eingemeindung die Bezeichnung Erfurt-Nord erhalten."

Der Sport-Club Erfurt wird zum dritten Mal hintereinander Meister, dieses Mal aber ist er der erste Verein, der den Titel Gaumeister errang.

In der Saison 1904/05 begann auch der neu gegründete Verband in Westthüringen, die ersten Spiele auszutragen. Es handelte sich dabei aber ausschließlich um Gesellschaftsspiele. Erst ein Jahr später begann er mit Wettspielen.

## 1906/07

In der Saison spielten im Gau Thüringen des VBMV nur sieben Mannschaften in der Gauliga, und zwar SC 95 Erfurt, BC Erfurt, BC Teutonia Erfurt, FC Carl Zeiß Jena, FC Germania Mühlhausen, SC Weimar und FC Meteor Waltershausen. Im Laufe des Spieljahres zogen SC Weimar und FC Meteor Waltershausen ihre Mannschaften zurück. Am Ende des Spieljahres war der SC Erfurt wiederum Gaumeister.

In der Saison 1906/07 begann nun auch der 1905 für den Bereich West- und Südthüringen gegründete „Verband Thüringischer Fußballvereine" mit einer Verbands-Wettspielserie. Daran nahmen teil FC Barchfeld, SV Schmalkalden, Wacker Meiningen, SC Meiningen, Näherstiller FK, Mittelschmalkalden, Frauenbreitungen, Hildburghausen und Eisfeld. Es gab ein Kopf-an-Kopf-Rennen zwischen dem FC Barchfeld und dem SC Meiningen. In den beiden direkten Vergleichen dieser Mannschaften trennten sie sich jeweils 1:1. Am 10. November 1907 ist auf einer Verbandssitzung über die Meisterschaft entschieden worden. Die Zeitung berichtete: „Der Verband Thüringischer Fußballvereine von 1905 hielt am Sonntag, 10. November, in Zella St. Blasii eine Verbandssitzung ab. Die einzelnen Punkte der Tagesordnung fanden glatte Erledigung. Neu aufgenommen wurde der Fußball-Klub Altenbreitungen. Dem Meininger Sport-Klub wurde endgültig die Meisterschaft des Verbandes auf das Jahr 1906/07 zuerkannt."

Damit war der SK 04 Meiningen der erste Meister in Westthüringen.

## 1907/08

Im Statut des VMBV war festgelegt, dass Spiele (also Freundschaftsspiele) nur mit Vereinen, die dem VMBV und damit dem DFB angehören, durchgeführt werden dürfen. Bei Nichteinhaltung wird die Mannschaft, die dagegen verstößt, disqualifiziert.

Nun fasste aber der Vorstand des VMBV einen für die Vereine in Thüringen wichtigen Beschluss. Er besagte, dass die Spielerlaubnis bis Ende Juli 1909 erteilt wird für die Vereine der „Vereinigung Thüringisch-Fränkischer Ballspiel-Vereine" und des „Verbandes Thüringer Fußball-Vereine von 1905". Mit diesem Beschluss war nunmehr auch die Möglichkeit gegeben, dass die Süd- und Westthüringer mit den Nord- und Ostthüringern Gesellschaftsspiele durchführen konnten.

Die Pflichtwettkämpfe brachten im Gau Thüringen in der Saison 07/08 keine Überraschung, denn der Sport-Club Erfurt setzte sich erneut durch und wurde Gaumeister. Hier die aufgefundene Tabelle (ohne Torverhältnisse) gegen Ende des Spieljahres:

| | | | | | |
|---|---|---|---|---|---|
| SC Erfurt | 10 | 9 | 0 | 1 | 18 |
| FC Carl Zeiß Jena | 10 | 8 | 0 | 2 | 16 |
| SC Weimar | 10 | 5 | 0 | 5 | 10 |
| Teutonia Erfurt | 10 | 4 | 0 | 6 | 8 |
| Britannia Erfurt | 5 | 1 | 0 | 4 | 2 |
| FC Gotha 01 | 4 | 0 | 0 | 4 | 0 |

Im Nachsatz zu dieser Tabelle hieß es: Die Vereine werden, falls sie bis zu den festgelegten Terminen die Pflichtrückwettspiele nicht gemacht haben, von den betreffenden Terminen an disqualifiziert. Es war eben sehr schwierig, den Punktspielbetrieb in der damaligen Zeit gut über die Runden zu bringen.

In Westthüringen behauptete der SC 04 Meiningen seine führende Stellung und wurde erneut Meister.

Am 22. März 1908 begann der neu gegründete „Verband Thüringisch-Fränkischer Ballspiel-Vereine" mit dem ersten Pflichtspieljahr. In Südthüringen war man sich einig geworden, das Spieljahr mit dem Kalenderjahr gleichzusetzen, da in den Wintermonaten auf dem Wald ein Fußballspiel nicht möglich war. An dieser ersten Wettspielserie nahmen teil SV 03 Eisfeld, Coburger FC, SC 06 Oberlind, SC 04 Sonneberg und FSV 06 Hildburghausen. Nach einer guten Serie wird der Coburger Fußball-Club (CFC) erster Meister in Südthüringen.

Im Spieljahr 1907/08 nahm auch erstmals der Gaumeister Thüringens an der Ausspielung der mitteldeuschen Meisterschaft teil. Gaumeister in Mitteldeutschland waren:
FC Wacker Leipzig (Nordwestsachsen), Dresdner Sport-Club (Ostsachsen), Chemnitzer Ballspiel-Club (Südwestsachsen), Sport-Club Erfurt (Thüringen), Hallescher FC 1896 (Saale), Magdeburger FC Victoria 1896 (Mittelelbe) und FV Wettin Plauen (Vogtland).

Im Viertelfinale spielte am 5. 4. 1908 der SC Erfurt gegen den Magdeburger FC Victoria 1896, verlor 2:6 und schied damit aus.

## 1908/09

In diesem Spieljahr sind im Gau Thüringen die Mannschaften der 1. Klasse in drei Bezirke eingeteilt und tragen so die Wettspiele aus. Meister des Bezirkes 1 wurde SC Erfurt, des Bezirkes 2 FC Carl Zeiß Jena und des Bezirkes 3 FC Germania Mühlhausen.

Am 7. Februar 1909 fand in Erfurt Cyriaksburg unter Leitung von Schiedsrichter Machleidt das Ausscheidungsspiel zwischen FC Carl Zeiß Jena und FC Germania Mühlhausen statt, das die Jenaer gewannen. Am 14. 2. trafen nun die Jenenser auf den Bezirksmeister SC Erfurt. In einem Bericht über diese Begegnung hieß es, dass Erfurt den besseren Ball spielte und das Spiel siegreich beendete (ein Ergebnis war leider nicht angegeben).

Der neue und alte Gaumeister Sport-Club Erfurt nahm auch wieder an den Spielen um die mitteldeutsche Meisterschaft mit nachfolgenden Ergebnissen teil.

**Viertelfinale** am 11. 4. 1909: SC Erfurt - Chemnitzer BC 3:1; **Semifinale** am 18. 4. 1909: SC Erfurt - Dresdner SC 7:2 ; **Finale** am 9. 5. 1909: SC

Erfurt - Hallescher FC 1896 5:4. Der Sport-Club Erfurt war damit mitteldeutscher Meister geworden und nahm an den Spielen der Endrunde um die deutsche Fußballmeisterschaft teil. Die acht Endrundenteilnehmer waren: FC Mönchengladbach 1894, Karlsruher FC Phönix, Altonaer FC 1893, FC Tasmania 1900 Rixdorf, VfB Königsberg, Berliner TFC Victoria 1889, Sport-Club Erfurt und SC Alemannia Cottbus.

Im Viertelfinale kam es in Leipzig am 16. Mai 1909 zum Spiel zwischen dem Sport-Club Erfurt und dem SC Alemannia Cottbus. Unter der Leitung von Paul Neumann (Berlin) schlugen die Erfurter in der Besetzung Kopitsch - E. Elstermann, Rothard, Rieth, A. Elstermann II, Kölling - Linker, Wolf, Bucher, Kramer und Roth die Cottbuser nach Verlängerung (130 min) mit 4:3. Sie erreichten damit das Semifinale. Am 23. Mai 1909 unterlagen sie in Frankfurt/Main dem Karlsruher FC Phönix mit 1:9.

In Westthüringen wurde erneut der SC 04 Meiningen und im Süden der Coburger Fußball-Club Meister. Beide Titelgewinner nahmen an einer weiteren Ausspielung nicht teil.

## 1909/10

Im Spieljahr 1909/10 gab es wieder einmal eine Veränderung in den Spielklassen Thüringens. Es entstanden die Gaue Nordthüringen und Ostthüringen. Im Gau Ostthüringen waren in der 1. Klasse vertreten: FC Carl Zeiß Jena, SC Weimar, SC Gera, TV Weimar und BC Vimaria Weimar. Die Zusammensetzung der 1. Klasse im Gau Nordthüringen ist bisher noch nicht bekannt.

Am Ende des Spieljahres war der FC Carl Zeiß Jena erster Gaumeister von Ostthüringen. Der SC Erfurt belegte im Gau Nordthüringen den ersten Platz. Diese beiden Mannschaften nahmen als Gaumeister an den Spielen um die mitteldeutsche Meisterschaft mit nachfolgenden Ergebnissen teil.

**Vorrunde** 6. 3. 1910: Magdeburger FC Victoria - FC Carl Zeiß Jena (in Halle) 3:1, SC Erfurt - FC Appelles Plauen (in Jena) 5:1;
**Viertelfinale** 13. 3. 1910: SC Erfurt - Magdeburger FC Victoria (in Köthen) 5:4;
**Semifinale** 20. 3. 1910: Hallescher FC Wacker - VfB Leipzig 1:4, Freilos: SC Erfurt;
**Finale** 3. 4. 1910: VfB Leipzig - SC Erfurt 4:1.

Im „Verband Thüringisch-Fränkischer Ballspielvereine spielten in der 1. Klasse VFL Neustadt b. Coburg, SC 04 Sonneberg, FC Eisfeld, SC Oberlind, SK Hildburghausen, 1. Lichtenfelser FC, Coburger FC. Der Coburger FC blieb auch in diesem Jahr die Nummer 1 und erkämpfte sich den Meistertitel.

Im Bereich Westthüringen aber lief nicht alles glatt. Durch die Gründung des „Verbandes Thüringer Ballspielvereine von 1909" traten einige Vereine aus dem „Verband Thüringer Ballspielvereine von 1905" aus. Dadurch traten nun Schwierigkeiten bei der Durchführung des Wettspielbetriebes auf. Die starke Mannschaft des SC 04 Meiningen setzte sich durch und wurde erneut Meister.

Auch in diesem Spieljahr nahmen der Coburger FC und der SC 04 Meiningen nicht an den Spielen um die mitteldeutsche Meisterschaft teil, da sie noch nicht Mitglied des VMBV waren.

## 1910/11

Das Spieljahr begann in den einzelnen 1. Klassen mit folgenden Zusammensetzungen:

**Ostthüringen:** FC Carl Zeiß Jena, SC Weimar, SC Gera, TV Weimar, BC Vimaria Weimar und Hohenzollern Naumburg.

**Nordthüringen:** SC Erfurt, Teutonia Mühlhausen, Borussia Erfurt, Saxonia Erfurt, Germania Mühlhausen und Teutonia Erfurt.

**Westthüringen,** Gruppe Norden: SC Meiningen, FC Breitungen, Heiterkeit Mehlis, SK Zella 05 und Preußen Suhl; Gruppe Süden: SC Schmalkalden, BSC Hildburghausen, SC Schleusingen, VfB Meiningen, Teutonia Schmalkalden, Germania Mehlis und SK Wasungen.

**Südthüringen:** 1. SC Sonneberg, FC Adler Neustadt/Coburg, Coburger FC, FC Kronach und SC Oberlind.

Gaumeister wurden: SC Erfurt (Nordthüringen), FC Carl Zeiß Jena (Ostthüringen), 1. SC Sonneberg (Südthüringen), SK Schmalkalden (Westthüringen - Süden), SC Meiningen (Westthüringen - Norden).

An der mitteldeutschen Meisterschaft nahmen nur die Gaumeister SC Erfurt und Carl Zeiß Jena teil. Nachfolgend die von ihnen erzielten Ergebnisse.

**Achtelfinale** 12. 3. 1911: SC Erfurt - FC Preußen Halberstadt 10:0, Hallescher FC Wacker - FC Carl Zeiß Jena 6:2.

**Viertelfinale:** SC Erfurt Freilos.

**Semifinale:** Hallescher FC Wacker - SC Erfurt 2:1.

Das Jahr 1911 brachte für den Thüringer Fußball ein paar erfreuliche Veränderungen. Die beiden Gruppen in Westthüringen (Norden und Süden) mit der Bezeichnung „Verband Thüringer Fußballvereine von 1905" und „Verband Thüringer Ballspielvereine von 1909" nahmen am 21. Mai 1911 in Meiningen, Hotel Kaiserhof, auf einer gemeinsamen Sitzung die Verschmelzung vor. Die Sitzung wurde vom 2. Verbandsvorsitzenden des VMBV geleitet, der die beiden Gruppen für aufgelöst erklärte. Im Protokoll heißt es weiter: „Dem nunmehr konstituierten Gau Westthüringen traten zunächst folgende Vereine bei: BC Hildburghausen, SC Schleusingen, FC Germania Mehlis, Spielriege des TV Mehlis, VfB Meiningen, FC Breitungen, FC Teutonia Mittelschmalkalden, SC Schmalkalden, FC Viktoria Benshausen. Der Meininger SC 1904 wurde dem Gau Südthüringen

*Die Mannschaft des SK Erfurt, die im Spieljahr 1909/10 nicht nur Nordthüringer Meister wurde, sondern auch in den Spielen um die mitteldeutsche Meisterschaft bis ins Finale kam und dort gegen den VfB Leipzig mit 1:4 verlor (v. l. n. r.): Machemehl, Maurer, P. Söhner, Stützer, Nüßlein, Herrling, Ruda, Carl, Hessel, Seyffarth, Riese, A. Söhner (der in Hamburg spielte), Trainer Booth, Pinsenbaum.*

angegliedert laut Beschluß des Verbandsvorstandes."

Auch der „Verband Thüringisch-Fränkischer Ballspielvereine" trat dem „Verband Mitteldeutscher Ballspielvereine" als Gau Südthüringen bei.

Somit gab es nun im Kreis Thüringen des VMBV vier Gaue, und zwar Ostthüringen, Nordthüringen, Westthüringen und Südthüringen.

## Die Jahre von 1911 bis 1933

Zunächst eine allgemeine Übersicht, wie sich im Zeitraum von 1911 bis 1933 der Fußball in Thüringen entwickelte.

Mit dem Jahr 1911 wurde für die Region Thüringen eine gute Entscheidung im Fußball getroffen. Der Anschluss der beiden Verbände aus dem Süden und Westen an den VMBV war ein Erfolg, weil damit die Bemühungen der Bayern, vor allem die Thüringisch-Fränkische Vereinigung in den Süddeutschen Fußballverband zu integrieren, gescheitert waren.

Durch die gute sportliche Betätigung wuchs das Ansehen der jungen Vereine und damit die Anerkennung in der Öffentlichkeit. Aus Anerkennung wurde nach den ersten Erfolgen bald Begeisterung und schließlich Anhänglichkeit. Dank dieser Erfolge wurde auch das Spielverbot für Schüler aufgehoben, so dass in den letzten Jahren vor dem Ersten Weltkrieg Realschüler und Gymnasiasten in Männermannschaften mitspielen durften.

Ständig kamen neue Mitglieder hinzu und so entwickelte sich der VMBV sprunghaft, wie es die nachstehenden Zahlen beweisen:

|      | Vereine | Mitglieder |
|------|---------|------------|
| 1910 | 167     | 10 947     |
| 1911 | 255     | 16 525     |
| 1912 | 321     | 20 247     |
| 1913 | 365     | 23 260     |
| 1914 | 414     | 26 964     |

Im Jahr 1914 wurde ein neuer Gau ins Leben gerufen, der Wartburggau. Doch wirksam wurde die Gaugründung nicht, denn der Aufschwung des Fußballsports in Deutschland wurde durch den Ausbruch des Krieges im Jahr 1914 jäh unterbrochen. Von den in Deutschland registrierten 200 000 DFB-Mitgliedern mussten etwa 150 000 den Kriegsdienst antreten. Die Folge war, dass die Soldaten, wo immer es möglich war, Fußball spielten. In der Heimat aber fehlten die Spieler und so kam es, dass immer mehr Spiele ausfielen. Schließlich brach der Spielverkehr vielerorts völlig zusammen.

Mitten in das Kriegsgewirr hinein kam am 15. März 1917 die Meldung, dass der „wegen seiner Leistungen und Fairness bekannte und hochgeachtete Fußballclub Carl Zeiß Jena in 1. Sportverein Jena e. V. umbenannt wurde."

Nach Kriegsende dauerte es Monate, zuweilen sogar ein Jahr, bis ein regelmäßiges Spielen wieder möglich war. Unter den Millionen deutschen Opfern und Verwundeten des Ersten Weltkrieges befanden sich viele Fußballer. Aber dennoch zog es viele Menschen trotz der Armut in aktiver und passiver Form zum Fußballspiel zurück oder führte sie neu hinzu.

Menschen allen Alters suchten nach einer Ablenkung von den Alltagssorgen, aber auch nach Erfolgserlebnissen. Die Mitgliederzahlen stiegen sprunghaft an, es gab schon mehrere Vereine, die mehr als 1000 Mitglieder hatten. Am 1. Januar 1920 lag nach DFB-Statistik ein Thüringer Verein an 9. Stelle. Es war der Sportklub Erfurt mit 1130 Mitgliedern (Ende 1920 war der 1. FC Nürnberg mit 3300 Mitgliedern an 1. Stelle).

Der „Verband Mitteldeutscher Ballspielvereine" war ab 1919 in sieben Kreise eingeteilt. Das waren Nordwestsachsen (Hauptsitz in Leipzig), Mittelsachsen (Chemnitz), Westsachsen (Vogtland), Ostsachsen (Dresden), Elbe (Magdeburg), Saale (Halle) und Thüringen (Erfurt).

Der Kreis Thüringen war in sechs Gaue unterteilt: Ostthüringen, Nordthüringen, Westthüringen, Südthüringen, der kurz vor dem Krieg gebildete Wartburggau und neu der Gau Osterland.

Im Saalekreis spielten im Gau Kyffhäuser solch renommierte Vereine wie Nordhausen und Sondershausen und im Gau Eichsfeld die Mannschaft vom VfB Bleicherode.

Die Fußballer von Coburg und Umgebung hatten sich trotz der politischen Entscheidung für einen Verbleib im Gau Südthüringen entschieden.

Die Entwicklung zeigt die offizielle Statistik des VMBV vom Januar 1922:

| Gau          | Vereine | Mitglieder |
|--------------|---------|------------|
| Nordthüringen | 38     | 5424       |
| Osterland    | 27      | 3135       |
| Ostthüringen | 25      | 4935       |
| Südthüringen | 38      | 3731       |
| Wartburg     | 24      | 3500       |
| Westthüringen | 41     | 3883       |

Die größten Vereine waren im Kreis Thüringen im Gau Nordthüringen der SC Erfurt mit 1322 Mitgliedern, im Gau Osterland der 1. VfR Gera mit 358, im Gau Ostthüringen der 1. SpV Jena mit 857, im Gau Südthüringen der VfB Coburg mit 930, im Gau Wartburg der SpV Gotha 01 mit 546 und im Gau Westthüringen der SpV Schmalkalden mit 336 Mitgliedern.

In allen Phasen der Weiterentwicklung in den 20er Jahren war das Verbandsleben abhängig vom Wirtschaftsleben in ganz Deutschland und hatte unter den unerfreulichen Erscheinungen außerordentlich zu leiden. Dass trotzdem ein Vorwärtskommen zu verzeichnen war, stellt der Arbeitsfreudigkeit der Vereine das beste Zeugnis aus. Die tägliche, oft sogar stündliche Geldentwertung lastete besonders schwer auf den Vereinen. Es kam so weit, dass Mannschaften nicht mehr nach außerhalb fahren konnten und selbst Verbandsspiele ausfallen mussten, weil die Fahrtkosten unerschwinglich waren.

In diese Zeit hinein fiel die Gründung des Deutschen Sportbundes. Am 15. 11. 1924 berichteten die Zeitungen: „**Gründung des Deutschen Sportbundes**. Die erstmalig anläßlich der Wahlversammlung der Deutschen Sportbehörde für Leichtathletik in Eisenach aufgetauchte Idee der Bildung eines Sportbundes, die auch die kürzlich stattgehabte Tagung des Deutschen Fußballbundes beschäftigte, hat feste Form angenommen. Die in Berlin zusammengetretenen Vertreter des Deutschen Fußballbundes, der Deutschen Sportbehörde für Leichtathletik, des Deutschen Schwimmverbandes, des Bundes Deutscher Radfahrer und des Deutschen Athletiksportverbandes von 1891 haben den geplanten Zusammenschluß in die Tat umgesetzt und den 'Deutschen Sportbund' aus der Taufe gehoben, eine Tat, die sich auf dem Gebiete der Leibesübungen sehr bald auswirken wird. Ein vorläufig gebildeter Arbeitsausschuß wird bereits in wenigen Tagen die von der Versammlung eingehend beratene offizielle Gründungserklärung veröffentlichen und das Arbeitsprogramm bekanntgeben."

Der VMBV gab die Statistik vom Juli 1925 bekannt. Nachfolgend alle Vereine mit ihren Mitgliederzahlen, die es zu diesem Zeitpunkt in den Thüringer Gauen gab.

**Gau Osterland:** SV Zittau-Auma mit 60 Mitgliedern, Saxonia Crimla 43, SpVg. Ebersdorf 62, Helios Eisenberg 290, Concordia Gera 263, SpVgg. Gera 566, Wacker Gera 264, Lapo Gera 13, 1. FC Greiz 165, VfB Greiz 113, SpVg. Zollhaus Gr. Kamsdorf 18, SC Hermsdorf 157, SC Langenberg 75, SpVg. Liebschwitz 31, VfL Lobenstein 132, SpVg. Mohlsdorf 43, SpVg. Münchenbernsdorf 70, SpVg. Neustadt/Orla 146, Phönix Pößneck 124, VfB Pößneck 150, SC Ranis 60, VfB Ronneburg 367, SC Rubitz 42, SV Schmölln 152, SC St. Gangloff 16, SpVg. Weida 64, Thüringen Weida 199.

**Gau Nordthüringen:** SpVg. Arnstadt 192, SV Arnstadt 375, Wacker Bischleben 53, VfB Ebeleben 35, BC Erfurt 75, Borussia Erfurt 75, Marathon Erfurt 133, Schupo Erfurt 96, SpVg. Erfurt 419, SC 95 Erfurt 757, Sportring Erfurt 170, VfB Erfurt 325, Wacker Erfurt 145, SV Frankenhain 32, SV Gebesee 31, SC Gehren 70, TuSp Gispersleben 115, SV Greußen 133, SpVg. Gr. Breitenbach 41, SC Gr. Rudestedt 50, Germania Ilmenau 115, Hockeykl. Ilmenau 25, SV Techniker Ilmenau 36, Vorwärts Ilmenau 64, SV 05 Erfurt-Ilversgehoven 118, SV Marlishausen 37, SC Möhrenbach 33, Kickers Möbisburg 27, SV Niederwillingen 9, Winterspv. Oberschönau 16, SC Oehrenstock 43, SpVg. Plaue 48, SC Plaue 39, SC Schmiedefeld 93, VfB Sömmerda 117, SC Stadtilm 155, SC Stotternheim 5, SC Vieselbach 75, SV Wandersleben 25, SpVg. Weißensee 99.

**Gau Ostthüringen:** SC Apolda 419, Sportfreunde Apolda 51, TuHockeykl. Apolda 155, VfB Apolda 351, FC Auerstedt 39, SC Berka 48, SV Blankenburg 27, BC Blankenhain 45, SV Bürgel 26, SC Buttstädt 49, VfL Camburg 166, VfB Eckartsberga 64, SpVg. Jena 229, 1. SV Jena 619, VfB Jena 243, SV Kahla 241, Thuringia Königsee 103, SpVg. Kranichfeld 54, VfB Lehesten 38, VfB Oberweimar 122, FC Oberweißbach 30, VfB Rudolstadt 248, VfL 06 Saalfeld 270, Schwarzatal Sitzendorf 15, SC Stadtroda 80, Rasenspiele Schwarza 70, SpVg. Uhlstädt 48, SC Weimar 754, Vimaria Weimar 541, Manfred v. Richthofen Weimar 240.

**Gau Wartburg:** Teutonia Aschara 39, Union Bellstedt 35, FC Diedorf 37, SV Eisenach 104, Borussia Eisenach 83, SV Friedrichroda 56, Eintracht Görmar 30, SpVgg. Gotha 106, SV Gotha 568, Wacker Gotha 361, SC Groß-Gottern 91, Jugendbund Großvargula 73, SV Herbsleben 85, FC Heyerode 19, Preußen Langensalza 607, SpVgg. Mühlhausen 409, VfB Mühlhausen 352, SV Oberdorla 42, SC Ohrdruf 74, BSC Ruhla 171, VfB Ruhla 59, SpVg. Schlotheim 75, SC Schönstedt 43, SpVgg. Siebleben 104, SpVg. Tennstedt 67, SpVg. Thamsbrück 16, SV Uelleben 54, Meteor Waltershausen 708, SV Wendehausen 23.

**Gau Südthüringen:** SV Bock und Teich 21, VfB Coburg 680, Viktoria Coburg 83, Pfeil Creidlitz 30, Sylvia Ebersdorf 58, SC Effelder 91, VfB Einberg 50, SC Eisfeld 349, SC Ernstthal 77, SC Föritz 50, SV Fürth am Berg 34, SC Hämmern 77, TuS Haselbach 72, TuS Hassenberg 44, Vorwärts Heubach 28, SC Igelshieb 91, SV Ketschenbach 29, FC Köppelsdorf 111, 1. FC Lauscha 347, SC Lichte 30, SC Melchersberg 36, SC Mengersgereuth 56, SpVg. Mitwitz 58, SpVg. Mönchröden 79, SV Mupperg 55, SC Neufang 37, SC Neuhaus 101, SV 07 Neustadt/Coburg 218, Fröhlich Neustadt/Coburg 44, Fortuna Neuses 35, SC Oberlind 308, TuS Oeslau 82, FC Rauenstein 30, SC Sachsendorf 40, 1. SC Sonneberg 502, Sportring Sonneberg 356, SV

Sonneberg-Hönbach 39, TuS Germania Sonneberg-West 55, SC Sonnefeld 53, SC Schalkau 116, SC Schmalenbuche 46, SC Schwarzbach 25, SV 08 Steinach 244, Wacker Steinheid 87, TuS Wildenheid 75.

**Gau Westthüringen:** SC Asbach 28, FC Barchfeld 57, SV 09 Benshausen 52, SpVg. Breitungen 62, Inselsberg Brotterode 57, FC Einhausen 34, Preußen Erlau 74, SC Floh 36, FC 07 Häselrieth 47, SC Herpf 38, VfL Hildburghausen 38, SV Kaltennordheim 45, Komet Kloster Veilsdorf 29, VfL Meiningen 296, Gelb-Rot Meiningen 393, Teutonia Mittelschmalkalden 23, BSV Näherstille 30, SC Obermaßfeld 39, SV Reurieth 30, SV Römhild 16, Wacker Salzungen 54, SC 07 Schleusingen 116, SV Schmalkalden 305, SpVgg. Solz 19, BSC Steinbach-Hallenberg 100, SC Steinbach 72, Thuringia Struth 30, Sportfreunde Suhl 159, VfB Germania Suhl 182, FSV Suhl 37, SC Themar 103, SpVg. Untermaßfeld 21, VfB Vacha 57, SpVg. Vachdorf 33, Vorwärts Veilsdorf 30, Edelweiß Viernau 104, SpVg. Walldorf 38, SC Wasungen 193, FC 05 Zella-Mehlis 165, S. Abt. Germania Zella-Mehlis 53, SC Zella-Mehlis 167, SpVgg. 06 Zella-Mehlis 347, Körperpflege Zella-Mehlis 15.

Nach der Inflation gab es eine neue Sorge, mit der die Vereine zu kämpfen hatten, und zwar die Arbeitslosigkeit und die damit verbundene Geldknappheit. Die Zuschauerzahlen mussten unter diesen Umständen zurückgehen, den Vereinen fehlten Platzeinnahmen, die es erst ermöglichen, einen großen Sportbetrieb, große Jugendabteilungen aufrechtzuerhalten. Viele Vereine stellten Antrag auf finanzielle Unterstützung durch den Verbandsvorstand, aber der konnte auch nicht helfen. In einem Bericht des VMBV aus dem Jahr 1925 heißt es dazu, „daß die Mittel des Verbandes nur das Allernotwendigste gestatten. Außerdem ist es unmöglich, einen einzigen Verein mit Verbandsmitteln zu unterstützen, da diese der Allgemeinheit gehören und außerdem nicht groß genug sind, um diese Hilfe auf zahlreiche Vereine ausdehnen zu können. Die Lage des Verbandes wäre selbst eine kritische geworden, wenn ihn nicht die zehnprozentige Spielabgabe, die den Gauen und dem Verband gleichmässig zugute kam, über Wasser gehalten hätte. Der Verband verzichtete auf die Erhebung von Kopfsteuern und hat auch sonst alles vermieden, um die Vereine zu Abgaben heranzuziehen."

Die Wirtschaftskrise und das Ansteigen der Arbeitslosigkeit machten sich auch im Fußballsport bemerkbar und so war die Zeit bis zum Jahr 1933 von den politischen und wirtschaftlichen Nöten überschattet.

Hinsichtlich des Spielbetriebes im Zeitraum 1911 bis 1933 sind einige Erläuterungen erforderlich.

1. In den Gauen des Kreises Thüringen begannen die Verantwortlichen zu experimentieren. Mehrmals änderten sie die Klasseneinteilung.

2. Der Weltkrieg hemmte die weitere Entwicklung des Sports allgemein und damit auch die des Fußballsports. 1919 begann man mit dem Wiederaufbau und mit dem weiteren Experimentieren.

3. Tabellen sind nicht immer und oft auch nicht vollständig erstellt worden. So zeigen die in den einzelnen Jahren aufgeführten Spielstände in vielen Fällen nur die Entwicklungstendenz in den jeweiligen Klassen. Die teilweise nur geringfügige Unvollständigkeit ändert nichts an dem Gesamtbild.

4. Wie schon dargestellt, war das Gebiet des „Verbandes Mitteldeutscher Ballspielvereine" in Kreise und diese wiederum in Gaue eingeteilt. Jährlich wurden die Gaumeister ermittelt, die dann im Pokalsystem um die mitteldeutsche Meisterschaft spielten.

Unter diesen Gesichtspunkten sind die einzelnen Spieljahre zu betrachten.

# 1911/12

Im Spieljahr 1911/12 war der Kreis Thüringen des VMBV in vier Gaue eingeteilt. Die Spielklassen in den Gauen waren entweder mit A bis D oder mit 1 bis 5 bezeichnet. Bei der Betrachtung der einzelnen Spieljahre wie auch bei den veröffentlichten Tabellen beschränken wir uns immer auf die zwei höchsten Klassen in Thüringen. Wenn jedoch Thüringer Mannschaften in noch höheren Klassen vertreten waren, das betrifft die Spieljahre ab 1933 bis 2000, dann ist das in diesem Buch gebührend berücksichtigt.

In der Saison 1911/12 spielten nachfolgende Vereine in den beiden höchsten Spielklassen der Gaue.

**Gau Ostthüringen**
**1. Klasse:** BC Vimaria Weimar I, FC Carl Zeiß Jena I, SC Gera I, SC Jena I, Hohenzollern Naumburg I, TV Weimar I, VfB Jena I, SC Weimar I. **2. Klasse:** FC Carl Zeiß Jena II, BC Vimaria Weimar II, VfB Jena II, SC Weimar II, FC Preußen Apolda I, FC Jena-N. I.

**Gau Nordthüringen**
**1. Klasse, Staffel A:** SC 95 Erfurt, Teutonia Erfurt, Teutonia Mühlhausen, Borussia Erfurt, Germania Erfurt; **Staffel B:** FC Gotha 01, Germania Mühlhausen, Britannia Erfurt, BC Erfurt, MTV Erfurt. In der 1. Klasse wurde in zwei Staffeln mit je sechs Mannschaften gespielt. Die

jeweilige 6. Mannschaft wurde durch Qualifikationsspiele ermittelt. Bisher war nicht zu ermitteln, wer die Qualifikationssieger waren. **2. Klasse:** SC Erfurt II, Germania Ilmenau I, Borussia Erfurt II, Saxonia Erfurt, MTV Erfurt II, Britannia Erfurt II, Ilmenauer BC, Teutonia Erfurt II.

### Gau Westthüringen
**1. Klasse:** SC Schmalkalden, VfB Meiningen, BSC Hildburghausen, SC 07 Schleusingen, SK Zella 05, Germania Mehlis, Preußen Suhl, SpVg. Meiningen. **2. Klasse:** TV Mehlis, Heiterkeit Mehlis, Concordia Mehlis, Victoria Benshausen, Borussia Suhl, Victoria Meiningen, SK Wasungen.

Vermisst wird hier der SC Meiningen. Der Sportclub Meiningen 1904 durfte bzw. konnte nicht an den Pflichtspielen teilnehmen. Im Protokoll über die Gauausschuss-Sitzung vom 1. 9. 1912 in Meiningen hieß es: „Der Meininger Sportclub 1904 wird infolge seines Schreibens vom 28. 8. 12, in welchem der Gau-Vorstand beleidigt wird, ferner wegen Verstoß gegen § 74 u. 78 bis zum 31. Dezember 1912 disqualifiziert. Von sämtlichen in der A-, C- und D-Klasse stattfindenden Verbandsspielen wird genannter Verein abgesetzt und die Punkte den anderen beteiligten Mannschaften gut geschrieben."

### Gau Südthüringen
**1. Klasse:** SK Eisfeld, Oberlind, Coburger FC, Kronach, Sonneberg, Neustadt/Coburg; **2. Klasse:** Sonneberg II, Sportfreunde Coburg, Schalkau, Kronach II, Coburger FC II, Neustadt/Coburg II.

**Gaumeister** wurden in diesem Spieljahr Sport-Club Erfurt (Nordthüringen), FC Carl Zeiß Jena (Ostthüringen), FC Preußen Suhl (Westthüringen) und SC Sonneberg (Südthüringen).
Im **Achtelfinale** um die mitteldeutsche Meisterschaft spielten am 24. 3. 1912 SC 95 Erfurt - Preußen Halberstadt 9:1, FC Carl Zeiß - FC Konkordia Plauen 4:0; das Spiel SC Sonneberg - FC Preußen Suhl wurde abgebrochen und Sonneberg disqualifiziert.
**Viertelfinale** am 31. 3. 1912: SC 95 Erfurt - FC Carl Zeiß Jena 3:2, Dresdner SC - FC Preußen Suhl 2:1. **Semifinale:** FC Wacker Halle - SC Erfurt 6:2, SpVgg. Leipzig - Dresdner SC 6:0. **Finale** am 21. 4. 1912 in Leipzig-Eutritsch: Spvg. Leipzig - FC Wacker Halle 1:0.

## 1912/13

In den 1. Klassen der vier Thüringer Gaue spielten nachfolgende Mannschaften, wobei jeweils sechs Mannschaften eine 1. Klasse bildeten.

### Nordthüringen
Gotha 01, Teutonia Mühlhausen, Borussia Erfurt, Sport-Club Erfurt, Teutonia Erfurt, Britannia Erfurt.

### Ostthüringen
SC Jena, SC Gera, FC Carl Zeiß Jena, Preußen Apolda, Vimaria Weimar, SC Weimar.

### Westthüringen
Germania Mehlis, SK Zella 05, BC Hildburghausen, Preußen Suhl, SC 04 Meiningen, SV 04 Schmalkalden. Der letztgenannte Verein wurde in der Meisterschaft nicht gewertet, da er aus dem VMBV ausgetreten war.

### Südthüringen
SC 04 Sonneberg, FC Coburg, SK Eisfeld, VfL Neustadt/Coburg, FC Schalkau, SC Coburg.

Die Anzahl der Fußballgaue auf dem Gebiet Mitteldeutschlands nahm stetig zu, da die ganze Region vom Fußball regelrecht erobert wurde. Als schließlich in der Saison 1912/13 die Teilnehmerzahl an startberechtigten Gaumeistern (16) für das Achtelfinale überschritten wurde, entschloss sich der VMBV dazu, nur noch die sieben leistungsstärksten Gaumeister sowie vom dominierenden Gau Nordwestsachsen zusätzlich den Titelverteidiger zur mitteldeutschen Meisterschaft zuzulassen. Parallel hierzu ermittelten die Meister der schwächeren Gaue - gleichfalls im Pokalsystem - ihren besten, der dann die Chance hatte, den besten der stärksten Gaue herauszufordern.
Somit nahmen aus der Gruppe der „Stärkeren" die Gaumeister von Nordthüringen, SV 1901 Gotha, und Ostthüringen, FC Carl Zeiß Jena, an den Spielen um die mitteldeutsche Meisterschaft teil. Beide trafen im **Viertelfinale** am 9. 3. 1913 aufeinander. Der FC Carl Zeiß siegte mit 3:0, unterlag aber im **Semifinale** dem Halleschen FC 1896 mit 0:3.
Die Gaumeister von Südthüringen, FC 1907 Coburg, und Westthüringen, Germania Mehlis, spielten in der Gruppe der Schwächeren. Coburg hatte sich unter den 15 Mannschaften als beste qualifiziert und unterlag im Herausforderungsmatch am 13. 4. 1913 dem Mitteldeutschen Meister VFB Leipzig mit 0:6.

## 1913/14

Im Spieljahr 1913/14 wurde die mitteldeutsche Meisterschaft wieder nach altem Modus ausgespielt. Denn im Prinzip hatten sich die spielstarken Vereine in der ersten Klasse festgesetzt, wie auch schon im Jahr zuvor. Von einem Abstieg sprach man in jener Zeit noch nicht.

**Gaumeister** wurden Sport-Club Erfurt (Nordthüringen), Sportclub Weimar (Ostthüringen), SK Meiningen 04 (Westthüringen), Coburger FC (Südthüringen). In einer Qualifikationsrunde am 22. 3. 1914 gab es folgende Ergebnisse: SC Erfurt - VfL Eisleben 14:0, Coburger FC - SK Meiningen 9:1, Weißenfelser FC Hohenzollern - SC Weimar 2:0; im **Achtelfinale** am 29. 3. 1914 spielten: Hallescher FC Wacker - Coburger FC 8:1, SpVg. Leipzig - SC 98 Erfurt 5:1.

Die Spielvereinigung Leipzig schlug im **Finale** den VfB Leipzig mit 2:1 und wurde mitteldeutscher Meister.

## 1914/15

In der ersten während des Krieges ausgetragenen Saison ermittelten zwar die meisten Gaue ihren Meister, doch zu Spielen um die mitteldeutsche Meisterschaft kam es nicht. Der Krieg stellte den Fußballsport vor eine wichtige Entscheidung. Hierzu schrieb der 1. Vorsitzende des Gaus Nordthüringen, Herr Poetsch, in der Mitteldeutschen Sportzeitung Leipzig:

„Die Gauspiele sind zu Ende geführt. Von einer Fortsetzung nach einem neuen Plan haben wir abgesehen, da es infolge Interessenlosigkeit der Vereine kaum mögl. gewesen ist, den Spielplan zu Ende zu führen. Die Verhältnisse sind noch schwieriger geworden und werden wohl noch schwieriger werden. Wir hoffen daher auf baldigen ehrenvollsten Frieden, damit unser Sport wieder aufblühen kann. - Unser letztes Rundschreiben ist von den meisten Vereinen unbeantwortet geblieben. Zum Verbandstag in Halle am 6. und 7. März muß auch unser Gau vertreten sein. In erster Linie ist erwünscht, wenn jeder unserer Vereine eigene Vertreter entsendet, weil so das Stimmrecht am meisten ausgenützt werden kann. Wir ersuchen daher, unser inzwischen zugegangenes Rundschreiben sofort zu beantworten u. die Vollmachten bald zurückzusenden. Von der Abhaltung des Gautages haben wir mit Rücksicht auf die Verhältnisse abgesehen."

Durch Beschluss des Gauvorstandes wurden die Gaue West- und Südthüringen verschmolzen, der Gau Wartburg wurde nicht wirksam und Vereine aus Nordthüringen, die im Gau Wartburg spielen sollten, wurden Westthüringen zugeteilt. Über die Spiele in den Gauen war für diese Saison 1914/15 bisher nichts in Erfahrung zu bringen.

## 1915/16

Im Gegensatz zur vergangenen Saison gab es in diesem Spieljahr, praktisch der zweiten Saison im

Krieg, wieder Spiele zur Ermittlung des mitteldeutschen Meisters. Thüringer Teilnehmer waren Spielvereinigung Erfurt (Nordthüringen), Sport-Club Weimar (Ostthüringen) und FC Wacker Gotha (Westthüringen).

In der Vorrunde traf der SC Weimar am 7. Mai 1916 in Gera auf den FC Hohenzollern Naumburg und gewann mit 8:2. Die Mannschaften von Erfurt und Gotha erreichten durch Freilos die 1. Zwischenrunde. Am 14. Mai 1916 spielten dann: Leipziger SV Eintracht - SC Weimar 1:0, FC Wacker Gotha - Spvg. Erfurt 3:0. In der nächsten Runde unterlagt Gotha dem Halleschen FC Borussia mit 0:1 und schied als letzter Thüringer Vertreter aus.

## 1916/17

In dieser Saison gab es wieder eine Thüringer Meisterschaft. Die Gaue ermittelten zunächst ihre Meister. Es waren SC 95 Erfurt (Nordthüringen), 1. SV 03 Jena (Ostthüringen), FC Wacker Gotha (Westthüringen). Der Gau Kyffhäuser mit seinem Meister Wacker Mars Nordhausen zählte zu dieser Zeit noch nicht zu Thüringen. So setzten die Verantwortlichen nachfolgende Spiele um die Thüringer Meisterschaft an.

**Halbfinale** am 29. 4. 1917 in Erfurt 1. SV 03 Jena - FC Wacker 07 Gotha 4:1 und in Jena SC Erfurt - FC Preußen Weißenfels 5:2. Im **Finale** siegte der SC 95 Erfurt gegen den 1. SV 03 Jena mit 2:1 und wurde damit Thüringer Meister.

Durch den VMBV war festgelegt, dass der Thüringer Meister direkt das Semifinale um die mitteldeutsche Meisterschaft erreichte. So spielte am 20. Mai 1917 in Leipzig der FC Dresdner Fußballring gegen den SC 95 Erfurt und gewann mit 2:0.

## 1917/18

Gaumeister wurden SC 95 Erfurt (Nordthüringen), 1. SV 03 Jena (Ostthüringen), FC Wacker Gotha (Westthüringen), VfB Sangerhausen (Kyffhäuser) und Lion Weißenfels (Saale-Elster).

Diese Gaumeister spielten um die Thüringer Meisterschaft. Am 7. 4. 1918 gab es in der Vorrunde folgende Ergebnisse: 1. SV 03 Jena - Lion Weißenfels 17:0, SC 95 Erfurt - VfB Sangerhausen 10:0. FC Wacker Gotha hatte ein Freilos.

Im Halbfinale spielten FC Wacker Gotha - SC Erfurt 1:3; der 1. SV Jena hatte ein Freilos.

Im Finale unterlag der SC Erfurt gegen den 1. SV Jena mit 1:3.

Der 1. SV Jena nahm als Thüringer Meister an den Spielen um die mitteldeutsche Meisterschaft teil. Im Semifinale musste er am 28. 4. 1918 beim Halleschen FC 1896 antreten, unterlag nach Verlängerung mit 1:2 und schied damit aus.

## 1918/19

Ab diesem Spieljahr wird mit einer Thüringen-Liga gespielt. Der Erstplatzierte nahm an der Endrunde um die mitteldeutsche Meisterschaft teil. Am 30. März 1919 gab es folgenden Tabellenstand:

| | | |
|---|---|---|
| 1. Sport-Club Erfurt | 19: 3 | Punkte |
| 2. Borussia Erfurt | 14: 6 | |
| 3. SV Gotha | 13: 5 | |
| 4 SV Erfurt | 7:11 | |
| 5. SV Jena | 4: 6 | |
| 6. Wacker Gotha | 3:12 | |
| 7. SC Weimar | 1: 5 | |
| 8. VfB Erfurt | 1:13 | |

Als Thüringer Meister nahm der SC Erfurt an den Spielen um die mitteldeutsche Meisterschaft teil, als Meister des Gaus Kyffhäuser der FC Wacker Nordhausen.

Für das **Achtelfinale** am 18. und 25. Mai 1919 bekam der SC Erfurt ein Freilos. Wacker Nordhausen unterlag der SpVgg. Naumburg mit 1:3.

Im **Viertelfinale** erhielt der SC Erfurt wiederum ein Freilos. Im **Semifinale** kam es dann zum Spiel Hallescher FC 1896 gegen SC Erfurt. Diese Begegnung am 15. 6. 1919 endete mit einem 3:2-Sieg der Hallenser. Im **Finale** gewann dann Halle gegen den FC Dresdner Fußballring mit 2:1 und wurde somit mitteldeutscher Meister.

## 1919/20

In diesem Spieljahr gab es wieder einmal eine Neuerung. Die Verantwortlichen des VMBV teilten Mitteldeutschland neu in sechs Fußballkreise ein, und zwar in Nordwestsachsen, Ostsachsen, Westsachsen, Thüringen, Saale und Elbe. Die Meister dieser sechs Kreise spielten in einem Liga-System (jeder gegen jeden) um den Titel eines mitteldeutschen Meisters. Nach Abschluss der Spiele ergab sich nachfolgender Tabellenstand.

| | | |
|---|---|---|
| 1. VfB Leipzig | 10: 2 | 8:2 |
| 2. Hallescher FC Wacker | 5: 4 | 6:4 |
| **3. SC Erfurt** | **8: 7** | **5:5** |
| 4. FC Konkordia Plauen | 11:12 | 4:6 |
| 5. Magdeburger FC 1900 | 5:10 | 4:6 |
| 6. SV 1906 Dresden | 8:12 | 3:7 |

Der neue mitteldeutsche Meister VfB Leipzig unterlag im Viertelfinale um die deutsche Meisterschaft dem 1. FC Nürnberg mit 0:2. Die Nürnberger setzten sich im Halbfinale gegen den Stettiner FC Titania mit 3:0 durch, gewannen im Finale gegen die SpVgg. Fürth 2:0 und holten sich damit den deutschen Meistertitel.

In Thüringen gab es ab diesem Spieljahr einige Veränderungen.

1. Die Verbandsspiele in Südthüringen wurden nunmehr in Frühjahrs-/Herbstserie ausgetragen. Der Gaumeister, der damit im Herbst feststand, konnte somit an den Ausscheidungsspielen um die mitteldeutsche Meisterschaft (im Frühjahr des darauf folgenden Jahres) teilnehmen. In der Begründung dazu hieß es: „Der Schnee in den höher gelegenen Orten des Thüringer Waldgebietes bleibt bis April bzw. Mai liegen und erreicht durchschnittlich eine Höhe bis zu einem halben Meter, so dass an die Austragung von Fußballspielen vor dieser Zeit nicht zu denken ist."

2. Da zu jener Zeit noch nicht alle früheren Vereine ihre alte Spielstärke erreicht hatten, wurden die Gaue Süd- und Westthüringen zusammengelegt. Beide Gaue ermittelten ab Sommer 1919 zuerst ihren Gruppenmeister und dann in einem Endspiel den Gaumeister. Meister der Staffel Westthüringen wurde der SK Zella 05 und von Südthüringen der VfB Coburg, der sich durch einen Sieg über den VfL Neustadt in Sonneberg qualifiziert hatte. Das Spiel um den Titel des Gaumeisters fand am 14. Dezember in Meiningen auf hartgefrorenem, glattem Platz statt. Obwohl Coburg in diesem bedeutungsvollen Spiel gegen den SK Zella 05 schon in der 10. Minute seinen besten Stürmer durch Beinbruch verlor und dadurch 80 Minuten lang nur mit zehn Spielern auskommen musste, siegten die Südthüringer mit 2:0. Damit war der Coburger Fußball-Club Gaumeister von Süd- und Westthüringen geworden.

## 1920/21

Mit dem Spieljahr 1920/21 kam es zu einer neuen Zusammensetzung der Thüringen-Liga. Einem vom VfB Coburg gestellten Antrag stimmte der VMBV zu. Dieser Antrag hatte zum Inhalt, die vier neuen Gaumeister Thüringens in die Spitzenklasse - die Thüringen Liga - einzureihen. Für das Spieljahr ergab sich dadurch folgende Zusammensetzung: die sechs alten Ligavereine SC Erfurt, SpVgg. Erfurt, VfB Erfurt, Borussia Erfurt, 1. SV Jena und SV 01 Gotha sowie die vier Neulinge Sportklub Zella (Westthüringen), Germania Ilmenau (Nordthüringen), Vimaria Weimar (Ostthüringen) und VfB Coburg (Südthüringen).

Der VfB Coburg 1907 wurde Thüringer Meister (siehe Tabellenübersicht in diesem Buch) und spielte um die mitteldeutsche Meisterschaft im Liga-System ohne Rückrunde. Nach Abschluss dieser Spiele ergab sich nachfolgender Tabellenstand.

| | | |
|---|---|---|
| 1. Hallescher FC Wacker | 13: 5 | 10: 2 |
| 2. Spvg. Leipzig | 24: 7 | 9: 3 |
| 3. FC Dresdner Fußballring | 14: 5 | 9: 3 |
| **4. VfB Coburg** | **10:11** | **5: 7** |
| 5. SV Sturm Chemnitz | 4:14 | 4: 8 |
| 6. FC Konkordia Plauen | 11:16 | 3: 9 |
| 7. Magdeburger FC Preußen | 3:21 | 2:10 |

Der mitteldeutsche Meister Hallescher FC Wacker traf im Viertelfinale der Spiele um die deutsche Meisterschaft auf die Vereinigten Sportfreunde Breslau und gewann 2:1. Im Semifinale war für die Hallenser dann aber nach einer 1:5-Niederlage gegen den späteren deutschen Meister 1. FC Nürnberg Endstation.

Am Ende des Spieljahres wird im Gau Ostthüringen aus der Staffel B der 1. Klasse der Gau Osterland gebildet. Die ersten sechs Mannschaften qualifizierten sich für diese 1. Klasse, die drei übrigen Mannschaften blieben in der 1. KLasse des Gaus Ostthüringen. In dieser Saison gab es aber auch kritische Stimmen, wie sicher in jedem Spieljahr, die von der Presse aufgegriffen und veröffentlicht worden sind. Nachstehend zwei solcher Beiträge, die auch gut die Stimmung in der damaligen Zeit zum Ausdruck bringen.

## *Der Wahrheit die Ehre*

Bevor die Verbandswettspiele um die Mitteldeutsche Meisterschaft ihr Ende erreichen, dürfte es wohl nicht ganz uninteressant sein, über die Art und Weise, wie dieselben zum Austrag gebracht wurden, einige Bemerkungen der Oeffentlichkeit zu unterbreiten.

Jeder objektiv denkende und urteilende Sportsmann mußte beim Lesen der Spielliste für die Ausscheidungsspiele um die Mitteldeutsche Meisterschaft klar erkennen, daß, vom sportlichen Standpunkte aus geurteilt, von einer gerechten Verteilung der Spiele in bezug auf den Ort auch nicht im geringsten die Rede sein konnte. Das eigentliche Prinzip bei sportlichen Veranstaltungen, Erreichung von Höchstleistungen, konnte schon allein aus dem Grunde nicht zur Ausführung gelangen, da bei diesen Wettspielen von einem Kampfe unter gleichen Bedingungen auch nicht im entferntesten geredet werden konnte, zumal doch durch Benachteiligung der einen Mannschaft die andere nicht begünstigt werden darf. So war der Ligamannmannschaft des VfB Coburg schon von vornherein so gut wie ganz jede Aussicht auf Erfolg genommen, da sie gezwungen war, mit ihren verhältnismäßig spielstarken Gegnern unter den denkbar ungünstigsten Verhältnissen zum Kampfe anzutreten. Man vergegenwärtige sich nur, unter welch schwierigen Verhältnissen die VfB-Elf schon ihre beiden Ligaserien beenden mußte! Durch die leider recht ungünstige geographische Lage Coburgs war die Mannschaft in den meisten Fällen durch die vielen ermüdenden Bahnfahrten ihren Gegnern gegenüber stark im Nachteil. Trotz dieser physischen Beanspruchung der Coburger gelang es der strebsamen Elf sich dennoch bis zum Kreismeister durchzukämpfen. Die Mannschaft ist also als Meister nicht nur so „vom Himmel heruntergefallen", sondern hat sich in harten Kämpfen unter den schwersten Bedingungen zum Meister durchgerungen. Man darf wohl mit Recht behaupten, daß keine einzige Mannschaft der sieben Kreise des VMBV schon vor dem Austrag der einzelnen Kämpfe solche Schwierigkeiten zu überwinden hatte. All diesen Widerwärtigkeiten zum Trotze erreichte die Mannschaft durch zähes Durchhalten ihr Ziel und zeigte sicherlich manch schönes Spiel, das man wohl mit Recht als „ligafähig" anerkennen mußte. Nun zu den Spielen um die Mitteldeutsche Meisterschaft: Hier bietet sich für den VfB Coburg dasselbe Bild, nur diesmal im vergrößerten Maßstabe. Um ganz klar zu sehen, sei gleich hier bemerkt, daß der VfL Coburg wegen einer ev. Aenderung der Spielliste gar nicht mehr zu Worte kommen konnte, da diese schon lange, bevor die Thüringer Kreismeisterfrage überhaupt geklärt, festgelegt war. Man beachte nun die langen in den jetzigen Zeiten mit besonderen Schwierigkeiten verbundenen Bahnfahrten der VfB-Mannschaft von Coburg nach Erfurt, Leipzig, Dresden, Gera, Halle und Erfurt! Welche Fahrten der Gegner standen diesen im gleichen Verhältnis gegenüber? Diese schliefen in den meisten Fällen in ihren eigenen Betten (im eigenen Bett schläft es sich erfahrungsgemäß immer besser als im fremden) recht hübsch aus, um am anderen Tage wohlgestärkt und ausgeruht einem Gegner gegenüberzutreten, der durch lange Bahnfahrten (diejenige nach Dresden mußte während 14 Stunden stehend zurückgelegt werden) und schlechte Unterkunftsverhältnisse genügend zermürbt und geschwächt war. So mußten allwöchentlich von dieser Mannschaft solche Fahrten absolviert werden, um dann gegen einen gut ausgeruhten Gegner antreten zu müssen. Jeder ehrliche Sportsmann urteile nun ganz von selbst und erkläre, wie von dieser Mannschaft unter solchen Umständen noch Glanzleistungen gezeigt werden konnten! Allein das Beispiel der Spielvereinigung Leipzig zeigt, daß diese nach der kurzen Fahrt von Leipzig nach Halle schon eine Niederlage von 4:1 mit nach Hause nehmen mußte. Was hätten wohl solche Mannschaften geleistet, wenn sie jede Woche die langen Fahrten des VfL Coburg hätten machen müssen? Zudem sei noch nebenbei bemerkt, daß die Coburger gewöhnlich drei Tage der Woche unterwegs waren und durch die großen Strapazen während der langen Hin- und Rückfahrt derart ermüdet nach Hause kamen, daß ein gewissenhaftes Training während der Woche nicht mehr ernstlich in Betracht gezogen werden konnte. Es ist wohl viel leichter ein schnelles Urteil gefällt, auch von den Herren Kritikern, aber wenn schon einmal die Leistungen einer Mannschaft scharf unter die Lupe genommen werden sollen, so müssen auch gerechterweise die obengenannten, recht stichhaltigen Gründe nicht außer Acht gelassen und diese beim Gesamturteil mit berücksichtigt werden. Deshalb stets: „Der Wahrheit die Ehre".

Haller

# Die neue Thüringer Ligaeinteilung

## Eine Lebensfrage für - Gera

Jeder, der die Ueberschrift dieses Artikels liest, wird erstaunt und von oben herab fragen: „Ligaeinteilung und Gera? Wie geht das zu? Gera hat doch keine Liga in seinen Mauern?" Nein, wir haben noch keine; damit ist aber längst noch nicht gesagt, daß deshalb kein Interesse hier an der Ligaeinteilung bestehe. Denn - so ist jetzt die Auffassung hier - **wir wollen** eine Liga nach hier, wir wollen **nicht** mehr länger von gewissen Stellen **unterdrückt werden**, wir wollen endlich **die** Rolle im Thüringer Sportsleben spielen, die uns als der zweitgrößten Stadt dieses Landes seit langem zukommt. Freilich, wir liegen etwas abseits, etwas unbequem für die Herrschaften in Erfurt; daß diese Tatsache aber Veranlassung und Berechtigung gibt, uns Geraer als Luft zu betrachten, wie es geschehen ist, vermögen wir nicht anzuerkennen. Noch einmal uns mit einem kautschukartigen Hinweis auf nächstes Jahr abspeisen zu lassen, dazu besteht hier, selbst bei den versöhnlichsten Optimisten durchaus keine Lust mehr. Was wollen wir denn, wenn wir die Forderung aufstellen, daß wenigstens **ein** Geraer Verein in die Liga aufrückt? Wollen wir damit anderen Städten vorgezogen werden, wollen wir eine besondere Vergünstigung? Nein, meine Herren in Erfurt, nur **unser Recht** wollen wir, unser nacktes Recht. Und auf diesem werden wir diesmal bestehen, mag es biegen oder brechen, so hört man allgemein in Geraer Sportkreisen.

In allen hiesigen Sportkreisen hat allmählich die Auffassung Platz gegriffen, daß wir in Gera mit den bestehenden Verhältnissen nicht weiter kommen. Man kommt sich vor wie in einer dauernd im Steigen begriffenen Flut stehend, dabei den Ertrinkungstod allmählich kommen sehend. Die hiesigen vier erstklassigen Vereine, alle einander ziemlich gleichwertig, wie die letzte Verbandsspielserie bewies, können nicht mehr weiter kommen, so ohne jedes Ziel, ohne jede Hoffnung. Jahrelang gehen nun schon die Kämpfe derselben Gegner, so daß sie nicht nur diesen selbst, sondern auch dem so wichtigen, zahlenden Publikum zum Halse heraushängen. Jedes Jahr kommen einige neuen Vereine zur ersten Klasse, Kahla, Rudolstadt, Eisenberg usw., immer drückender wird das Gefühl, wie unwürdig es ist, daß Gera mit seinen 70 000 Einwohnern mit Vereinen in einer Klasse zusammenspielt, de-ren Heimatorte oft kaum den zehnten Teil Einwohner aufweisen.

Der Bezirksmeister wird ausgespielt: die Gaumeisterschaft zu erlangen, ist ihm von vornherein so gut wie unmöglich, da die Spielstärke des Jenaer A-Bezirks durch die zwei dort vorhandenen Ligavereine bedeutend gehoben und dadurch dem Geraer „Provinz"-Bezirk ohne Liga erheblich überlegen wurde. Der Gaumeister kommt in die Liga - das alte Lied hier hei uns nimmt seinen Fortgang. Daß man an den maßgebenden Stellen nicht von dem Scheina F, daß nur der Gaumeister in die Liga aufrückt, abgehen will, hat hier ebensoviel Verzeiflung wie Verbitterung hervorgerufen. Ein anderer Unistand kommt hinzu: Die hiesigen „bürgerlichen" Vereine spielen erste Klasse, die Kartellvereine, deren Sache jetzt hier unheimlich - vielleicht mit aus all den eben angeführten Gründen - aufgeblüht ist, sind z. T. Liga oder Reserveliga. Daß diese Tatsache nicht nur für

das Publikum, sondern auch für viele Spieler eine große Versuchung bildet, liegt, so bedauerlich es ist, auf der Hand. Aller hiesigen Kreise hat sich allmählich die Auffassung bemächtigt, daß wir so nicht nur nicht weiterkommen, sondern allmählich ersticken. Deshalb rafft man sich endlich zur Tat auf und verlangt in schöner Einmütigkeit vom Kreis sein Recht. Daß verschiedene Pessimisten hier schon mit dem Gedanken eines Anschlusses an einen anderen Kreis des VMBV spielen, soll nicht verschwiegen bleiben, damit die maßgebenden Herren Klarheit über die Sachlage gewinnen.

Anfangs der letzten Woche berichteten die Thüringer Tagesblätter folgendes über die Thüringer Kreisvorstandssitzung am 9. April: „ Man kam überein, zwei Bezirke zu schaffen, und zwar eine Nord- und eine Südliga. Der Nordliga sollen angehören die Städte Jena, Weimar, Apolda, zwei Erfurter Vereine, Gotha und Mühlhausen. Die Südliga dagegen wird sich zusammensetzen aus Coburg, Zella, Ilmenau, dem Meister von Südthüringen und Westthüringen sowie zwei oder drei Erfurter Vereine. Fällt bei den Gaumeisterschaftsspielen in der Nordliga Apolda oder Mühlhausen aus, so wird Ilmenau zur Nordliga geschlagen. Fällt einer der zwei Gaumeister von der Südliga aus, so spielen drei Erfurter Vereine in der Südliga."

## 1921/22

In diesem Spieljahr erkämpfte sich in den beiden Staffeln der Kreisliga Thüringen SpVg. Erfurt und 1. SV Jena jeweils die Staffelmeisterschaft. Das Endspiel dieser beiden Staffelsieger um die Kreismeisterschaft gewann dann der 1. SV Jena nach Verlängerung mit 3:2.

Der Vorstand des Kreises Thüringen meldete aber hinsichtlich des Punktekontos (die SpVg. Erfurt hatte 24:0, der 1. SV 03 Jena nur 18:6 Punkte auf dem Konto), das beide Vereine in den Staffelspielen erreichten, die SpVg. Erfurt als Teilnehmer an den Spielen um die mitteldeutsche

Meisterschaft. Hier die Abschlustabelle der Spiele um die mitteldeutsche Meisterschaft:

| | | | | |
|---|---|---|---|---|
| 1. SpVg. Leipzig | 17: 1 | 12: 0 |
| 2. Chemnitzer BC | 12: 9 | 9: 3 |
| 3. FC Dresdner Fußballring | 9: 8 | 8: 4 |
| 4. SV Halle 1898 | 13: 6 | 6: 6 |
| 5. FC Konkordia Plauen | 8:18 | 4: 8 |
| **6. SpVg. Erfurt** | **12:17** | **3: 9** |
| 7. Magdeburger SV Fortuna | 5:17 | 0:12 |

In den Spielen um die deutsche Meisterschaft schaltete der 1. FC Nürnberg die SpVg. Leipzig am 21. Mai 1922 durch einen 3:0-Sieg aus.

## 1922/23

Als dieses Spieljahr begann, war die Kreisklasse Thüringen nicht mehr wie im Jahr zuvor in zwei Staffeln eingeteilt, sondern in vier Gruppen (Nord, Ost, West und Süd), wobei die Gruppe Süd als einzige Gruppe aus zwei Staffeln bestand. Diese neue Einteilung stieß nicht überall auf Gegenliebe. Es gab eine ganze Reihe Kritiker. Das zeigte sich auch im nachfolgenden Bericht, der in der Presse veröffentlich worden und Ausdruck der damaligen Stimmung war.

# Die 1. Klasse im Kreise Thüringen

## Die kommenden Ligavereine

So mir nichts, dir nichts, einfach zahlenmäßig aus allen Gauen so und so viele Vereine der ersten Klasse zur Liga zu ernennen, wie es der Thüringer Kreistag getan, war wirklich nicht die richtige Lösung! Dadurch, daß nicht lediglich die effektive Spielstärke für die Aufrückung iti-sc)ilageel)en(1 war, werden wir im kommenden Spieljahre wohl recht sonderbare Ueberraschungen erleben.

Schon heute hat der Kreisvorstand allerhand Schwierigkeiten durchzumachen, ehe er überhaupt zu den neuen Ligavereinen.kommt, Seine wiederholten Termine, ihm die Gaumeister zu melden, sind bisher nur teilweise eingehalten worden, so daß man den Eindruck hat, daß hier Verfügungen erlassen worden sind, über deren Durchführungsmöglichkeit man sich nicht unterrichtet hat.

Ist es nicht bezeichnend für die künftige Ligastärke einzelner Kandidaten, daß z. B. der Erfurter Anwärter, der MTV-Erfurt, im Entscheidungsspiel um die Gaumeistcrschaft eine Niederlage gegen die Ligareserve des SC-Erfurt erlitt? Daß damit die Ligareserve des SC Gaumeisterehran errang, während die unterlegenen Turner über ihre Bezwinger hinweg in die Liga gesetzt werden? Streng genommen, tnüßte der Dritte des Nordthürfnger Gaues, der noch nicht einmal teststellt ist, von der Ligaaufrückung ausgeschaltet werden.

Pfiffige Köpfe werden aber einen Ausweg finden, um dem Kreistagsl,eschluß, wonach der Erste und Zweite aus der Gaumeisterschaft zur Liga befördert werden, gerecht zu werden. Fest steht jedenfalls, daß in Nordthüringen, wo im kommenden Jahre das Gros der spielstärksten Klubs des Kreises in einer Gruppe spielt, der Zuwachs keine Freude erleben wird. MTV-Erfurt und SV Arnstadt sind guter Durchschnitt der ersten Klasse; nicht mehr! Kaum mehr Bedeutung haben die Anwärter im Wartburggau, wo Wacker-Gotha und Preußen-Langensalza die „Glücklichen" sind.

Schon jetzt hört man von ihnen das stolze Prädikat Liga verkünden, aber die Taten? Möge ihnen die Hoffnung nicht allzusehr versalzen werden!

Wesentlich anders ist die Ligafähigkeit im Osten Thüringens zu beurteilen. Hier sind eine ganze Reihe Vereine der ersten- Klasse vorhanden, die ihr Können gegen leistungsfähige Ligamannschaften schon unter Beweis gestellt haben. Mannschaften wie VfB-Apolda, Konkordia-Gera und Spielvereinigung-Jena werden der Lign keine Schande machen. Nach Heraufrückung in die ersehnte Gruppe werden die neuen Ligisten zweifellos auch bestrebt sein, ihre Ligaform zu erhalten und verbessern. Es ist nicht ausgeschlossen, daß aus den industriereichen Orten des Ostgebietes in absehbarer Zeit auch einmal ein Thüringer Meister ersteht. So steht es schon ganz eigenartig nördlich des Thüringer Waldes,

Jenseits des Gebirges ist der Gau Südthüringen, das 'Sonneberg-Coburger Gebiet zuerst zu nennen. Hier wird in der ersten Klasse auch ein ganz annehmbarer Fußball gespielt. Die Verstärkung der Liga hat hier, da zwei neue Städte in Frage kommen, das eine Gute, daß der Werbegedanke noch mehr Raum gewinnt. SV-Oberlind wie auch SV-Neustadt werden sich gegen die bisherigen Ligavereine VfB-Koburg und FCLauscha gut halten, das steht fest.

In Westthüringen hapert es seit Filbrichs Abgang sehr. Heute weiß man dort noch nicht: wen trifft das Los, Thüringer Ligaverein zu werden. Gut steht der TV-Mehlis. Allen Anschein nach wird das kleine Waffenstädtchen Zella-Mehlis künftig drei mitteldeutsche Ligavertreter haben. Bei dieser Zersetzung kann natürlich nicht mit einer sonderlichen Spielstärke gerechnet werden. Schon das verflossene Jahr bewies, daß für den Westen kein Gewinn aus der Verpflanzung der Ligä auf die Höhenorte entstanden ist.

Durch die gewaltsame Vermehrung der Ligavereine wird die Bedeutung der ersten Klasse leider noch mehr herabgedrückt. Gute Spieler dejeser Klasse werden versuchen,. in den Ligavereinen unterzukommen, den erstklassigen Spielen wird jeder Zuzug fehlen, sehr zum Schaden der Sache. Die leider nicht von der Ligasonne beschienenen Vereine mögen sich aber nicht entmutigen lassen. Gerade die Mannschaften der ersten und unteren Klassen sind das Material, das den Verbandsbau festfügt, deren aufmerksame Pflege sich die Vereinsleitungen und Behörden mindestens ebenso angelegen sein lassen müssen, wie es bei der Liga leider oft zu viel der Fall ist.

Marry

In der Endrunde um die Kreismeisterschaft, die in 1922/23 zum letzten Mal in dieser Form ausgetragen wurde, setzte sich der SV 01 Gotha durch und holte sich den Titel des Thüringer Kreismeisters. Er nahm dann an den Spielen um die mitteldeutsche Meisterschaft teil. Im Viertelfinale unterlag er am 8. April 1923 in Erfurt gegen den VfB Leipzig mit 1:4 und schied damit aus. Der begonnene Versuch mit einer Thüringen-Liga war missglückt. Diese mit dem Spieljahr 1918/19 eingeführte Klasse bewährte sich nicht. Besonders die kleineren Vereine leisteten Widerstand und wehrten sich besonders dagegen, dass der Verband für höherklassige Mannschaften aufwendige Fahrtkosten erstattete. Die für den Wettkampfbetrieb schwierige geographische Struktur Thüringens sowie unzureichende Verkehrsverbindungen waren weitere Ursachen, dass es mit dem Projekt einer Thüringen-Liga nichts geworden war. Mit Abschluss der Saison löste der Verband deshalb die Kreisliga und die 1. Kreisklassen in den Gauen auf und bildete in jedem Gau eine Gauliga.

## 1923/24

In diesem Spieljahr holten sich den Titel eines Gaumeisters SC 95 Erfurt (Nordthüringen), FC Wacker Gera (Osterland), 1. SV 03 Jena (Ostthüringen), SC 06 Oberlind (Südthüringen), SV 01 Gotha (Wartburg) und SC Zella-Mehlis (Westthüringen), die an den Spielen um die mitteldeutsche Meisterschaft teilnahmen.

Sie spielten zunächst untereinander in der Vorrunde mit folgenden Ergebnissen: Oberlind - Zella-Mehlis 1:0, Gera - Jena 0:6, Erfurt - Gotha 1:2. Die drei Sieger erreichten das Achtelfinale und spielten dort wie folgt: Naumburg - Jena 2:1, Oberlind - Gotha 3:1.

Nun war nur noch der SC 06 Oberlind im Rennen und traf im Viertelfinale auf die Naumburger Sportvereinigung 1905. Es war ein Kampf auf Biegen und Brechen und erst nach Verlängerung mussten sich die Oberlinder mit 2:3 knapp geschlagen geben.

## 1924/25

Der Winter dauerte in dieser Saison sehr lange, so dass es im Februar 1925 zu zahlreichen Spielausfällen nicht nur im Waldgebiet, sondern auch im Bereich des Thüringer Beckens und im Flachland kam. Dennoch waren die Wettspiele rechtzeitig beendet und Gaumeister geworden SpVg. Erfurt (Nordthüringen), SpVg. 04 Gera (Osterland), 1. SV 03 Jena (Ostthüringen), 1. FC 07 Lauscha (Südthü-

ringen), VfL 04 Meiningen (Westthüringen), SV 01 Gotha (Wartburggau). Diese sieben Mannschaften spielten nun um die mitteldeutsche Meisterschaft und trafen zunächst untereinander in der Vorrunde am 8. März 1925 aufeinander. Die Ergebnisse: SpVg. Gera - 1. SV Jena 0:1, SpVg. Erfurt - VfL 04 Meiningen 8:1, SV 01 Gotha - Wacker Nordhausen 4:1; spielfrei war 1. FC 07 Lauscha.

Auch im Achtelfinale am 15. und 22. März 1925 blieben die Thüringer Mannschaften bei den Ansetzungen noch einmal unter sich. Es spielten 1. SV 03 Jena - 1. FC 07 Lauscha 5:0 und SpVg. Erfurt - SV 01 Gotha 1:2.

Im Viertelfinale, das am 29. März und am 5. April ausgetragen wurde, unterlag der Hallesche FC Wacker gegen den 1. SV 03 Jena mit 0:3, der SV 01 Gotha hatte ein Freilos.

Es folgte das Semifinale am 10. April. Der VfB Leipzig gewann gegen SV 01 Gotha mit 4:2, aber der Dresdner SC GutsMuths verlor gegen den 1. SV 03 Jena, der so das Finale erreichte.

Am 19. April wurde das Finale ausgetragen. In einem packenden Spiel hatte der VfB Leipzig die Nase vorn und gewann gegen die Jenenser mit 2:0.

Es folgten nun noch die Spiele um die deutsche Meisterschaft. Und da war auch als Thüringer Vertreter der 1. SV 03 Jena dabei, obwohl er doch bei der mitteldeutschen Meisterschaft nur Vizemeister geworden war. Das kam so: Der DFB hatte in einem Beschluss vom 1. 11. 1924 festgelegt, dass der mitteldeutsche Verband mit zwei Mannschaften an der Endrunde zur deutschen Meisterschaft teilnehmen kann. Auf einer Vorstandskonferenz des VMBV am 7. 3. 1925 wurde jedoch beschlossen, nicht den Vizemeister zu nominieren, sondern einen gesonderten Wettbewerb auszutragen. Der Sieger dieses Wettbewerbes hatte dann noch gegen den Vizemeister zu spielen. Sieger dieses Wettbewerbes, der allerdings nur zwei Mal ausgetragen wurde, war im Spieljahr 1924/25 der SC 95 Erfurt. Im hart umkämpften Qualifikationsspiel am 26. 4. 1925 siegte dann der 1. SV 03 Jena gegen den SC 95 Erfurt mit 2:1, nachdem es am Ende der regulären Spielzeit 0:0, zur Halbzeit der Verlängerung 1:1 stand. Somit nahm der 1. SV 03 Jena an der Endrunde teil.

Im Achtelfinale um die deutsche Meisterschaft musste der 1. SV 03 Jena am 3. Mai 1925 gegen den 1. FC Nürnberg spielen und verlor mit 0:2.

## 1925/26

In diesem Spieljahr holten sich den Titel eines Gaumeisters SpVg. Erfurt (Nordthüringen), Wacker Gera (Osterland), 1. SV 03 Jena

(Ostthüringen), SC 06 Oberlind (Südthüringen), SpVg. 06 Zella-Mehlis (Westthüringen), Wacker Nordhausen (Kyffhäuser) und Preußen Langensalza (Wartburggau). In den Spielen um die mitteldeutsche Meisterschaft trafen sie zunächst in der Vorrunde am 7. März 1926 aufeinander, wobei es folgende Ergebnisse gab: FC Wacker Nordhausen - FC Preußen Langensalza 1:2, SpVg. 06 Zella-Mehlis - SpVg. Erfurt 2:4, FC Wacker Gera - 1. SV 03 Jena 7:3; ein Freilos hatte SC 06 Oberlind.

Im Achtelfinale am 14. 3. 1926 spielten dann Spvg. Erfurt - Preußen Langensalza 0:3 und SC 06 Oberlind - FC Wacker Gera 3:0. Und im Viertelfinale am 21. 3. 1926 in Gotha gewann SC 06 Oberlind gegen - Preußen Langensalza mit 2:1.

Damit waren von den Thüringer Mannschaften nur der SC 06 Oberlind weitergekommen. Doch auch für ihn war dann im Semifinale am 11. 4. 1926 in Leipzig vor 7601 Zuschauern im Spiel gegen Fortuna Leipzig nach einer 1:9-Niederlage Endstation.

## 1926/27

Am Spieljahresende waren nachfolgende Mannschaften Gaumeister, zum Teil wiederholt: SC 95 Erfurt (Nordthüringen), FC Wacker Gera (Osterland), 1. SV 03 Jena (Ostthüringen), SC 06 Oberlind (Südthüringen), FC 05 Zella-Mehlis (Westthüringen) und FC Preußen Langensalza (Wartburg).

*Im Kampf um die mitteldeutsche Meisterschaft erreichte in der Saison 1926/27 der SC 06 Oberlind als Thüringer Vertreter das Semifinale und unterlag am 27. März 1927 in Leipzig dem späteren mitteldeutschen Meister VfB Leipzig mit 1:5. Die historischen Fotos aus jenem Spiel, oben: Mit einer Glanzleistung verhindert der Leipziger Torwart Schmidt ein Kopfballtor des Oberlinder Stürmers M. Steiner; unten: Der tüchtige Oberlinder Verteidiger Weber (rechts) spitzelt dem Leipziger Angreifer Meißner den Ball vom Fuß.*

Im Kampf um die mitteldeutsche Meisterschaft spielten sie in der Vorrunde am 27. Februar 1927 mit folgenden Ergebnissen: FC Sportfreunde Halle - FC 05 Zella-Mehlis 4:0, SC 06 Oberlind - FC Preußen Langensalza 4:2, SC 09 Köthen - SC 95 Erfurt 1:2, SpVg. Falkenstein - 1. SV 03 Jena. Das Spiel Chemnitzer BC - FC Wacker Gera fiel aus, so dass beide Mannschaften im Wettbewerb blieben.

In der 1. Zwischenrunde am 6. März gewann FC Wacker Gera gegen SpVg. Falkenstein mit 1:0, der SC 95 Erfurt unterlag gegen SC 06 Oberlind mit 1:2. In der 2. Zwischenrunde am 13. März kam nur noch ein Thüringer Vertreter weiter, denn der FC Wacker Gera unterlag beim VfB Leipzig mit 0:2, der SC 06 Oberlind aber siegte gegen den FC Sportfreunde Halle mit 6:3.

Die Oberlinder scheiterten dann aber wie schon ein Jahr zuvor wiederum an einer Leipziger Mannschaft auf dem Weg ins Finale. Am 27. März verloren sie im Semifinale gegen den VfB Leipzig mit 1:5.

## 1927/28

Die Wettspiele des Spieljahres waren in den Gauen zu Ende, da hatten sich erneut bekannte Vereine den Titel eines Gaumeisters geholt und damit die Berechtigung, an den Spielen um die mitteldeutsche Meisterschaft teilzunehmen. Es

waren VfB Erfurt (Nordthüringen), Wacker Gera (Osterland), SK Apolda (Ostthüringen), SC 06 Oberlind (Südthüringen), SpVg. Zella-Mehlis (Westthüringen), SV 01 Gotha (Wartburggau), VfB Eisleben (Kyffhäusergau) und VfL Duderstadt (Eichsfeldgau). Der SC 06 Oberlind zum Beispiel konnte seit 1923 schon den 4. Gaumeistertitel in seinen Besitz bringen, der SV 01 Gotha sich den 3. Titel holen.

In den Spielen um die mitteldeutsche Meisterschaft gab es in der Vorrunde, die am 11. und 18. März 1928 ausgetragen wurde, folgende Ergebnisse: SC Apolda - FC Victoria Güsten 6:1, FC Wacker Gera - SpVg. 1907 Meerane 6:3, Spvg. 06 Zella-Mehlis - SC Oberlind 1906 4:3 n. V., VfB Erfurt - VfB Eisleben 5:3 n. V., SV 1901 Gotha - VfL Duderstadt 6:2; im Achtelfinale am 18./25. 3. 1928 spielten: FC Wacker Gera - SV 1901 Gotha beim Stande von 3:3 abgebrochen (das Wiederholungsspiel gewann dann Gera mit 2:1), SC Apolda - VfB Bitterfeld 2:1, Chemnitzer BC - VfB Erfurt 2:0, FC Victoria 1903 Leipzig - SpVg. 06 Zella-Mehlis 5:0.

Nur Wacker Gera und SC Apolda drangen also bis in das **Viertelfinale** vor und gewannen dort ihre Spiele jeweils mit 5:2, die Geraer gegen den Plauener SuBC und Apolda gegen den Chemnitzer BC. Im **Semifinale** verloren dann aber beide, Apolda gegen den Dresdner SC hoch mit 1:16, Gera gegen den Halleschen FC Wacker mit 0:4. Mit einem 1:0-Sieg im **Finale** gegen Dresden holte sich Halle dann den Titel.

*Die Leipziger Mannschaften waren für die Thüringer in den 20er Jahren immer eine Nummer zu groß. So auch beim Achtelfinale um die mitteldeutsche Meisterschaft im März 1928, als die SpVg. 06 Zella-Mehlis gegen FC Viktoria Leipzig mit 05 verlor. Hier war der Zella-Mehliser Torwart in voller Aktion, doch die hohe Niederlage konnte auch er nicht verhindern.*

## 1928/29

In dieser Saison waren die Gaumeister SpVg. Erfurt (Nordthüringen), SpVg. 04 Gera (Osterland), SC Apolda (Ostthüringen), SC 06 Oberlind (Südthüringen), Gelb-Rot Meiningen (Westthüringen), Preußen 01 Langensalza (Wartburggau), Preußen 05 Nordhausen (Kyffhäusergau) und VfL Duderstadt (Eichsfeldgau).

Sie versuchten nun, sich im Kampf um die mitteldeutsche Meisterschaft durchzusetzen. Am 17. März 1929 spielten in der Vorrunde: FC Preußen Langensalza - VfL Duderstadt 11:3, Gelb-Rot Meiningen - VfB Coburg 0:4, Preußen Nordhausen - Spvg. Erfurt 4:7, SC Köthen 1909 - SC Apolda 0:2; spielfrei war FC Wacker Gera.

**Achtelfinale** am 24. 3. 1929: FC Preußen Langensalza - VfB Coburg 2:3, Spvg. Erfurt - SC Apolda 1:2, FC Wacker Gera - Chemnitzer BC 2:3; **Viertelfinale** am 7. 4.: Hallescher FC Wacker - VfB Coburg 1:4, SC Apolda - FC Sportfreunde Leipzig 2:4. **Semifinale** am 28. 4.: Dresdner SC - VfB Coburg 3:2. Dresden schlägt im **Finale** Chemnitz und wird mitteldeutscher Meister.

Am 20. März 1929 wurde unter der Überschrift „Aufhebung des Juli-Spielverbots" nachfolgende Meldung veröffentlicht:

„In Leipzig hielt der Verband Mitteldeutscher Ballspielvereine seine fällige Jahrestagung ab, zu der von den 27 Gauen 25 ihre Vertreter entsandt hatten. Der gedruckt vorliegende Jahresbericht wurde ohne Aussprache genehmigt. In Anbetracht der langen Fußballspielpause wurde beschlossen, dass Spielverbot für den Monat Juli aufzuheben."

Und noch eine weitere Meldung: „Mitteldeutscher Verbandstag in Meißen. Am 25. und 26. August tagte der Verbandstag des VMBV in Meißen. Außer der Wiederwahl des Verbandsvorstandes und einigen Satzungsänderungen brachten die unfruchtbaren Verhandlungen nichts von Bedeutung. Das Spielsystem bleibt, nachdem der Antrag des Verbandsvorstandes auf Schaffung von 8 Bezirken keine Mehrheit fand. Die Meisterschaft wird wieder nach Kreisen (Sachsen, Provinz Sachsen und Thüringen) ausgetragen wie vor dem Jahr 1922. Die Neuordnung im Verband soll zunächst durch Abbau der Gaubeamten vorbereitet werden. Der nächste Verbandstag soll in Plauen, der übernächste vielleicht in Coburg stattfinden."

## 1929/30

Gaumeister wurden in dieser Saison: SpVg. Erfurt (Nordthüringen), 1. FC Greiz (Osterland), SC Apolda (Ostthüringen), SV 08 Steinach (Südthüringen), SV Union Zella-Mehlis (Westthüringen) und FC Preußen 01 Langensalza (Wartburg).

Die Ergebisse im Kampf um die mitteldeutsche Meisterschaft, **Vorrunde** am 2. März 1930: 1. FC Greiz - FC Preußen Langensalza 2:7, SC Apolda - Weißenfels 4:2, FC Wacker Nordhausen - VfL Duderstadt 2:0, SV 08 Steinach - SV Union Zella-Mehlis 4:1; Freilos: Spvg. Erfurt.

Achtelfinale am 9. März 1930: SC Apolda - FC Preußen Langensalza 1:0, FC Wacker Nordhausen - Spvg. Erfurt 0:1, Plauen - SV 08 Steinach 1:2; **Viertelfinale** am 30. März 1930: Spvg. Erfurt - Hallescher FC Borussia 1:0, VfB Leipzig - SC Apolda 3:1, SV 08 Steinach - SV Sturm Chemnitz 1:2; **Semifinale** am 6. April 1930: Dresdner SC - Spvg. Erfurt 5:2, SV Sturm Chemnitz - VFB Leipzig 3:4 n. V.; **Finale** am 4. Mai 1930: VfB Leipzig - Dresdner SC 1:2.

## 1930/31

Recht interessant, wer in dieser Saison Gaumeister wurde: SC Stadtilm (Nordthüringen), FC Thüringen Weida (Osterland), 1. SV 03 Jena (Ostthürin-

gen), VfL Neustadt/Coburg (Südthüringen), FC Preußen 01 Langensalza (Wartburg), SpVg. 06 Zella-Mehlis und FC Wacker Nordhausen (Kyffhäuser). Sie kämpften nun um die mitteldeutsche Meisterschaft, wobei seit langem ein Thüringer Vertreter sogar das Finale erreichte. Die nachfolgenden Ergebnisse zeigen, welche Mannschaften dabei zu überwinden waren.

**Vorrunde** am 1. März 1931: VfL Neustadt/Coburg - FC Thüringen Weida 1:2, FC Wacker Nordhausen - Hallescher FC Wacker 0:6, Naumburger SpVg. - 1. SV 03 Jena 3:5, SC Stadtilm - Spvg. 06 Zella-Mehlis 2:1, FC Preußen Langensalza - VfL Duderstadt 6:1; **Zwischenrunde** am 8. März 1931: FC Thüringen Weida - FC Sportfreunde Leipzig 3:2, 1. SV 03 Jena - VfL Bitterfeld 1:0, FC Preußen 01 Langensalza - SC Stadtilm 4:0; **Viertelfinale** am 15. März 1931: FC Thüringen Weida - 1. SV 03 Jena 0:1, FC Preußen Langensalza - Magdeburger SV Fortuna 5:1; **Semifinale** am 22. März 1931: 1. SV 03 Jena - FC Preußen Langensalza 2:4.

Für den FC Preußen 01 Langensalza war es ein toller Erfolg, das Finale erreicht zu haben. Da war dann auch durchaus zu verschmerzen, dass er dieses Finale am 29. März 1931 vor 19 200 Zuschauern gegen den Dresdner SC mit 0:6 verlor.

Im Gau Nordthüringen war für Mai ein ordentlicher Gautag einberufen worden. Ein wichtiges Thema war dabei die finanzielle Situation des VfB Erfurt. Die Zeitung berichtete:

„Der Gau Nordthüringen hat zu seinem ordentlichen Gautag, Mittwoch, den 13. Mai ds. Js. in Erfurt die Einladung ergehen lassen. Anlaß zu der in diesem Jahre recht frühzeitigen Einberufung des Gautages, der zuerst als außerordentlicher Gautag vorgesehen war und der nunmehr als ordentlicher Gautag in Verbindung mit dem Fußball-Gautag einberufen ist, war der Antrag des Vereins für Bewegungsspiele e. V. Erfurt, der beabsichtigt, sich infolge seiner finanziellen Schwierigkeiten aufzulösen. Die Bewegungsspieler wollen dann zu dem neugegründeten Verein für Ballspiele 1930 Erfurt übertreten und beantragen zum Gautag, weiter in der ersten Spielklasse belassen zu werden. Der Gautag wird sich also mit diesem wichtigen Antrag zu befassen und außerdem die Jahresberichte der Gauleitung, die Neuwahlen und die Klasseneinteilung vorzunehmen haben. Erfreulicherweise stellte sich der Gauvorstand in seiner letzten Gausitzung auf den einzig richtigen Standpunkt, nur den satzungsgemäßen Aufstieg in höhere Spielklassen zu ermöglichen, d. h. also nur die Gaumeister steigen in die nächst höhere Spielklasse auf. In die 1. Klasse steigt der Ballspielclub 1907 Arnstadt erneut auf."

## 1931/32

Im Spieljahr 1931/32 qualifizierten sich als Gaumeister: SC 95 Erfurt (Nordthüringen), FC Thüringen Weida (Osterland), SC Apolda (Ostthüringen), SV 08 Steinach (Südthüringen), FC Preußen 01 Langensalza (Wartburg), SC 08 Wasungen (Westthüringen) und der FC Wacker Nordhausen (Kyffhäuser).

Ihre Spiele um die mitteldeutsche Meisterschaft, Vorrunde am 13. März 1932: SC Wasungen - Weißenfelser SpVg. Schwarz-Gelb beim Stande von 1:3 abgebrochen (das Wiederholungsspiel wurde am 20. März in Naumburg ausgetragen und endete mit einem 3:2-Sieg der Wasunger), VfL Duderstadt - SC Erfurt 9:7, FC Wacker Nordhausen - FC Preußen 01 Langensalza 4:3, VfL Bitterfeld - SC Apolda 4:5, FC Thüringen Weida - SV 08 Steinach 4:2.

**1. Zwischenrunde** am 20. März 1932: FC Wacker Nordhausen - SC Wacker Leipzig 0:10, Chemnitzer PSV - FC Thüringen Weida 10:2, SC Apolda - VfL Duderstadt 4:3; 27. März 1932: 1. VFC Plauen - SC Wasungen 5:1; **2. Zwischenrunde** am 3. April 1932: SC Wacker Leipzig - SC Apolda 3:2. Damit war auch der letzte Thüringer Vertreter ausgeschieden. Mitteldeutscher Meister wurde der Chemnitzer PSV.

## 1932/33

Die Gaumeister des Spieljahres: SC 95 Erfurt (Nordthüringen), FC Wacker Gera (Osterland), 1. SV 03 Jena (Ostthüringen), SV 08 Steinach (Südthüringen), FC Wacker Gotha (Wartburg) und SpVg. Gelb-Rot Meiningen (Westthüringen).

Es war das letzte Mal, dass die mitteldeutsche Meisterschaft nach dem alten Modus ausgetragen wurde, d. h. dass alle Gaumeister an den Spielen teilnahmen. Für die Thüringer Vertreter war dabei das Viertelfinale Endstation. Hier nun ihre Ergebnisse, Vorrunde am 5. März 1933: SC 95 Erfurt - VfL Duderstadt 13:1, FC Wacker Gera - Wacker Gotha 3:1; Achtelfinale am 12. März: SV 08 Steinach - FC Wacker Gera 3:0, SC 95 Erfurt - Gelb-Rot Meiningen 5:1, VfB Glauchau - 1. SV 03 Jena 3:2; Viertelfinale am 26. März: Chemnitzer PSV - SC 95 Erfurt 3:2, SC Wacker Leipzig - SV 08 Steinach 3:1.

Im Endspiel um diese letzte Meisterschaft des Verbandes Mitteldeutscher Ballspiel-Vereine schlug der Dresdener SC den Chemnitzer PSV in Dresden vor 20 000 Zuschauern mit 3:1.

## Die Entwicklung des Arbeiter-Fußballsports

Fußballspiele wurden nicht nur in der Organisation des DFB, sondern auch innerhalb der Arbeiterturn- und Sportbewegung ausgetragen. Ab dem Jahre 1909 war innerhalb der Arbeiter-Turnvereine gemäß Beschluss vom 1. Juni auf dem 9. ATB-Bundesturntages die Möglichkeit gegeben, Fußballabteilungen zu bilden. Aber erst nach dem Ersten Weltkrieg konnte sich dieser Beschluss auf einer breiteren Grundlage entfalten. Entscheidend für seinen Aufstieg waren in erster Linie die von den Werktätigen erkämpften Rechte. Die Mitgliederzahl der Arbeiterfußballer in den ersten Nachkriegsjahren stieg bedeutend an. Im Jahre 1920 zählte die Arbeiterfußballbewegung rund 50 000 Mitglieder.

Aber noch ein anderes Ereignis war von großer Bedeutung. Bis 1919 wurde der Fußball im Arbeiter-Turnerbund nur als Teil des allgemeinen Sport- und Spielbetriebes betrachtet. Er war noch keine selbstständige Organisation. Der neu gegründete Arbeiterturn- und Sportbund musste der schnellen Entwicklung dieser beliebten Sportart Rechnung tragen und dem Arbeiterfußball seine Selbstständigkeit gewähren.

So entstand 1919 innerhalb des Arbeiterturn- und Sportbundes die Sparte Fußball mit dem Bundesfußballausschuss an der Spitze. In den folgenden Jahren wurde der Fußball in der Arbeitersportbewegung zur populärsten Sportart. Kurze Zeit nach Erringung seiner Selbstständigkeit wurden innerhalb der Sparte Fußball vier Spielverbände gegründet: der Ostdeutsche Verband, der Mitteldeutsche Verband, der Norddeutsche Verband und der Süddeutsche Verband. Mit der Gründung dieser Verbände waren im Jahre 1920 erstmals die Voraussetzung für das Austragen der deutschen Fußballmeisterschaft geschaffen. Jede Mannschaft war berechtigt, an diesen Meisterschaften teilzunehmen, da alle Arbeiterfußballmannschaften in einer Klasse spielten. Jeder Verband ermittelte seinen Meister, die dann untereinander um den höchsten Titel kämpften.

Auf dem 12. ATSB-Bundestag forderten die Fußballer einen neuen organisatorischen Aufbau des Fußballsportes in den Bezirken und Kreisen des ATSB zur Durchführung von Serienspielen und Meisterschaften und das Recht auf Bildung und Wahl selbstständiger Leitungen bis zur Bildung eines Bundes-Fußballspielausschusses. Obwohl die offizielle Anerkennung als selbstständige Sparte Fußball im ATSB erst auf dem 13. Bundestag im Mai 1921 in München erfolgte, wurden diese Forderungen der Fußballfunktionäre allgemein anerkannt. Darüber hinaus wurde allen Kreisen empfohlen, Spielvereinigungen für Fußball nach dem Beispiel der Märkischen Spielvereinigung zu bilden. Ihnen wurde das Recht zugestanden, eigene gewählte Delegierte zum Bundestag zu entsenden.

In Thüringen fanden in allen Bezirken Gera, Weimar, Salza, Altenburg, Gotha, Coburg, Jena Eisenach und Zella-Mehlis/Schmalkalden Serienspiele statt und es gab schon Städtespiele.

Zur erfolgreichsten Mannschaft im Thüringer Land entwickelte sich der Turnverein aus Steinach. Unter dem großen Organisator Otto Matthai-Futt'n reichten die Spielverbindungen bis nach Wien. 1930 erreichten die Steinacher das Endspiel um die mitteldeutsche Meisterschaft. Am 23. 3. 1930 besiegten sie in Gera die Freien Turner Niederhaßlau durch zwei Tore von Alfred Gropp mit 2:0. Im Kampf um die deutsche Meisterschaft im Arbeitersport scheiterten sie aber dann an Altona-Bahrenfeld. Es war das einzigste Jahr, dass eine Thüringer Mannschaft die Endrunde erreichte. Und hier die Ergebnisse:
**Halbfinale, in Finsterwalde:** Kostebrau (Ostdeutscher V.) - TSV Nürnberg-Ost (Süddeutscher V.) 1:2; in Altona: SV Bahrenfeld (Norddeutscher V.) - TV Steinach (Mitteldeutscher V.) 7:1; **Finale** in Nürnberg: TSV Nürnberg-Ost - SV Bahrenfeld 6:1.

Im Spieljahr 1932/33 spielten folgende Mannschaften in drei Gruppen um die Thüringer Meisterschaft und belegten dabei diese Reihenfolge, **Ostthüringen:** 1. SpVg. Teuchern, 2. Gera-Pforten, 3. TV Crothaide und 4. Wacker Kahla; **Nordwestthüringen:** 1. Freie Turner Erfurt, 2. BV Salzungen und 3. Sondershausen; **Südthüringen:** 1. TV Steinach, 2. Steinbach-Hallenberg und 3. TV Könitz.

Die Gruppensieger spielten dann um die Thüringer Meisterschaft. Die SpVg. Teuchern schlug dabei den TV Steinach mit 6:0 und traf im Endspiel auf die Freien Turner Erfurt. In einem Bericht über dieses Spiel hieß es:

„Die Freien Turner Erfurt gewannen gegen SpVg. Teuchern 3:1 (2:1). 3500 Zuschauer hatten sich zu diesem Großkampf in Gera eingefunden. Er nahm aber für die meisten der Anwesenden einen unerwarteten Ausgang. Teuchern wurde als Kreismeister erwartet, doch Erfurt als die technisch bessere Mannschaft gewann verdient. Der vielgerühmte schußgewaltige Sturm Teuchern fand sich nur selten zu einheitlichen Leistungen."

Am 24. März 1933 verfügte die thüringische Staatsregierung das Verbot sämtlicher Arbeitersportorganisationen. Die Übernahme von Mannschaften war nicht möglich. Eine Ausnahme gab es jedoch, nämlich in Jena, wo durch Unterstützung des Glaswerkes Jena die Mitglieder des verbotenen Turnvereins „Glashütte" integriert wurden. Wie es sonst aussah, war in der Ausgabe der „Thüringer Tageszeitung" vom 10. Mai 1933 zu lesen, die auch amtliches Organ der Gaue West- und Südthüringen des VMBV war:

„Wir untersagen hiermit unseren Vereinen strengstens, jeglichen Spielverkehr mit dem Turn-Verein Steinbach-Hallenberg, weil dieser Verein die gesamte erste Mannschaft nebst Ersatzspielern des 'Arbeiter-Sportverein' aufgenommen hat. Diese Maßnahme verstößt gegen die Verordnung der Reichsregierung. Vereine, die dieser Anordnung nicht Folge leisten, setzen sich schwerster Strafe aus. Bis zur Klärung dieser Angelegenheit bleibt die Bekanntmachung bestehen."

## Die Jahre von 1933 bis 1945

Das Jahr 1933. Die politischen Veränderungen seit der Machtergreifung der Nazis am 30. Januar 1933 wurden in alle Lebensbereiche übertragen - auch auf den deutschen Sport. Im April gab es bereits Forderungen, die ca. 50 Turn- und Sportverbände umzugruppieren. Die Gleichschaltung sollte das Neben- und Gegeneinanderarbeiten der Verbände beenden. Im Einvernehmen mit dem Reichsminister des Innern, Dr. Wilhelm Frick, gab der Reichssportkommissar Hans von Tschammer und Osten am 24. Mai 1933 die neuen Richtlinien bekannt. Alle Organisationen des deutschen Sportes wurden der neuen politischen Struktur angepasst. Der Arbeiterturn- und -Sportbund und die Arbeitersportvereine wurden verboten. Die bisherigen Verbände wurden 15 neuen Fachverbänden zugeteilt, in denen die verschiedenen Sportarten, die Sportärzte/-lehrer und die Sportpresse eingeteilt sind. Die Leibeserziehung und die Teilnahme an regelmäßigen Sportübungen wurde vorgeschrieben.

Felix Linnemann, der 1. Vorsitzende des DFB, wurde im Juni zum Führer des Deutschen Fußball-Verbandes (Fachverband 2) ernannt. Nach dem DFB-Bundestag vom 8. Juli 1933 wurde bekannt gegeben, dass der Fußball-Verband in 16 Gaue, die den Bundesstaaten bzw. den preußischen Provinzen entsprechen, eingeteilt ist. Durch diese Aufteilung wurden jedoch teilweise traditionelle Nachbarn verschiedenen Gruppen zugeordnet. Jeder Gau wurde von einem Gauführer in eigener Verantwortung geleitet. Die teilnahmeberechtigten Vereine für die Saison 1933/34 bestimmten die jeweiligen Gauführer. Hierbei sollten die spielstärksten Vereine, aber auch die Vertretung jeder deutschen Großstadt berücksichtigt werden. Die Gaue wurden in Bezirke und Kreise unterteilt.

Und das waren die neuen 16 Gaue: Gau I Ostpreußen, II Pommern, III Brandenburg, IV Schlesien, V Sachsen, VI Mitte, VII Nordmark, VIII Niedersachsen, IX Westfalen, XI Niederrhein, XI Mittelrhein, XII Nordhessen, XIII Südwest, XIV Baden, XV Württemberg und XVI Bayern. Durch Eingliederung (Anschluss) von Ländern, Kriegseroberungen und neuen Gebietseinteilungen kamen ständig weitere Gaue hinzu.

Die 16 Gaumeister spielten von da an am Ende einer jeden Saison um die deutsche Meisterschaft. Sie waren in vier Gruppen mit je vier Mannschaften eingeteilt, die in einer Doppelrunde die Gruppensieger ermittelten. Diese vier spielten dann im K.o.-System weiter.

Die Saison 1933/34 begann mit dem 1. Spieltag am Sonntag, den 3. September 1933.

Die „Mitteldeutsche Sportzeitung", das amtliche Organ des VMBV, veröffentlichte in der Ausgabe 26/1933 auf der Seite 397 einen Artikel, in dem es hieß:

Tradition und Kameradschaft sind zwei mit dem Sport eng verbunden Begriffe, die zu seinen schönsten Idealen zählen und die Aktiven über die Zeit ihrer Sporttätigkeit in vorderster Front hinaus zusammenschließen. Und gerade im Fußball hat sich dieser Geist alter Sportkameradschaft in bemerkenswerter Weise überall erhalten und findet in den Vereinen als Trägerin der Bewegung eine Stätte der Pflege und Förderung.
Die Verbandstage der vergangenen Zeit haben wenig positive Arbeit geleistet, aber viel Opposition der Vereine gebracht, ein Beweis dafür, das manches faul im Staate Dänemark war. Wir behalten uns vor, sporthistorisch auf diese Tatsachen zu anderer Zeit näher einzugehen. Tradition und Kameradschaft kamen dabei oft zu kurz weg.

Der alte VMBV, gegr. 26. Dezember 1900,
tritt ab und wirbt zur letzten VMBV-Tagung mit folgenden Ausführungen:
„Zum letzten Male ruft der Verband Mitteldeutscher Ballspielvereine die Vertreter der Vereine zusammen, damit sie am 22. Juli in Jena an dem ordentlichen und anschließenden außerordentlichen Verbandstage teilnehmen. Schon die Tatsache der letztmaligen Einberufung sollte Ursache sein zu einer recht zahlreichen Beteiligung aus allen Teilen des Verbandsgebietes, für die auch noch einige andere Gründe anzuführen sind.
Die Verhandlungen werden diesmal nicht von besonders langer Dauer sein. Es wird daher mehr als früher Gelegenheit sein, die Freundschaftsbeziehungen, die sich zwischen den Verbandstagsteilnehmern aus den verschiedenen Gebieten des Verbandes durch die Arbeit am gemeinsamen Werk trotz mancher Gegensätzlichkeit letztmalig zu vereinen zu zwanglosem gegenseitigem Gedankenaustausch. Im Hinblick darauf, daß das Werk, an dem alle mitarbeiten halfen, in Zukunft unter anderen Formen und Bedingungen weitergeführt werden wird, dürfte die Gelegenheit hierzu allerseits gern willkommen geheißen werden.

Zu diesem Verbandstag schrieb die „Mitteldeutsche Sportzeitung" dann noch in einem Kommentar: „Die Nachricht von der Auflösung des VMBV hat nur in nichteingeweihten Kreisen Aufsehen erregt. Es handelt sich bei der bevorstehenden Maßnahme nur um eine formelle Angelegenheit. Der VMBV ist als Körperschaft eingetragen und hat eigene Satzungen. Wenn nun nach den Richtlinien des Reichssportkommissars die 16 Gaue im Reiche die Führung im gesamten Fußballwesen übernehmen sollen, dann muß ihnen auch juristisch die Macht dazu in die Hand gegeben werden. Das kann nur dadurch geschehen, daß die alten Verbände aufgelöst und die neuen Gaue gegründet werden."

Auf der Tagung des Reichsführer-Ringes des deutschen Sports, auf der die Gaueinteilung festgelegt worden war, wurde die Bildung der Gaue so begründet: „Die Einteilung in 16 Gaue hat sich als notwendig erwiesen, weil die Ausspielung und Austragung von Meisterschaften bei dieser Zahl ohne Schwierigkeiten durchzuführen ist. Grundsätzlich sind bei der Aufteilung die politischen Grenzen berücksichtigt worden. Ausnahmen, die sich aus verkehrstechnischen, politischen und spieltechnischen Gründen als notwendig gezeigt haben, sind bei den betreffenden Gauen vermerkt. Die Gaue sind weiter aufgeteilt in Bezirke, die Bezirke wieder in Kreise. Die Abgrenzungen sind von den betreffenden Gau- bzw. Bezirksvertretern festzulegen."

Für den Bereich des bisherigen VMBV bedeutete das eine Einteilung in zwei Gaue mit zusammen sieben Bezirken.
**Gau V (Freistaat Sachsen)** mit den Bezirken 1 Leipzig, 2 Plauen mit Zwickau, 3 Chemnitz, 4 Dresden mit Bautzen.
**Gau VI (Mitte)** mit den Bezirken 1 Magdeburg mit Freistaat Anhalt, 2 Halle-Merseburg, 3 Erfurt mit Thüringen.

Erst im April 1936 wurde dann der Deutsche Fußball-Bund aufgelöst. Es hieß dazu allgemein am 21. 4. 1936 in den Zeitungen:

„Die deutschen Turn- und Sportverbände haben am Sonnabend in Berlin das Werk der Einigung vollzogen und sich nach beschlossener Auflösung in den Deutschen Reichsbund für Leibesübungen eingegliedert. In allen Versammlungen kam der einmütige Wille zum Ausdruck, mitzuarbeiten am großen Gemeinschaftswerk des deutschen Sportes. Überall wurde die Auflösung der alten Verbände einstimmig beschlossen."

Gleich zu Beginn der Entscheidungen im Jahre 1933 mit dem neuen Spielsystem erhoben sich schon kritische Stimmen. Die „Mitteldeutsche Sportzeitung" schrieb damals:

„Bezirksligaklassen an Stelle der Gauliga? Das anläßlich der außerordentlichen Tagung des Deutschen Fußball-Bundes in Berlin von dem Bundesführer Linnemann angekündigte neue Spielsystem, das in den neugeschaffenen 16 Gauen eine Oberliga mit 10 Vereinen und zwei Gauligagruppen von je 12 Vereinen vorsieht, begegnet in seiner Durchführung verschiedenen Schwierigkeiten. Während die Oberliga ohne weiteres einführbar ist, stehen der Einteilung der Gauligagruppen ernste Bedenken entgegen, weil die Reisekosten in vielen Fällen eine zu hohe und nicht tragbar erscheinende Belastung darstellen. Daher wird neuerdings vorgeschlagen, an Stelle der Gauligagruppen eine Unterteilung in Bezirksligaklassen vorzunehmen, weil diese Regelung sich in die neue Organisation des deutschen Sports besser eingliedert, da die Gaue sowieso nach den Richtlinien des Reichssportkommissars in Bezirke aufgeteilt sind. Die Zahl der Bezirke ist in den einzelnen Gauen verschieden und richtet sich nach den lokalen Verhältnissen. Die Bezirke sind häufig durch große Entfernungen getrennt, so daß die Schaffung von Gauligagruppen Schwierigkeiten mit sich bringt und in wirtschaftlicher und verkehrstechnischer Hinsicht die Einrichtung von Bezirksligaklassen vorteilhafter sein dürfte. Entsprechende Vorstellungen über eine Änderung der vorgesehenen neuen Einteilung sind in Berlin erfolgt."

Die Vorschläge wurde beachtet. Und so gab es im Gau Mitte neben der Gauliga drei Bezirksklassen, in Thüringen, es war der Bezirk 3 des Gaus, also die Bezirksklasse Thüringen. Die drei Bezirksklassenmeister ermittelten dann in einer Aufstiegsrunde jeweils zwei Aufsteiger zur Gauliga, aus der die zwei letzten Mannschaften in die Bezirksklasse abstiegen. Die Bezirke wiederum waren in Kreise eingeteilt, im Bezirk Thüringen waren es sechs Kreise. Die sechs Kreismeister ermittelten dann in Aufstiegsrunden, bei der jeder gegen jeden spielte, die zwei oder auch mehr Aufsteiger zu Bezirksklasse Thüringen.

In der Zeit von 1933 bis 1944 bestimmten zwei Mannschaften das Niveau in der Gauliga, SV 05 Dessau und 1. SV 03 Jena. Seit der Saison 34/35 machten diese beiden die Meisterschaft jeweils unter sich aus. Die Dessauer holten sich sechs, die Jenenser vier Gaumeistertitel. Für den 1. SV 03 Jena war es schwer, den Konkurrenten aus Sachsen-Anhalt Paroli zu bieten, aber es gelang. In Thüringen war und blieb Jena ein Zentrum des Spitzenfußballs. Damals hieß es in einer Zeitung:

„Diese besten Jahre der Jenenser von 1934 - 38 standen im Zeichen des Trainers Josef Pöttinger, Altinternationale aus München. In dieser Zeit profilierte sich der Mittelläufer Heinz Werner zum Spitzenspieler, der vielfach in der Gauauswahl stand und am 25. August 1935 in Erfurt vor 37 000 Zuschauern zum Einsatz in der Nationalmannschaft kam. Dieses Spiel, in dem Deutschland mit 4:2 gegen Rumänien siegte, war das erste Fußball-Länderspiel auf thüringischem Boden."

Neben dem 1. SV 03 Jena vertraten auch SC 95 Erfurt, SpVg. 02 Erfurt, Thüringen Weida, SV 08 Steinach und 1. FC 07 Lauscha den Thüringer Fußball bestens in der Gauliga. Nun aber zu den einzelnen Spieljahren.

## 1933/34

Die Mannschaft von Wacker Halle wurde Gaumeister und nahm an den Spielen um die deutsche Meisterschaft teil. In ihrer Gruppe erzielte sie bei den Hin- und Rückspielen nachfolgende Ergebnisse: 1. FC Nürnberg - Wacker Halle 2:0/3:0, Dresdner SC - Wacker Halle 7:2/4:2. Gruppensieger wurde der 1. FC Nürnberg. Er verlor das Endspiel gegen Schalke 04.

Den Titel des Thüringer Meisters holte sich der 1. FC 07 Lauscha, konnte sich jedoch in den Aufstiegsspielen zur Gauliga nicht durchsetzen.

Aus der Bezirksklasse Thüringen, der höchsten Spielklasse des Landes, mussten die zwei Tabellenletzten in die 1. Kreisklasse absteigen. Von den sechs Kreismeistern, die in einer einfachen Runde um den Aufstieg zur Bezirksklasse kämpften, setzten sich SV 04 Schmalkalden und 1. SC 04 Sonneberg durch. Hier die Abschlusstabelle dieser Aufstiegsrunde:

| | | |
|---|---|---|
| **SV 04 Schmalkalden** | **17: 6** | **8: 2** |
| **1. SC 04 Sonneberg** | **10: 8** | **7: 3** |
| Eintracht Altenburg | 18: 9 | 5: 5 |
| VfB 1910 Apolda | 14:13 | 5: 5 |
| Sportring Erfurt | 10:12 | 5: 5 |
| SpVg. 99 Mühlhausen | 7:28 | 0:10 |

In diesem Spieljahr legte der Deutsche Fußball-Bund auch ein einheitliches Spielverbot fest. In der Pressemitteilung dazu heißt es: „Es wurde ein einheitliches Spielverbot für Fußball festgelegt. Nach der neuen Spielordnung des Deutschen Fußballbundes ist die Sommerspielpause nunmehr für das gesamte Reichsgebiet einheitlich geregelt. Sie dauert in diesem Jahr vom 2. Juli bis zum 15. August. Gesuche um Sondererlaubnis sind zwecklos."

## 1934/35

Den Titel des Gaumeisters holte sich der 1. SV 03 Jena und durfte damit an den Spielen um die deutsche Meisterschaft teilnehmen. In seiner

Gruppe erzielte er in den Hin- und Rückspielen folgende Ergebnisse: Stuttgart - Jena 1:2/3:1, Fürth - Jena 2:0/1:0 und Hanau 93 - Jena 0:1/2:0. Gruppensieger wurde Stuttgart, unterlag dann im Endspiel gegen den SV Schalke 04 mit 4:6. Schalke wurde so deutscher Meister.

Thüringer Meister wurde in der Bezirksklasse der 1. FC 07 Lauscha und stieg in die Gauliga auf. Aus der Bezirksklasse stiegen Wacker 07 Gotha und SC Stadtilm in die 1. Kreisklasse ab.

In einer Aufstiegsrunde mit Hin- und Rückspielen ermittelten die sechs Kreismeister drei Aufsteiger zur Bezirksklasse. Die Abschlusstabelle:

| | | | |
|---|---|---|---|
| VfB 1910 Apolda | 24:13 | 14: 6 |
| VfB Sömmerda | 22:20 | 12: 8 |
| SpVg. Eisenach | 13:18 | 11: 9 |
| Konkordia 1910 Gera | 21:19 | 9:11 |
| SpVg. Neuhaus | 21:23 | 8:12 |
| FC 02 Barchfeld | 20:28 | 6:14 |

1935 war nach der Machtergreifung der Nazis die Umgestaltung des Sports zu einer nationalsozialistischen Sportbewegung annähernd abgeschlossen. Da begann nun auch ein erbitterter Kampf gegen das Judentum, in den der Sport mit hineingezogen wurde. Der Suhler Hans Nothnagel hat in seinen sechs Bänden „Juden in Südthüringen" über ein bemerkenswertes Fußballspiel geschrieben. Es handelt sich dabei um die Akteure des FC Schwarz-Gelb Schwarza, einer kleinen Gemeinde im Kreis Suhl. Hier die von Hans Nothnagel niedergeschriebene Geschichte:

„Im Sommer des Jahres 1935 warf hier ein außergewöhnliches sportliches Ereignis seine Schatten voraus. Die Fußballfans waren begeistert. Der Libero ihrer 'Schwarz-Gelb'-Mannschaft hatte es fertiggebracht, eine der spielstärksten Mannschaften der damaligen Zeit in Deutschland, die Spielvereinigung Schweinfurt 05, zu einem Freundschaftsspiel in seinem Heimatort zu gewinnen. Was aber die Wellen der Begeisterung bei den Fans so hochschlagen ließ, war die Ewartung: hier auf heimischem Rasen ihre Idole, die Nationalspieler Kupfer und Kitzinger auflaufen und Tore schießen zu sehen. Die Naziprominenz aber war entsetzt. Nicht wegen des sportlichen Höhepunktes an sich, sondern weil dieser, ohne Mitwirkung des nationalsozialistischen Reichsbundes, ausgerechnet von dem jüdischen Libero Martin Roßkamm organisiert worden war. Wie hatte das Martin Roßkamm zustande gebracht?

Der damals 21jährige, dessen Großmutter aus Kitzingen gebürtig war, hatte durch verwandtschaftliche und geschäftliche Verbindungen seines Vaters Kontakte zu den Idolen der deutschen Fußball-Nationalmannschaft Kitzinger und Kupfer aus Fürth. Über sie war es ihm gelungen,

mit der Spielvereinigung Schweinfurt das bevorstehende Fußballspiel zu organisieren. Pünktlich 13.45 Uhr liefen beide Mannschaften auf dem Fußballfeld ein und nahmen Aufstellung. Schiedsrichter Amberg aus Zella-Mehlis streckte seinen Arm aus, verwies auf die Geldmünze, die auf seiner flachen Innenhand lag, und fragte den Spielführer der Schweinfurter Mannschaft: 'Wappen oder Zahl?'

In diesem Augenblick, als die Seitenwahl erfolgen sollte, erreichten drei Männer, von denen einer ungewöhnlich dick war, den Anstoßkreis. Der Dicke war der Kreisleiter der Nazipartei, Otto Recknagel aus Steinbach-Hallenberg, der wegen seiner Körperfülle auch Doppelotto genannt wurde. Er forderte den Schiedsrichter auf, das Spiel nicht eher anzupfeifen, bevor nicht dieser Jude - dabei zeigte er auf Martin Roßkamm - das Spielfeld verlassen hätte. Diese Forderung rief den Protest der Spieler beider Mannschaften und bald auch der Zuschauer hervor. Stimmen wurden laut: 'Laßt ja den Martin drin.'

Schließlich brachten es Martins Mannschaftskameraden auf den Punkt. Wie aus einem Munde erklärten sie: 'Wenn Martin raus muß, spielen wir weder heute, noch jemals wieder.' So offensichtlich beeindruckt durch diesen Mannschaftsgeist und die immer unruhiger werdenden Zuschauer verließen der Kreisleiter und sein Begleiter den Sportplatz. Mit einer halben Stunde Verspätung begann das Spiel, in dessen Verlauf 13 Tore geschossen wurden, neun durch die Schweinfurter und vier durch die Einheimischen, mit dem 'unerwünschten' Martin Rohkamm.

Es war das letzte Spiel der 'Schwarz-Gelben', denn die Nazi-Machthaber duldeten in 'deutschen' Vereinen keine Juden. Martins Mannschaftskameraden aber bewiesen Charakter und standen zu ihrem Wort, ohne ihn spielten auch sie nicht mehr."

## 1935/36

Zum zweiten Mal hintereinander wurde der 1. SV 03 Jena Gaumeister und spielte um die deutsche Meisterschaft. In ihrer Gruppe erzielten die Jenenser in Hin- und Rückspielen folgende Ergebnisse: Jena - Wormatia Worms 3:1/1:3, Jena - 1. FC Nürnberg 1:5/0:3 und Jena Stuttgarter Kickers 1:0/0:2. Der 1. FC Nürnberg wurde Gruppensieger, gewann dann im Endspiel gegen Fortuna Düsseldorf nach Verlängerung mit 2:1 und war damit deutscher Meister.

Mit dem 1. SV 03 Jena war zwar eine Thüringer Mannschaft Gaumeister geworden, doch mit SV 08 Steinach und SC 95 Erfurt mussten zwei Thüringer Mannschaften aus der Gauliga absteigen. Eine Thüringer Tageszeitung schrieb dazu am 11. Mai 1936:

„Steinach hat's nun doch erwischt. In der mitteldeutschen Gauliga ist am zweiten Maisonntag die Entscheidung getroffen. Lauscha spielte gegen Viktoria 96 Magdeburg unentschieden 0:0. Das Torverhältnis entschied gegen Steinach, das mit dem SC Erfurt absteigen muss." Die Steinacher hatten wie die Magdeburger 16:20 Punkte. Ein Sieg der Lauschaer hätte Steinach den Klassenerhalt gebracht. Das ist der Fußball!

Thüringer Meister wurde Thüringen Weida, setzte sich in der Aufstiegsrunde durch und stieg in die Gauliga auf. Aus der Bezirksklasse ab stiegen Germania 07 Ilmenau und MSV Gera. Auch die Mannschaft Gelb-Rot Meiningen schied als ehemalige Reichswehrmannschaft aus der Bezirksklasse aus.

Die sechs Kreismeister spielten in einer Aufstiegsrunde mit Hin- und Rückspiel. Die Abschlusstabelle:

| | | |
|---|---|---|
| Eintracht Altenburg | 33:16 | 17: 3 |
| SC Apolda | 32:11 | 16: 4 |
| SC Stadtilm | 25:30 | 9:11 |
| Union Zella-Mehlis | 12:26 | 8:12 |
| Arnoldi 01 Gotha | 19:30 | 6:14 |
| SpVg. Neuhaus | 8:16 | 4:16 |

Für die Kreisklassen gab es Umbenennungen. Ab dem Spieljahr 1936/37 hieß der Kreis Ostthüringen nun Weimar, der Kreis Nordthüringen wurde Erfurt benannt und der Kreis Westthüringen hieß fortan Henneberg.

## 1936/37

Da SV 05 Dessau Gaumeister wurde, war keine Thüringer Mannschaft bei den Spielen um die deutsche Meisterschaft vertreten. Aus der Gauliga stieg keine Thüringer Mannschaft ab.

Tabellenerster der Bezirksklasse und damit Thüringer Meister war der SC 95 Erfurt geworden. Er schaffte in der Qualifikationsrunde der drei Bezirksklassenmeister den Aufstieg in die Gauliga. Aus der Bezirksklasse mussten absteigen SV 04 Schmalkalden und SV 1910 Kahla.

Die Aufstiegsrunde der sechs Kreismeister:

| | |
|---|---|
| VfB Pößneck | 13: 7 |
| FSV Rositz | 12: 8 |
| SpVg. Mengersgereuth-Hämmern | 10: 8 |
| SpVg. Eisenach | 8:10 |
| SC Stadtilm | 8:10 |
| FC 02 Barchfeld | 5:13 |

## 1937/38

Auch in der Saison 37/38 wurde keine Thüringer Mannschaft, sondern der SV 05 Dessau Gaumeister. In den Spielen um die deutsche Meisterschaft schied er in der Vorrunde aus. Gegen die übermächtigen Gegner Schalke 04, VfR Mannheim und Berliner SV 92 vermochte er sich nicht durchzusetzen.

Der SC 95 Erfurt, erst ein Jahr zuvor aufgestiegen, konnte sich in der Gauliga nicht behaupten und musste wieder in die Bezirksklasse absteigen. Dafür schaffte aber der Thüringer Meister SV 08 Steinach in der Qualifikationsrunde souverän den Aufstieg in die Gauliga, so dass Thüringen fünf der insgesamt zehn Mannschaften in der höchsten Spielklasse stellte.

Die Aufstiegsrunde der sechs Kreismeister zur Bezirksklasse, aus der Eintracht Altenburg und SpVg. 06 Zella-Mehlis abgestiegen waren, wurde nunmehr nach einem anderen Modus ausgetragen. Die Mannschaften waren in zwei Gruppen eingeteilt, in der in einer einfachen Runde jeder gegen jeden spielte. Die beiden Gruppensieger stiegen auf. Damit war wesentlich an Zeit eingespart, denn statt vorher zehn Spiele brauchten die Mannschaften nun nur noch zwei Spiele auszutragen. Hier der Abschlussstand:

### Gruppe A

| | | |
|---|---|---|
| SV 04 Breitungen | 5:4 | 2:2 |
| Manfred v. Richthofen Weimar | 4:4 | 2:2 |
| SV 99 Mühlhausen | 3:4 | 2:2 |

### Gruppe B

| | | |
|---|---|---|
| 1. SV Gera | 14: 4 | 4:0 |
| SC Stadtilm | 4: 5 | 2:2 |
| Siemens Neuhaus | 5:13 | 0:4 |

## 1938/39

Im letzten Spieljahr vor Beginn des Zweiten Weltkrieges holt sich SV 05 Dessau erneut den Titel des Gaumeisters, blieb aber in den Spielen um die deutsche Meisterschaft in der Gruppe 3 hinter Admira Wien, Stuttgarter Kickers und VfR Mannheim Letzter. Aus der Gauliga absteigen musste neben Fortuna Magdeburg mit der SpVg. 02 Erfurt auch wieder eine Thüringer Mannschaft. Dafür schaffte aber der Thüringer Meister 1. SV Gera in der Qualifikationsrunde der drei Bezirksklassenersten den Aufstieg in die Gauliga.

Wie schon im Spieljahr zuvor spielten die Kreismeister in zwei Gruppen, diesmal aber in einer Doppelrunde mit Hin- und Rückspiel um den Aufstieg in die Bezirksklasse. Der Abschlussstand:

**Gruppe A**

| | | |
|---|---|---|
| SpVg. Neuhaus | 16: 5 | 8:0 |
| SV 1910 Kahla | 5: 8 | 3:5 |
| SpVg. 1914 Neustadt/Orla | 3:11 | 1:7 |

**Gruppe B**

| | | |
|---|---|---|
| 1. Suhler SV 06 | 11: 4 | 8:0 |
| VfL Ruhla | 7: 5 | 4:4 |
| SC Stadtilm | 3:12 | 0:8 |

Die beiden Gruppensieger, SpVg. Neuhaus und 1. Suhler SV 06, stiegen in die Bezirksklasse auf.

## Der Fußball im Zweiten Weltkrieg

Am 1. September 1939 begann mit dem Überfall Hitler-Deutschlands auf Polen der mörderische Zweite Weltkrieg mit all seinen verhängnisvollen Folgen. Natürlich hatte das auch auf den Fußballsport enorme Auswirkungen. Normalerweise begannen in der ersten Septemberwoche immer die Punktspiele. Doch 1939 kam es anders. Durch die Einberufung vieler Fußballsportler zum Kriegsdienst waren viele Mannschaften geschwächt oder ganz und gar nicht mehr spielfähig. Deshalb wurden nicht mehr die üblichen Pflichtspiele ausgetragen. Außerdem wurde zunächst die Klasseneinteilung zum Teil aufgehoben, in den Kreisen gab es eine Einteilung der Mannschaften nach der geographischen Lage.

Veränderungen traten auch in der Gauliga und in der Bezirksklasse ein. Dazu hieß es in einem Zeitungsartikel: „Gauliga ohne Lauscha und Steinach. Auf Anordnung des Reichssportführers werden am ersten Dezember-Sonntag die Kriegs-Fußballmeisterschaften in allen Klassen gestartet. Die vereinsmäßige Zusammenstellung der Gauligen, Bezirksklassen usw. wurde den verantwortlichen Männern in den einzelnen Gauen unter Berücksichtigung wirtschaftlicher Gesichtspunkte übertragen. Was nun unseren räumlich verhältnismäßig weit auseinandergezogenen Gau Mitte angeht, so hat sich Gaufachwart Hädicke (Halle) entschlossen, die Kriegsmeisterschaft der Gauliga nur mit acht Vereinen durchzuführen. Er mußte auf die beiden Thüringer Vereine SV 08 Steinach und 1. FC Lauscha verzichten, da diese geographisch am ungünstigsten liegen und nur sehr schwer zu erreichen sind. Ein Verlust der Gauliga-Zugehörigkeit tritt jedoch nicht ein. Somit werden folgende Vereine die Gauliga vertreten: SV 05 Dessau, 1. SV 03 Jena, Cricket/Victoria Magdeburg, SV 99 Merseburg, VfL 96 Halle, Sportfreunde Halle, 1. SV Gera, FC Thüringen Weida. Auch in den drei Bezirksklassen werden Abweichungen auftreten. Der Bezirk Erfurt/Thüringen wird in eine West und eine Südgruppe eingeteilt."

Es war unter diesen Umständen schwierig, den Ablauf der Fußballspiele mit Ergebnissen und Tabellen in den Kriegsjahren zu erforschen. Dank gebührt den Mitarbeitern der Universitätsbibliothek Sportwissenschaft Leipzig, der Thüringer Staatsarchive Gotha, Meiningen, Rudolstadt und Weimar sowie der Kreisarchive Arnstadt, Schmalkalden und Suhl für die Unterstützung, die sie dabei gaben. Dennoch war es nicht möglich, die Spieljahre komplett darzustellen.

Viele Zeitungen aus der nationalsozialistischen Zeit waren nach dem Krieg schon wegen der in ihrem Zeitungskopf angebrachten Hakenkreuze vernichtet worden. Die Kriegsereignisse nahmen immer größeren Raum in der Berichterstattung ein, so dass für den Sport immer weniger Platz zur Verfügung stand. Durch die besonders von 1942 an immer größer gewordene Papierknappheit war der Umfang der Zeitungen stark eingeschränkt, über den Sport wurde demzufolge kaum noch berichtet. Am Ende unseres Buches „100 Jahre Fußball in Thüringen" sind die Tabellen des Thüringer Fußballs von 1919 an bis zum Spieljahr 1999/2000 veröffentlicht. Während sie ab 1949 exakt sind, treten in der Zeit davor, besonders in den fünf Kriegsjahren, große Lücken auf. Dennoch haben wir diese zum Teil unvollständigen Tabellen veröffentlicht, weil sie trotz alledem ein Bild vom Fußballgeschehen in der damaligen Zeit vermitteln.

Für die einzelnen Kriegs-Fußballspieljahre konnten bisher nachfolgende Einzelheiten erforscht werden, die allerdings, wie die Tabellen dieser Zeit, lückenhaft sind.

## 1939/40

Die Festlegung, die Klasseneinteilung zunächst aufzuheben, wurde nicht gerade mit Begeisterung aufgenommen, aber die Kreise hielten sich daran, weil es ja zumindest einen Notspielbetrieb, wenn auch in diesen unteren Klassen keine Pflichtspiele gab. Dann jedoch kamen die so genannten Kriegsmeisterschaften. Dazu hieß es in einem Zeitungsartikel:

„Die Anordnung des Reichssportführers, Kriegsmeisterschaften in fast allen Sportarten auszutragen, hat ganz besonders in Fußballkreisen ein begeistertes Echo ausgelöst. Gerade für den Fußballfreund bedeuten die Punktspiele das sprichwörtliche 'Salz in seiner Sonntagssuppe'. Es liegt ein ganz anderer Reiz im Wettspiel zweier Fußballmannschaften, wenn es um Meisterschaftspunkte geht. Allerdings - ein bestimmter Schutz mußte für die Vereine geschaffen werden. Dadurch, daß ein großer Teil der aktiven Sportler in allen Teilen der Wehrmacht zum Schutze der

Heimatgrenze steht, ist naturgemäß vielen Vereinen die Möglichkeit genommen, mit ihren stärksten Mannschaften anzutreten. Die erforderliche Ersatzeinstellung machte sich gerade bei den Fußball-Gauligamannschaften sehr unterschiedlich bemerkbar, wie man bei dem bisherigen Notspielbetrieb erkennen konnte. Aber in dieser Hinsicht erhalten alle Vereine insofern eine Sicherheit, als die Bestimmungen über Auf- und Abstieg außer Kraft gesetzt werden. Die Mannschaften, die unter den Verhältnissen einen Teil ihrer Stammspieler ersetzen müssen, sind von Anfang an von Abstiegssorgen befreit."

Die Kreise befolgten diese Anordnungen und begannen, ihre Klassen nach territorialen Gesichtspunkten zu gliedern. Während der Kreis Weimar mit acht Staffeln spielte, waren es im Kreis Osterland sieben Staffeln, im Kreis Erfurt vier Staffeln, in Südthüringen, Westthüringen und im Wartburgkreis je eine Staffel. Bis zum Beginn der so genannten Kriegsmeisterschaften am ersten Dezember-Sonntag trugen die Mannschaften in dieser Einteilung die Notspiele aus, die als Ersatz für die Pflichtspiele galten und mit Vor- sowie Rückkampf bestritten wurden.

Zu Beginn der Kriegsmeisterschaften im Dezember 1939 spielten dann aber in der Gauliga Mitte acht Mannschaften, in der Bezirksklasse Erfurt/Thüringen elf Mannschaften in zwei Staffeln (West mit fünf und Süd mit sechs), im Kreis Osterland zehn Mannschaften in zwei Staffeln, im Kreis Weimar acht Staffeln (die acht, sieben oder sechs Mannschaften umfassten), im Kreis Erfurt 30 Mannschaften in vier Staffeln (je acht bzw. sieben Mannschaften), im Kreis Henneberg neun Mannschaften in einer Staffel, im Kreis Südthüringen sieben Mannschaften in einer Staffel und im Wartburgkreis acht Mannschaften in einer Staffel. Alle übrigen Mannschaften, die nicht in diesen Klassen eingeteilt waren, trugen weiterhin nur Freundschaftsspiele aus.

Meister der Gauliga wurde der 1. SV 03 Jena. Er vertrat Thüringen bei den Spielen um die deutsche Meisterschaft, schied jedoch bereits in der Vorrunde aus. Der Abschlussstand in der Gruppe:

| | | |
|---|---|---|
| Dresdner SC | 9: 0 | 10:2 |
| TV Elmsbüttel/Hamburg | 10:10 | 7:5 |
| VfL Osnabrück | 11:14 | 4:8 |
| 1. SV 03 Jena | 7:13 | 3:9 |

In die Gauliga stieg aus der Bezirksklasse Thüringen der Meister der Staffel West, SC Apolda, auf und spielte dann um den Aufstieg in die Gauliga, da alle Mannschaften der Staffel Süd auf den Aufstieg verzichteten. Er kam in der Qualifikationsrunde hinter SpVg. Zeitz auf den 2. Platz und stieg damit in die Gauliga auf.

Nicht ganz so einfach war es herauszufinden, wer in die Bezirksklasse aufgestiegen war. Aus den verschiedensten Beiträgen in der Presse war Folgendes zu entnehmen:

Der Meister Südthüringens (Siemens Neuhaus-Schierschnitz) stieg, ohne sich qualifizieren zu müssen, in die Staffel Süd der Bezirksklasse auf, der Tabellenletzte (SC 06 Oberlind) stieg dafür in den Kreis Südthüringen ab. In der Staffel West war der VfB Sömmerda Absteiger in die Kreisklasse. Um den frei gewordenen Platz in der Bezirksklasse bewarben sich die Meister der Kreise Osterland, Weimar, Erfurt, Wartburg und Henneberg. Nun gab es eine Diskussion darüber, dass es doch nicht von Nachteil wäre, wenn zwei Kreismeister in die Staffel West aufsteigen würden, da diese Staffel mit nur fünf Mannschaften sehr schwach besetzt sei. Diese Anregung nahmen die Verantwortlichen zum Anlass zu entscheiden, dass alle Kreismeister in die Bezirksklasse aufsteigen können und keine Mannchaft aus der Bezirksklasse absteigt. Damit stiegen VfB Sömmerda und SC 06 Oberlind nicht ab und blieben in der Bezirksklasse. Der Kreis Osterland verzichtete auf einen Aufstieg. Somit stiegen die Kreismeister VfL 06 Saalfeld (Weimar), Germania 07 Ilmenau (Erfurt), SV 99 Mühlhausen (Wartburg) und SpVg. Suhl-Heinrichs (Henneberg) in die Bezirksklasse auf. Außerdem wurde dem Antrag des TSV Wildenheid entsprochen, in die Staffel Süd aufgenommen zu werden. Dieser Ort ist nur wenige Kilometer von Sonneberg entfernt und gehörte zum Kreis Coburg. Obwohl also der TSV Wildenheid zum Bayerischen Fußball-Verband gehörte, wurde er in den Thüringer Spielbetrieb eingereiht. So kam es denn, dass im neuen Spieljahr die Bezirksklasse zwei Staffeln mit je acht Mannschaften umfasste.

Und wieder einmal änderten die Verantwortlichen die Bezeichnungen für die einzelnen Klassen. Ab dem Spieljahr 1940/41 hieß die frühere Gauliga Bereichsklasse, die früheren Bezirksklasse nun 1. Klasse und die früheren Kreisklassen 2. Klasse.

## 1940/41

Der 1. SV 03 Jena wurde Meister der Bereichsklasse Mitte, spielte um die deutsche Meisterschaft und erzielte in seiner Gruppe folgende Ergebnisse: HSV - Jena 2:1/2:2, Jena - Königsberg 4:0/2:4. Damit schieden die Jenenser aus.

Aus der Bereichsklasse stieg mit dem VfB 1910 Apolda wieder einmal eine Thüringer Mannschaft ab. An den Aufstiegsspielen zur Bereichsklasse nahm der Meister der 1. Klasse Thüringen, der SC 95 Erfurt, teil. Nach Abschluss der Qualifikationsrunde war er hinter Wacker Halle und SV 96 Dessau zwar nur Letzter, da aber die Bereichsklasse auf zehn Mannschaften erhöht wurde, stiegen alle drei auf.

Aus der 1. Klasse stiegen Germania 07 Ilmenau, VfB Sömmerda und Siemens Neuhaus-Schierschnitz ab, von den Kreismeistern LSV Weimar/Nohra, VfB Erfurt und SV Heinersdorf auf.

## 1941/42

Wie schon oft zuvor erkämpfte sich wieder einmal der SV 05 Dessau die Meisterschaft in der Bereichsklasse, schied aber in den Spielen um die deutsche Meisterschaft in der Vorrunde aus. Als Thüringer Mannschaft stieg der FC Thüringen Weida in die 1. Klasse ab.

Meister der 1. Klasse Thüringen wurde die SpVg. Erfurt, setzte sich in der Qualifikationsrunde durch und stieg in die Bereichsklasse auf. Thüringen war damit mit vier von zehn Mannschaften dort vertreten.

Meister der 2. Klasse wurden LSV Rudolstadt (Weimar), Union Zella-Mehlis (Henneberg) und LSV Gotha (Wartburg). Die übrigen Meister waren bisher nicht in Erfahrung zu bringen.

Erneut gab es eine Veränderung für das nachfolgende Spieljahr 42/43. In der 1. Klasse Thüringen blieb die Staffel Süd in alter Form bestehen, die Staffel West aber wurde in zwei Gruppen aufgeteilt, in die neu aufgestiegen waren LSV Nordhausen, MSV Sondershausen, SV 09 Arnstadt, LSV Erfurt und TuS Schott Jena.

## 1942/43

Meister der Bereichsklasse Mitte wurde wieder der SV 05 Dessau, während in die 1. Klasse die SpVg. Zeitz und der 1. SV 03 Jena absteigen mussten. Aus Thüringen stieg keine Mannschaft in die Bereichsklasse auf, so dass nur noch drei Thüringer Mannschaften in der Bereichsklasse spielten.

Am 28. August 1942, also kurz vor Beginn der Punktspiele, zog der SV 99 Mühlhausen seine Mannschaft aus der 1. Klasse zurück, wenig später auch der LSV Gotha und MSV Sondershausen. So spielten in der 1. Klasse in der Staffel Nord, Gruppe 1 nur noch vier Mannschaften. In der Gruppe 2 blieb es bei sechs Mannschaften. Sechs Mannschaften spielten auch in der Staffel Süd: SC 06 Oberlind, 1. SC 04 Sonneberg, SV Heinersdorf, SV 08 Steinach, TSV Wildenheid, 1. FC 07 Lauscha und LSV Sonneberg. Die Abschlusstabelle dieser Staffel Süd war bisher nicht in Erfahrung zu bringen.

Keine Informationen zu finden waren auch zum Spielbetrieb der 2. Klassen. Dagegen gab es eine Nachricht über einen Erlass des Reichssportführers von Tschammer vom 22. Februar 1943:

„Zur Einordnung des Sports in die Aufgaben der totalen Kriegsführung trifft der Reichssportführer folgende Anordnung:

1. Die Leibesertüchtigung des Volkes ist kriegswichtig. Sie ist mit Nachdruck zu betreiben und zu fördern.

2. Sportliche Veranstaltungen und Wettkämpfe örtlichen und nachbarlichen Charakters bis zur Gaustufe sind zur Erhaltung des Arbeits- und Leistungswillens durchzuführen. Als nachbarlicher Sportverkehr gilt auch ein Verkehr über die Gaugrenzen bis zu einer Entfernung von 100 Kilometer in einer Richtung vom Heimatort. Ich behalte mir vor, über sportliche Veranstaltungen, die über diesen Rahmen hinausgehen, von Fall zu Fall zu entscheiden.

3. Länderspiele, internationale Wettkämpfe, Meisterschaften in der Reichsstufe usw. sind bis auf weiteres abzusetzen, weil Frontsoldaten nicht mehr verfügbar sind und Personen, die im Arbeitseinsatz stehen, hierfür nicht beurlaubt werden können."

Im März 1943 berichten die Zeitungen: „Der Anordnung des Reichssportführers über die Einordnung des deutschen Sports in die totale Kriegsführung haben nun die Führer der einzelnen Fachämter des NS-Reichsbundes für Leibesübungen bewogen, Vorschläge für die zukünftige praktische Gestaltung des Sports folgen zu lassen. Wie man sich in den einzelnen Fachämtern unter den gegebenen Verhältnissen den Sportbetrieb denkt, sei u. a. am Beispiel Fußball erläutert. Fortführung der Meisterschaften bis zur Ermittlung des Gaumeisters, Rundenspiele zwischen April und Juli, gegebenenfalls unter Fortfall der Klassenzugehörigkeit, Auswahlspiele zwischen Städte- oder Kreis-Auswahlmannschaften, Spiele mit Wehrmachtsmannschaften."

## 1943/45

Der SV 05 Dessau holte sich erneut den Meistertitel in der Bereichsklasse Mitte, scheidet aber in den Spielen um die deutsche Meisterschaft gegen Holstein Kiel mit 2:3 n. V. aus.

Die 1. Klasse bestand nicht mehr, die Mannschaften waren in die Kreise zurückgegeben. Dort wurde zwar noch bis zum Frühjahr 1945 gespielt, aber der Krieg ließ keinerlei geregelten Spielbetrieb mit Meisterschaften mehr zu.

# Der Neubeginn nach dem Zweiten Weltkrieg

Man schrieb das Jahr 1945. Am 8. Mai kapitulierte die deutsche Wehrmacht. Millionen von Menschen wurden im Zweiten Weltkrieg gemordet. Millionen deutscher Soldaten - darunter viele Fußballsportler - waren für Führer, Volk und Vaterland den Heldentod gestorben.

Zwölf Jahre Naziherrschaft hatten Deutschland in den Ruin getrieben. Hunderttausende von arbeitsfähigen Männern befanden sich in Kriegsgefangenschaft. Auf den Landstraßen bewegten sich endlose Züge von Flüchtlingen. Industrie und Landwirtschaft boten ein Bild der Verwüstung. Millionen Wohnungen lagen in Schutt und Asche. Es herrschte Hunger. Bedrückend und katastrophal war auch die geistige Hinterlassenschaft des Faschismus. Hitler hatte sich auch aller Mittel im Sport bedient, die Arbeitersportbewegung zerschlagen und die bürgerlichen Turn- und Sportvereine zur Unterstützung dieser Wahnsinnspolitik „gleichgeschaltet".

Am 2. Mai 1945 unterzeichneten die Repräsentanten der Siegermächte das Potsdamer Abkommen. In den politischen Grundsätzen - im Abschnitt A - war festgelegt „die Nationalsozialistische Partei mit ihren angeschlossenen Gliederungen und Unterorganisationen sind aufzulösen ..." Und am 10. Oktober 1945 wurde das Kontrollratsgesetz Nr. 2 erlassen, welches die Liquidierung aller faschistischen Einrichtungen und Organisationen anordnete. Ausdrücklich wurde der „Nationalsozialistische Reichsbund für Leibesübungen" genannt. Damit waren alle ehemaligen Sportvereine verboten und deren Eigentum in Volkseigentum überführt.

Wie sollte es im Sport weitergehen? Das war die Frage im Jahr 1945, obwohl man viele andere Sorgen hatte. Der Wunsch, Fußball zu spielen, war zwar vorhanden, aber der Anfang auch schwer. Es fehlte an Fußballschuhen, die Jerseys der alten Vereine waren meistens in Privathand, das Essen war knapp, die Lebensmittel rationiert. Es gab Lebensmittelkarten. Die Tagesration für einen Arbeiter betrug am 1. November 1945: 350 g Brot, 20 g Nährmittel, 300 g Kartoffeln, 30 g Marmelade, 25 g Fleisch, 10 g Fett und 20 g Zucker.

Trotz dieser Not, trotz der enormen Schwierigkeiten begann man wieder Fußball zu spielen. So kam es bereits im Herbst 1945, dass Kommandanten der Sowjetischen Militäradministration örtlich Sportveranstaltungen genehmigten. Wir erinnern uns, dass es vor allem die Fußballer waren, die den Neubeginn vollzogen. Die ersten Begegnungen fanden im unmittelbaren Umkreis statt, da zu den Spielen gelaufen wurde, oder es wurde auch mit dem Fahrrad - das einzigste Transportmittel - gefahren.

Im Jahr 1946 begann der Punktspielbetrieb auf Kreisebene, zum ersten Mal nach dem Krieg wurden wieder die Kreismeister ermittelt. Bisher ist es noch nicht gelungen, diese ersten Kreismeister in Erfahrung zu bringen, mit einer Ausnahme. So war am 14. Januar 1946 im „Thüringer Volk" zu lesen: „Nach fast fünfmonatiger Spielzeit haben die Fußballer ihren ersten Kreismeister nach dem Krieg ermittelt. Im Endspiel besiegte Suhl die Mannschaft von Zella-Mehlis mit 4:1." Sicher wird weitere Forschungsarbeit diese Lücken schließen können.

Obwohl zu dieser Zeit nur Spiele auf Kreisebene gestattet waren, wurden aber auch Freundschaftsspiele zu besonderen Anlässen gegen Mannschaften aus anderen Regionen genehmigt. So berichtete das „Thüringer Volk" am 20. 1. 1948: „Oberschöneweide vertrat Berlins Fußball mit gutem Erfolg in Erfurt. Im Rahmen einer Tagung der Vereinigung der Verfolgten des Naziregimes siegte die Oberspree-Elf über die spielstarke Thüringer Mannschaft von Erfurt-West vor 6000 Zuschauern knapp, aber nicht unverdient mit 2:1 (1:0) Toren."

Am 27. 1. 1948 berichtete das „Thüringer Volk": „Bei Vergleichskämpfen, die am Sonntag in Erfurt zwischen den Fuß-, Handball- und Hockey-Auswahlmannschaften der Kreise Erfurt und Weimar zugunsten der Volkssolidarität zum Austrag kamen, konnte die Weimarer Fußballkreisauswahl einen weiteren Erfolg erringen. Vor 8000 Zuschauern wurde von ihr die spielstarke Auswahlelf des Kreises Erfurt mit 2:1 (1:0) geschlagen."

Am 2. Mai traf im Erfurter Stadion die Stadtauswahl von Erfurt in einem Fußballspiel auf die Vertretung der Stadt Chemnitz. Beide Mannschaften trennten sich nach einem spannenden Kampf unentschieden 3:3.

In den Kreisen waren aber die Punktspiele in vollem Gange. Und am Ende des Spieljahres 1947/48 hatten nachfolgende Mannschaften den Kreismeistertitel erkämpft, im Kreis **Altenburg**: Altenburg-Nord, **Arnstadt**: Gräfinau-Angstedt, **Eisenach**: Tiefenort, **Erfurt**: Erfurt-West, **Gera**: Weida, **Gotha**: 1. SpG Gotha, **Greiz**: Triebes, **Hildburghausen**: Unterneubrunn, **Jena**: Ernst Abbe Jena, **Langensalza**: Großengottern, **Meiningen**: Breitungen, **Mühlhausen**: Blau-Weiß Mühlhausen, **Nordhausen**: Bleicherode, **Rudolstadt**: Bad Blankenburg, **Saalfeld**: Fichte Probstzella, **Schleiz**: Franken Wurzbach, **Schmalkalden**: Steinbach-Hallenberg, **Sondershausen**: Sondershausen, **Sonneberg**: Union

Schalkau, **Suhl**: Suhl, **Weimar**: Blau-Gold Apolda, **Weißensee**: Sömmerda und **Worbis**: Uder.

Mitte des Jahres 1948 kam es zu dem Beschluss, eine Ostzonenmeisterschaft auszutragen, der in Thüringen freudig begrüßt wurde. Jedes der fünf Länder der sowjetisch besetzten Zone hatte zwei Vertreter für die am 6. Juni beginnenden Rundenspiele zu melden. In einer Sitzung der Sportverantwortlichen der fünf Thüringer Bezirke wurde ein entsprechender Spielplan (K.o.-System) festgelegt, um die zwei Thüringer Vertreter zu ermitteln. Nordthüringen, Westthüringen, Mittelthüringen, Ostthüringen und Südthüringen stellten jeweils zwei Mannschaften für diese acht Ausscheidungsspiele, die in der Zeit vom 23. Mai bis 30. Mai 1948 in Gotha, Nordhausen, Weimar, Schleiz, Erfurt, Saalfeld und Arnstadt ausgetragen wurden. Für Nordthüringen waren qualifiziert Bleicherode und Großengottern, für Ostthüringen Altenburg-Nord und Wurzbach, für Südthüringen Meiningen und Suhl. Für Mittelthüringen war als erster Vertreter Erfurt-West nominiert, der zweite Vertreter wurde in einem Ausscheidungsspiel ermittelt, das Ernst Abbe Jena in Rudolstadt gegen Probstzella mit 8:1 gewann. Auch Westthüringen hatte erst einen Vertreter, es war Weimar-Ost. Der zweite Vertreter wurde am 21. Mai in Erfurt in einem Blitzturnier ermittelt, an dem die vier Kreisbesten 1. SpG Gotha, Sömmerda, Tiefenort und Gräfinau-Angstedt teilnahmen. Aus diesem Turnier ging Sömmerda als Sieger hervor und war damit der zweite Vertreter Westthüringens.

Nach den in fieberhafter Eile ausgetragenen Ausscheidungsspielen waren acht Mannschaften in das **Viertelfinale** gekommen und erzielten dort folgende Ergebnisse: Erfurt-West - Ernst Abbe Jena 2:1, Sömmerda - Franken Wurzbach 2:1, Weimar-Ost - Meiningen 2:1 n. V. und Suhl - Altenburg-Nord 2:0. Im **Halbfinale** schlug Sömmerda die Mannschaft von Erfurt-West mit 2:0, Weimar-Ost besiegte Suhl 4:2.

Sömmerda und Weimar-Ost vertraten nun also Thüringen bei den weiteren Spielen um die Ostzonenmeisterschaft. In der Ausscheidungsrunde unterlag Sömmerda dem Vertreter von Sachsen-Anhalt, der SG Burg, mit 0:1. Das „Thüringer Volk" berichtete am 15. 6. 1948: „ Vor etwa 10 000 Zuschauern standen sich am letzten Sonntag im Jenaer Stadion im Entscheidungskampf um die FDJ-Zonenmeisterschaft die Sportgemeinschaft Sömmerda und die SG Burg gegenüber. Obwohl Thüringens Vertretung eine bessere und geschlossenere Mannschaftsleistung zeigte, unterlag sie den blau-schwarzen Burgern mit 0:1 Toren."

Nun vertrat nur noch Weimar-Ost die Farben Thüringens. In der Vorrunde bezwangen die Weimarer den brandenburgischen Vertreter Cottbus-Ost mit 1:0 und waren damit im Halbfinale. Sie mussten in Dresden gegen die SG Planitz antreten und verloren vor 20 000 Zuschauern mit 0:5. Trotz dieser Niederlage haben sie Thüringen durch den beachtlichen 4. Platz, den sie bei dieser Ostzonenmeisterschaft belegten, würdig vertreten. Denn im Finale gewann dann Planitz gegen Freiimfelde Halle mit 1:0 und war damit erster Ostzonenmeister geworden.

In Thüringen selbst kam es in den Kreisen zu den letzten Höhepunkten des Spieljahres 1947/48. Das waren die Ausscheidungsspiele zur Landesklasse. Neben anderen gab es dabei solche Ergebnisse: Im Bezirk Nordthüringen behielt Sondershausen mit 3:1 Toren die Oberhand über Heiligenstadt-Gesundbrunnen. Einen 8:3-Sieg landete Salza über Dingelstädt. Großengottern verlor auf eigenem Platz gegen Bleicherode mit 4:6. Doch diese Ausscheidungsspiele waren wenig später null und nichtig, da der zentral verfügte sportliche Neubeginn auf demokratischer Grundlage die Annullierung erforderlich machte.

Es gab aber auch noch weitere interessante Spiele in jenen Monaten. Im Endspiel um den Pokal des Kreises Erfurt standen sich vor 4000 Zuschauern in der Blumenstadt Erfurt die beiden Ortsrivalen Erfurt-Ost und Erfurt-West gegenüber. In einem temporeichen Spiel gewann die Elf aus dem Erfurter Osten gegen ihren alten Rivalen Erfurt-West mit 2:1.

Neuer Meister im Kreis Rudolstadt wurde die Elf von Bad Blankenburg. Sie bezwang die SG Uhlstädt nach Verlängerung mit 2:1 Toren.

Im Kreis Meiningen holte sich Barchfeld den Meistertitel. Die Barchfelder gaben der Mannschaft von Einhausen/Obermaßfeld nach hartem Kampf mit 2:1 das Nachsehen. Aber überraschend wurde dann Breitungen als Kreismeister benannt. Bisher war noch nicht zu erforschen, welche Gründe es dafür gab.

Am 15. Juli 1948 teilten die Zeitungen mit, dass für die gesamte Ostzone ein Spielverbot für Fuß- und Handball bis zum 31. Juli besteht. Und schon am 30. Juni 1948 waren Neuregelungen im gesamten Ostzonensport veröffentlicht worden:

„Der Landessportausschuß der Freien Deutschen Jugend Thüringen gibt bekannt: Auf Anordnung der SMAD (Sowjetische Militäradministration in Deutschland) sowie nach Vereinbarung der FDJ und Massenorganisationen wird der gesamte Sport in der sowjetischen Besatzungszone durch die gebildeten Sportausschüsse der FDJ-Sportgemeinschaft im Kreis und Land durchgeführt. Aus diesem Grund sind die zur Zeit bestehenden Kreissportämter sofort aufzulösen. Sämtliche Verhandlungen sind mit dem Landessportausschuß der FDJ Thüringen, dem

Landessportbeauftragten Werner Wolfram, Weimar, zu führen. Die Richtlinien des Neuaufbaues werden in der am Donnerstag, 6. Juli, stattfindenden Tagung aller berufenen verantwortlichen Kreissportreferenten der FDJ bekanntgegeben. Beginn der Tagung 9.30 Uhr im Sitzungssaal der FDJ, Landesvorstand Weimar.

Bis dahin ist folgendes zu beachten:

1. Die Satzungen des Landes Thüringen der FDJ behalten bis zum Eintreffen der neuen Satzungen im gesamten Land ihre Gültigkeit.

2. Alle Sportunfallformulare sind sofort an den Landessportausschuß der FDJ Weimar zu senden.

3. Alle sportlichen Veranstaltungen über den Landesmaßstab hinaus müssen vier Wochen vorher schriftlich zur Genehmigung vorgelegt werden.

4. Landesmeisterschaften aller Sportarten werden auf Grund der Vorkommnisse in verschiedenen Kreisen und Bezirken nicht weiter durchgeführt. Nähere Ausführungen folgen.

5. Der Sportgruß heißt ab sofort 'Gut Sport'.

6. Sämtliche Abzeichen oder Leistungsabzeichen aller Art sind grundsätzlich verboten.

7. Berufssportveranstaltungen jeglicher Art bedürfen der Genehmigung des Landessportausschusses. Ohne Genehmigung dürfen auf Anordnung keine Berufssportveranstaltungen durchgeführt werden.

8. Alle Aufstiegsspiele im Hand- und Fußball zur Bezirks- und Landesklasse werden auf Grund entstandener Schwierigkeiten abgesagt und vom Landesausschuß eine Neuregelung getroffen.

9. Genau wie alle Kreissportämter so werden auch alle Schachverbände aufgelöst und unterstehen den FDJ-Sportausschüssen."

# 1948/49

Ab dem Spieljahr 1948/49 begann - unter Zugrundelegung der Gründung des Landessportausschusses - ein neuer Abschnitt in der sportlichen Entwicklung Thüringens. Um den technischen Sportbetrieb zu gewährleisten, wurden nunmehr vier Bezirke gebildet. Jeder Bezirk, mit Ausnahme von Ostthüringen, umfaßte sechs Kreise, in Ostthüringen waren es nur fünf.

Bezirk **Nordthüringen** (Sitz Nordhausen) mit den Kreisen Nordhausen, Worbis, Mühlhausen, Langensalza, Sondershausen, Gotha.

**Mittelthüringen** (Sitz Erfurt) mit Erfurt, Weißensee, Arnstadt, Weimar, Rudolstadt, Jena.

**Ostthüringen** (Sitz Gera) mit Gera, Greiz, Schleiz, Altenburg, Saalfeld.

**Südthüringen** (Sitz Suhl) mit Suhl, Meiningen, Eisenach, Sonneberg, Schmalkalden, Hildburghausen.

Im Fußball wurde nun in Thüringen mit Landesklasse, Bezirksklasse und Kreisklasse gespielt. Der Beginn der Pflichtspiele wurde einheitlich für alle Klassen auf den 15. 9. 1948 festgelegt. Im Bezirk Südthüringen gab es bereits im Spieljahr 47/48 eine Bezirksklasse mit zwei Staffeln, so dass hier bei der Aufstiegsfrage einiges zu berücksichtigen war. Um die Landesklasse zu bilden, waren Ausscheidungsspiele in den vier Bezirken mit jeweils sechs Mannschaften vorgesehen. Am Ende gab es nachfolgende Abschlusstabellen.

### Gruppe Mittelthüringen

| | | |
|---|---|---|
| Sömmerda (KM Weißensee) | 14: 6 | 9: 1 |
| Ernst Abbe Jena (KM Jena) | 11: 6 | 8: 2 |
| Erfurt-West (KM Erfurt) | 16: 6 | 6: 4 |
| Blau-Gold Apolda (KM Weimar) | 12: 8 | 4: 6 |
| Gräfinau-Angstedt (KM Arnstadt) | 9:20 | 3: 7 |
| Bad Blankenburg (KM Rudolstadt) | 6:22 | 0:10 |

### Gruppe Ostthüringen

| | | |
|---|---|---|
| Gera-Pforten (Vize-KM Gera) | 15: 7 | 10: 0 |
| Weida (KM Gera) | 16: 5 | 7: 3 |
| Franken Wurzbach (KM Schleiz) | 8: 4 | 6: 4 |
| Altenburg-Nord (KM Altenburg) | 12: 7 | 5: 5 |
| Triebes (KM Greiz) | 4:19 | 2: 8 |
| Fichte Probstzella (KM Saalfeld) | 3:16 | 0:10 |

### Gruppe Nordthüringen

| | | |
|---|---|---|
| Bleicherode (KM Nordhausen) | 21: 7 | 8:2 |
| Uder (KM Worbis) | 10: 8 | 5:5 |
| 1. SpG Gotha (KM Gotha) | 14:14 | 5:5 |
| Vorwärts Mühlhausen (KM Mühlhausen) | 13:15 | 5:5 |
| Sondershausen (KM Sondershausen) | 11:17 | 5:5 |
| Großengottern (KM Langensalza) | 9:17 | 2:8 |

### Gruppe Südthüringen

| | | |
|---|---|---|
| Suhl (KM Suhl) | 8:5 | 6:2 |
| Steinbach-Hall. (KM Schmalkalden) | 10:8 | 4:4 |
| Tiefenort (KM Eisenach) | 10:9 | 4:4 |
| Union Schalkau (KM Sonneberg) | 5:6 | 4:4 |
| Breitungen (KM Meiningen) | 3:8 | 2:6 |
| Unterneubrunn (KM Hildburghausen) | --- | --- |

Von diesen Mannschaften kamen aus Mittelthüringen die ersten vier, aus Ostthüringen alle sechs, aus Nordthüringen und aus Südthüringen jeweils die ersten fünf in die Landesklasse. Das hatte folgenden Grund:

Anfangs war die Landesklasse mit 16 Mannschaften geplant, die in zwei Staffeln mit je acht Mannschaften spielen sollten. Aus jeder Gruppe der Aufstiegsspiele sollten die vier Erstplatzierten aufsteigen. Doch während diese Aufstiegsspiele im Gange waren, beschlossen die

Verantwortlichen, die Landesklasse auf 20 Mannschaften zu erhöhen. Nunmehr sollte sie sich aus den jeweils fünf Erstplatzierten zusammensetzen. Die gegen Ende der Qualifikation eingeschleppte spinale Kinderlähmung in den Kreisen Saalfeld, Schleiz und Greiz (allesamt Gruppe Ostthüringen) machte einschneidende Einschränkungen im kreisübergreifenden Sportverkehr zwingend notwendig, und die daraus abgeleitete Entfernungsbegrenzung im Reiseverkehr zwang auch die Organisatoren zum abermaligen Umdenken. Die Landesklasse wurde endgültig auf 24 Mannschaften (in nunmehr drei Staffeln) aufgestockt, wobei nun auch die Vize-Kreismeister in die Qualifikation eingriffen, von denen sich Weimar-Ost, Union Erfurt, Langensalza und Steinach zu den Gruppen-Qualifikanten hinzugesellten. Dieses Teilnehmerfeld startete dann elf Tage später als vorgesehen am 26. 9. 1948 in die Punktspiele um die erste Thüringer Nachkriegs-Meisterschaft.

Die drei Staffelsieger waren Altenburg-Nord, Fortuna Erfurt und Vorwärts Gotha, die nun um den Titel eines Landesmeisters spielten. Den holte sich schließlich Fortuna Erfurt. In der Qualifikationsrunde zur Ostzonenmeisterschaft 1949 unterlag Altenburg-Nord gegen Eintracht Stendal mit 3:4, während Fortuna Erfurt ohne Vorausscheid ins Viertelfinale gelangte und dort gegen Wismar-Süd mit 10:0 gewann. Im Halbfinale setzten sich die Erfurter dann gegen Meerane mit 4:3 n.V. durch und trafen im Endspiel auf die ZSG Halle. Dieses Endspiel verloren sie mit 1:4, so dass ZSG Halle erster Ostzonenmeister wurde.

1949 spielten die Sportgemeinschaften erstmals um den vom FDGB-Bundesvorstand gestifteten Pokal. In den internen Thüringer Pokal-Ausscheidungen setzten sich a) Gera-Süd gegen Pels Erfurt (4:1 am 11. 6. in Jena), gegen Uder (4:2 am 19. 6. in Sömmerda) und gegen Sömmerda (3:2 am 26. 6. in Weimar) sowie b) Carl Zeiß Jena gegen Weida (2:1 am 12. 6. in Gera), gegen Gotha (3:1 am 19. 6. in Erfurt) und gegen Breitungen (4:0 am 26. 6. in Arnstadt) durch.

In den folgenden überregionalen Ausscheidungen, die bereits das Viertelfinale darstellten, behielt Gera-Süd gegen Konsum Chemnitz mit 1:1 n. V./3:0 und Carl Zeiß Jena mit 3:0 gegen Eilenburg die Oberhand. Im darauf folgenden Halbfinale gewann Gera-Süd gegen Horch Zwickau mit 1:0, während die Jenenser den Dessauer Waggonbauern mit 0:2 unterlagen und somit ausschieden. Sie spielten dann noch um Platz 3 gegen Horch Zwickau 1:1 n.V. (in Gera), 2:2 n.V. (in Dresden) und schließlich 1:5 (in Dessau). Das Ostzonen-Pokalfinale gewann die BSG Waggonbau Dessau gegen Gera-Süd mit 1:0 (am 29. 8. in Halle) und wurde somit 1. FDGB-Pokalsieger. Das Vordringen der beiden Thüringer Vertretungen bis ins Halbfinale hatte weitere Auswirkungen.

Für die ab 1949 geplante Ostzonenliga mit 14 Mannschaften war folgender Qualifikationsmodus vorgesehen. In diese Liga sollten kommen die Erst- und Zweitplatzierten der fünf Landesklassen sowie die vier Halbfinalisten des FDGB-Pokalwettbewerbes, zu denen Gera-Süd und Carl Zeiß Jena gehörten. Doch dann war Thüringen nur mit drei Mannschaften in dieser höchsten Spielklasse vertreten, denn lediglich Gera-Süd war von den Pokal-Halbfinalisten dabei, Carl Zeiß Jena aber fehlte. Dafür tauchte die ZSG Industrie Leipzig ohne jegliche Qualifikation in der Oberliga auf. Es bleibt noch zu erforschen, weshalb das so war.

1949 stand ein weiteres Ereignis im Blickpunkt. Das war das Thüringer Pokalendspiel, ausgetragen von Lauscha und der BSG Nortag Nordhausen-Salza, das Lauscha mit 8:2 gewann.

Im Spieljahr 1948/49 gab es auch eine Bezirksklasse, die mit neun Staffeln spielte. Ohne auf Ergebnisse und den Tabellenstand einzugehen, da bisher völlig unzureichend ermittelt, soll zumindest die Zusammensetzung dieser Staffeln genannt werden:

### Ostthüringen
**Staffel I:** Triptis, Saalfeld, Gera-West, Gera-Untermhaus, ZSG Neustadt/Orla, Greiz-Mitte, Fortuna Pößneck, Lobenstein, Ranis, Schleiz; **Staffel II:** Rositz, Meuselwitz, Berga/Elster, Gera-Zwötzen, Serbitz, Bad Köstritz, Wünschendorf, Ronneburg, Kriebitzsch, Schmölln.

### Nordthüringen
**Staffel I:** Bad Frankenhausen, Dingelstädt, Nordhausen, Breitenworbis, Salza, Wiegersdorf, Heiligenstadt, Kirchworbis, Jecha, Greußen, Sollstedt; **Staffel II:** Bad Tennstedt, Eintracht Mühlhausen, Treffurt, Beberstedt, Remstädt, Siebleben, Eintracht Gotha, Schlotheim, Waltershausen, Großengottern.

### Mittelthüringen
**Staffel I:** Eisenberg, Rudolstadt, Kahla, Buttstädt, Bad Blankenburg, Oberweißbach, Uhlstädt, Fortuna Weimar, Apolda, Bad Klosterlausnitz; **Staffel II:** Nordstern Erfurt, Weißensee, Erfurt-Süd, Stadtilm, Gispersleben, Arnstadt, Ilmenau, Gräfinau-Angstedt, Erfurt-Hochheim, Straußfurt.

### Südthüringen
**Staffel I:** Unterneubrunn, Heubach, Sonneberg, Neuhaus-Schierschnitz, Mengersgereuth-Hämmern, Schleusingen, Haselbach, Lauscha; **Staffel II:** Schmalkalden, Zella-Mehlis, Aue/Haindorf, Viernau, Themar, Meiningen, Einhausen/Obermaßfeld; **Staffel III:** Fambach, Ballspielv. Eisenach, Trusetal, Barchfeld, Kieselbach, Ruhla, Wasungen, Wartburg Eisenach.

# 1949/50

Das Jahr 1949 war ein für den Fußball ereignisreiches Jahr. Am 1. 7. 1949 trat zunächst einmal die Sparte Fußball im Rahmen des Deutschen Sportausschusses (DS) selbstständig in Erscheinung. Gerhard Schulz (Dresden) wurde als Schiedsrichterlehrer eingestellt und ab 1. 10 1949 zum ersten Spartenleiter im DS berufen. Ein paar Tage später, am 7. 10. 1949, wurde die DDR gegründet und damit auch eine neue Etappe der Entwicklung der Sportbewegung eingeleitet.

Das begann in Thüringen wieder mit einer neuen Staffeleinteilung. Nachdem Fortuna Erfurt, Altenburg-Nord und Gera-Süd in die Zonenliga aufgestiegen waren, wurde die Landesklasse in nur noch zwei Staffeln mit je 13 Mannschaften eingeteilt. Im Tabellenteil dieses Buches ist die Zusammensetzung beider Staffeln zu sehen.

In der Bezirksklasse gab es nun 12 Staffeln, in jeder Kreisgruppe drei:

## Ostthüringen
**Staffel 1:** Berga/Elster, Gera-Zwötzen, Wünschendorf, Textil Greiz, Gera-Süd 1b, Triebes, Industrie Weida 1b, Lok Gera; **Staffel 2:** Schmölln, Bad Köstritz, VP Gera, Kriebitzsch, Metall Meuselwitz, Rositz, Ronneburg, Glückauf Zechau, Union Thräna; **Staffel 3:** Eintracht Schleiz, Triptis, Fortuna Pößneck, Fichte Probstzella, Maxhütte, Vorwärts Hirschberg, Vorwärts Saalfeld, Eintracht Ranis.

## Mittelthüringen
**Staffel 1:** MAS Weißensee, VP Erfurt, Straußfurt, Lok Erfurt, Riethnordhausen, KWU Erfurt 1b, Gispersleben, VEB Erfurt, Nafa Ichtershausen, Erfurt-Hochheim; **Staffel 2:** Carl Zeiß Jena 1b, Union Jena, Eisenberg, Konsum Jena, Buttstädt, Bad Klosterlausnitz, KWU Weimar 1b, Hescho Hermsdorf, Textil Apolda, Gräfinau-Angstedt; **Staffel 3:** Kranichfeld, Hünenburg Uhlstädt, Bad Blankenburg, Vorwärts Königsee, Arnstadt, Stadtilm, Sparta Ilmenau, Geschwenda, Rudolstadt.

## Nordthüringen
**Staffel 1:** Energie Gotha, Großengottern, Siebleben, Langensalza, Bad Tennstedt, Fortuna Gräfentonna, Vorwärts Gotha 1b, Schmerbach; **Staffel 2:** Vorwärts Mühlhausen, Eintracht Mühlhausen, Olympia Heiligenstadt, Vorwärts Heiligenstadt, Normania Treffurt, Diedorf, Dingelstädt, Kirchgandern; **Staffel 3:** Sollstedt, Pustleben, Salza, Jecha-Sondershausen, Schlotheim, Olingen, Greußen, Wiegersdorf.

## Südthüringen
**Staffel 1:** Neuhaus/Rwg., Mengersgereuth-Hämmern, Steinheid, Oberlind, Neuhaus-Schierschnitz, Rauenstein, Unterneubrunn, Sonneberg, Themar, Simson Heinrichs; **Staffel 2:** RAW Meiningen, Viernau, Schweina, E. T. Meiningen, Schleusingen, Grimmenthal, Schmalkalden, Erlau, Immelborn; **Staffel 3:** Kieselbach, Fambach, RB Eisenach, BMW Eisenach, Barchfeld, Vacha, Ruhla, VP Eisenach, Dorndorf, Stadtlengsfeld.

In der Landesklasse wurden KWU Weimar und Lauscha Staffelsieger. Im Endspiel um den Titel des Landesmeisters besiegte Weimar die Elf aus Lauscha mit 1:0 und nahm als Landesmeister an den Aufstiegsspielen zur DS-Liga teil. (So war die Zonenliga nach Gründung der DDR benannt worden, behielt diese Bezeichnung bis zum 31. 7. 1950 und wurde ab 1. 8. 1950 in DDR-Oberliga umgetauft.) Die Abschlusstabelle dieser Aufstiegsspiele:

| | | |
|---|---|---|
| Sachsenverlag Dresden (LM Sachsen) | 21:13 | 11: 5 |
| **KWU Weimar (LM Thüringen)** | **20:18** | **10: 6** |
| BSG Thale (LM Sachsen-Anhalt) | 23:14 | 9: 7 |
| ZSG Großräschen (LM Brandenburg) | 16:15 | 7: 9 |
| Vorwärts Wismar (LM Mecklenburg) | 8:28 | 3:13 |

Die drei Erstplatzierten stiegen auf. Damit war Thüringen nun mit insgesamt vier Mannschaften (Altenburg, Erfurt, Gera und Weimar) im Oberhaus vertreten.

Viel Spannung gab es auch bei den Aufstiegsspielen der vier Bezirksmeister, die unter den jeweils drei Staffelsiegern ermittelt worden waren, zur Landesklasse. Die Abschlusstabelle:

| | | |
|---|---|---|
| BMW Eisenach (Bezirk Süd) | 24:11 | 9: 3 |
| Nortag Salza (Bezirk Nord) | 14:11 | 8: 4 |
| Eintracht Arnstadt (Bezirk Mitte) | 19:18 | 6: 6 |
| Fortuna Pößneck (Bezirk Ost) | 8:25 | 1:11 |

Die Mannschaften auf den Plätzen 1 und 2 stiegen auf.

Am 3. 7. 1950 fand die konstituierende Sitzung des Präsidiums der Sparte Fußball im DS statt. Mit Georg Buschner, Oehler, Schilff, Ehmann, Carl und Händler waren auch fünf Thüringer im Präsidium oder in den Ausschüssen der Sparte Fußball vertreten.

Der Landessportausschuss setzte für das Fußballspiel harte Prämissen und ordnete u. a. an: „Um alle Zweifel zu beheben, wird nochmals darauf hingewiesen, daß Spieler, deren Sportausweise wegen Herausstellung vom Schiedsrichter eingezogen werden, erst dann wieder spielberechtigt sind, wenn die Sportausweise wieder im Besitz der Sportgemeinschaft oder der bestraften Spieler sind. Die Schiedsrichter werden diesbezüglich noch einmal darauf hingewiesen, die Sportausweise herausgestellter Spieler sofort nach dem Spiel direkt an den Landessportausschuß Thüringen einzusenden. Die Sportausweise gehen vor Beendigung der Spielsperre über den jeweiligen Kreissportausschuß den betreffenden Sportgemeinschaften wieder zu. Vom Landessportausschuss Thüringen wird für rechtzeitige Rücksendung Sorge getragen.

Spiele werden unnachsichtig für verloren erklärt und die Sportgemeinschaften bestraft, wo Spieler mitwirken, die angeblich der Annahme sind, jeder Platzverweis wäre mit einer Sperre von zehn Tagen abgetan und meinen, nach dieser Zeit wieder spielberechtigt zu sein. Grundsätzlich ist bei Herausstellung in jedem Fall die Rücksendung der Sportausweise abzuwarten. Alle Strafen und Spielsperren werden in dem allwöchentlich erscheinenden 'Sport-Rundschreiben' veröffentlicht."

Von Anfang an galt die besondere Fürsorge den Schiedsrichtern, die „nach dem Spiel zu schützen und die kein Freiwild sind". Der Landessportausschuss Thüringen gab für alle SG bekannt:

„Um die Schiedsrichter vor fanatischen Zuschauern und gewissenlosen Elementen nach Spielschluß zu schützen, ergeht an alle Sportgemeinschaften der Hand- und Fußballsparte folgende Anordnung: Ab sofort übernehmen am Schluß eines jeden Spieles beide Mannschaften den Schutz des Schiedsrichters. Die Mannschaften sind somit verpflichtet, in jedem Fall mit dem SchR. zusammen, d. h. der SchR. geht in der Mitte der Mannschaften, vom Platz, in die Umkleideräume zu gehen. Mannschaften, die dieser Anordnung keine Folge leisten oder sich weigern, den Schiedsrichter zu schützen, werden unnachsichtlich bestraft. Die Sportgemeinschaften, deren Mannschaften dem Schiedsrichter keinen Schutz gewähren, werden rücksichtslos mit einer längeren Platzsperre bestraft, auch dann, wenn sie sich auf des Gegners Platz nachweisbar ihrer Pflicht entziehen. Darüber hinaus sind die Platzordner nach jedem Spiel verpflichtet, sich sofort in die Mitte des Spielfeldes zu begeben, um einen geregelten Abgang von Mannschaften und Schiedsrichter zu gewährleisten.

Die in den letzten Wochen verhängten Platz- und Spielsperren im Lande Thüringen mögen allen Sportgemeinschaften als Warnung dienen. Neben vier Sportplätzen, die innerhalb kurzer Zeit gesperrt wurden, sind weitere vier erste Mannschaften mit empfindlicher Spielsperre (Spiel- und Punktverlust) bestraft worden. Darüber hinaus erhielten 12 Sportgemeinschaften einen strengen Verweis und werden bei weiteren Vorkommnissen mit Platz- oder Spielsperre bestraft." So streng waren auch damals die Bräuche!

## 1950/51

In diesem Spieljahr gab es eine weitere wichtige sportpolitische Veränderung. Im Dezember 1950 erfolgte die Umbenennung der Sparte Fußball in Sektion Fußball, und im Land Thüringen wurde ein Fachausschuss Fußball gebildet. Leiter des Fachausschusses war Otto Grimm, sein Stellvertreter Adolf Schmauch und Landestrainer Hans Warg, alle drei gehörten dem Landessportausschuss an. Der Fachausschuss hatte einen Spielausschuss mit sechs Mitgliedern (Spielausschussobmann: Hans Warg), einen Jugendausschuss mit sechs Mitgliedern (Landesjugendobmann: Willy Gauer/Turbine Erfurt), einen Landestrainerrat mit fünf Mitgliedern (Leiter: Hans Warg), eine Bezirkssspruchkammer mit fünf Mitgliedern (Leiter: Karl-Heinz Benedix/Einheit Mühlhausen), einen Rechtsausschuss mit fünf Mitgliedern (Leiter: Alfred Rothe/SV Chemie), einen Revisionsausschuss mit drei Mitgliedern (Leiter: Arno Brauer/Fortschritt Langensalza) und eine Landesschiedsrichterkommission mit 12 Mitgliedern (Leiter: Adolf Schmauch).

Doch auch in spieltechnischer Hinsicht hielten die Veränderungen an, so hinsichtlich der Klassen- und Staffeleinteilungen.

Da es durch die Umbenennung der DS-Liga in DDR-Oberliga eigentlich keine DS-Liga mehr gab, wurde flugs eine solche wieder geschaffen. Sie spielte ab dem Spieljahr 1950/51 mit zwei Staffeln (je zehn Mannschaften). Diese 20 Mannschaften setzten sich zusammen aus den Zweit-, Dritt- und Viertplatzierten der sechs Landesklassen (einschließlich Berlin) sowie den beiden Absteigern aus der vorherigen DS-Liga. Das hatte auch für Thüringen positive Auswirkungen. Denn der Endspiel-Unterlegene der vergangenen Landesmeisterschaft (SG Lauscha) und die beiden Staffelzweiten (KWU Nordhausen und Carl Zeiß Jena) stiegen kampflos in diese DS-Liga auf. Damit war Thüringen im Spieljahr 1950/51 mit vier Mannschaften in der Oberliga und mit weiteren drei Mannschaften in der DS-Liga vertreten.

Eine weitere Veränderung: Es war festgelegt worden, ab Spieljahr 1950/51 in der Landesklasse nur noch mit einer Staffel (14 Mannschaften) zu spielen. Somit mussten am Ende des Spieljahres 1949/50 aus beiden Staffeln der Landesklasse die Mannschaften, die auf den Plätzen 9 bis 13 standen, in die Bezirksklasse absteigen.

Dem 14er Feld der Landesklasse gehörten nun an: Nortag Salza, Mechanik Sömmerda, Motor

Gotha, VP Weimar, Aktivist Kaiseroda/Tiefenort, Einheit Breitungen, Glückauf Bleicherode, Metall Apolda, Mechanik Steinach, ZSG Neustadt/Orla, Franken Wurzbach, Chemie Jena, Mechanik Gera 1b, Motor Eisenach.

Eine Veränderung gab es gleichzeitig in der Bezirksklasse. Zu den vier Gruppen kam eine fünfte hinzu: Westthüringen. Außerdem gab es nun in jeder Gruppe nur noch eine Staffel mit 12 Mannschaften, wie folgt zusammengesetzt:

### Ostthüringen
Rositz, Zechau, Gera-Rubitz, Meuselwitz, Greiz, Triebes, Wünschendorf, Berga/Elster, Triptis, Eisenberg, Weida, Bad Köstritz.

### Westthüringen
Waltershausen, Einheit Gotha, Energie Gotha, Langensalza, Henry Pels Erfurt, Vorwärts Gotha 1b, Dorndorf, Gispersleben, Barchfeld, Ruhla, Schweina, Mechanik Erfurt.

### Nordthüringen
Benneckenstein, Dingelstädt, Vorwärts Heiligenstadt, Straußfurt, Weißensee, Einheit Heiligenstadt, Industrie Sondershausen, Uder, Reichsb./Post Mühlhausen, Schlotheim, Sollstedt, Mechanik Sondershausen.

### Mittelthüringen
Kahla, Pößneck, Carl Zeiß Jena 1b, Saalfeld, Hermsdorf, Rudolstadt, Ichtershausen, Bad Klosterlausnitz, Ranis, Arnstadt, Gräfinau-Angstedt, Ilmenau.

### Südthüringen
Sonneberg, Suhl, Oberlind, Neuhaus-Schierschnitz, MAS Grimmenthal, E. T. Meiningen, Lokomotive Meiningen, Wasungen, Mengersgereuth-Hämmern, Oberschwarzatal, Schalkau, Steinbach-Hallenberg.

Am Ende des Spieljahres gab es einen handfesten Skandal hinsichtlich der Oberliga. Und da hierbei Turbine Weimar und somit der Thüringer Fußball betroffen war, sei das etwas näher betrachtet. „Libero", die Deutsche Fußballzeitschrift, schrieb 1988 darüber in einem Beitrag.

„Laut Satzung der Sparte Fußball des DS der DDR war vor Saisonbeginn 1950/51 festgelegt und auch zu Beginn der Rückrunde im Januar 1951 nochmals bestätigt worden, daß die vier letztplazierten Vereine aus der DS-Oberliga, die 18 Mannschaften hatte, absteigen und die beiden Staffelsieger der DS-Liga aufsteigen. Dadurch kommt es in der Oberliga zu einer Reduzierung von 18 auf 16 Vereine.

*Die Oberliga-Mannschaft Turbine Weimar, die 1951 ein Opfer politischer Manipulationen wurde, stehend (v. l.) Gerhard Fischer (Trainer), Albert Reichhardt, Manfred Kirdorf, Emil Eidtner, Gerhard Weigel, Rolf Schleicher, Heinz Mil, Hans Göring; mittlere Reihe (v. l.): Herbert Fierle, Paul Trommler, Horst Büchner; vordere Reihe (v. l.): Heinz Irmscher, Manfred Schuster, Siegfried Schäller.*

Als jedoch zu Saisonende im Mai 1951 fest stand, dass sich unter den vier Absteigern alle drei Ostberliner Vereine befanden, veranlasste dies die Sparte Fußball des DS (und ihre Hintermänner) zu unglaublichen Aktivitäten und Machenschaften, die zu folgenden Beschlüssen führten:

1. Der Tabellenletzte aus Pankow verbleibt in der Oberliga, da das Berliner Regierungsviertel einen politischen Anspruch auf einen Oberliga-Platz habe!!

2. Die Mannschaft von Oberschöneweide braucht nicht abzusteigen, da Berlin als politisches, wirtschaftliches und kulturelles Zentrum neben Pankow eine zweite Oberliga-Elf braucht!!

3. Neben dem SC Lichtenberg 47 steigt **Turbine Weimar** in die DS-Liga ab, obwohl beide Vereine sportlich besser plaziert waren als VfB Pankow.

4. VfB Pankow (Tabellenletzter) löst sich auf und wird als Einheit Pankow (zweite Berliner Mannschaft) in die Oberliga eingereiht.

5. Ohne sportliche Qualifikation wird eine Armee-Mannschaft unter dem Namen Vorwärts Leipzig in die Oberliga eingereiht.

6. Mit den beiden Staffelsiegern der DS-Liga (Aue und Wismar) wird die Oberliga in der Saison 1951/52 auf 19 Vereine aufgestockt.

All diese Maßnahmen riefen von seiten der Fußball-Vereine der DDR, den Spielern selbst und bei Millionen Fußball-Fans eine ungeheure Entrüstung und eine gewaltige Protestwelle hervor. Was sich hier die Sparte Fußball des DS der DDR leistete, war nicht nur ein politischer Mißbrauch des Fußballsports, sondern auch schamloser öffentlicher Betrug! Dabei wurden jegliche sportliche Gesetze auf das Übelste verletzt, und die Weiterentwicklung des Fußballsports in der DDR bewußt sabotiert."

An der Spitze der Oberliga war ebenfalls eine Thüringer Mannschaft im Gespräch. Im Kampf um die DDR-Meisterschaft waren Turbine Erfurt und Chemie Leipzig punktgleich an der Spitze. Die Erfurter hatten zwar das bessere Torverhältnis, doch das zählte nicht. Deshalb war ein Entscheidungsspiel angesetzt worden, das die Leipziger mit 2:0 gewannen.

Thüringer Landesmeister war Volkspolizei Weimar geworden und stieg in die DS-Liga auf. Die fünf Meister der Bezirksklasse ermittelten in einer Aufstiegsrunde drei Aufsteiger zur Landesklasse. Hier die Abschlusstabelle:

| | | |
|---|---|---|
| Einheit Sonneberg (Bezirk Süd) | 27:12 | 14: 2 |
| Stahl Meuselwitz (Bezirk Ost) | 21:18 | 10: 6 |
| Motor Sondershausen (Bezirk Nord) | 16:20 | 7: 9 |
| Sparta Ilmenau (Bezirk Mitte) | 17:21 | 6:10 |
| Chemie Waltershausen (Bezirk West) | 8:18 | 3:13 |

Die ersten drei stiegen auf.

## 1951/52

Erneut gab es Veränderungen auch für dieses Spieljahr. Die Bezirksklasse wurde nunmehr auf sechs Staffeln erweitert, die wie folgt zusammengesetzt waren:

### Staffel Mitte I
Stahl Erfurt, Empor Gotha, Motor Ichtershausen, Lokomotive Gotha, SG Langensalza, Traktor Straußfurt, Chemie Waltershausen, Stahl Gispersleben, Einheit Arnstadt, Einheit Erfurt.

### Staffel Mitte II
Fortschritt Pößneck, SG Bad Klosterlausnitz, Chemie Kahla, Einheit Rudolstadt, Rotation Pößneck, Chemie Hermsdorf, Chemie Eisenberg, Fortschritt Weida, Motor Saalfeld, Traktor Ranis.

### Staffel West
Lokomotive Meiningen, Lokomotive Vacha, Motor Barchfeld, Glücksbrunn Schweina, Einheit Meiningen, Traktor Grimmenthal, Aktivist Dorndorf, Einheit Breitungen, Motor Ruhla, Fortschritt Fambach.

### Staffel Süd
Stahl Oberlind, Traktor Schalkau, Aufbau Katzhütte, Chemie Neuhaus-Schierschnitz, Aufbau Mengersgereuth-Hämmern, Stahl Maxhütte, Traktor Steinheid, Motor Königsee, Sparta Ilmenau, Motor Mitte Suhl.

### Staffel Nord
Traktor Großengottern, Einheit Heiligenstadt, SG Dingelstädt, Aktivist Sollstedt, SG Schlotheim, Post Mühlhausen, Aktivist Sondershausen, Geschwister Scholl Uder, SG Gernrode, Aufbau Benneckenstein.

### Staffel Ost
Aktivist Zechau, Chemie Rositz, Chemie Bad Köstritz, Aufbau Triebes, Einheit Greiz, Stahl Schmölln, Stahl Wünschendorf, Traktor Berga/Elster, SG Gera-Rubitz, Industrie Zeulenroda.

In der Landesklasse holte sich Aktivist Kaiseroda/Tiefenort den Titel des Thüringer Meisters und stieg in die DS-Liga, die nunmehr DDR-Liga benannt wurde, auf. Traktor Wurzbach und Motor Sondershausen stiegen aus der Landesklasse ab. Auf Platz 11 und 12 standen punktgleich Empor Apolda und Aktivist Bleicherode. Zwischen beiden gab es ein Entscheidungsspiel um Platz 11, der den Klassenerhalt sicherte, während der Unterlegene mit dem

Viertplatzierten der Aufstiegsrunde zur Landesklasse Relegationsspiele bestreiten musste. Die sechs Staffelmeister der Bezirksklasse beendeten die Aufstiegsspiele zur Landesklasse wie folgt:

| | | | |
|---|---|---|---|
| Einheit Arnstadt (Bezirk Mitte I) | 28:18 | 13: 7 | |
| SG Dingelstädt (Bezirk Nord) | 25:22 | 13: 7 | |
| Stahl Oberlind (Bezirk Süd) | 24:17 | 12: 8 | |
| Motor Breitungen (Bezirk West) | 20:18 | 11: 9 | |
| Einheit Rudolstadt (Bezirk Mitte II) | 23:24 | 8:12 | |
| Aktivist Zechau (Bezirk Ost) | 8:29 | 3:17 | |

Die ersten drei stiegen auf, der Viertplatzierte, Motor Breitungen, verlor seine Relegationsspiele gegen den Tabellenzwölften der Landesklasse, Aktivist Bleicherode, mit 2:3/0:2. Doch diese Relegation wie auch die gesamte Aufstiegsrunde wurden wenig später gegenstandslos. Denn mit dem Spieljahr 1952/53 gab es wieder einmal eine neue Klassenstruktur. Der Grund dafür? Durch die DDR-Verwaltungsreform waren die Länder aufgelöst und die Bezirke geschaffen worden. Im Fußball entstanden die Bezirksligen. Alle Aufstiegsbewerber wurden zugleich mit den bisherigen Landesklassen-Mannschaften in diese neu geschaffene höchste Bezirkspielklasse übernommen.

Dieses Kapitel soll mit einer kleinen Geschichte von einer Tabelle, sechs Fußballmannschaften und „echter Paragraphentreue" im Landessportausschuss Thüringen abgeschlossen werden. Unter der Überschrift „Den Vierten beißen schon die Hunde" hieß es in einer Zeitung: „Vor mir liegt eine Tabelle. Eine einfache Fußballtabelle mit Spielen, Toren, Punkten und allem, was dazu gehört. Es ist eine Tabelle der südthüringischen Bezirksklasse nach Abschluß der Punktspiele. Diese Tabelle ist so interessant, daß sie den Sportfreunden nicht vorenthalten bleiben soll. Eine solche Situation dürfte es äußerst selten geben. Hier ist sie:

| | | | | | | | |
|---|---|---|---|---|---|---|---|
| Stahl Oberlind | 18 | 11 | 5 | 2 | 70:24 | 27: 9 | |
| Neuhaus-Schierschn. | 18 | 10 | 2 | 6 | 50:45 | 22:14 | |
| Motor Königsee | 18 | 9 | 1 | 8 | 50:45 | 19:17 | |
| Sparta Ilmenau | 18 | 7 | 3 | 8 | 46:33 | 17:19 | |
| Motor Suhl | 18 | 6 | 5 | 7 | 34:38 | 17:19 | |
| Traktor Steinheid | 18 | 7 | 3 | 8 | 48:53 | 17:19 | |
| Katzhütte | 18 | 6 | 5 | 7 | 35:42 | 17:19 | |
| Mengersgereuth | 18 | 7 | 3 | 8 | 47:58 | 17:19 | |
| Traktor Schalkau | 18 | 7 | 3 | 8 | 37:57 | 17:19 | |
| Stahl Maxhütte | 18 | 3 | 4 | 11 | 23:45 | 10:26 | |

Oberlind ist also Staffelsieger Das ist klar. Stahl Maxhütte muß absteigen. Das verrät die Tabelle auch. Wer aber ist die zweite zum Abstieg verurteilte Mannschaft? Das ist nämlich gar nicht klar. Bei Ilmenau angefangen und bei Schalkau aufgehört - überall das gleiche Punktverhältnis. Was tut

deshalb die Sektion Fußball im Landessportausschuß Thüringen? Genau das Verkehrte: Sie ordnet an, daß die sechs punktgleichen Mannschaften in einer einfachen Runde auf neutralem Platz den zweiten Absteiger ermitteln. Diese Spiele haben sogar schon am 23. März begonnen. Komplizierter ging's wirklich nicht. Bürokratischer auch nicht. Da wurde vor einem Jahr festgelegt, daß aus jeder Bezirksklassenstaffel zwei Mannschaften absteigen. Einverstanden! Wenn sich aber jetzt eine solche Situation ergeben hat, daß gleich sechs Mannschaften mit gleichem Punktverhältnis an der verhängnisvollen 9. Stelle liegen, dann soll man doch nicht stur und zäh wie die Lederknödel in unserer Verlagswerkküche an diesen 'Festlegungen' kleben, sollte die Sache gründlich durchdenken, ehe man einfach eine neue Meisterschaftsrunde (in diesem Falle aber besser: Abstiegsrunde) ansetzt. Wir sind bestimmt die Letzten, die etwa für eine Abstiegsregelung am grünen Tisch eintreten. Die sportliche Leistung soll entscheiden, auf dem grünen Rasen. Wir sind aber gegen den in diesem Fall vom LSA beschrittenen Weg, weil er unter Außerachtlassung der sportlichen Gerechtigkeit und im ‚Geiste echter Paragraphentreue' eingeschlagen wurde.

Eine der sechs Mannschaften muß d'ran glauben. Diesem Zweck dient ja die vom LSA angesetzte Runde. Will uns aber die Sektion Fußball erzählen, daß meinetwegen Katzhütte (falls es am Ende hintenan liegt) schlechter ist als die übrigen fünf Mannschaften? Daß es nicht so ist, beweist ja die Tabelle nach Abschluß der Serie. Und was für Katzhütte gilt, trifft im gleichen Maße auf Ilmenau, Steinheid, Suhl, Schalkau und Mengersgereuth zu. Ilmenau zum Beispiel liegt - unter Berücksichtigung des Torverhältnisses - an 4. Stelle, kann aber ohne weiteres Pech haben, als Tabellenvierter absteigen zu müssen.

Wir wenden uns ganz entschieden gegen solche harten LSA-'Urteilssprüche', die wir bestenfalls billigen könnten, wenn zwei oder drei Mannschaften punktgleich an vorletzter Stelle stünden. Wir schlagen der Sektion Fußball im Landessportausschuß vor, die Abstiegsrunde sofort abzublasen, nur eine Mannschaft (hier also Stahl Maxhütte) absteigen zu lassen und in der nächsten Serie mit elf Mannschaften in der Südthüringer Bezirksklasse zu spielen. Wir glauben, daß dies eine glücklichere, einfachere Lösung ist. Aber manchmal kommt eben auch der Landessportausschuß nicht auf das Einfache und Nächstliegende. Die Hauptsache ist, daß seine Funktionäre dies jetzt wenigstens rechtzeitig einsehen."

Durch die neue Struktur ist es aber dann nicht bei nur zwei Absteigern geblieben, es mussten mehr absteigen. Also war auch diese Polemik der Zeitung unnütz. Aber im Prinzip hatte sie Recht.

# Von 1952 bis zur Wende

Dieser Zeitraum ist geprägt von der Existenz des Deutschen Fußballverbandes der DDR (DFV). Die Sektion Fußball hatte am 6. 2. 1951 bei der FIFA einen Aufnahmeantrag gestellt. Auf dem FIFA-Kongress in Helsinki am 24. 7. 1952 stimmten die Delegierten der Mitgliedschaft einstimmig zu. Im Protokoll wird jedoch auf folgenden Zusatz verwiesen:

„E. von Frenkell (Finnland) erklärt, dass, wenn die beiden Teile Deutschlands, die z. Zt. getrennt seien, wiedervereinigt werden sollten, nur ein (1) Deutscher Verband Mitglied der FIFA sein kann."

Nachdem laut Gesetz der DDR-Volkskammer vom 23. 7. 1952 die fünf Länder aufgelöst und 15 Bezirke mit insgesamt 218 Kreisen gebildet worden waren, ergab sich wieder einmal auch eine neue Struktur im Sport.

Für das Territorium des Landes Thüringen bedeutete das die Bildung der Bezirke Gera im Osten, Erfurt in der Mitte und im Norden sowie Suhl im Süden. Im Fußballsport entstanden die Bezirksfachausschüsse (BFA) **Gera** mit den Kreisfachausschüssen (KFA) Eisenberg, Gera-Stadt, Gera-Land, Greiz, Jena-Stadt, Jena-Land, Lobenstein, Pößneck, Rudolstadt, Saalfeld, Schleiz, Stadtroda und Zeulenroda; **Erfurt** mit den KFA Apolda, Arnstadt, Eisenach, Erfurt-Stadt, Erfurt-Land, Gotha, Heiligenstadt, Langensalza, Mühlhausen, Nordhausen, Sömmerda, Sondershausen, Weimar und Worbis; **Suhl** mit den KFA Bad Salzungen, Hildburghausen, Ilmenau, Meiningen, Neuhaus, Schmalkalden, Sonneberg und Suhl.

Der Kreise Altenburg und Schmölln kamen zum Bezirk Leipzig sowie Artern und Umgebung zum Bezirk Halle.

Die Bezirke organisierten selbstständig in ihrem Verantwortungsbereich den Spielbetrieb und bildeten Bezirksligen, Bezirks- und Kreisklassen. In Jena und Erfurt wurden Leistungszentren für Fußball eingerichtet. Der Bezirk Suhl - ein Leistungszentrum im Wintersport - stellte seine Fußballtalente speziell für das Leistungszentrum in Jena bereit.

Und der Fußballsport entwickelte sich weiter. Am 15. 6. 1954 wurde in Basel/Schweiz die europäische Fußball-Konföderation (UEFA) gegründet. Die Sektion Fußball der DDR gehörte zu den 29 europäischen Gründungsverbänden. Am 18. 5. 1958

beschloss sie die Umbenennung in Deutscher Fußballverband. Dem Präsidium gehörte auch ein Thüringer an. Der Eisenacher Karl-Heinz Benedix war zum Vorsitzenden des Rechtsausschusses gewählt worden. Bis zum Jahr 1990 hat er diese ehrenamtliche Funktion ausgeübt. Als weiterer Thüringer wurde später der Weidaer Karl-Heinz Dorf auf dem VII. Verbandstag am 13. 4. 1984 als Mitglied des Präsidiums gewählt.

In diesem Zeitraum waren die „Vereine mit Tradition" führend, und das waren in erster Linie die in Jena und Erfurt. Besonders der FC Carl Zeiss hat die Geschichte des DFV wesentlich mitgeschrieben. Der FC Carl Zeiss Jena wurde Fußballmeister der DDR in den Spieljahren 1962/63, 1967/68 und 1969/70. Er gewann vier Mal das Pokalendspiel und holte sich den Titel des FDGB-Pokalsiegers, 1960 gegen Rostock mit 3:2, 1972 gegen Dynamo Dresden mit 2:1, 1974 gegen Dynamo Dresden mit 3:1 und 1980 gegen Rot-Weiß Erfurt mit 3:1 n.V. Und die Jenenser standen noch in drei weiteren Endspielen, wo sie allerdings unterlagen, 1965 gegen Magdeburg mit 1:2, 1968 gegen Union Berlin mit 1:2 und 1988 gegen Berliner FC Dynamo mit 0:2.

44 Mal spielte der FC Carl Zeiss Jena in den verschiedenen europäischen Pokalwettbewerben und erreichte dabei zwei Mal ein Finale.

Der FC Rot-Weiß Erfurt spielte 1946/48 als Erfurt-West, 1948/49 als SG Fortuna Erfurt, 1949/50 als KWU Erfurt, von 1950 bis 1965 als Turbine Erfurt. Am 20. Januar 1966 wurde dann

*Eine Sternstunde des Thüringer Fußballs, als ein einziges Mal der FC Carl Zeiss Jena und der FC Rot-Weiß Erfurt das DDR-Pokal-Finale erreichten, im Mai 1980 in Berlin. Und sie schenkten sich beide nichts, denn erst nach Verlängerung gewann Jena mit 3:1.*

der Fußballclub Rot-Weiß Erfurt gegründet. Die Turbine-Mannschaft wurde unter H. Carl in Spieljahren 1953/54 und 1954/55 DDR-Meister.

International betrat Erfurt erst in der letzten Oberligasaison die Bühne der europäischen Pokalwettbewerbe. Mit dem 3. Platz in der Oberligatabelle wurde die UEFA-Pokalrunde erreicht. Gegen den holländischen FC Groningen wuchs die ganze Mannschaft über sich hinaus und gewann, doch gegen die renommierten Ajax-Amsterdamer musste sie dann die Segel streichen. Rot-Weiß Erfurt war als letzter Cup-Neuling des Ostens in den Wettbewerb gezogen und hat ihn erhobenen Hauptes wieder verlassen.

Natürlich hatten Erfurt und Jena im Wesentlichen ein größeres Hinterland und konnten sich deshalb jahrzehntelang im Oberhaus behaupten. Aber auch kleine Gemeinden waren im Fußball traditionsreich. Wird zum Beispiel „auf dem Wald" vom Fußball gesprochen, erinnert man sich sofort an die Erfolge der Steinacher, die 1963 in die Oberliga aufstiegen und dort zwei Jahre lang zeigten, dass die Wäldler durchaus guten Fußball spielen können.

Im Oberhaus der DDR waren noch weitere Thüringer Mannschaften vertreten. Da wäre zunächst Gera zu nennen. In der Saison 1949/50 war Gera-Süd in der Oberliga, ab 1950/51 dann als Motor Gera. Motor Gera wurde von Wismut Gera übernommen, Wismut spielte bis 1953 in der höchsten Spielklasse und gab dort dann noch 1966/67 und 1977/78 Gastrollen.

Motor Altenburg, am 8. 3. 1946 als SG Altenburg-Nord gegründet, belegte in der Oberliga im Spieljahr 1949/50 den 12. Platz, im Spieljahr 1950/51 den 11. Platz, erreichte aber dann 1951/52 das Saisonziel nicht und musste als

Tabellenvorletzter absteigen. Zu den bekanntesten Altenburger Spielern gehörten Rainer Baumann und Siegfried Vollradt.

Motor Weimar, 1948 als Weimar-Ost gegründet, spielte in der Saison 1950/51 als Turbine Weimar in der Oberliga.

Einen „Sommer lang tanzte" auch Motor Suhl, eine der führenden Mannschaften im Raum Südthüringen, im Oberhaus der DDR, belegte 1984/85 dort aber nur den letzten Tabellenplatz.

Neben diesen Mannschaften, die in der höchsten Spielklasse des Landes um Punkte kämpften, gab es eine große Zahl traditionsreicher Vertretungen, die besonders in der I. und II. DDR-Liga guten Fußball spielten. Zu ihnen gehörten: Aktivist Bleicherode, Motor Eisenach, Dynamo Erfurt, Umformtechnik Erfurt, Dynamo Gera, Motor Hermsdorf, Chemie Ilmenau, Chemie Jena, Chemie Kahla, Landbau Bad Langensalza, Chemie Lauscha, Stahl Maxhütte, Vorwärts Meiningen, Lokomotive Meiningen, Union Mühlhausen, Motor Nordhausen, Motor Oberlind, Motor Rudisleben, TSG Ruhla, Motor Schmalkalden, Motor Sömmerda, Chemie Schwarza, Stahl Silbitz, Glückauf Sondershausen, Kali Werra Tiefenort, Motor Veilsdorf, Fortschritt Weida, Volkspolizei Weimar, Motor Zeulenroda.

## Die Trainer

Alle diese Mannschaften hätten nie ihre Höhenflüge von den unteren in höhere Spielklassen geschafft, wenn ihnen nicht erfahrene Fußballlehrer das dazu nötige Können beigebracht hätten. Der Aus- und Weiterbildung von Übungsleitern und Trainern wurde und wird in Thüringen seit Jahrzehnten eine besondere Bedeutung bei-

*Als die Oberliga im Spieljahr 1949/50 erstmals in Aktion trat, gehörten ihr drei Thüringer Mannschaften an: BSG KWU Erfurt, BSG Gera-Süd und ZSG Altenburg-Nord. Die Altenburger (unser Foto) spielten mit (v. l. n. r.): Thiere, Pohle, Hermann, Heinz Vollert, Hercher, Feustel, Kresse, Haupt, Syring, Klemig, Schulze.*

gemessen. Viele aktive Fußballer haben so die Möglichkeit, ihre praktischen Fähigkeiten mit der Lehre zu vervollkommnen. Und so ist es nicht verwunderlich, dass tausende von aktiven Fußballern heute den Nachweis als Übungsleiter, aber auch als Trainer in der Tasche haben. Große Verdienste hat in dieser Hinsicht der langjährige Bezirks- und Landestrainer Pfeifer.

Aus Thüringen kommen solch bekannte Trainer wie die ehemaligen Nationaltrainer der DDR Georg Buschner und Bernd Stange. Da sind weiter zu nennen Oberliga-, Liga- und Bezirkstrainer wie Hans Meyer, Heinz Leib, Helmut Nordhaus, Harald Irmscher, Karl Trautmann, Jule Hammer, Siegmar Menz, Matz Vogel, Konrad Weise, Reinhard Häfner, Heinz Ernst, Werner Knaust, Lothar Kurbjuweit, Horst Szulakowski, Otto Staudinger, Oskar Büchner, Otto Weigelt, Jürgen Werner, Fritz Schattauer u. v. a.

## Die Schiedsrichter

Wie überall in der Welt waren und sind sie natürlich auch in Thüringen bei jedem Spiel dabei - die Schiedsrichter! Sie stehen oft im Mittelpunkt des Interesses, obwohl sie nur reagieren, d. h. alles das, was gegen die vorgeschriebene Regel unseres Fußballsports verstößt, unterbinden. Sie müssen Entscheidungen treffen, die oft von 50 Prozent aller am Spiel beteiligten Aktiven, aber noch viel mehr von einer großen Zahl der Zuschauer nicht verstanden werden. Wie oft muss diese Entscheidung in einem Bruchteil einer Sekunde gefällt werden, ohne dass der „schwarze Mann" (heute meistens „bunte Mann") eines jeden Spieles die Möglichkeit hat, diese noch einmal zu überdenken oder sich gar die Fernseh- bzw. Videoaufzeichnungen zu rate ziehen zu können. Und dennoch wird heute und auch in Zukunft ohne sein Mitwirken ein Fußballspiel schlecht möglich sein. Ohne Schiedsrichter geht es nicht!

Thüringen kann im Schiedsrichterwesen auf eine gute Tradition verweisen. Da ist als

Erster Werner Bergmann aus Häselrieth (Kreis Hildburghausen) zu nennen. Er war der erste Schiedsrichter des DFV der DDR, der das FIFA-Abzeichen, die äußere Würde eines internationalen Schiedsrichters erhielt. Der vitale und humorvolle Sportler war Referee in mehreren Länderspielen, leitete am 20. 5. 59 Norwegen - Österreich 0:1, am 8. 11. 59 Polen - Finnland 6:2, am 30. 10. 60 CSSR - Holland 4:0, am 13. 11. 60 Ungarn - Polen 4:1, am 4. 11. 62 Schweden - Norwegen 1:1 und am 2. 6. 63 Polen - Rumänien 1:1. Werner Bergmann leitete Europacup-Spiele, FDGB-Pokalendspiele, Oberligaspiele und viele internationale Begegnungen auf freundschaftlicher Ebene. Leider schied der Sport-Kreisvorsitzende am 23. Oktober 1963 viel zu früh aus unserer Mitte. Er hatte aber auch in Südthüringen für den Nachwuchs gute Arbeit geleistet. Helmut Bader (Bremen/Rhön) und Karl Trautvetter (Im-

*Werner Bergmann (Mitte) war der erste Schiedsrichter des DFV der DDR, der das FIFA-Abzeichen erhielt. Hier vor einem Übungsspiel einer DDR-Auswahl gegen Turbine Erfurt Anfang der 50er Jahre der obligatorische Wimpelaustausch zwischen Harald Wehner (rechts), Kapitän der Auswahl, und Gerhard Franke, Kapitän der Turbine-Elf.*

melborn) amtierten wie auch Günter Supp (Meiningen) und Karl-Heinz Gläser (Breitungen) in der Oberliga.

Hans-Joachim Warz aus Erfurt, Mitbegründer des BFA Erfurt und lange Jahre im Erfurter Club - von KWU über Turbine bis Rot-Weiß - als Vorsitzender der Schiedsrichterkommission tätig, zählte von 1958 bis 1967 zu den bekanntesten Oberliga-Schiedsrichtern, leitete Spiele in allen großen Stadien der DDR. Dieser „schwarze Mann" war ein Garant für den Nachwuchs im Schiedsrichterwesen in Erfurt, und er war stolz, dass diese gute Tradition von Manfred Heinemann, Adolf Prokop und Günter Habermann fortgeführt wurde.

Natürlich hatte auch Ostthüringen erfahrene und gute Oberliga-Schiedsrichter. Hier sind u. a. zu nennen Heinz Planer (Jena), Bernd Stumpf (Jena), Manfred Roßner (Pößneck), Matthias Müller (Gera) und Peter Weise (Pößneck).

Sechs Thüringer Oberligaschiedsrichter wurden als internationale Schiedsrichter der FIFA gemeldet und auch eingesetzt. Es waren dies: Werner Bergmann (1958 bis 1963), Helmut Bader (1968 - 1974), Adolf Prokop (1970 - 1989), Bernd Stumpf (1978 - 1986), Manfred Roßner (1980 - 1990) und Günter Habermann (1985 - 1990). Der internationale Schiedsrichter mit den meisten Einsätzen ist jedoch Adolf Prokop aus Erfurt. Im Jahr 1974 wurde er bereits mit dem FIFA-Abzeichen geehrt.

Nicht unerwähnt bleiben sollte im Kapitel „Schiedsrichter", dass dies eine hohe ehrenamtliche Tätigkeit im Fußballverband war und auch weiterhin bleiben wird. Auch eine Entschädigung - vor allen in den untersten und Jugendklassen - hebt dies nicht auf. Nur einmal zur Information sollen hier die ersten Entschädigungen, wie sie im DFV im Jahre 1950 allgemein verbindlich eingeführt wurden, genannt werden. Es wurde vergütet:

- für alle Spiele am Ort      2,- DM
- auswärts bis zu 6 Std.      3,- DM
- auswärts bis zu 9 Std.      6,- DM
- auswärts bis zu 12 Std.     9,- DM
- auswärts über 12 Std.      12,- DM

Es galt die Abfahrtszeit ab Wohnort und die Ankunftszeit am Wohnort. Fahrtkosten wurden für D-Zug 2. Klasse vergütet.

## Die Auswahlspieler

International sind Thüringer Fußballer erst in der zweiten Hälfte dieses Jahrhunderts richtig in Erscheinung getreten. Das Olympia-Jahr 1952 hielt auch für die DDR-Fußballer zwei große Ereignisse bereit, nämlich den ersten Auslands-start und die Aufnahme in die FIFA, in die Weltföderation der Fußballsportler.

Am 21. 9. 1952 in Warschau gegen Polen war der gerade von Gotha nach Erfurt gewechselte **Georg Rosbigalle** beim ersten offiziellen Länderspiel der DDR-Nationalmannschaft dabei, das sie mit 0:3 verlor. Im zweiten Länderspiel am 26. 10. 1952 in Bukarest gegen Rumänien war dann der Jenenser **Karl Schnieke** mit von der Partie. Auch dieses Länderspiel verlor das DDR-Team mit 1:3, aber der Torschütze für die DDR war Karl Schnieke. Er geht damit in die Fußballgeschichte ein. Ein Thüringer war es also, der überhaupt das erste Tor für die DDR-Nationalmannschaft schoss. 1954 kamen **Georg Buschner** und 1957 **Helmut Müller** (beide Jena) zu ihrem Länderspieldebüt.

Insgesamt 49 Thüringer wurden in Auswahlmannschaften eingesetzt (sie werden samt und sonders in einem gesonderten Abschnitt in diesem Buch genannt). Die größten Erfolge hatten dabei Peter Rock (Jena) 1964 Olympiabronze in Tokio; Konrad Weise, Eberhard Vogel, Peter Ducke, Lothar Kurbjuweit, Harald Irmscher (alle Jena) 1972 Olympiabronze in München; Konrad Weise, Lothar Kurbjuweit, Hans-Ullrich Grapenthin (alle Jena), Reinhard Häfner (Erfurt, später Dresden) 1976 Olympiagold in Montreal; Rüdiger Schnuphase (Erfurt) 1980 Olympiasilber in Moskau.

Als die DDR-Nationalmannschaft 1974 zum einzigen Mal an einer Fußball-WM-Endrunde teilnahm, gehörten zum Aufgebot von Trainer Georg Buschner Konrad Weise, Harald Irmscher, Eberhard Vogel, Peter Ducke, Lothar Kurbjuweit, Wolfgang Blochwitz, Bernd Bransch (72/74 bei Jena), Reinhard Häfner und Rüdiger Schnuphase. Das Spiel von Hamburg, der einzige deutsch-deutsche Vergleich, wurde mit dem 1:0-Sieg zum größten Erfolg.

Von den insgesamt 49 Thüringer Auswahlspielern wollen wir drei von ihnen, die echte Thüringer Gewächse sind, stellvertretend für alle etwas näher vorstellen:

Da wäre zunächst **Konrad Weise** zu nennen. Er wurde am 17. 8. 1951 in Greiz geboren, spielte von 1961 bis 1966 bei Fortschritt Greiz und dann von 1966 bis 1986 beim FC Carl Zeiss Jena als Libero, Vorstopper, Außenverteidiger. Konrad Weise wirkte in 310 Oberligaspielen mit und schoss 17 Tore. Er war in 86 Länderspielen eingesetzt und erzielte da zwei Tore. Er war Olympiateilnehmer 1972 in München und 1976 in Montreal.

**Reinhard Häfner** war an Eleganz auf dem Fußballfeld kaum zu übertreffen - so schrieb die „Fußballwoche" bei seinem Abschied aus der aktiven Laufbahn. In Sonneberg geboren und als

*Konrad Weise begann seine Laufbahn als Fußballer bei Fortschritt Greiz, kam dann 1966 zum FC Carl Zeiss Jena. Insgesamt wirkte er in 310 Oberligaspielen mit und war in 86 Länderspielen der DDR-Nationalmannschaft dabei. Hier in voller Aktion, zeigte er, dass er sein Handwerk als Fußballer bestens beherrschte.*

Talent gereift, kam er als 16-Jähriger nach Erfurt zum FC Rot-Weiß und, als er 19 Jahre alt geworden war, zu Dynamo Dresden und in die Nationalmannschaft. In 58 Spielen der DDR-Elf war er dabei, schoss fünf Tore. Ein Höhepunkt seiner Laufbahn: Olympiasieg 1976. Reinhard Häfner absolvierte 391 Oberliga-Punktspiele mit 55 Toren, wurde mit seiner Mannschaft vier Mal DDR-Meister und vier Mal Pokalsieger. Mit seiner ausgefeilten Technik, Antrittsschnelligkeit und Wendigkeit und seinem stets einwandfreien Auftreten ist er ein echtes Vorbild für unsere Talente.

**Rüdiger Schnuphase** wurde am 23. 1. 1954 in Erfurt geboren, spielte von 1962 bis 1964 bei Traktor Werningshausen, von 1964 bis 1976 und 1984 bis 1986 beim FC Rot-Weiß Erfurt und in der Zwischenzeit von 1976 bis 1984 beim FC Carl Zeiss Jena. Seine Positionen waren Stürmer, Läufer und Libero. Er brachte es auf 320 Oberligaeinsätze und schoss dabei 123 Tore. Rüdiger wurde 1982

Oberliga-Torschützenkönig und Fußballer des Jahres. Er wirkte in 45 Länderspielen mit, schoss sechs Tore. Er war WM-Endrundenteilnehmer 1974 und Olympiateilnehmer 1980 in Moskau.

## Der Reporter

Von all diesen Länderspielen, von vielen Oberligabegegnungen berichteten Reporter der schreibenden Zunft, des Rundfunks und des Fernsehens. Unter ihnen war ein Thüringer, den wir hier nennen wollen. Seine Freunde (vielleicht auch seine Feinde) nannten ihn den „Doktor". Gemeint ist der bekannte Rundfunkreporter Wolfgang Hempel. Er ist mit der Thüringer Fußballgeschichte eng verbunden.

Im Jahre 1927 wurde Wolfgang in dem ostthüringischen Städtchen Neustadt/Orla geboren. Dort spielte er auch den ersten Fußball, später jagte er bis zum Jahr 1952 bei Erfurt-West dem runden Leder nach. Als freiberuflicher Sport-

*Nicht viele sahen ihn so, aber Millionen hörten ihn, den Rundfunkreporter Wolfgang Hempel.*

reporter beim Sender Weimar (später Radio DDR) hörten wir die Stimme des „Doktors", wenn er über die Weltmeisterschaften im Fußball von 1954 bis 1986 und von 1976 an über die Europameisterschaftsrunden berichtete.

## Der Spielbetrieb

Zum Abschluss dieser wichtigen Etappe der Entwicklung des Fußballs in Thüringen von 1952 bis 1990 sei noch etwas zum Spielbetrieb gesagt in dieser Zeit gesagt. In der Oberliga gab es nach den anfänglichen Querelen mit der Sportführung in den Spieljahren 1952/53 und 1953/54 eine Angleichung. Vom Spieljahr 1954/55 bis zum Spieljahr 1990/91 spielte dann die Oberliga kontinuierlich mit 14 Mannschaften.

Eine entscheidende Änderung, die für alle Klassen des DFV galt, war die Angleichung des Spieljahres an das Kalenderjahr im Jahr 1954/55. Dazu war für die zweite Hälfte des Jahres 1955 eine Übergangsrunde beschlossen worden. Die Spiele wurden in einer einfachen Runde ausgetragen ohne Auf- und Abstieg.

„Rein in die Kartoffeln, raus aus den Kartoffeln", denn 1961/62 wurde die Spielzeit wieder auf den Rhythmus Herbst/Frühjahr verändert. Zum Übergang spielte die Oberliga drei Serien mit 13 Heimspielen, 13 Spielen auf Gegners Platz und 13 Begegnungen auf neutralen Plätzen. Die I. Liga trug nur drei Spiele, die II. Liga ein Spiel auf neutralen Plätzen aus.

Recht schwer taten sich die Verantwortlichen des DFV hinsichtlich der Klassen zwischen den Bezirksligen und der Oberliga. Ständig gab es dazu Experimente. Im Bereich der I. und der II. DDR-Liga wurden im Zeitraum 1952 bis 1991 mehrmals größere Veränderungen vorgenommen. Und jede Veränderung hatte natürlich auch immer Auswirkungen auf die Bezirksligen.

Zunächst gab es eine DDR-Liga, die mit zwei Staffeln spielte. Im Spieljahr 1954/55 wurden dann drei Staffeln gebildet.

Ab 1955 spielte eine Staffel DDR-Liga und eine II. DDR-Liga mit zwei Staffeln (Nord und Süd). Die 15 Bezirksmeister ermittelten jährlich in Ausscheidungsrunden die Aufsteiger zur II. Liga.

Ab 1958 blieb die I. DDR-Liga unverändert. Die II. DDR-Liga hatte wurde jedoch nun von zwei auf fünf Staffeln mit je 14 Mannschaften erweitert. Davon profitierten die Bezirksmeister, die jetzt keine Aufstiegsrunden mehr bestreiten mussten, sondern automatisch aufstiegen.

Ab Spieljahr 1962/63 gab es wieder eine zweite Staffel der I. DDR-Liga, dafür wurde mit Ende des Spieljahres 1962/63 auf Beschluss des Präsidiums des DFV vom 29. Juni 1962 die II. DDR-Liga als Zwischenklasse abgeschafft. Die nicht zur I. DDR-Liga aufgestiegenen Mannschaften wurden in die jeweils zuständigen Bezirksligen eingereiht.

Ab Spieljahr 1971/72 spielte die DDR-Liga nicht mehr in zwei Staffeln, sondern in fünf Staffeln mit je 12 Mannschaften.

Ab 1984/85 gab es dann in der DDR-Liga wieder nur zwei Staffeln (A und B) mit je 18 Mannschaften. Dabei blieb es dann bis zur Wende.

# Endlich Thüringer Fußball-Verband

Im Spieljahr 1989/90 war in allen drei Bezirken des Landes Thüringen der Spielbetrieb in vollem Gange. Die erste Halbserie war fast abgeschlossen. Da kam die politische Wende. Die innerdeutsche Grenze war nicht mehr da und viele Fußballgemeinschaften glaubten, ihren Verpflichtungen im Wettspielbetrieb nicht mehr nachkommen zu müssen.

Freundschaftsspiele zwischen Vereinen aus Hessen, Unter- oder Oberfranken mit ihren Nachbarn in Thüringen wurden ausgetragen. Auch auf Leitungsebene der Fußballverbände wurden Beratungen geführt, die der Annäherung dienten. So gab es Treffen zwischen den Erfurter und den Kasseler Fußballern, die Oberfranken stellten Kontakte zu dem Bezirk Gera und den Kreisen Sonneberg und Hildburghausen her. Der Bezirksfachausschuss Suhl und der Fußballbezirk Unterfranken im Bayrischen Fußball-Verband (BFV) konferierten in Würzburg und Zella-Mehlis. Intensiv verhandelten auch DFB und DFV und legten die weiteren Schritte des Zusammenschlusses

fest. Und so kam es, dass der Hessische Fussball-Verband (HFV) Pate für den Aufbau neuer Strukturen in Thüringen wurde.

Inzwischen waren in Thüringen durch die drei Bezirksfachausschüsse die Weichen für den gemeinsamen Weg gestellt. Am 1. März 1990 wurde schließlich der

### Thüringer Fußball-Verband e.V.

aus der Taufe gehoben. Mit diesem Tag war zum ersten Mal in der hundertjährigen Geschichte des Fußballs in Thüringen ein einheitliche Thüringer Fußball-Verband Wirklichkeit geworden. Auf dem 1. Verbandstag am 9. Juni 1990 in Bad Blankenburg beschlossen die Teilnehmer die wichtigsten Dokumente wie Satzung, Spielordnung, Finanzordnung usw. und wählten den ersten Vorstand. Erster Präsident wurde Werner Triebel (Benshausen).

Nicht unerwähnt bleiben darf, dass in dieser Zeit der Hessische Fußball-Verband selbstlos und

*Eine der zahlreichen Beratungen der Fußballfreunde aus Hessen und Thüringen, um nach der politischen Wende die neuen Strukturen des Thüringer Fußballsports zu schaffen. Hier waren dabei (v. l. n. r.): Rainer Milkoreit, damaliger Vizepräsident des TFV, Werner Triebel, der erste Präsident des TFV, Hans-Hermann Eckert, 1. Landesvorsitzender des Hessischen Fußball-Verbandes, Toni Pliska, damals „Chef" der Landessportschule des HFV in Grünberg, und Karl-Heinz Dorf, damals Geschäftsführer des TFV.*

tatkräftig die Thüringer Fußballer ständig unterstützte. Ob bei der Ausarbeitung der Dokumente, der Umgestaltung des Finanzwesens, dem Aufbau einer Passstelle, der Bereitstellung entsprechender Computer, der Hilfe im Jugendbereich - immer waren die Hessen mit Rat und Tat zur Stelle.

Hier waren es vor allem der 1. Landesvorsitzende des HFV Hans-Hermann Eckert, der Geschäftsführer Helmut Walter, der große Finanzexperte Edgar Roth und die Mitarbeiterin in der Geschäftsstelle Frau Wissenbach. An der Sportschule des HFV in Grünberg organisierten Toni Pliska, Wolfgang Schlosser und Rudi Gischler

so manchen Erfahrungsaustausch und auch Trainingslager. Unvergessen bleiben aber die Zusammenkünfte aller KFA-Vorsitzenden aus Thüringen mit dem Vorstand des HFV in Grünberg. Ein Dank an die Hessen für diese großzügige Unterstützung in der Anfangsphase.

In Vorbereitung des ausserordentlichen Bundestages des DFB in Leipzig am 21. November 1990 stellte der Thüringer Fußball-Verband e.V. die Anträge, als Mitglied des neuen Regionalverbandes Nordost und des DFB aufgenommen zu werden. Sowohl auf dem Gründungsverbandstag des NOFV am 20. November 1990 als auch auf dem ausserordentlichen Bundestag des DFB wird diesen Anträgen stattgegeben.

Beginnend mit dem Jahr 1990 führt der Thüringer Fußball-Verband eine Chronik, in der alle wichtigen Ereignisse aufgenommen sind und deren Anfang in diesem Buch enthalten ist. So schließt sich ein Abschnitt im Thüringer Fussball, der mit der Gründung des ersten Vereins im Jahr 1895 begann.

Natürlich gab es mit der Gründung des TFV auch hinsichtlich der Struktur der Klasseneinteilung wieder Veränderungen. So beschlossen die Teilnehmer des 1. Verbandstages des TFV am 9. Juni 1990, mit Beginn des Spieljahres 1990/91 eine Landesliga zu bilden. Ihr gehörten an:

Landbau Bad Langensalza, ESV Lokomotive Meiningen, Mikroelektronik Erfurt, Union Mühlhausen, Elektronik Gera, WK Schmalkalden, Motor Gotha, Glückauf Sondershausen, SV Jenaer Glas, EK Veilsdorf, Funkwerk Kölleda, Plattenwerk Walldorf, SC 1912 Leinefelde und Motor Zeulenroda. Bestehen blieben die drei Bezirksligen West-, Ost- und Südthüringen sowie die Kreisklassen. Thüringer Landesmeister wurde der FV Zeulenroda, der damit in die Staffel Süd der Oberliga Nordost aufstieg.

*Die Gründungsurkunde des Thüringer Fußball-Verbandes ist nicht exakt, wie unschwer zu erkennen ist. Denn der Verband ist als „Thüringer Fußball-Verband" im Vereinsregister eingetragen und nicht als „Thüringischer Fußballverband".*

In jenem ersten Spieljahr nach der Wende war die Fußballwelt für die Thüringer Mannschaften in den höheren Spielklassen noch so einigermaßen in Ordnung. Der FC Rot-Weiß Erfurt erreichte in der Oberliga Nordost den 3. Platz und war damit Teilnehmer an den UEFA-Pokalspielen. Mit großer Leistung setzte er sich in der 1. Runde gegen den holländischen FC Groningen durch, schied dann aber in der 2. Runde gegen Ajax Amsterdam aus. Der FC Carl Zeiss Jena kam auf den 6. Platz in der Oberliga. Beide Mannschaften wurden in der Saison 1991/92 in die 2. Bundesliga eingestuft. Ein Jahr später sah das schon etwas anders aus, begann der Weg in niedrigere Klassen, der im Grunde genommen bis jetzt noch nicht verlassen werden konnte.

Da die bis dahin noch bestehende Liga aufgelöst wurde, kamen aus der Staffel B diese Thüringer Vertreter in die Oberliga-Nordost: FSV Wacker Nordhausen, FSV Wismut Gera, FV Zeulenroda, SC 1903 Weimar, FSV Soemtron Sömmerda und 1. Suhler SV 06. Die beiden Tabellenletzten der Liga, Staffel B, stiegen dagegen in die Landesliga ab. Dieses harte Los traf FSV Kali Werra Tiefenort und SV Germania Ilmenau.

## 1991/92

Am Ende des Spieljahres 1991/92 gab es für die Mannschaften der 2. Bundesliga, zu denen auch die beiden Thüringer Vertreter gehörten, eine Qualifikationsrunde. Die war nötig geworden, weil der Beirat des DFB beschlossen hatte, die 2. Bundesliga von zwei auf nur noch eine Staffel zu reduzieren. In dieser Qualifikation schaffte der FC Carl Zeiss Jena den Aufstieg in die 1. Bundesliga nicht, erhielt sich aber einen Platz in der 2. Bundesliga. Der FC Rot-Weiß Erfurt dagegen konnte sich einen Platz in der 2. Bundesliga nicht sichern, sondern musste in die Oberliga Nordost absteigen.

Thüringer Meister wurde der SV Funkwerk Kölleda, der ein Jahr zuvor schon Vizemeister geworden war, und stieg in die Oberliga Nordost auf. Übrigens war die Landesliga im Spieljahr 1991/92 von 14 auf 17 Mannschaften erhöht worden. Da Altenburg zu Thüringen gehörte, spielte nun der SV 1990 Altenburg nicht mehr in der Landesliga Sachsen (dort Tabellenelfter), sondern war mit in die Landesliga Thüringen eingereiht worden. Und dann vervollständigte das 17er Feld noch die Amateurmannschaft des FC Carl Zeiss Jena, die als „Reserve" des Bundesligisten mit in diese Klasse kam. Dass dies durchaus berechtigt war, bewiesen die Jenenser, indem sie Vizemeister geworden waren. Für Furore sorgte auch der SV Ichtershausen/Rudisleben. Als Aufsteiger aus der

Bezirksliga und Neuling in der Landesliga kam die Mannschaft gleich auf den 3. Platz.

Den Bezirksmeistertitel holten sich in diesem Spieljahr SV 1910 Kahla (Ostthüringen), SV Wartburgstadt Eisenach (West) und SV Wacker 04 Bad Salzungen (Süd).

## 1992/93

Der FC Carl Zeiss Jena kam in der 2. Bundesliga auf den 8. Platz, blieb damit für ein weiteres Jahr in der zweithöchsten Spielklasse des DFB. Aus der Staffel Süd der Oberliga Nordost stiegen von den Thüringer Mannschaften SC 1903 Weimar und SV Funkwerk Kölleda in die Landesliga ab. Thüringer Meister war der 1. Suhler SV 06 geworden, der damit einen Platz in der Oberliga bekam.

Während aus der Landesliga in die Bezirksliga absteigen mussten SV Erfurt-West 90, SV Wacker 04 Bad Salzungen, VfL 04 Meiningen und SV Motor Gotha, schafften als Bezirksmeister den Aufstieg in diese höchste Spielklasse Thüringens FC Thüringen Weida (Ost), FC Rot-Weiß Erfurt II (West) und FSV 04 Viernau (Süd).

## 1993/94

Der FC Carl Zeiss Jena belegte in der 2. Bundesliga den 17. Platz und musste damit den Weg in die Regionalliga Nordost antreten, die im Regionalverband Nordost gebildet worden war. Thüringen war nun nicht mehr in der Bundesliga vertreten. Zweite Thüringer Mannschaft in der Regionalliga war der FC Rot-Weiß Erfurt, der aus der NOFV-Oberliga als Tabellenzweiter in diese Klasse kam.

Thüringer Meister wurden die Amateure des FC Carl Zeiss Jena, die damit in die Oberliga Nordost,

„111 Länderspiele auf der Bank". Das verkörpern die Ex-DDR-Nationalspieler Lothar Kurbjuweit (links/66 Einsätze) und Rüdiger Schnuphase (45 Einsätze), die hier als kritische Beobachter auf der Trainerbank des FC Rot-Weiß Erfurt Platz genommen hatten.

*Das war vorläufig zum letzten Mal, dass die Anhänger des FC Carl Zeiss Jena Grund zum Jubeln hatten. Überschäumende Begeisterung im „Paradies", da die Mannschaft am Schlusstag der Saison 1994/95 nach Abpfiff der Partie gegen FC Sachsen Leipzig, die sie mit 4:1 gewann, den Wiederaufstieg in die 2. Bundesliga geschafft hatte. Die Fans waren nicht mehr zu halten und stürmten auf das Spielfeld, um den Aufstieg zu feiern.*

Staffel Süd, aufstiegen. SV Wartburgstadt Eisenach und FSV Sömmerda stiegen in die Bezirksliga ab, die Bezirksmeister SV Blau-Weiß Niederpöllnitz (Ost), SG Eintracht 45 Kirchheim (West) und SV Germania Ilmenau (Süd) in die Landesliga auf.

## 1994/95

Jubel in Jena und ganz Thüringen, denn der FC Carl Zeiss Jena schaffte auf Anhieb mit dem 1. Platz in der Regionalliga Nordost den Wiederaufstieg in die 2. Bundesliga.

Jubel auch auf etwas niedrigerer Ebene in Nordhausen, da die Wacker-Elf in der Oberliga Nordost, Gruppe Süd, auf den 1. Platz gekommen war und dadurch nun in der Regionalliga Nordost spielen konnte.

Den Thüringer Meistertitel erkämpfte sich in der Landesliga SC 1903 Weimar und war damit nach zweijähriger Abwesenheit wieder in der nächsthöheren Spielklasse vertreten. Absteiger aus der Landesliga waren SV Blau-Weiß Niederpöllnitz und SG Eintracht 46 Kirchheim, in die Landesliga auf stiegen die drei Bezirksmeister FC Rudolstadt/Schwarza (Ost), SSV Erfurt-Nord (West) und FSV Kali Werra Tiefenort (Süd).

Das Spieljahr 1994/95 war das Ende der Bezirksliga in der bisherigen Form. Der Beirat des TFV beschloss in seiner Tagung am 9. Oktober 1993, ab dem Spieljahr 1995/96 eine Landesklasse mit zwei Staffeln (je 15 Mannschaften) einzuführen und in der Bezirksliga künftig mit sieben

Staffeln (je 16 Mannschaften) zu spielen. Damit war wieder einmal die Spielklassenstruktur in Thüringen geändert worden. Vorläufig zum letzten Mal, denn bis zum heutigen Tag besteht diese Klasseneinteilung im Landesmaßstab.

Die **Landesklasse** bildeten damals,
**Staffel Ost:** VfB 1919 Artern, VfB Gera, TSV 1880 Gera Zwötzen, SV Jenapharm Jena, VfR Lobenstein, SV Blau Weiß 90 Neustadt/Orla, SV Blau-Weiß Niederpöllnitz, SC 06 Oberlind, VfB 09 Pößneck, SV Kali Roßleben, VfL 06 Saalfeld, SV Wacker 1920 Steinheid, 1. Sonneberger SC 04, SV Grün-Weiß Tanna, FV Rodatal Zöllnitz;
**Staffel West:** SV Wacker 04 Bad Salzungen, SV Wartburgstadt Eisenach, SV 08 Geraberg, SV Wacker 07 Gotha, TSV 1862 Großfahner, 1. SC 1911 Heiligenstadt, SV Eintracht 46 Kirchheim, VfL 04 Meiningen, SV 1899 Mühlhausen, TSG Salza-Nordhausen, EFC 08 Ruhla, SV 04 Schmalkalden, FSV Grün-Weiß Steinbach-Hallenberg, SV 05 Trusetal, SV Empor Walschleben; (Semikolon an statt Punkt)

**Bezirksliga**
**Staffel 1:** SV Wacker Bad Salzungen, FC 02 Barchfeld, FSV Rot-Weiß Breitungen, SV Schwarz-Weiß Fambach, TSV Grün-Weiß Floh, SV 1952 Geismar/Rhön, ESV Lok Gerstungen, SV Blau-Weiß Herges-Hallenberg, SV Wacker Kaltenlengsfeld, SV Mihla, FSV 48 Oepfershausen, SG Blau-Weiß Schwallungen, SG Glücksbrunn Schweina, FSV Eintracht Stadtlengsfeld, SV 1921 Walldorf, SV Grün-Weiß Wasungen.

**Staffel 2:** SC 09 Effelder, VfB Grün-Weiß 28 Fehrenbach, FSV 06 Hildburghausen, SV Nahetal Hinternah, SV 05 Jüchsen, SV 07 Lauscha, SV Isolator Neuhaus-Schierschnitz, FSV 06 Rauenstein, SC 07 Schleusingen, TSV 1895 Schwarza, SV Turbine Sonneberg, SV 08 Steinach, TSV 1911 Themar, SV Elekto-KeramiK Veilsdorf II, SV Grün-Weiß 50 Waldau;

**Staffel 3:** SV Blau-Weiß Auma, TSV Bad Blankenburg, SG Rosenthal Blankenstein, FSV Hirschberg, SV 09 Klengel-Serba, SV Glückauf Lehesten, BSG Sormitztal Leutenberg, SV Blau-Weiß Niederpöllnitz II, LSV 49 Oettersdorf, SV 08 Rothenstein, FSV Schleiz, LSV 1990 Schöngleina, SG Traktor Teichel, SV Grün-Weiß Triptis, SV Stahl Unterwellenborn, FV Zeulenroda II.

**Staffel 4:** 1. FC Altenburg, FSV Berga/Elster, SV 1879 Ehrenhain, SV Eintracht Eisenberg, SV Eintracht Fockendorf, FCL Eurotrink Kickers Gera, 1. SV Gera II, TSV Gera-Westvororte, FSV Gößnitz, 1. FC Greiz II, SV Blau-Weiß 90 Greiz, SV 03 Kraftsdorf, FSV 1910 Lucka, FSV Meuselwitz, Zipsendorfer FC Meuselwitz, SV 1913 Schmölln;

**Staffel 5:** SG An der Lache Erfurt, SV Empor Erfurt, ESV Lok Erfurt, SV 90 Erfurt-West, SV 1911 Gehren, FSV 1928 Gräflnau-Angstedt, FSV Großbreitenbach, SV Fortuna Ingersleben, SSV Jena-Lobeda, FSV Sömmerda, VfB 1990 Steudnitz, SC 1903 Weimar II, SSV Vimaria 91 Weimar, SV Blau-Weiß 21 Weißensee, TSV Blau-Weiß Westerengel, SV Eintracht Wickerstedt;

**Staffel 6:** SC 1910 Apolda, VfB Apolda, FSV Grün-Weiß Blankenhain, SV Empor Buttstädt, SV Eintracht Camburg, FSV 46 Ettersburg, SV Blau-Weiß Gebesee, SV Blau-Weiß Greußen, SC 1918 Großengottern, LSG Blau-Weiß Großwechsungen, TSV 1908 Holzthaleben, SV Hohnstein Neustadt/Harz, FSV Wacker 90 Nordhausen II, SSV 07 Schlotheim, SV Grün-Weiß Schönstedt, SV Normania Treffurt;

**Staffel 7:** SV 90 Altengottern, SV National 1913 Auleben, SV Preußen Bad Langensalza, VfB 1922 Bischofferode, SG Bodenrode/Westhausen, SV 1921 Diedorf, SV 1911 Dingelstädt, SV Germania Effelder/Eichsfeld, SV Thuringia Königsee SV 1882 Mellenbach, FSV Drei Gleichen Mühlberg, SV Ohrdruf/Gräfenhain, SV Finsterberg Schmiedefeld, 1. Suhler SV 06 II, SV Motor Tambach-Dietharz, ZSG Grün-Weiß Waltershausen.

Das war die erste Zusammensetzung dieser Spielklassen, die seither die Struktur des Spielbetriebes in Thüringen bestimen. Natürlich hat sich die Zusammensetzung der Klassen ständig geändert, bedingt durch Auf- und Abstieg. Aber gerade das macht ja den Reiz des Fußballspielens mit aus. Bleibt zu hoffen, dass damit zunächst einmal Stabilität in der Klassenstruktur eingetreten ist. Stabilität wünschen wir uns auch für Thüringer Mannschaften in höheren Spielklassen. Denn da sah und sieht es nicht gerade rosig aus. Der FC Carl Zeiss Jena musste 1997/98 aus der Bundesliga in die Regionalliga Nordost absteigen, konnte diese Klasse dann auch bis zum diesjährigen Saisonende halten und muss ab dem kommenden Spieljahr versuchen, den steinigen Weg in die höheren Spielklassen wieder zu beschreiten.

Der FC Rot-Weiß Erfurt spielt seit 1994/95 in der Regionalliga Nordost und wird sich dort auch behaupten können. Er vertritt derzeit Thüringen am besten in einer höheren Spielklasse.

Wie schwierig es für den Thüringer Fußball ist, in den höheren Klassen zu bestehen, beweist auch die Tatsache, dass er derzeit nicht mehr in der Bundesliga, sondern nur noch mit den beiden Mannschaften Jena und Erfurt in der Regionalliga und mit Eintracht Sondershausen und Wacker 90 Nordhausen in der Oberliga vertreten ist. Jena wird in der Saison 2001/02 wahrscheinlich in der Oberliga spielen, Nordhausen diese Klasse nicht mehr halten können und in der Landesliga um Punkte kämpfen müssen. Ob Sondershausen in der Oberliga verbleiben kann, stand bei Erarbeitung dieses Buches noch nicht fest.

Mit dieser nicht befriedigenden Bilanz soll die Chronik der 100 Jahre des Fußballs in Thüringen enden. Er wird aber auch im „grünen Herzen" Deutschlands weiterrollen und in absehbarer Zeit sicher wieder mit guten Leistungen in höheren Klassen aufwarten. Denn dafür arbeiten Tausende begeisterter Fußballsportler von den Kreisklassen bis hin zur Landesliga, indem sie sich besonders um den Nachwuchs kümmern.

# Höhenflüge im Tal der Saale

## Der FC Carl Zeiss Jena über Jahrzehnte die Nummer 1 in Thüringen

Die Geschichte des Jenaer Fußballs ist lang. Sie begann an einem Julitag des Jahres 1893, als sich auf den „Paradies"-Wiesen am Saaleufer der dort beheimatete Verein und eine Mannschaft des Turnvereins Leipzig in einem von den Gästen mit 1:0 gewonnenen Wettspiel gegenüberstanden. Danach verging noch ein rundes Jahrzehnt bis zur Gründung des FC Carl Zeiss Jena, dessen Mitglieder sich allerdings zunächst lediglich aus Mitarbeitern des weltweit bekannten, mit Herstellung optischer Geräte befassten Großbetriebes rekrutierten.

Diese Einschränkung währte nur kurze Zeit und 1906 erfolgte dann die Aufnahme des Klubs in den Deutschen Fußball-Bund (DFB) und den Verband Mitteldeutscher Ballspielvereine (VMBV). Es begann ein kontinuierlicher Aufstieg, der seinen ersten Höhepunkt im Gewinn des Thüringer Meistertitels hatte. Das war während des Ersten Weltkrieges in der Saison 1917/18, in deren Vorfeld der Klub in 1. Sportverein Jena umbenannt worden war. Es folgten weitere Titel für den 1. SV, der in den Folgejahren zu den bekanntesten und

spielstärksten Vereinen im mitteldeutschen Raum zählte und im August 1924 sein neues Stadion, das heutige Ernst-Abbe-Sportfeld, einweihte.

Die Neugliederung des deutschen Fußballs nach 1933 sah den 1. SV Jena in der Gauliga Mitte, deren Meistertrophäe zwei Mal hintereinander (1935 und 1936) in das Saale-„Paradies" geholt wurde. Spieler-Persönlichkeiten wie Werner, Schüßler, Schipphorst, Malter, König und Bachmann prägten den Stil der Mannschaft, die in dem von München nach Jena gekommenen Ex-Nationalspieler Josef Pöttinger einen ausgezeichneten Trainer besaß. Bei den seinerzeit üblichen Gruppenspielen zur deutschen Meisterschaft scheiterte der Sportverein dann allerdings jeweils an spielstarken Konkurrenten aus dem süddeutschen Raum (SpVg Fürth, VfB Stuttgart, 1. FC Nürnberg, Wormatia Worms).

Nach Kriegsende stand der Jenaer Fußball zunächst erst einmal einige Jahre im Schatten des heutigen FC Rot-Weiß Erfurt, der in dieser Zeit unter dem Namen Turbine zwei DDR-Meistertitel nach Thüringen holte. Auch in Jena gab es von zunächst SG Ernst Abbe über SG Stadion, BSG Carl Zeiss, BSG Mechanik, BSG Motor und schließlich SC Motor eine wahre Kette von Umbenennungen.

*Helmut Steins große Stunde. Vor Anpfiff des Länderspiels England - DDR tauscht der Jenaer Abwehr-Akteur als Kapitän der DDR-Elf mit Bobby Moore (links) die Wimpel. Die Partie endete im Herbst 1970 im Londoner Wembley-Stadion mit einem 3:1-Erfolg der Gastgeber.*

*Die hohe Schule der Technik. Nur wenige beherrschen sie so exzellent wie der hier im Dress der DDR-Auswahl spielende Jenaer Harald Irmscher.*

Die damit verbundenen ständigen Umbesetzungen in den Leitungs-Gremien trugen dazu bei, dass erst 1952 der Aufstieg in die damalige DDR-Oberliga gelang. Aber die Jenaer tanzten dort nur einen Sommer und mussten die höchste Spielklasse postwendend wieder verlassen.

Mit dem Wiederaufstieg 1956 begann dann die Zeit der großen Erfolge, die in drei Meistertiteln (1963, 1968 und 1970), vier Pokalsiegen (1960, 1972, 1974 und 1980) und dem ersten Rang in der ewigen Oberliga-Rangliste der DDR vor BFC Dynamo, Dynamo Dresden, Wismut Aue, FC Vorwärts und Rot-Weiß Erfurt gipfelten. Nicht weniger als 16mal nahmen die nun wieder mit dem Emblem des FC Carl Zeiss auflaufenden Jenaer an den verschiedenen Europacup-Wettbewerben teil und empfingen im Saale-„Paradies" Fußball-Prominenz aus aller Welt. Absoluter Höhepunkt das Endspiel um den Cup der Pokalsieger, bei dem im Mai 1981 Dynamo Tiflis im Düsseldorfer Rheinstadion der Gegner war. Auf dem Weg ins Finale hatten die Jenaer prominente Spitzen-Teams wie AS Rom, FC Valencia, Newport County und Benfica Lissabon ausgeschaltet. Im Finale gegen den sowjetischen Pokalsieger führten sie zunächst durch einen Treffer von Hoppe (63.), mussten dann aber noch Guzajews Ausgleich (67.) und schließlich auch

noch das Tor zur 1:2- Niederlage von Darasselja kurz vor dem Abpfiff (87.) hinnehmen.

Untrennbar verbunden mit diesen Erfolgen sind die Namen Georg Buschner und Hans Meyer, unter deren Trainingsleitung der Klub zu immer neuen Höhenflügen startete. Die verdienstvollen Akteure können hier auch nicht annähernd alle aufgeführt werden, die Ducke-Brüder, Raab, Kurbjuweit, Vogel, Weise, Grapenthin, Schlutter, Stein, Irmscher und Schnuphase sollen für viele

*Freudentag für einen Torwart. Zu Beginn der Saison 1980/81 wurde der Jenaer Schlussmann Hans-Ullrich Grapenthin vor dem Spiel Jena - Dynamo Dresden als Fußballer des Jahres geehrt.*

*Fans sind eine Macht. Nicht zu Unrecht wurden und werden die Jenaer Anhänger als „zwölfter Spieler" des FC Carl Zeiss bezeichnet.*

andere stehen. Dass auch der Großteil der Nationalspieler in dieser Ära aus Jena kam, stellte praktisch eine Selbstverständlichkeit dar.

Ende der 80er Jahre musste dann auch in Jena der Schnelllebigkeit des Fußballs unserer Tage Tribut gezollt werden. Das Erreichen des gegen den seinerzeitigen DDR-Abonnementsmeister BFC Dynamo mit 0:2 verlorenen Pokalfinales 1988 war der letzte Erfolg, Italiens Cup-Vertreter Sampdona Genua der letzte prominente Gast im Saale-„Paradies". Zuvor gab es in der Abschlusstabelle der Saison nur einen enttäuschenden sechsten Platz, der sich zwölf Monate später noch um zwei weitere Ränge verschlechtern sollte.

In der Serie 1989/90 ging es wieder etwas aufwärts (5.), nach der politischen Wende dann um den Einzug in eine der westdeutschen Eliteligen. Für den FC Carl Zeiss stand von vornherein als Qualifikationsziel nur die 2. Liga zur Debatte, und

*Duett der Ducke-Brüder. Roland (links) und Peter Ducke stürmen in der Saison 1969/70 Richtung Tor von Dynamo Dresden; überspielt am Boden der Dresdner Libero Klaus Sammer.*

*Ein Dokument für die Ewigkeit: Die Anzeigetafel des Ernst-Abbe-Sportfeldes kündet vom 4:0-Europacup-Sieg des FC Carl Zeiss über AS Rom in der Saison 1980/81.*

*Vogel-Doppel. Eberhard Vogel (links) und sein Namensvetter Thomas hatten als Spieler und Trainer wesentlichen Anteil an den Jenaer Fußball-Erfolgen der Vergangenheit.*

selbst das Erreichen dieses Nahzieles hing am seidenen Faden. Erst am allerletzten Spieltag der Oberliga-Geschichte wurden mit einem noch dazu erst in der Schlussphase sichergestellten 2:0-Erfolg bei Energie Cottbus die Weichen Richtung bezahlten Fußball gestellt.

500 Jenaer Fans waren seinerzeit mit in die Lausitz gereist. Sie bejubelten die beiden Treffer von Peschke (83.) und Weber (90.) und feierten nach dem Abpfiff neben den Spielern vor allem Co-Trainer Konrad Weise. Der 86-fache Nationalspieler hatte den zu diesem Zeitpunkt bereits mit seinem künftigen Arbeitgeber, Hertha BSC Berlin, verhandelnden Chef-Coach Bernd Stange vertreten. Für Trainer, Spieler und Fans wurde die Heimkehr zu einem einzigen Triumphzug.

In den Profi-Fußball ging es mit einem neuen Mann an den sportlichen Schalthebeln. Er hieß Klaus Schlappner und kam aus dem fernen China nach Thüringen. Mit ihm auf der Bank wurde in der Südstaffel der damals noch geteilten 2. Liga zunächst der dritte Platz und in der anschließenden Aufstiegsrunde die Qualifikation für die in der folgenden Saison eingleisige Liga geschafft. Vor dem Spieljahr 1992/93 war Reiner Hollmann als Nachfolger Schlappners verpflichtet worden. Er führte die Zeiss-Truppe in dem 24 Mannschaften starken Feld auf einen kaum erhofften achten Rang in der Abschlusstabelle. Doch danach ging es steil bergab im „Paradies". Der Pokalsieg bei Borussia Dortmund (1:0, Torschütze Schreiber) war das letzte Highlight, die Mannschaft musste im Sommer 1994 den bitteren Weg hinab in die Regionalliga antreten.

In dieser Ära gab es Trainerwechsel am Fließband. Auf Hollmann folgte Uwe Erkenbrecher, der nach wenigen Monaten vom zurückgekehrten Hans Meyer abgelöst wurde. Kurz nach dem Start in die Serie 1994/95 räumte dann Meyer den Platz auf der Trainerbank für Eberhard Vogel, der die Mannschaft wieder zurück in den bezahlten Fußball brachte. Der 74-fache Nationalspieler erreichte im Folgejahr einen ausgezeichneten sechsten Platz, geriet jedoch in der Saison 1996/97 voll in den Abstiegsstrudel und wurde von Frank Engel ersetzt. Mit dem Leipziger am Regiepult reichte es doch noch zum Klassenerhalt, der aber in der folgenden Serie verspielt wurde. Der nach seinem Ägypten-Intermezzo wieder als Ablösung von Engel verpflichtete Hollmann konnte dann im Frühjahr 1998 das erneute Abtriften Richtung Regionalliga nicht verhindern.

In der folgenden Pause blieb der befürchtete personelle Aderlass nicht aus. Nicht weniger als 15 Spieler verließen den Klub, unter ihnen der überwiegende Teil der Leistungsträger. Entsprechend bescheiden waren die Erwartungen, die an Spielertrainer Thomas Gerstner und sein neu formiertes Team gestellt wurden. Am Ende reichte es gerade noch für einen einstelligen Platz (9.) in der Abschlusstabelle, nachdem sich die Mannschaft in der Herbstserie ständig in bedenklicher Nähe der Abstiegszone aufgehalten hatte.

In die Saison 1999/2000 ging es zwar mit zehn neuen Akteuren, doch das umstrittene Experiment Spielertrainer wurde zunächst beibehalten. Bis der neue Präsident Ralf Schmidt-Röh die Reißleine zog, Gerstner von seinen Trainerpflichten entband und mit Slavko Petrovic einen neuen Bank-Chef verpflichtete. Unter der Leitung des mit allen Fußballwassern gewaschenen Serben traten die Zeiss-Kicker aus der Abstiegszone heraus zu einer imponierenden Aufholjagd an, wurden zur erfolgreichsten Mannschaft der Rückrunde und zogen schafften schon vor dem Schlusstag der Saison den Einzug in die 3. Liga.

Doch in der neuen Klasse konnte der FC Carl Zeiss den hochgesteckten Erwartungen nicht gerecht werden. Von Ausfällen durch Verletzungen und Sperren arg gebeutelt, ließ die Mannschaft jegliche Leistungskonstanz vermissen und war vor allem von einstiger Heimstärke weit entfernt. So wurden die Jenaer bis zum Tabellenende durchgereicht und standen schon vor Ende der Serie als Absteiger fest. Damit ist der traditionsreichste Thüringer Klub nur noch viertklassig. Jedoch sollte es möglich sein, bald wieder in der Regionalliga um Punkte zu kämpfen.

Die meisten Oberligaspiele für den FC Carl Zeiss: Peter Ducke 351 Spiele/154 Tore, Roland Ducke 343/50, Jürgen Raab 342/113, Konrad Weise 310/17, Hans-Ulrich Grapenthin 308/0, Lothar Kurbjuweit 299/21, Peter Rock 254/37, Gerd Brauer 253/9, Eberhard Vogel 242/118, Rainer Schlutter 235/29, Helmut Müller 230/83, Heinz Marx 224/5.

*Sie schrieben Jenaer Fußballgeschichte: Das Stammaufgebot, mit dem der FC Carl Zeiss 1981 das Finale des Europacups der Pokalsieger erreichte; hinten (v. l. n. r.): Trainer Hans Meyer, Oevermann, Meixner, Bielau, Hoppe, Grapenthin, Härtel, Raab, Schnuphase, Sengewald, Kurbjuweit, Klub-Vorsitzender Ernst Schmidt; vordere Reihe: Kaiser, Schilling, Steinborn, Trocha, Vogel, Lindemann, Krause, Weise, Töpfer, Brauer.*

# In der Pflicht der Tradition

## Die wechselvolle Chronik des FC Rot-Weiß Erfurt

Hinter dem FC Rot-Weiß liegt die Zittersaison 1999/2000, die mit dem Einzug in die neue 3. Liga letztlich doch noch einen versöhnenden Abschluss fand. In der Regionalliga hatte es lediglich zum siebenten Platz gereicht, in der damit notwendig

*Der später zu Eintracht Braunschweig gewechselte Heinz Senftleben war Erfurts Stammkeeper der frühen Oberligajahre.*

gewordenen Relegation konnten sich die Erfurter dann nur mit Mühe gegen den Oberligabesten, FC Schönberg, durchsetzen. Dabei gab es in der hektischen Endphase der Meisterschaft noch einen Trainerwechsel, als der bereits einmal in Erfurt tätige Leipziger Frank Engel kurzfristig zurückgeholt und als Nachfolger für Jürgen Raab verpflichtet wurde.

Im Vorfeld der entscheidenden Partien war gegen Saisonende immer wieder an die große, über hundertjährige Tradition des Fußballs der Thüringer Landeshauptstadt erinnert worden. Schließlich wurde bereits Ende des 19. Jahrhunderts (1895) der Sportclub Erfurt gegründet, der auf der Cyriaksburg, dem jetzigen ega-Gelände, seinen Trainings- und Spielbetrieb durchführte. Er sollte zunächst bis zu Beginn des Ersten Weltkrieges der einzige, später dann für lange Zeit der führende Fußballverein der Stadt bleiben. Erst runde drei Jahrzehnte später bekam er ernsthafte Konkurrenz aus dem Erfurter Norden, wo vor allem die Spielvereinigung und der auf dem Johannesplatz heimische Verein für Ballspiele in den Blickpunkt der Sport-Öffentlichkeit rückten, der VfB vor allem durch seine gute, immer wieder für Talentnachschub sorgende Nachwuchs-Abteilung.

Die entscheidenden Weichen für den jetzigen FC Rot-Weiß wurden dann 1945 mit der im Potsdamer Abkommen der Siegermächte festgelegten Auflösung der bis dahin bestehenden Sportvereine gestellt. Fußball durfte zwar weitergespielt werden, allerdings zunächst lediglich auf

*Rainer Knobloch stürmte in der Oberliga für Erfurt und Jena und kam in zusammen 165 Einsätzen auf 51 Tore. Hier trifft er im Spiel des FC Rot-Weiß Erfurt gegen den FC Karl-Marx-Stadt am 2. April 1966 zum 4:1-Endstand.*

*Jubelsturm auf Rasen und Rängen. Gegen den Serienmeister BFC Dynamo zählten in der Oberliga die Tore doppelt. Jürgen Heun (Mitte) hat hier gegen die Berliner das Leder ins Netz gesetzt. Mit ihm jubeln Jörg Hornik und Martin Busse.*

Kreisebene. Dabei kam es zwischen Sportclub und VfB zu einer Fusion, die sich Erfurt-West nannte und auf der Cyriaksburg seine Heimstatt fand.

Das aber nur für relativ kurze Zeit, dann machten die beginnenden Planungen für das Gartenbau-Gelände den Umzug in die zuvor von „Mitteldeutscher Kampfbahn" in „Georgi-Dimitroff-Stadion" umgetaufte repräsentativste Sportstätte der Stadt am Fuße des Steigerwaldes notwendig.

Erfurt-West nahm dann auch an der Ostzonen-Meisterschaft 1948 teil, scheiterte aber bereits in der Ausscheidung auf Landesebene mit einer 0:2-Niederlage an der seinerzeit sehr starken Sömmerdaer Vertretung. Dafür ging dann im Spieljahr 1948/49 bei der erstmals ausgetragenen Thüringer Landesmeisterschaft der Titel nach Erfurt. Die inzwischen in Fortuna umbenannte Mannschaft um den herausragenden Mittelläufer und Kapitän Helmut Nordhaus lag in der Abschlusstabelle ihrer Staffel klar vor den Sömmerdaern und Stadion Jena und setzte sich auch in den Endspielen gegen Gotha (1:1 in Weimar) und Altenburg (3:1 in Gera) durch.

In der sich unmittelbar anschließenden Vorrunde zur Ermittlung des Zonen-Meisters gelang den Erfurtern zunächst ein 10:0-Kantersieg über Wismar-Süd, danach schalteten sie in der Zwischenrunde die SG Meerane mit 4:3 nach Verlängerung aus. Das Endspiel wurde allerdings

im Dresdner „Heinz Steyer"-Stadion vor 40.000 Zuschauern mit 1:4 gegen die ZSG Halle verloren. Eine weitere Final-Niederlage erlitten die nun unter dem Namen KWU spielenden Erfurter im Folgejahr, als sie im 1950-Endspiel um den FDGB-Pokal in Berlin mit 0:4 gegen EHW Thale unterlagen. Schließlich ging wiederum ein Jahr später auch noch das wegen Punktgleichheit notwendig gewordene Entscheidungsspiel um die DDR-Meisterschaft in Chemnitz mit 0:2 gegen Chemie Leipzig verloren.

Doch weder die Kette der zum Teil recht unglücklich zu Stande gekommenen Final-Niederlagen, noch der seinerzeit (1951) als Republikflucht bezeichnete und in Ost und West für Schlagzeilen sorgende Wechsel von Torwart Heinz Senftleben und den Führungsspielern Winfried Herz und Heinz Wozniakowski zu Eintracht Braunschweig warfen das Team um Helmut Nordhaus aus der Bahn. Vor dem Kapitän standen mit Jochen Müller, Karl-Heinz Löffler und Georg Rosbigalle drei Strategen im Mittelfeld, dahinter mit Gerhard Franke und Wilhelm Hoffmeyer ein von allen Stürmen der Oberliga gefürchtetes Verteidiger-Paar. Und vorn sorgten die Routiniers „Jule" Hammer und Rudi Hermsdorf, die Außenstürmer Konrad Wallrodt und Lothar Weise und der in der Saison 1954 mit 21 Treffern gemeinsam mit dem Zwickauer Heinz Satrapa zum Torschützenkönig der höchsten Spielklasse avancierende Siegfried Vollrath für Angriffsdruck. Thüringens Fans honorierten die Glanzzeit des Erfurter Fußballs mit Zuschauerzahlen, die bei wichtigen Punktkämpfen und den Gastspielen von Torpedo Moskau (1:2) und Madureiras Rio de Janeiro (2:2) knapp unter oder sogar über der 50.000-Grenze lagen.

Zwei Mal hintereinander holte diese nun bereits mit dem Turbine-Emblem auflaufende Mannschaft 1954 und 1955 den Titel nach Erfurt, ehe einige wichtige Akteure die Schuhe an den berühmten Nagel hängten und der mit den Berliner DTSB-Gewaltigen ständig auf Kriegsfuß stehende Erfolgstrainer Hans Carl sich westwärts absetzte. Ein notwendiger, aber völlig überstürzt durchgeführter Verjüngungsprozess tat ein Übriges, dass der SC Turbine in den Folgejahren nur noch in den Niederungen der Oberliga-Tabelle zu finden war. Nach Saisonende 1959, 1964, 1966 und 1971 mussten die Erfurter sogar vier Mal den bitteren Weg in die Zweitklassigkeit antreten, in drei weiteren Serien (1973, 1974 und 1980) entgingen sie ihm als Tabellenzwölfter nur mit Glück und denkbar knapp. Zwar gelang jeweils auf Anhieb die Rückkehr ins Oberhaus, doch mit dem unschönen Beinamen „Fahrstuhl"-Elf mussten die

1966 aus dem SC Turbine herausgelösten und nun als FC Rot-Weiß spielenden Erfurter runde zwei Jahrzehnte lang leben. Erst zu Beginn der 80er Jahre ging es wieder aufwärts, sorgten die dem eigenen Nachwuchs entstammenden „Jungen Wilden" um Heun, Busse, Vlay und Homik für frischen Wind am Fuße des Steigerwaldes.

Der trug sie 1980 bis in das Pokalfinale, das vor 45.000 Zuschauern in Berlin nach Verlängerung mit 1:3 gegen den Thüringer Uralt-Rivalen FC Carl Zeiss Jena verloren ging. In der Chronik des Erfurter Fußballs bereits die vierte Endspiel-Niederlage, die jedoch den Startschuss für bessere Rot-Weiß-Zeiten bilden sollte. Es folgten Serien ohne Sorgen, in denen die Mannschaft allerdings nur ganz selten einmal auf Gegners Platz an ihre fast konstant guten Leistungen im eigenen Stadion anknüpfen konnte. Diese gravierende Diskrepanz zwischen guten Heimvorstellungen und ernüchternden Auswärtsschlappen kostete letztlich bessere Platzierungen in den Abschlusstabellen und damit auch den in diesen Jahren durchaus einmal möglichen Einzug in einen der europäischen Cup-Wettbewerbe.

Der gelang den Rot-Weißen erst nach der politischen Wende in der unwiderruflich letzten

*Der Star aus dem Walde: Reinhard Häfner (links) war einer der zahlreichen großen Spieler, die aus dem Thüringer Wald kamen. Der gebürtige Sonneberger bestritt insgesamt 361 Oberligaspiele. Zunächst waren es 25 für den FC Rot-Weiß Erfurt, die restlichen dann für den Serienmeister Dynamo Dresden, bei dem er im Mittelfeld Regie führte. Häfner kam zudem 58 Mal in der DDR-Nationalmannschaft zum Einsatz.*

Oberliga-Saison, in der sie sich hinter Meister Hansa Rostock und Dynamo Dresden die Bronze-Medaillen und damit die Teilnahme am UEFA-Cup sicherten. Mit zwei 1:0-Siegen über den niederländischen Ehrendivisionär FC Groningen überstanden sie sogar die 1. Runde, ehe das seinerzeit zur europäischen Elite zählende Star-Ensemble von Ajax Amsterdam mit zwei Siegen (2:1 und 3:0) den Rot-Weißen-Höhenflug beendete.

Doch nach der vom respektablen Abschneiden im Europa-Cup und der Qualifikation für die 2. Bundesliga ausgelösten Euphorie kehrte wieder der Fußball-Alltag am Steigerwald ein. Der 2:1-Pokalsieg über Schalke 04 war der letzte große Erfolg, ehe der FC Rot-Weiß das Kurz-Intermezzo im Profi-Lager als weit abgeschlagener Tabellenletzter beendete. Es erfolgte der fast totale Spielerausverkauf, und in den von klubinternen, meist auf finanziellen Problemen basierenden Turbulenzen geprägten anschließenden Oberliga-Serien blieb dann die angestrebte Rückkehr in den bezahlten Fußball nur eine Illusion. Deren Verwirklichung scheiterte allein an der Tatsache, dass mit schöner Regelmäßigkeit nach jeder Saison die wichtigsten Spieler den Klub verließen. Immerhin waren die Rot-Weißen aber dabei, als die zwischen Ostsee und Erzgebirge beheimateten Spitzen-Teams 1994 in einer neuen eingleisigen Spielklasse zusammengefasst wurden.

Doch der Pleitegeier kreiste weiter am Rande des Steigerwaldes, wo der FC Rot-Weiß 1997 endgültig vor dem finanziellen Ruin und damit auch dem sportlichen „Aus" stand. In das folgende Spieljahr ging es unter der Leitung des Mainzer Rechtsanwaltes Günter Wagner, der als Konkursverwalter einen Vergleich mit den Gläubigern und damit die Aufhebung des Zwangsvollstreckungs-Verfahrens erreichte. Wesentlichen Teil an dieser kaum noch erhofften Lösung besaß der Leiter eines nahe Erfurt in Kranichfeld ansässigen Unternehmens für Bau-Elemente, Klaus Neumann, der dem Klub dann in der Wiederaufbau-Phase als Präsident vorstand. Er steuerte den FC Rot-Weiß auf dem wirtschaftlichen Sektor wieder in ruhigeres Fahrwasser und parallel dazu zeichnete sich in der Folge auch eine deutlich spürbare sportliche Stabilisierung ab.

*1980 erreichten zwei Thüringer Teams das Pokalfinale in Berlin. Schiedsrichter Siegfried Kirschen lost vor dem Endspiel, das der FC Carl Zeiss Jena gegen den FC Rot-Weiß Erfurt mit 3:1 gewann, mit den beiden Mannschaftskapitänen Konrad Weise (Jena/links) und Dieter Göpel die Seitenwahl aus.*

In der neu zusammengestellten Regionalliga Süd bekam die Mannschaft allerdings nach gutem Start im Herbst vergangenen Jahres plötzlich Schwierigkeiten, verlor Spiele gegen relativ unbekannte Partner und trat eine stetige Talfahrt Richtung Tabellenkeller an. So sah sich der inzwischen als Neumann-Nachfolger auf dem rot-weißen Präsidentenstuhl residierende Michael Leitenstorfer zu einem erneuten Trainerwechsel veranlasst. Der lange in Jena, Aue und beim FC Lok Leipzig und jetzt in Kassel lebende Hans-Ulrich Thomale übernahm die Mannschaft und führte sie noch vor der Winterpause der Saison 2000/2001 mit zwei Antrittssiegen wieder zurück in das als Saisonziel angestrebte Mittelfeld der Tabelle. Am Rande des Steigerwaldes wurde nun gehofft, dass sich die Rot-Weißen bis zum Ende des Spieljahres jenseits der gefährdeten Zone bewegen werden.

Die meisten Oberligaspiele für den FC Rot-Weiß Erfurt: Jürgen Heun 341 Spiele/114 Tore, Armin Romstedt 287/62, Jochen Müller 265/20, Gerhard Franke 264/23, Wilhelm Hoffmeyer 262/1, Hans-Günther Schröder 261/46, Harald Wehner 259/9, Wolfgang Benkert 256/0, Franz Egel 248/15, Dieter Göpel 238/22, Rudi Dittrich 238/12, Martin Iffarth 233/22.

*1980 erreichten FC Carl Zeiss Jena und FC Rot-Weiß Erfurt das Finale um den FDGB-Pokal und spielten am 17. Mai in Berlin im Stadion der Weltjugend. Vor 45 000 Zuschauern brachte Romstedt die Erfurter in Führung (40.), doch in der 2. Halbzeit erzielte Raab für Jena den Ausgleichstreffer (81.). In der notwendigen Verlängerung sorgten dann Kurbjuweit (94.) und Sengewald (97.) noch für den Jenaer Sieg. In dieser Szene übersprang Rot-Weiß-Torwart Benkert den sich abduckenden Jenaer Jürgen Raab.*

# Zwei Jahre Oberliga waren Glanzzeit

## Der SV 08 Steinach mit wechselvoller Geschichte begeisterte Südthüringen

Am 4. November 1908 kam es in der Gastwirtschaft Sell (jetzt Fleischerei Sell) in der Lauschaer Straße zur Gründungsversammlung des FC Steinach. Der Verein hatte schnell einen großen Mitgliederzulauf und begann bereits im Frühjahr 1909 mit der Teilnahme an Meisterschaften.

Viele Krisen, die sich aus nachlassenden Leistungen, aus mangelnden Finanzen sowie fehlenden materiellen Voraussetzungen ergaben, mussten durchgestanden werden. Zeitweise drohte sogar die Auflösung des Vereins. Mit dem Ersten Weltkrieg musste der Spielbetrieb ganz eingestellt werden. Als sich jedoch 1919 die Mitglieder des FC Teutonia dem FC Steinach anschlossen, erwachte wieder der Wille zum Sporttreiben. Nun erhielt der Verein seinen noch heute gültigen Namen: „Sportverein 08 Steinach". 1923 erreichte die 1. Mannschaft die Ligaklasse, die höchste Leistungsklasse im Gau Südthüringen. Nach Abschluss der Spieljahre 1929/30, 1931/32 und 1932/33 war sie jeweils Gaumeister von Südthüringen.

Die Leistungsstärke der Steinacher hatte sich herumgesprochen. Es kam zu zahlreichen Freundschaftsvergleichen mit bekannten Fußballvereinen, zum Beispiel Nürnberger SV, Bayern Hof, Würzburg 04, in denen sich die Steinacher meistens erfolgreich zu behaupten wussten. So war es folgerichtig, dass im Jahre 1933 der SV 08 auf Grund guter Leistungen in die Gauliga Mitte (Gauligen waren damals die höchsten Spielklassen in Deutschland) eingestuft werden konnte. 1936 stieg der SV 08 allerdings ab, schaffte aber nach zwei Jahren den Wiederaufstieg. 1939 unterlag man im Spiel um die Meisterschaft des Gaus Mitte in Dessau gegen den dortigen SV 05 nur knapp mit 0:1.

Der unsinnige Zweite Weltkrieg verhinderte den sportlichen Fortgang und ließ den auf der Blüte stehenden Steinacher Fußball vorerst von der Bildfläche verschwinden. Wieder einmal mussten die Steinacher Sportler einen neuen schweren Anfang machen. Schon Ende 1945 dachten die Fußballer daran, ihren Sport neu aufzubauen.

*Die Mannschaft des SV 08 Steinach in den 20er Jahren: Greiner (Kloß), Albert Wittmann, Max Luthardt (Rotter), „Latteneder",
Artur Eichhorn (Abu), Kienel (Dicker), Alfred Weigelt, Otto Schoder, Oskar Eichhorn (Kaufmann), Albin Eichhorn, Fritz Kienel.*

Otto Matthäi-Futt'n, Organisator des ehemaligen Arbeiter-Turnvereins I in Steinach, stellte sich dabei selbstlos an die Spitze der Unverzagten. Zunächst einmal begannen sie 1946 auf Kreisebene mit dem Spielbetrieb. Sowohl 1946 als auch 1947 schafften Steinachs Fußballer den Kreismeistertitel. Nach einem Entscheidungsspiel gegen Meiningen wurden sie 1948 in die Landesklasse Thüringen eingestuft, wo sie bis 1952 (Auflösung der Landesklasse, Einführung der DS-Liga) immer einen vorderen Platz einnahmen.

Die SG Steinach spielte ab 1952 ohne sonderlichen Erfolg in der Bezirksliga. Das änderte sich, als 1955 der später so verdienstvolle Trainer Heinz Leib, aus Lauscha kommend, die Mannschaft als Spielertrainer übernahm. Es gehört zu den kleinen Wundern, was dieser Fußball-Pädagoge in den nun folgenden Jahren in Steinach erreichte. Schon 1955 wurde die Bezirksmeisterschaft erkämpft, in schweren Qualifikationsspielen erwarb Steinach die Zugehörigkeit zur 2. DDR-Liga. Steinachs Fußball war wieder eine Macht. Spieler wie Langhammer, Ender, von der Wehd, Vogel, Weigelt, Schönfelder, Eichhorn, Bräuer, Schubert und Linß standen für den typischen Wäldler-Stil: technisch-sauber, zweikampfstark und mannschaftsdienlich.

Aus Steinach ging auch der für Jena spielende Nationalspieler Helmut Müller hervor. Aber nicht nur auf dem Fußballfeld ging es aufwärts.

Steinachs fußballbegeisterte Bevölkerung vollbrachte selbst eine sportliche Großtat. Umfangreiche Geldspenden und über 125 000 freiwillige Aufbaustunden machten die Fertigstellung des Sportstadions möglich. Dieses Stadion, eines der landschaftlich schönsten in Thüringen, wurde in den folgenden Jahren ein Symbol des weiteren Aufschwungs des Steinacher Fußballs. 1958 wurde der Aufstieg in die 1. DDR-Liga mit 38:14 Punkten erkämpft. Obwohl die Mannschaft sofort wieder in die 2. DDR-Liga abstieg, gelang ihr 1962 erneut der Aufstieg in die 1. DDR-Liga. Im selben Spieljahr wurden die Steinacher sogar Meister. Das war gleichbedeutend mit dem Aufstieg in die Oberliga, der höchsten Spielklasse der DDR.

Diese Erfolge halfen einigen Funktionären von Nachbarvereinen, die Schranke ihres Vereinsdenkens zu überwinden. Spieler wie Horst Schellhammer und Herbert Fölsche (beide Lauscha), die Torleute Heinzel (Zwickau) und Florschütz (Erlau/Suhl), Stürmer wie Elmecker (Sonneberg) kamen als Verstärkung nach Steinach.

Für die kleine Stadt Steinach, für die Menschen des Thüringer Waldes war der Oberligaaufstieg etwas Wunderschönes, ein Traum, der wahr geworden war. Die Erfolge der Steinacher Fußballer betrachteten sie mit Recht auch als ihre eigenen Erfolge. Weil da Sportler Erfolg hatten, die aus ihrer Mitte kamen. Und Steinachs Fußballgarde erhob sich auf der Woge dieser

Motor Steinach – Oberliga

Begeisterung zu einem Flug in die höchste Spielklasse der mit Sport-Klubs gespickten DDR-Oberliga. Diese Mannschaft verkörperte die Fußballtradition des SV 08 Steinach, brachte den Höhepunkt in seiner bisherigen Entwicklung.

In das erste Oberligajahr 1962/63 gingen die Steinacher Fußballer unter Führung von Heinz Leib mit begründetem Optimismus. Dennoch gab es nicht wenige Fußballexperten in der DDR, die davon ausgingen, dass der Neuling zum sofortigen Abstieg verurteilt war. Doch es kam schon im ersten Spiel ganz anders, als es sich viele dachten.

Vor 7000 Zuschauern spielte Steinach in Berlin gegen den SC Dynamo und schuf durch Tore von Kühn und Fölsche mit einem 2:0-Sieg die erste Sensation der gerade erst begonnenen Meisterschaftssaison. Und danach kam der DDR-Meister SC Motor Jena nach Steinach. 25 000 Zuschauer, ein absoluter Rekord, kamen ins Stadion. Das waren drei Mal so viel, wie die Stadt Einwohner hatte. Die Berge wurden lebendig, als in der 5. Minute Torjäger Queck das 1:0 erzielte und Steinach schließlich mit 2:1 gewann. Unvergessen bleibt auch der 1:0-Sieg gegen die mit acht Nationalspielern angetretene Mannschaft des ASK Vorwärts Berlin. 12 000 Zuschauer feierten stürmisch ihre Steinacher Mannschaft. Als dann noch der Spitzenreiter SC Empor Rostock in Steinach verlor, schrieb die Sportpresse: „Mit diesem Spiel hat Motor Steinach bewiesen, daß die Mannschaft zu immer besserer Form findet. Sie hat alle Prognosen, die vor Beginn des Punktspieljahres gestellt wurden, über den Haufen geworfen. Wer hätte das gedacht? Nach 17 Spielen stehen die Steinacher mit nur einem Punkt Rückstand hinter dem Tabellenführer auf dem zweiten Platz!" Aber die Erfolge des Aufsteigers wuchsen nicht in den Himmel. Der 7. Tabellenplatz nach Abschluss des Meisterschaftsjahres 1963/64 war aber dennoch viel mehr, als selbst die größten Optimisten erhofft hatten.

Dies war auch die Zeit solch großartiger Spieler wie Günter Queck, DDR-Junioren-Auswahlspieler, Werner Linß-Steiger, der sogar zwei Mal in die A-Auswahl und ein Mal in die B-Vertretung der DDR berufen wurde, oder Herbert Fölsche und Torwart Klaus Heinzel, die den Steinacher Fußball in Auswahlmannschaften international vertraten.

Jeder Fußballkenner weiß, dass für einen Aufsteiger das zweite Spieljahr das schwerste wird. Die erfahrenen Gegner haben sich auf den Neuling eingestellt, unterschätzen ihn nicht mehr, kennen seine Stärken und Schwächen. Unter diesen Vorzeichen ging die Motor-Elf in die Saison 1964/65. Der Start mit einer 1:4-Niederlage in Karl-Marx-Stadt zeigte mit aller Deutlichkeit die Schwere der Aufgabe, die oberste Spielklasse zu halten. Dies änderte auch nicht die Tatsache, dass erneut ein Heimsieg gegen Jena erkämpft wurde, 20 000 Zuschauer konnten wieder jubeln, als Elmecker und R. Sesselmann die Spielentscheidung herbeiführten. Deutliche Niederlagen in Leipzig und Stendal dämpften dann aber den Optimismus. Trotz teilweise guter Vorstellung konnte die Mannschaft den Abstieg in die 1. DDR-Liga nicht verhindern. Nach der Verabschiedung aus der DDR-Oberliga pegelte sich die Motor-Elf leistungsmäßig in die 1. DDR-Liga ein und erreichte zumindest bis 1970, immer noch beglei-

*Am 14. März 1965 verlor Motor Steinach in der Oberliga beim SC Leipzig vor 6000 Zuschauern auf schwerem Boden mit 1:4. Hier verhinderten Schellhammer (rechts) und Luthardt (links), dass der Leipziger Frenzel, der die Gastgeber in Führung gebracht hatte, erneut zum Schuss kam.*

tet von einer großen Anhängerschar, gute Platzierungen.

Heinz Leib, Steinachs unvergessener Trainer, beendete nach über zehnjähriger Tätigkeit sein Wirken in Steinach. Großartig, wie er aus der Mannschaft der Namenlosen eine erfolgreiche, in DDR-Fußball-Kreisen hoch geachtete Fußball-Elf entwickelt hatte. Motor Steinach aber besaß mit seinem Rückzug auch sofort das nächste Problem, denn von Konzack über Frenzel, Richter, Weigelt, Büchner, M. Luthardt bis hin zum 1975 einspringenden M. Kühn wechselten die Übungsleiter in zehn Steinacher Ligajahren mindestens jedes zweite Jahr. Das erzeugte zusätzlich Unruhe innerhalb der Mannschaft und unter den Anhängern. Jahr für Jahr beendeten die älter gewordenen Oberligakämpfer ihre leistungssportliche Laufbahn, so Emil Kühn, Werner Luthardt, Ulli Sperschneider, Herbert Fölsche, Karl Schubert und Wolfgang Wenke.

Motor Steinach hatte nun jetzt auch in der DDR-Liga, seit 1975 in fünf Staffeln aufgegliedert, zunehmend gegen den Abstieg zu kämpfen. Dieser war dann in der Saison 1974/75 nicht mehr zu vermeiden. Immerhin hatte sich die Mannschaft aber noch zehn Jahre in der zweithöchsten Spielklasse der DDR nach dem Oberliga-Abstieg behaupten können.

Mit diesem Abstieg verlor der Steinacher Fußball mehr und mehr seinen Glanz. Mit wechselndem Erfolg wurde nun in der Bezirksliga gekickt. Obwohl 1977 noch einmal für ein Jahr der Aufstieg in die DDR Liga, Staffel E, geschafft werden konnte, musste ein Jahr später der Abstieg in die Bezirksliga und 1988 sogar in die Bezirksklasse hingenommen werden.

Die neue politische Entwicklung ab Herbst 1989 veränderte die Entwicklungsbedingungen für den Sport grundsätzlich. Die Schaffung der gesetzlichen Grundlagen für die Vereinigung beider deutscher Staaten brachte neue sportliche Orientierungspunkte für die sportliche Zukunft in Steinach.

Das erkannten auch die 42 Mitglieder, die am 27. Juni 1990 einstimmig den Beschluss fassten, den eigenständigen Sportverein Steinach 08 zu gründen. Sie bestimmten, dass der SV 08 Steinach die Rechtsnachfolge des 1908 gegründeten FC Steinach antritt.

Der Neuanfang auf eigenständiger Grundlage verlangte vom Vorstand Zielstrebigkeit und Einfallsreichtum bei der Beschaffung der für den Sport notwendigen finanziellen Mittel. Handwerksmeister und Unternehmer der kleinen Stadt unterstützten als Sponsoren den Verein. 1995 wurde mit der Gründung des Fördervereins ein entscheidender Impuls für die kontinuierliche Entwicklung des Sports in Steinach gegeben.

Auch die materiellen Bedingungen wurden durch Rekonstruktion und Ausbauarbeiten der Sporthalle und der Erneuerung des Stadions wesentlich verbessert.

Aus Anlass des 85-jährigen Vereinsjubiläums und des 30. Jahrestages des legendären Oberligaaufstiegs gab es im Juni 1993 ein sportliches und gesellschaftliches Großereignis, das die Stadt Steinach und ihren Sportverein in ganz Deutschland bekannt machte. Mit der erfolgreichen Durchführung der Neuauflage des WM-Gruppenspiels von 1974 „DDR gegen BRD" war Steinach für 24 Stunden Fußball-Mittelpunkt Deutschlands. Angeführt von „Kaiser" Franz Beckenbauer stand bei dieser WM-Revanche die geballte Ladung von 1371 Länderspielen auf dem Rasen.

In der größten Abteilung Fußball ging es kontinuierlich aufwärts. Im Nachwuchs nehmen die zwischenzeitlich acht Mannschaften eine Spitzenposition im Kreis und oft darüber hinaus ein. Eine Damenmannschaft konnte gebildet werden. Die 1. Männermannschaft qualifizierte sich unter Werner Linz 1994/95 für die Bezirksliga, wurde 1997 Südthüringer Pokalsieger und 1998 Südthüringer Meister. In souveräner Manier gelang der Mannschaft 1998 der lang erhoffte Aufstieg in die Landesklasse und damit der Anschluss an den höherklassigen Fußball. Trainer Werner Linz mit seiner Mannschaft, begleitet von einer immer größer werdenden Schar von Mitstreitern, von den Verantwortlichen bis zu den Sponsoren und Förderern sowie eine treue Fan-Gemeinde, haben den Fußball in Steinach wieder zu etwas Besonderem gemacht und an bewährte Traditionen angeknüpft. Insgesamt kann der SV 08 auf eine nahezu stürmische Entwicklung seit der Wende zurückblicken. Waren es im Juni 1990 bei der Neugründung gerade mal 45 Mitglieder, so zählt der Verein heute 683 Mitglieder und behauptet damit den zweiten Platz hinsichtlich der Größenordnung der Sportvereine im Kreis Sonneberg.

Die legendäre Steinacher Oberligamannschaft wählten die Leser des „Freien Worts" zur „Mannschaft des Jahrhunderts in Südthüringen". In dieser Mannschaft spielten (nach der Anzahl der Einsätze geordnet):

Werner Luthardt (52), Karl Schubert (51), Herbert Fölsche (48/4 Tore), Werner Linß (48/2), Günter Queck (47/18), Gerhard Elmecker (43/12), Horst Schellhammer (43/1), Emil Kühn (37/3), Bernd Florschütz (33), Ulli Sperschneider (29/8), Ludwig Hofmann (28), Wolfgang Wenke (25), Rainer Sesselmann (20/5), Klaus Heinzel (19), Peter Sesselmann (16/1), Rudi Bätz (13), Jochen Neubeck (7), Lothar Kiesewetter (7/1), Ernst Bäz (3), Günther Fuchs, Gerhard Heidner, Erich König (alle je 1).

# Die „hohe Zeit" im Osterland

## Vor 50 Jahren: Fußball-Euphorie in Ostthüringen

So um 1949 wurde das Thüringer Osterland von einer vorher nie gekannten Fußballbegeisterung erfasst. Tausende pilgerten in die Stadien und entdeckten den Fußballsport als Lebenselixier, der angesichts der Sorgen und Nöte des Alltags in Nachkriegsdeutschland neue Hoffnungen weckte, Aufbruchstimmung erzeugte. Dabei war der Fußballsport vor dem Krieg in jenem Winkel Thüringens eher Stiefkind gewesen. Vereine wie Concordia Gera, Gera 04, Eintracht Altenburg 05 bestimmten zwar über längere Zeit das Spielniveau im Osterländer Kreis, aber über die Kreisgrenzen hinaus traten sie selten in den Blickpunkt der Öffentlichkeit.

Das war nun plötzlich anders geworden. In Altenburg, Gera und Weida hatten aktive Sportfunktionäre dem Fußballsport trotz des Mangels an Schuhen und Bällen, trotz schlechter Ernährungslage wieder eine Grundlage geschaffen. Mannschaften formierten sich, in denen ältere, erfahrene mit jüngeren talentierten Spielern eine gute Mischung bildeten. Impulse für Leistungssteigerungen gab zunächst der erweiterte Spielverkehr über die Kreisgrenzen hinaus, vor allem die 1948/49 erstmals ausgetragene Thüringer Meisterschaft.

In den drei Staffeln zu je acht Mannschaften setzten sich Fortuna Erfurt, Altenburg-Nord und Vorwärts Gotha als Staffelsieger durch, die nun in einfacher Runde Meister und Vizemeister Thüringens ermittelten. Die Glücklichen waren Fortuna Erfurt (3:1 gegen Altenburg; 1:1 gegen Gotha) und Altenburg-Nord (5:1 gegen Gotha), die damit auch das Aufstiegsrecht für die neu gebildete Ostzonen-Liga erwarben. Bis zu 12 000 Zuschauer bildeten den Rahmen für die entscheidenden Spiele in Gera und Erfurt. Gera-Pforten, als Favorit in die Spiele der Landesklasse gestartet, erreichte nicht mehr als den 5. Rang in der Staffel Ost. Aber der 1949 erstmals ausgetragene FDGB-Pokalwettbewerb bot der inzwischen in Gera-Süd umbenannten Mannschaft die Chance,

Am 9. September 1950 spielte in der Oberliga Mechanik Gera gegen KWU Erfurt. Nachdem Manfred Kaiser in diesem Spiel (ganz links) die Gastgeber in der 11. Minute mit 1:0 in Führung gebracht hatte, konnte Helmut Nordhaus (rechts im Bild) in der 22. Minute den Ausgleichstreffer erzielen. Vor 12 000 Zuschauern blieb es beim 1:1-Remis.

sich überzeugend zu rehabilitieren. In hart umkämpften Cup-Spielen erreichte Gera nach Siegen über Sömmerda (3:2) und Jena (1:0), über Chemnitz (1:1; Wdhlg. 3:0) und Horch Zwickau (1:0!) das Finale gegen Waggonbau Dessau (0:1) und zog damit ebenfalls in die Ostzonen-Liga ein. So war Thüringen mit drei Mannschaften im Oberhaus vertreten, von denen sich allerdings nur die Blumenstädter Chancen auf einen vorderen Platz ausrechnen konnten.

Im Osterland ging es dagegen von Anfang an um den Klassenerhalt. In Altenburg wie in Gera trugen die Abwehrreihen die Hauptlast, zäh wurde Punkt um Punkt gesammelt. Am Ende hatten die Geraer trotz einer langen Sieges-Serie (1:15 Punkte) die Nase vorn, erzielten 19:33 Punkte. Für die Skatstädter bedeutete die Bilanz von 17:35 Punkten Gleichstand mit Anker Wismar. Das Ausscheidungsspiel gewann Altenburg-Nord in Magdeburg mit 3:2! Torjäger Karli Friedemann sicherte mit zwei Toren den Klassenerhalt. Er und Herbert Klemig, als Stopper Turm in der Schlacht, als Spielertrainer und Kapitän die Hauptstütze der Altenburger, bestritten alle 26 Spiele.

In Gera waren Torwart Fritz Blumert und Spielregisseur Harry Frey in allen Spielen dabei. Die Osterland-Derbys verzeichneten knappe Resultate; das sollte auch in der nächsten Spielzeit so bleiben. Trotz magerer Punktausbeute bewies

die große Zuschauerresonanz die Treue der Fußballanhänger im Osterland.

In der zweiten Oberliga-Saison 1950/51 befreiten sich beide Mannschaften vorzeitig von den Abstiegssorgen. Verjüngung der Mannschaften weckten Hoffnungen, Neuzugänge belebten die Spielweise hier wie dort. In Gera reiften Kaiser und Freitag an der Seite solcher alten Kämpen wie Golde, Wollenschläger, Zerrgiebel und Buschner zu Leistungsträgern, mit Herbert Pätzold, der 20 Mal ins Schwarze traf, war ein neuer Torjäger gewonnen. Auch in Altenburg schossen Schellenberg (11) und Thiere (10) wichtige Tore und machten damit den Ausfall des lange Zeit verletzten Friedemann wett. Sittner und Hercher bildeten ein zuverlässiges Verteidigerpaar, Torwart Jäschke, Melzer, Gerber, Seifarth und Baumann sorgten für mehr Stabilität im Spiel der Skatstädter. So gab es wieder einen knappen Einlauf, diesmal kam die ZSG bzw. Stahl Altenburg auf den 11. Rang, Mechanik bzw. Motor Gera belegte den 13. Tabellenplatz.

Im dritten gemeinsamen Oberligajahr endete dann der Schulterschluss zwischen den beiden Nachbarstädten. Trotz dreier Platzsperren (!) und den dadurch bedingten fünf Spielen auf neutralen Plätzen schaffte Motor Gera mit elf Siegen und neun Remis 31 Punkte und verblieb in der Oberliga. Die Torschützen Harry Frey (14), Herbert

*„Binges" Müller (links) und „Manni" Kaiser waren zwei Nationalspieler, die sich in Gera ihre ersten Sporen verdienten und dann später bei Wismut Aue ihre besten Fußballjahre erlebten.*

Pätzold (10) und Manfred Kaiser (10) hatten daran großen Anteil. Diesmal gaben die Geraer auch in den Osterland-Derbys keinen Pardon, erreichten mit 5:0 und 2:0 klare Siege gegen Altenburg. Da war das 0:9 gegen Rotation Dresden gut zu verkraften.

Altenburg musste in den sauren Apfel des Abstiegs beißen. Der Ausfall verletzter und den Abgang weiterer Spieler vermochte die Stahl-Elf auch durch weitere Verjüngung nicht zu kompensieren. Für Gera aber sahen die Umstände, die den DDR-Fußball mit der Clubbildung zu prägen begannen, auch nur noch eine Galgenfrist von einem Spieljahr vor.

Besonders bitter für Thüringen, dass es in der Saison 1952/53 außer Motor Gera auch die eben erst aufgestiegene Elf von Motor Jena erwischte, die die Oberliga postwendend wieder verlassen musste. Gera blieb im 4. Jahr der Oberliga-Zugehörigkeit 17 Spiele hintereinander ohne Sieg, begann mit 0:10 Punkten, konnte die Abgänge von Frey, Buschner, Heiner, Klotz und Wollenschläger einfach nicht verkraften. Neun Spieltage musste die Elf auch ohne „Manni" Kaiser (Sperre) auskommen. Zwar kehrte Gera unter dem Namen Wismut noch zwei Mal zu kurzem Gastspiel jeweils für ein Spieljahr ins Oberhaus zurück (Altenburg schaffte nie mehr ein Comeback!), doch die große Zeit des Osterländer Fußballs war vorbei.

Noch heute aber blickt man in dieser Region mit Stolz zurück auf die erlebnis- und erfolgreichen Jahre des fußballsportlichen Höhenflugs, in denen auch künftige Nationalspieler wie Manfred Kaiser, „Binges" Müller, Georg Buschner, Horst Freitag und Rainer Baumann sich erste Sporen verdienten.

Hier noch die Oberligaspieler mit den meisten Einsätzen (1949 - 1953)

**Altenburg:** Herbert Klemig 92 Spiele/6 Tore, Karl Melzer 81/3, Heinz Sittner 80/3, Friedhelm Seifarth 77/12, Heinz Gerber 64/1, Manfred Thiere 60/16, Günther Hercher 60/1, Walter Schellenberg 54/26, Heinz Vollert 52/6, Walter Jäschke 47/0, Hans Pohle 42/1, Rainer Baumann 41/6, Werner Syring 36/0, Karl Friedemann 35/12.
**Gera:** Manfred Kaiser 96/21, Harry Frey 91/22, Horst Freitag 89/21, Siegfried Offrem 87/0, Georg Buschner 84/12, Herbert Pätzold 83/34, Fritz Zerrgiebel 81/0, Horst Menge 73/8, Kurt Golde 67/2, Edgar Klotz 54/14, Bringfried Müller 51/1, Max Wollenschläger 51/0, Helmut Sturm 47/0, Gerhard Friemel 34/0.

*In der Saison 1948/49 wurde die SG Altenburg-Nord hinter KWU Erfurt Thüringer Vizemeister und stieg gemeinsam mit den Erfurtern in die neu gegründete DDR-Oberliga auf. Die erfolgreiche Mannschaft der Altenburger (v. l. n. r.): Kurt Kresse, Heinz Teichmann, Günther Hercher, Karl Friedemann, Friedhelm Seifarth, Gottfried Lorenz, Gerhard Haupt, Herbert Klemig, Heinz Vollert, Horst Hermann, Kurt Gottschalk.*

# Sternstunden auf dem Lindenberg

## Fast 100 Jahre Fußball in der Klassikerstadt Weimar

Die Dichterfürsten Goethe und Schiller sind die Symbolfiguren der Klassikerstadt Weimar, die 1999 als Kultur-Metropole Europas von Touristenströmen aus allen Erdteilen besucht wurde. Dem Sport, auch dem Fußball, blieb da eigentlich immer nur eine Nebenrolle im gesellschaftlichen Leben. Aber doch eine recht beachtliche und vor allem eine traditionsreiche, schließlich wurde ja schon im Februar des Jahres 1903 der heute auf dem Lindenberg beheimatete SC Weimar gegründet. Schon bald danach in seinem Sog mit dem BC Vimaria und dem FC Victoria zwei weitere Vereine, wobei sich die Mitgliederzahlen des Trios zunächst nur in einem recht bescheidenen Rahmen bewegten.

Bereits wenig später kam der SC Weimar bei der 1904/05 erstmals ausgetragenen Thüringer Meisterschaft hinter dem Titelträger SC Erfurt und dem BC Erfurt auf den dritten Platz der Abschlusstabelle ein. Es sollte für längere Zeit der letzte Erfolg des in jenen Tagen ständig mit finanziellen Problemen kämpfenden Weimarer Fußballs bleiben. Dessen nächste positive Erwähnung datiert erst aus dem Kriegsjahr 1916, als der SC Weimar in Ostthüringen Staffelsieger wurde und danach im Rahmen der mitteldeutschen Meisterschaft den

*Torwart im Schnee: Manfred Schuster lieferte auf jedem Boden Glanzparaden am Fließband. Er war Anfang der 50er Jahre eine der großen Stützen der seinerzeit in der Oberliga spielenden Weimarer KWU-Elf, später Turbine Weimar. Mitte der 50er Jahre wechselte er dann zu Turbine Erfurt.*

*Die Mannschaft von Turbine Weimar Anfang der 50er Jahre (stehend v. l.): Trainer Gerhard Fischer, Reichardt, Kirdorf, Eidtner, Weigel, Schleicher, Mil, Göring; (hockend): Fierle, Trommler, Büchner; (sitzend): Irmscher, Schuster, Schäller.*

FC Hohenzollern Nauenburg hoch mit 8:2 besiegte. In der Zwischenrunde schieden die Goethestädter dann aber nach einer 0:1-Niederlage bei Eintracht Leipzig aus dem weiteren Wettbewerb aus.

Erstes bemerkenswertes Ereignis der Nachkriegsjahre war die im Juli 1921 erfolgte Einweihung der neuen repräsentativen Spielstätte auf dem Lindenberg. Zwei Jahre später war dort erneut der Meister der Ostthüringer Region beheimatet, der aber in der notwendigen Qualifikation gegen den späteren Titelträger SV 01 Gotha mit 0:1 den Kürzeren zog. In den Folgejahren stand der Weimarer Fußball ständig im Schatten der spielstarken Konkurrenten aus Apolda und Jena, die sich als Staffelsieger in den Abschlusstabellen gegenseitig ablösten. An dieser Konstellation sollte sich dann auch in der vom Nationalsozialismus geprägten Ära einschließlich der Kriegsjahre 1939 - 1945 nichts Entscheidendes ändern.

Seine größten Erfolge feierte der Weimarer Fußball im ersten Nachkriegsjahrzehnt, als sich die Männer vom Lindenberg 1948 zunächst innerhalb Thüringens durch Siege über Meiningen (2:1) und Suhl (4:2) für die erste Ostzonen-Meisterschaft qualifizierten. In der anschließenden Vorrunde schalteten sie dann den brandenburgischen Vertreter Cottbus mit 1:0 aus, ehe im Halbfinale, das auf neutralem Platz im Dresdner Ostragehege ausgetragen wurde, mit der empfindlichen 0:5-Niederlage gegen den späteren Meister Planitz das Stoppzeichen kam.

Aber Weimar stellte weiter im Thüringer Raum eines der spielstärksten Teams, das sich 1950 mit einem 1:0-Sieg über die SG Lauscha (Torschütze Ziehn) den Landesmeister-Titel und in der folgenden Qualifikation den Aufstieg in die DDR-Oberliga erkämpfte.

Der aus Dresden zum Lindenberg gekommene Gerhard Fischer war Trainer und Vaterfigur einer Mannschaft, die in Torwart Schuster, den

Abwehrstrategen Schäller, Trommler, Fierle, Irmscher und dem blendend harmonierenden rechten Sturmflügel Göring/Reichardt die herausragenden Akteure besaß. Ihr Höhenflug wurde nicht auf dem grünen Rasen gestoppt, sondern am grünen Tisch durch eine von der Politik beeinflusste, sportlich nicht zu begreifende Entscheidung aus den Berliner Leitungsetagen des DTSB. Danach mussten die seinerzeit unter dem Namen Turbine spielenden Weimarer als Drittletzter der Abschluss-Tabelle absteigen, während Schlusslicht VfB Pankow als Vertreter der DDR-Hauptstadt im Oberhaus blieb.

Die Rückkehr in die höchste Spielklasse wurde in den Folgejahren mehrfach nur knapp verpasst, insgesamt zählten die Weimarer aber in jenen Jahren zu den stärksten Teams in den beiden Liga-Staffeln.

Nach der politischen Wende konnte diese Position zunächst mit wechselndem Erfolg gehalten werden, ehe sich die Mannschaft mit dem Oberliga-Abstieg 1996/97 für längere Zeit aus den oberen Spielklassen verabschiedete. In der zurückliegenden Serie 1999/2000 musste in der Thüringenliga sogar um den Klassenerhalt gebangt werden, der erst im Schlussspurt endgültig gesichert wurde.

*Duell der Namensvetter: Weimars drahtiger Verteidiger Siggi Schäller (links) und der Erfurter Torjäger Siggi Vollrath lieferten sich bei jedem Aufeinandertreffen ihrer Klubs rassige Zweikämpfe.*

# Suhler ein Jahr lang in der Oberliga
## Auch der 1. Suhler SV 06 schrieb an der Südthüringer Fußballgeschichte mit

Als der 1. Suhler Sportverein 06 im Jahre 1906 gegründet wurde, geschah dies zu einer Zeit, da das Sporttreiben mit dem runden Leder auch unter der Jugend von Suhl und Umgebung zusehends immer mehr Anhänger fand. Nicht um Punkte und Titel wurde da gerungen, sondern es ging mehr darum, mit Freundschafts- und Gesellschaftsspielen den von England sich ausbreitenden Football auch in dieser Thüringer Region zu etablieren.

Erst in den zwanziger Jahren begann ein mehr oder weniger regelmäßiger Spielbetrieb, über den es leider kaum noch Aufzeichnungen gibt. Mit dem wirtschaftlichen Aufschwung in den 30er Jahren schossen viele kampfstarke Vereine aus dem Boden. Und diese zogen dann hervorragende Fußballspieler an. Erinnert sei hier nur stellvertretend an den als „Fink" bekannten Vater des heutigen Mannschaftsbetreuers Frank Hoffmann oder an Erwin Werner, den Vater von Jürgen Werner, dem in den Siebzigern über Carl Zeiss Jena sogar der Sprung bis in die DDR-Nationalmannschaft gelang. Beide Väter spielten damals für den wohl stärksten Verein der Region in Heinrichs.

Der 1. Suhler SV 06 wie auch der SpV 1910 Heinrichs waren zu jener Zeit in der Kreis- und Bezirksklasse mit wechselndem Erfolg zu Hause, wobei letztere Klasse die zweithöchste hinter der Gau-Liga Mitte war. Aktive wie Alfred Mäurer oder Helmut Holland machten den Verein thüringenweit bekannt. Die größten Lorbeeren ernteten jedoch die jungen Spieler des Vereines Anfang der 40er Jahre. Mit solchen Spielern wie

*Sie erkämpften in der Saison 83/84 in der DDR-Liga den Aufstieg der Mannschaft von Motor Suhl in die Oberliga, hintere Reihe v. l. n. r.: Wolfgang Reuter, Andreas Schneider, Uwe Büchel, Matthias Brückner, Dieter Kurth, Jürgen Schneider, Klaus Schröder; mittlere Reihe v. l. n. r.: Frank Hoffmann (Betreuer), Peter Eichelbrenner (Masseur), Roman Seyfarth, Andreas Böhm, Ralf Eismann, Erhard Mosert, Burkhardt Winkler (Trainer), Paul Kersten (Trainer), Ernst Kurth (Trainer); vordere Reihe v. l. n. r.: Klaus Semineth, Hartmut Weiß, Klaus Müller, Walter Jänicke, Uwe Troemel, Gerd Schellhase. Mit Ausnahme von Weiß und Troemel wirkten diese Spieler dann auch in der Oberliga mit. Die Suhler Oberliga-Mannschaft wurde aber durch weitere Spieler verstärkt. Das waren Uwe Jertschewski, Henry Lesser, Andreas Döll, Harald Fritz, Ralf Beck, Jörg Wagner, Holger Bühner, Uwe Burow, Lutz Küpper, Detlef Voigt, Jens Clemen und Rene Kappaun, wobei die fünf letztgenannten nur in vier oder noch weniger Spielen mitwirkten.*

Paul Greifelt, Fritz Ebert oder Herbert Schulz wurde die A-Jugend um Spielführer Horst Röder sogar ein Mal Bannmeister.

Für viele jungen Spieler war jedoch der Sport vorerst, für Einzelne sogar für immer vorbei, als auch die Jüngsten in einen sinnlosen Krieg ziehen mussten. Als nach dem Krieg Fußball auf kommunaler Ebene wieder gestattet wurde, trafen sich die Zurückgekommenen einst im Suhler Steinweg und vereinbarten einen Neubeginn. Als SG Suhl nahm man, am 30. 6. 1946 beginnend, an der ersten einfachen Punkterunde der Nachkriegszeit (ausgetragen in zwei Staffeln) teil. Als Tabellenerster der Staffel 1 gelang mit solchen Spielern wie Werner Wolfram (Tor), Greifelt, Günzler, Ebert, Kuhles und einigen anderen in einem spannenden Endspiel am 10. 11. 1946 gegen die SG Zella auf Anhieb der Gewinn der Kreismeisterschaft. Mit der Neuordnung des Spielbetriebes wurde den Kreismeistern 1947 die Gelegenheit gegeben, in Ausscheidungsspielen die Aufsteiger zur neu gegründeten Landesklasse zu ermitteln.

Der Landesklasse, ein Jahr später der Landesliga und, nach einer erneuten Umstrukturierung des DDR-Fußballes, der Bezirksliga gehörte der Verein trotz einiger Umbenennungen (durch die wachsende Industrie schossen Anfang der 50er Jahre Betriebssportgemeinschaften wie Pilze aus dem Boden) bis 1957 an. Hier gelang erstmals als BSG Motor Mitte Suhl der Aufstieg in die zweithöchste Spielklasse der DDR. Der DDR-Liga-Staffel 5 gehörte Mitte Suhl bis 1963 an.

Nach einigen Jahren in der Bezirksliga und dem Abstieg in die Bezirksklasse im Jahr 1968 kam es zum großen Zusammenschluss in Suhl. Aus Motor Mitte und Motor Simson wurde die BSG Motor Suhl, die 1971 erneut, wenn auch nur für ein Jahr, den Aufstieg in die zuerst fünfgeteilte und ab 1985 zweigeteilte zweithöchste Spielklasse des Landes schaffte, der Motor Suhl ab 1973 bis 1984 und nach einem einjährigen Gastspiel in der DDR-Oberliga wieder bis 1990 angehörte. In diesen langen Jahren prägten solche Spieler wie Frank Hofmann, Reiner Müller, Wieland Kühn, Ehrhard Mosert oder Peter Einecke mit den Verein und dessen Ruf.

Nachdem Motor Steinach aus der Oberliga wieder abgestiegen war, blieb es den Zuschauern in Südthüringen 20 Jahre lang verwehrt, wieder eine „eigene" Fußball-Oberligamannschaft zu haben. Zwei Mal schon hatte Motor Suhl den Aufstieg zur höchsten Spielklasse der DDR im Visier gehabt, war 75/76 und 78/79 jeweils Staffelsieger in der DDR-Liga geworden. Doch in der Aufstiegsrunde der fünf Staffelsieger reichte es nicht für einen der ersten zwei Plätze, die zum Aufstieg berechtigten. Denkbar knapp verpassten die Suhler 78/79 den Aufstieg. Da waren sie punktgleich mit Chemie Leipzig (9:7), durch das schlechtere Torverhältnis kamen sie aber nur auf Platz 3. Dann jedoch, in der Saison 1983/84, schafften sie doch noch den Aufstieg. Erneut waren sie Staffelsieger geworden. In der Aufstiegsrunde belegten sie hinter Stahl Brandenburg den 2. Platz und spielten in der Saison 84/85 in der Oberliga. Unter Trainer Ernst Kurth erreichten damit die Spieler um Erhard Mosert, Klaus Müller und Matthias Brückner ein großes, jahrelang angestrebtes Ziel. Es folgte allerdings dann ein schweres Meisterschaftsjahr. Das Leistungsvermögen der Suhler Vertretung reichte nur in einzelnen Spielen aus, um den anderen Oberligisten Paroli zu bieten. Die damaligen elf Klubs (Sonderstatus im DDR-Fußball) und Betriebssportgemeinschaften hatten durchaus eine bessere Grundlage, um auf der Basis Leistungssport den Fußball zu betreiben. Ein einziger Sieg in 26 Spielen, am 9. März 1985 gegen Wismut Aue im Suhler Stadion der Freundschaft vor 4500 Zuschauern errungen, und drei Remis sowie 22 Niederlagen brachten der Suhler Elf mit 16:92 Toren und 5:47 Punkten nur den letzten Tabellenplatz und so den Abstieg in die DDR-Liga.

Im Februar 1990 wurde, bedingt durch die gesellschaftlichen Veränderungen und die damit verbundene plötzlich ausbleibende Unterstützung der fördernden Wirtschaft, mit der Gründung des 1. Suhler SV 06 ein neues Zeitalter auch für diesen traditionsträchtigen Verein eingeläutet. Nun waren Männer aus Politik und Wirtschaft gefragt, den Verein bei der Suche nach Sponsoren und Förderern zu unterstützen. Nicht verhindert werden konnte allerdings, dass auch dieser Suhler Verein „ausblutete". Viele Stammspieler und talentierte Nachwuchskräfte verließen den Verein in Richtung Westen, der nach der Umstrukturierung 1991 zugeteilte Platz in der Oberliga Nordost, Gruppe Süd, konnte so nicht gehalten werden.

In dem nun folgenden Jahr Thüringenliga nutzte der Verein jedoch die schon über Jahrzehnte hinweg mit großem Erfolg betriebene Nachwuchsarbeit (mehr als zehn Mannschaften nehmen in allen Altersklassen am Wettspielbetrieb teil, wobei die A- und B-Junioren durchgängig in höheren Klassen des Landes um Punkte kämpfen) zur Erneuerung seiner 1. Mannschaft. Junge Spieler sowie auch die Zugänge einiger erfahrener Akteure führten dazu, dass über die Thüringenmeisterschaft der sofortige Wiederaufstieg geschafft wurde. Bis in das Jahr 2000 gehörte der 1. Suhler SV 06 danach der Oberliga Nordost, Staffel Süd, an. Erst der erneute Strukturwandel im Fußball ließ die Suhler, die in der Saison 1999/2000 auf den 11. Platz kamen, erneut in die Thüringenliga absteigen.

# Der FC Mühlhausen gründete Deutschen Fußball-Bund mit

## Die wechselvolle Geschichte des Fußballs im Unstrut-Hainich-Kreis

Die ersten Kicker des heutigen Großkreises waren in den Jahren 1893/94 auf einem Exerzierplatz beim „Balltreten" zu beobachten. Es waren Schüler der Realschule von Oberstudienrat Prof. Dr. Schnell, der allem Neuen aufgeschlossen gegenüberstand und diese Art der Körperertüchtigung förderte.

Es dauerte aber noch bis zum 23. Februar 1899, bevor der FC Germania Mühlhausen mit 14 Mitgliedern gegründet wurde. Die erste Leitung bestand aus den Sportfreunden Haage, Boye, Schneegaß und Heidenreich. Der sechs Jahre ältere SC Erfurt war im April der erste Wettkampfgegner. Ein Wagnis, denn ohne genaue Kenntnis der Spielregeln, als Schuhe dienten zum Beispiel alte Stiefeletten, und ohne einheitliche Spielkleidung gaben die Gäste in Erfurt ein lustiges Bild ab. Sportlich war der Trip ein Erfolg, denn sie unterlagen nur mit 0:2.

Der Verein stand in Mühlhausen und Umgebung allein auf weiter Flur. Die Mitglieder hatten ständig mit Schwierigkeiten zu kämpfen. Ihre Arbeitgeber bezeichneten ihre Freizeitgestaltung als närrisch und hatten kein Verständnis, wenn sie sonntags mit kurzen Hosen und nackten Knien Fußball spielten. Von den Blessuren ganz abgesehen.

Da es in ganz Deutschland ähnlich aussah, entschlossen sich die Vereine, am 30. Januar 1900 den Deutschen Fußball-Bund zu gründen. Mit Stolz erinnern sich die Mühlhäuser Fußballer, dass auch sie einen Vertreter entsandten und somit zu den Gründungsmitgliedern des DFB gehörten.

Am 14. März 1901 gründete sich in Langensalza der Sportverein Preußen, der sein Domizil am Schwefelbad hatte, einem beliebten Ausflugsziel der Bürger der Umgebung. Nur wenige Tage später gründete sich der FC Teutonia in Mühlhausen und 1903 folgte der FC Viktoria, so dass nun auch Spiele in der näheren Umgebung stattfinden konnten. Die Wiesen an der Rennbahn, an Grögers Turm und in Popperode, die als Sportplätze umfunktioniert wurden, waren von der Stadt für 50 Reichsmark im Jahr gepachtet worden.

Über die Gaugrenzen bekannt wurde der FC Teutonia, als er 1913 in Eisfeld gegen den VfB Coburg den Goldpokal gewann. Der Erste Weltkrieg unterbrach die positive Entwicklung jäh, denn fast alle Spieler wurden eingezogen.

Danach erwies es sich als sinnvoll, Teutonia und Germania zusammenzuführen. So entstand in der „Wolfsschlucht" die Sportvereinigung 1899, heute im Unstrut-Hainich-Kreis der Verein mit den meisten Mitgliedern, aber nur noch einer Frauen- und mehreren Nachwuchs-Fußballmannschaften.

In Langensalza gab es ab 1910 geregelten Spielbetrieb. Hertha BSC aus Berlin war einer der namhaften Freundschaftsspielgegner der Preußen. Auch in Schlotheim (1907) und anderen kleineren Orten (Bad Tennstedt) begann der Fußball seinen Siegeszug. Alle Mannschaften kämpften im geregelten Spielbetrieb des Wartburggaus um Punkte. Die Langensalzaer siegten in den Jahren 1926 bis 1931 in dieser Klasse, wie sie wollten. Ein Jahr zuvor hatten sie ihren Sportpark mit einer Radrennbahn, einem Rasen- und einem Hartplatz-Trainingsfeld eingeweiht, der sich unterhalb der heutigen Salza-Halle befand. Ihren großen Wurf machten sie 1931, wo sie nach Erfolgen über VfL Duderstadt (6:1/1500 Zuschauer), SC Stadtilm (in Gotha, 4:0/1200), Fortuna Magdeburg (in Erfurt, 5:1/2500) und in Jena (4:2/4000) das Finale der mitteldeutschen Meisterschaft erreichten, welches sie gegen den SC Dresden, der mit dem damaligen Idol Richard Hofmann auflief, 0:6 (20 000) verloren. Preußen-Torwart Hermann Helbing, Muntefering, Schrebel und Arno Brauer gehörten zu den auffälligsten Akteuren, die nur der überragende Hofmann noch übertraf.

Der Zweite Weltkrieg unterbrach die geregelten Aktivitäten und jedes Mal, wenn danach, bei Training oder Spiel ein Kriegsheimkehrer auftauchte, war die Freude groß. Den ersten Sieg feierten die Langensalzaer in Erfurt, als der SV Erfurt-Mitte seinen neuen Sportplatz einweihte und den Gästen mit 2:4 unterlag.

Als einprägendes Erlebnis dieser Zeit bezeichnete Bruno Kästner, Allround-Talent in Langensalza und auch Thüringer Auswahlspieler, den Vatertag 1947: Artur Greiner, Fuhrunternehmer und Mäzen der späteren Kurstädter, stellte für die Feier in Zella-Mehlis einen seiner „Holzkocher" zur Verfügung. Mit Hänger, denn die Spielerfrauen wollten mit feiern. Als die „Langensalzaer Schwalbe" an der Marktkirche dann anruckte, hatte Greiner den Hänger vorher abgekoppelt. Die Feier war urig, doch eine der Frauen sah ihren

Mann erst nach drei Tagen wieder - er hatte zu viel „Dampf".

Im Gedächtnis geblieben ist Kästner auch das abstiegsentscheidende Spiel in der Landesklasse 1949 in Steinbach-Hallenberg. Beide Teams mussten gewinnen, doch nach der 2:0-Führung der Gäste bolzten die Hausherren die Bälle in die unterholzreiche Gegend, so dass sie nicht mehr aufzufinden waren. Weil keine Bälle mehr da waren, musste das Spiel abgebrochen werden. Es wurde auf neutralem Platz neu angesetzt. Steinbach-Hallenberg gewann mit 1:0 und Langensalza musste in die Kreisklasse absteigen.

Die Vereine im Kreis schlossen sich zusammen, änderten ihre Namen, es gründeten sich neue und liefen den alten den Rang ab. So überrundeten die Mühlhäuser ihre Langensalzaer Sportkollegen leistungsmäßig. In Freundschaftsspielen sorgte Post mit einem 4:4 gegen Horch Zwickau (4000 Zuschauer) oder einem 2:2 gegen KWU Erfurt (mit dem zuvor dorthin gewechselten Mühlhäuser Heinz Wozniakowski) für Achtungserfolge, kam aber auch um ein 1:3 gegen Lok Stendal und ein 0:5 gegen Union Oberschöneweide nicht herum.

Noch einmal, in den 50er Jahren, trotzten die Männer um Alfred Mase und den vier Scharlach-Brüdern der Oberligavertretung des SC Turbine Erfurt mit Müller, Rosbigalle, G. und S. Vollrath, Franke, Wehner, Löffler, Meinold und Bach ein 2:2-Unentschieden ab. Neben Post und Motor entstand in dieser Zeit mit dem ASV Vorwärts Mühlhausen eine dritte starke Kraft in der Region.

Mit Gründung der BSG Landbau Bad Langensalza (21. Juli 1970) brachte sich die Kurstadt wieder leistungsmäßig ins Gespräch. Der heutige KFA-Vorsitzende Heinrich Loth gehörte zu den Initiatoren, denn sowohl Empor als auch Aufbau Bad Langensalza waren in die Kreisklasse abgestiegen. Mit der Verpflichtung des Ex-Oberligaspielers Rainer Trölitzsch als Trainer begann der Aufschwung. Dem Wiederaufstieg in die Bezirksklasse folgte der Durchmarsch in die Bezirksliga, in der immer ein guter Mittelfeldplatz belegt wurde. Neuzugänge wie Possel, Klimank

*Mit dieser Mannschaft startete Union Mühlhausen 1989/90 in der DDR-Liga, hintere Reihe (v. l. n. r.): Maiwald, Broisch, Schneller, K. Fernschild, Zelßmann, Furchtbar, Schmidt; mittlere Reihe: K. Kirchner, Fuhrmann, Nemetschek, Frohna, F. Ettrichrätz, Meister, Schinköth, U.-J. Kirchner, Gratz, R. Trölitzsch; vordere Reihe, sitzend: Gallerach, Kaiser, Rose, Schmittgen, Breuer, J. Trölitzsch; hockend: Thöring, Koppe.*

(beide Gera), Kühnhold, Brandt, Kiesewetter (alle Erfurt), der Nordhäuser Paufler und Joachim Fellenberg, heute Vorsitzender des FSV Preußen, der aus Hermsdorf kam, und optimale Bedingungen durch den Trägerbetrieb sorgten für den Aufstieg in die zweithöchste Spielklasse, der DDR-Liga.

Noch als Kreisklassenmannschaft hatten sie DDR-Meister FC Carl Zeiss Jena zu Gast (0:8) und auch Lok Leipzig siegte 1972 mit 6:2. Einen zusätzlichen Trainingstag verschafften sie allerdings ein Jahr später den Jenaern, die durch zwei Treffer von Hillemann und Müllers Tor mit 0:3 in Rückstand gerieten. Erst in der 89. Minute kam der haushohe Favorit durch Struppert zum Ehrentor.

Auch in Mühlhausen hatten die Fußballer die Zeichen der Zeit erkannt und Post und Motor schlossen sich am 15. Juni 1972 zur BSG Union Mühlhausen zusammen. Der Namensvetter aus der Hauptstadt, Union, hatte sich für das erste Spiel zur Verfügung gestellt und gewann standesgemäß mit 7:0. Es dauerte allerdings trotz großer Unterstützung von allen Seiten sieben Jahre, bis Union der Sprung in die Bezirksliga gelang.

Größter Nutznießer des Zusammenschlusses war allerdings der Mühlhäuser Nachwuchs. Jetzt war jede Altersklasse mit zwei Mannschaften besetzt, die das Niveau im Kreis bestimmten und die auch im überregionalen Punktspielbetrieb und bei den Spartakiaden als Auswahlmannschaften sehr gut mithielten.

Neue Impulse erhielt der Mühlhäuser Fußball auch durch die Einweihung des attraktiven Stadions an der Aue. Die erste Partie zwischen Union und dem DDR-Liga-Aufsteiger Landbau Bad Langensalza endete am 3. August 1977 mit einem 4:4. Neben einigen Nachwuchs- und B-Länderspielen bleibt den Fußballfreunden wohl das Pokalspiel der Unioner gegen Oberligisten Wismut Aue (1989) im Gedächtnis, welches die Sachsen mit 11:10 nach Verlängerung (2:2) und Elfmeterschießen vor 4100 Zuschauern gewannen. Es wurden dabei insgesamt 24 Elfmeter geschossen.

Nach der Wende gab es auch in diesem Kreis erst einmal einen sportlichen Niedergang, da sich viele Spieler westlich orientierten. Davon erholten sich die Mühlhäuser am schnellsten, war doch die Nachwuchsarbeit trotz aller Schwierigkeiten konstant gut geblieben. In der Landesklasse fest etabliert, gelang Union zuletzt der Sprung in die höchste Thüringer Spielklasse, die Landesliga.

Aber auch die Schlotheimer übersprangen die Hürde Bezirksliga und stiegen in die Landesklasse auf. Wenn dieser Erfolg auch erst durch den Verzicht von Wacker Nordhausen II möglich wurde, sie mauserten sich zu einem Spitzenteam

und sorgten dafür, dass die Seilerstadt zur zweiten Fußballhochburg wurde. Doch auch Preußen Bad Langensalza ist aus den „Niederungen" der Kreisliga wieder aufgetaucht und spielt mit drei weiteren traditionsreichen Vereinen der Neuzeit (Großengottern, Langula, Altengottern) in der Bezirksliga.

Auch der Unterbau im Kreis stimmt. Mit einer Kreisliga, zwei Kreisklassen und einem Nachwuchsspielbetrieb mit meist zwei Zwölferstaffeln wird auch in Zukunft von den Mannschaften zwischen Hüpstedt, Herbsleben und Hainich zu hören sein.

*In der Bezirksliga spielend, unterlag Union Mühlhausen in einem Freundschaftsspiel am 21. April 1982 vor 2100 Zuschauern dem Oberligisten FC Rot-Weiß Erfurt auf eigenem Platz mit 2:5. Hier im Zweikampf der Mühlhäuser Pietzsch mit dem Erfurter Jürgen Heun, der in diesem Spiel den 5. Treffer für die Erfurter erzielte, nachdem vor ihm schon Iffarth, Winter, Becker und Romstedt für die Rot-Weißen sowie Liebetrau und Hartung für die Mühlhäuser getroffen hatten.*

D. Echtermeyer    W. Mühlbach    I. Daniel

R. Cibis

B. Fischer    B. Beck    H. I. Widder    I. Möschl

H. Christ

G. Hillemann    R. Trölitzsch, Übungsleiter    K. Braun    I. Ludloff

V. Ränke

G. Widder    H. Wollersheim    H. Müller    R. Weschke

G. Reimann, Masseur    T. Bechtel, Übungsleiter    *1973*    Ch. Pusch, Mannschaftsarzt    A. Altenhof, Mannschaftsleiter

*BSG-Landbau*

*Bad Langensalza*

# Pokal für Nordhausen eine Trumpfkarte

## Mit 1. FC Köln, TSV München 1860 und Hamburger kam SV Bundesliga-Prominenz

Die Anfänge des Fußballs in Nordhausen reichen zurück in das Jahr 1905, als aus der Riege des damals bestehenden evangelischen Jünglingsvereins der im Juli 1906 gegründete FC Wacker 05 Nordhausen hervorging. Daneben bestanden in der Harzstadt noch die Fußball-Vereine „Preußen" und „Mars", denen wenig später „Nordhusia" folgte. Dazu gab es noch den Club „Freundschaft Salza", der in dem dortigen, später eingemeindeten Stadtteil beheimatet war.

Die Spielstätte des Nordhäuser Spitzenfußballs ist seit dem August 1923 der heutige Albert-Kuntz-Sportpark, der zu Beginn der achtziger Jahre seine gegenwärtige Gestalt erhielt. Der Meisterschaftsbetrieb erstreckte sich bis 1945 in der Gauliga auf die Region zwischen Ostharz und Kyffhäuser, umfasste also weite Teile Nordthüringens und des heutigen Sachsen-Anhalts.

1946 begannen die Fußballer als KWU/Lok Nordhausen und wurden 1950 in die am 1. September 1949 gegründete BSG Motor (bis 1976 Motor-West) übernommen. Der Verein zählte dann im Spieljahr 1950/51 zu den Gründungsmitgliedern der DS-Liga, die später als zweite Spielklasse des DDR-Fußballs in DDR-Liga umbenannt wurde. Größter sportlicher Erfolg in dieser Klasse war die Teilnahme an der Oberliga-Aufstiegsrunde 1982. Daneben gab es in dieser Ära vordere Plätze im Ligabereich. Zu den positiven Fakten gehörte auch unbedingt das Erreichen der Viertelfinals in den FDGB-Pokalwettbewerben 1953/54 und 1985/86.

Am 31. März 1990 ging aus der Sektion Fußball der BSG Motor Nordhausen der FSV Wacker 90 Nordhausen e. V. hervor. Mit dem sofortigen Wiederaufstieg in die DDR-Liga knüpfte „Wacker" nahtlos an die „Motor"-Tradition an. Glanzpunkte waren der dreifache Gewinn des Thüringer Landespokals in den Jahren 1992, 1996 und 1997. Seinerzeit gastierte in den jeweiligen ersten Hauptrunden des DFB-Pokals mit 1. FC Köln, TSV 1860 München und Hamburger SV Bundesliga-Prominenz im Albert-Kuntz-Sportpark.

Das war auch eine Erinnerung an die Saison 1925/26, als mit der Spielvereinigung Fürth und dem 1. FC Nürnberg Vertreter des damaligen deutschen Spitzenfußballs am Rande des Harzes ihre Visitenkarten abgaben. Nicht unerwähnt darf bleiben, dass in der Vergangenheit viele später in höheren Klassen bekannt gewordene Spieler aus Nordhausen kamen. Erinnert sei an den 21-fachen Nationalspieler Lutz Lindemann, der zu einem Führungsspieler beim FC Rot-Weiß Erfurt und später beim FC Carl Zeiss Jena wurde und jetzt als Manager bei FC Erzgebirge Aue tätig ist.

Aus dem Albert-Kuntz-Sportpark kamen auch die Weißhaupt-Zwillinge Horst und Jörg, die wesentlichen Anteil am Aufschwung des Erfurter Oberliga-Fußballs in den siebziger Jahren hatten. Der Kreis schließt sich mit dem Hinweis auf Jörgs Sohn Marco, der seit Jahren zum Stammaufgebot des Bundesligisten SC Freiburg gehört.

Die hohen finanziellen Belastungen zur Aufrechterhaltung des Spielbetriebes, besonders während der Regionalliga-Zugehörigkeit, brachten den Verein in jüngerer Vergangenheit auf einen wirtschaftlichen Schlingerkurs. Die Beantragung eines Insolvenzverfahrens im Juli 2000 war die unausbleibliche Folge.

Die Misere schlug leider auch auf den sportlichen Sektor durch. Zahlreiche Abgänge wichtiger Spieler schwächten die Mannschaft, die in der Oberliga deutlich abgeschlagen in der Saison 2000/2001 auf dem letzten Tabellenplatz überwintern muss und kaum noch reale Chancen auf den Klassenerhalt besitzt.

*In jüngster Vergangenheit standen für die Nordhäuser die Landesderbys mit im Mittelpunkt, so auch das 1996 in der Regionalliga zwischen FSV Wacker 90 Nordhausen und FC Rot-Weiß Erfurt (1:2). Beim Kopfballduell der Nordhäuser Trocha und der Erfurter Schmidt.*

# Der gefürchtete „Tierberg"

## Wie die Lauschaer Fußballgeschichte mitschrieben

Wenn wir uns der 100-jährigen Geschichte des Thüringer Fußballs erinnern, nehmen die Kicker aus dem Thüringer Wald einen gebührenden Platz ein. Die Insider werden sich auch gern an den legendären Lauschaer „Tierberg" erinnern, einer Hochburg des Fußballs eigentlich bis heute. Der jetzige FSV 07 Lauscha ist sich dieser großen Tradition bewusst.

1907 trafen sich im Monat Juli junge, fußballinteressierte Lauschaer in der damaligen Gaststätte „Sonne" und gründeten den 1. FC 07 Lauscha. Schwer war der Anfang, aber es ging vorwärts. Erste Erfolge stellen sich nach dem Ersten Weltkrieg ein. 1919 wird die Sportanlage „Steiniger Hügel" geschaffen. Der 1. FC 07 wird in die 1. Klasse des Gaues Südthüringen eingereiht. 1922 erringt Lauscha die 1. Südthüringer Meisterschaft und steigt in die Thüringer Kreisliga auf. Das erste internationale Freundschaftsspiel wird gegen TV Innsbruck gewonnen. 1925 wird zum zweiten Mal die Südthüringer Gaumeisterschaft der 1. Klasse errungen und damit die Teilnahme an den Spielen um die mitteldeutsche Meisterschaft erreicht.

Nach 1928 spielt der 1. FC 07 eine führende Rolle im Kreis Sonneberg. 1933 steigt er in die Gauliga - Gau Mitte -, damals die höchste deutsche Spielklasse, auf. Bis 1938 spielt der 1. FC 07 in der Gauliga Mitte gegen Mannschaften wie Jena, Magdeburg, Dessau u. a.

1935 und 1936 werden die Lauschaer Thüringer Meister. Spieler wie Werner Greiner-Sohn (Cohn), Elias Söllner, Magnus Müller-Buchbach (Bur) und Franz Greiner-Lar sind herausragende Akteure der „Waldler" und kicken in Thüringens Auswahl.

Der Zweite Weltkrieg bringt auch den Lauschaer Fußball zum Erliegen. Ein Neuanfang nach dem Krieg war unheimlich schwer. Die aus dem Krieg zurückgekehrten Sportler begannen, ein neues Kapitel der Lauschaer Fußballgeschichte zu schreiben.

Die älteren Sportfreunde wie Werner Greiner-Sohn (Cohn), Oskar Büchner und Franz Fölsche stellten sich nochmals an die Seite der jüngeren wie Ernst Beck, Rudolf Schellhammer, Fredy Jäger, Heinz Leib, Werner Hähnlein und Adolf Knauer. Unter der umsichtigen Leitung von solchen Sportfunktionären wie Karl Beck, Alfred Scheler, Fritz Greiner-Bär, Albrecht Wenzel, Albin Pforte, Otto Greiner-Lar, Paul Müller-Schmoß, Otto Weschenfelder und der verdienstvollen Trainer Gerhard Fischer und Oskar Büchner begann die bis heute erfolgreichste Zeit des Lauschaer Fußballsports.

1949 erfolgte die Bildung der SG Lauscha. Es begann der Aufstieg von der untersten Spielklasse (Kreisklasse) bis in die Landesklasse.

*Die Duelle zwischen Lauscha und Steinach in den 50er Jahren waren immer voller Brisanz. Hier eine Szene aus einem solchen Spiel auf dem Lauschaer Tierberg vor mehr als 5000 Zuschauern (v. l. n. r.): Lothar Böhm-Spitzer (Lauscha), etwas im Hintergrund Karl Schubert (Steinach) und Horst Greiner-Mauschel (Lauscha), Ernst Beck (Lauscha), Emil Kühn (Steinach), Horst Schellhammer (Lauscha).*

Lauscha gewann den Thüringen-Pokal nach einem 8:2-Sieg gegen Nordhausen in Weimar. Danach wurden die Kicker vom Tierberg Meister der Landesklasse und stiegen in die DS-Liga auf, damals die höchste Spielklasse für SG. Das Aufstiegsspiel zur DDR-Oberliga wurde gegen Weimar nur äußerst knapp mit 0:1 in Erfurt verloren.

1950 gewann Lauscha den Pokal der DDR für SG nach einem 1:0 gegen Wismar in Erfurt. Im gleichen Jahr erfolgte die Gründung der BSG Chemie Lauscha. In den 50er Jahren wurde Chemie Lauscha zum Inbegriff erfolgreichen DDR-Liga-Fußballs, der Lauschaer Tierberg zu einer festen Größe für alle Fußballfreunde über die Grenzen Thüringens hinaus. 1951 bis 1953 spielte Lauscha eine sehr gute Rolle in der DS-Liga, damals die zweithöchste Spielklasse in der DDR. Unter Trainer Gerhard Fischer wuchs das Niveau der Mannschaft, der Tierberg war für viele Teams eine uneinnehmbare Festung. 1954 wurde in der DDR-Liga, Staffel l, der 4. Platz erreicht. Auf dem Tierberg blieben die Lauschaer in 13 Spielen ungeschlagen (11 Siege, 2 Unentschieden).

Zuschauerzahlen von 5000 und mehr waren normal. Der ganze Landkreis Neuhaus am Rennweg und darüber hinaus nahm Anteil an den Erfolgen der Chemiker. Junge, talentierte Lauschaer Fußballer wurden in das Team eingebaut, und solche Spieler wie Horst Schellhammer, Herbert Fölsche, Klaus Hildebrandt, Walter Kühnert, Walter Greiner-Sohn, Günter Bäz oder Lothar Böhm-Spitzer machten sich einen Namen.

Auch in der zweiten Hälfte der 50er Jahre konnte Chemie Lauscha die bemerkenswerten Erfolge fortsetzen. 1955 spielen die „Glasbläser", wie sie genannt wurden, nach erneuten Staffeleinteilungen nun in der II. DDR-Liga, Staffel Süd, wurden 1956 Vizemeister und ein Jahr später Vierter.

1959 übernahm der Lauschaer Oskar Büchner das Traineramt. Auf Anhieb wurde Lauscha Meister der DDR-Liga, Staffel 5. Aber in den Aufstiegsspielen zur I. DDR-Liga scheiterte die Mannschaft. Hinter dem ewigen Kontrahenten und Ortsnachbarn Motor Steinach, mit dem man sich in all den Jahren bis heute begeisternde Duelle lieferte, wurde Lauscha 1960 noch einmal Vizemeister der II. DDR-Liga, Staffel 5.

1963 drang Lauscha noch einmal im FDGB-Pokal der DDR bis in das Achtelfinale vor. Es war der letzte große Erfolg für die Chemiker. Horst Schellhammer und Herbert Fölsche verließen Lauscha, schlossen sich Motor Steinach an, und unter dem erfolgreichen Trainer und Ex-Lauschaer Heinz Leib erreichten sie mit dieser Mannschaft den viel beachteten Aufstieg in die DDR-Oberliga. In der 1999 in Südthüringen gewählten „Mannschaft des Jahrhunderts" standen also auch Lauschaer und hatten einen bedeutenden Anteil an den Erfolgen der Steinacher. Der Weg des Lauschaer Fußballs fand ab 1964 dann nur noch auf Bezirksebene seine Fortsetzung. Lauscha spielte in der Bezirksliga Suhl eine beachtliche Rolle, wechselte ab und zu einmal in die Bezirksklasse, um dann wieder nach oben zurückzukehren. 1977, 1980 und 1989 wurde Chemie Lauscha als „Vorbildliche Sektion des DFV der DDR" ausgezeichnet, Lohn für eine engagierte Arbeit vor allem im Nachwuchsbereich.

Mit der politischen Wende und der Wiedervereinigung Deutschlands wird 1990 der SV Lauscha e. V. gegründet. Der FSV 07 ist fest in diesem größten Verein Lauschas integriert und mit 190 Mitgliedern die größte Abteilung. Dank der hohen Einsatzbereitschaft der Sportfreunde wurde die Umstellung auf die neuen Bedingungen gemeistert, Sponsoren wurden gewonnen, die dankenswerterweise in finanzieller und materieller Form den Fußball in Lauscha fördern.

Heute spielt der FSV 07 Lauscha in der Kreisliga Sonneberg. Ziel ist der Aufstieg in die Bezirksliga, und das soll auf jeden Fall bis zum 95-jährigen Fußball-Jubiläum im Jahre 2002 Wirklichkeit werden. Das ist man der großen Tradition des Lauschaer Fußballs schuldig Die Kicker vom Lauschaer Tierberg wollen also in der Zukunft im Südthüringer Fußball wieder ein gewichtiges Wort mitreden.

*Lauschas DDR-Liga-Mannschaft der 50er Jahre*

# Pößneck und Neustadt mit Tradition

## Schon vor rund 100 Jahren rollte im Osterland der Fußball

Die ersten urkundlich erwähnten Termine stammen aus den Jahren 1908 und 1909. Doch es spricht eigentlich viel dafür, dass bereits vor rund 100 Jahren auf den Spielwiesen des Osterlandes der Fußball rollte.

Als erstes belegbares Dokument gilt die im September 1908 im Neustädter Kreisboten abgedruckte Vorschau, in der zu einem Wettspiel des dortigen Fußball-Klubs auf den Sportplatz hinter der Maymühle geladen wurde. Es war der Auftakt

*Prominenz auf der Pößnecker Warte. National-Torwart Heiner Stuhlfauth stand im Tor des 1. FC Nürnberg, als der mehrfache deutsche Meister sein Gastspiel in Pößneck im Juni 1933 mit 5:3 gewann.*

einer stolzen Tradition, die das Spiel mit dem runden Leder im Ostthüringer Raum hat. Als im Mai 1922 der neue, speziell für den Fußball errichtete Platz am Börthener Weg eingeweiht wurde, gehörten der Spielvereinigung immerhin schon 87 Männer, 56 Junioren und 30 Knaben an, die in sieben Mannschaften am regelmäßigen Punktspielbetrieb teilnahmen. Der Verein wahrte lange seine führende Position im Osterland und feierte seinen größten Triumph, als 1939 mit einem 1:0-Erfolg über den Militär-Sportverein Gera der Titel des Kreismeisters errungen wurde.

Nach Ende des Zweiten Weltkrieges, in dessen Verlauf auch die Neustädter Sportlerreihen gelichtet wurden, spielte die BSG Motor viele Jahre eine gute Rolle im Bezirk Gera, schaffte allerdings nie den begehrten Aufstieg in eine der DDR-Ligen. Der ganz große Durchbruch blieb dem Team allein deshalb versagt, weil mit schöner Regelmäßigkeit die besten Spieler von anderen Klubs abgezogen wurden. So trugen die in der Neustädter Jugend-Abteilung groß gewordenen und dann nach Jena gewechselten Gerhard Pfeiffer, Harald Fritzsche und Waldemar Eglmeyer wesentlich dazu bei, dass der dortige SC Motor (heute FC Carl Zeiss) zu einer Spitzenmannschaft des DDR-Fußballs wurde.

Die gute Nachwuchsarbeit zeichnete den Osterländer Fußball auch in den Jahren nach der politischen Wende aus. Nicht zuletzt ihr ist es zu verdanken, dass die Mannschaft des SV Blau-Weiß 90 derzeit einen Spitzenplatz in der Tabelle der Bezirksliga-Staffel 3 einnimmt.

Im nahen Pößneck rückte der Fußball ebenfalls um die Jahrhundertwende erstmals in den Blickpunkt der Öffentlichkeit. Da trafen sich im August 1909 in der damaligen Turnhalle an der Altenburg die zehn Gründungsmitglieder des Vereins für Ballspiele, der jedoch zunächst lange keine feste Heimstätte besaß. Erst ganze 16

Jahre später erfolgte die groß aufgezogene feierliche Platzweihe des Sportparks an der Warte, wo auch heute noch die Spiele der Landesliga über die Bühne gehen. Bereits damals zählte der VfB Pößneck zu den Spitzen-Teams des Osterland-Kreises, dessen Meistertitel allerdings nie errungen werden konnte. So blieb als größter Erfolg der Gewinn des Gaupokals, der im Jahre 1929 nach zwei Spielen vor tollen Kulissen gegen Wacker Gera (2:2 und 2:1) nach Pößneck geholt wurde. Und der fraglos prominenteste Gast an der Warte war der als Torwart zur Legende gewordene Heiner Stuhlfauth, der im Juni 1933 mit seinem 1. FC Nürnberg in Pößneck 5:3 gewann.

Im letzten Jahrzehnt waren mit Jürgen Raab, Eberhard Vogel und Michael Strempel weit über die Grenzen Thüringens hinaus bekannte Nationalspieler als Trainer beim VfB 09 tätig. Doch keinem von ihnen glückte der ganz große Wurf mit der Erringung der Landes-Meisterschaft. Die Pößnecker ernteten aus Expertenmund immer wieder viel Lob für ihre beherzte Spielweise, mussten sich aber in den letzten vier Jahren jeweils mit dem Titel eines Vize-Meisters begnügen. Bei Halbzeit der laufenden Saison rangieren die Schützlinge von Trainer Wolfgang Schakau nur im Mittelfeld, doch der Abstand zu Platz zwei ist nicht allzu groß. So könnte der Vize-Titel durchaus zum fünten Mal in Folge an die Warte gehen.

5500 Zuschauer sorgten im August 1950 auf dem Neustädter Platz an der Rodaer Straße für Rekordbesuch, als dort KWU Erfurt im Pokal-Achtelfinale gastierte und mit 2:1 gewann. Hier scheitert der Erfurter Mittelstürmer Heinz Wozniakowski an der Neustädter Abwehr.

Die Mannschaft der ZSG Neustadt-Orla, die im Pokal gegen den späteren DDR-Meister KWU Erfurt nach großem Spiel mit 1:2 knapp unterlag, hintere Reihe (v. l. n. r.): Heinz Krüger, Willy Behnsch, Hans Nitzsche, Heinz Nowack, Hans Schötz, Heinz Sachse, Hans Schäfer, Gerhard Pfeiffer, Rolf Rehe, Herbert Eichfeld; kniend: Rudi Jung, Helmut Junge, Werner Geigenfeind.

# Schmuckstück ist Stadion Hammergrund

## Der SV Germania Ilmenau baut voll und ganz auf seinen Nachwuchs

Den F. V. Germania Ilmenau hoben Ostern 1907 fußballbesessene Schüler der oberen Klassen der Bürgerschule aus der Taufe. Bis dahin waren die alleinigen Träger des Sportes in Ilmenau der Turnverein 1860 und der durch Ingenieurstudenten des Technikums gegründete Ilmenauer Ballspielclub 1900. Im Jahre 1909 schlossen sich Arbeiter zum Arbeitersportverein Spielvereinigung 09 zusammen, der dem Fußballsport frönte.

Neben Fußball wurde im F. V. Germania Leichtathletik betrieben und Damenhandball gespielt. Die neu gegründete Fußballmannschaft bestritt ihre ersten Spiele auf einem provisorischen Spielfeld auf dem Schuttablagerungsplatz an der Unterpörlitzer Straße. Das erste Spiel überhaupt wurde in Saalfeld ausgetragen und gegen den MTV mit 2:6 verloren. Es folgte eine 1:5-Niederlage beim MTV Erfurt. Aber bereits 1909/10 holte sich die Mannschaft die erste Meisterschaft der 3. Klasse im Fußballgau Nordthüringen und schaffte den Aufstieg in die 2. Klasse. 1912 erkämpfte sie sich ihren ersten Pokal in Zella-Mehlis.

Der Erste Weltkrieg unterbrach das sportliche Treiben und forderte vom Sportverein Todesopfer. 13 junge Fußballer mussten ihr Leben sinnlos hingeben. Nach Kriegsende hatte Germania einen starken Mitgliederzulauf. Sportlich gelang der Aufstieg in die 1. Klasse des Wartburggaues und 1920 sicherte sich Germania im Qualifikationsspiel gegen die Sportvereinigung Mühlhausen 99 die Ligazugehörigkeit.

In den folgenden Jahren stellte Germania eine spielstarke Vertretung, die im Mitteldeutschen Ballspielverein eine gute Rolle spielte. Die Spielvereinigung 09 trug ihre Spiele im Rahmen des Arbeiterturn- und Sportbundes (ATSB) aus.

Die Nazizeit begann mit der Gleichschaltung des bürgerlichen und Arbeitersports. Sowohl Germania als auch der nunmehrige Sportverein 09 Ilmenau erhielten vom Reichsbund für Leibesübungen die Spiellizenzen und spielten in der Kreisklasse Erfurt.

Viele Ilmenauer Sportler kehrten aus dem verheerenden Krieg nicht zurück. Unmittelbar nach dem Zweiten Weltkrieg trafen sich die glücklich zurückgekehrten und weitere junge Fußballinteressenten in der neu gegründeten SG Ilmenau, aus der kurze Zeit danach Sparta Ilmenau hervorging. Mit Willi Kühn (Roller), Karl Geyer (Schnipper), Wolfgang Zitzmann, Günter Schneider und Kurtchen Werner standen landesweit bekannte Spieler in den Reihen der Mannschaft, die ihr

Domizil nun im Hammergrund hatte. Anfang der 50er Jahre ging Sparta zu Empor über. Die Ilmenauer Handelsbetriebe übernahmen die Trägerschaft über die neue BSG. Die Mannschaft holte 1952/53 und 1963/64 den Bezirksmeistertitel nach Ilmenau. 1951 wurde die BSG Lok Ilmenau mit einer spielstarken Fußballmannschaft gegründet, die in der 2. Kreisklasse begann und bis zur Bezirksliga aufstieg. Die besten Spieler wie Lindner und Blödow wechselten 1963 zu Empor. Siegfried Gumz nahm seinen Weg über die SG Volkspolizei Erfurt zum Oberligisten Dynamo Dresden.

Die Technische Hochschule löste Impulse für die Entwicklung des Sports in Ilmenau aus. Neben der Errichtung sportlicher Anlagen, fanden sich in der HSG Studenten in der Fußballmannschaft zusammen, die schöne Erfolge sowohl im Kampf um die Studentenmeisterschaft der DDR als auch in regionalen Klassen erzielten. Studenten spielten in der Ilmenauer Bezirksliga- bzw. Ligamannschaft und waren wie Kurtz, Maut, Fischer, Heller, Fetzer und Dögow eine wesentliche Verstärkung.

Die Entwicklung der Glasindustrie schuf auch für den Sport günstigere finanzielle und materielle Grundlagen. Deshalb wechselte Ende der 60er Jahre die Sektion Fußball der BSG Empor zu Chemie Ilmenau über. 1973 übernahm die VVB Technisches Glas die Trägerschaft und es entstand

*Der Hammergrundsportplatz in Ilmenau Anfang der 20er Jahre.*

*An gleicher Stelle das Stadion Hammergrund Mitte der 90er Jahre.*

die BSG Chemie Glas Ilmenau. Mit der Fertigstellung des Industriegeländes und der neuen Werke Technisches Glas, Hennebergporzellan, Mikroelektronik und Labortechnik nahmen diese auch ihre Verantwortung für den Sport wahr. So entstand 1977 die BSG Chemie Industriewerke. Mit Unterstützung staatlicher Stellen und der Betriebe wurde das Stadion Hammergrund mit seinen Nebenanlagen erneuert. Die BSG schuf für lange Jahre die Voraussetzungen, dass neben der sportlichen Existenz weiterer Sektionen die 1. Fußballmannschaft fast durchgehend die DDR-Liga halten konnte. Weitere Bezirksmeistertitel wurden 1971/72, 1975/76, 1977/78, 1984/85 und 1887/88 errungen, die jeweils mit dem Aufstieg in die DDR-Liga verbunden waren.

Ein Jungbrunnen für die Männermannschaften war die gemeinsame Nachwuchsabteilung Chemie-IW/Dynamo, die Anfang der 80er Jahre entstanden war. Vordem hatte Dynamo Ilmenau als Trainingsstützpunkt viel für die Entwicklung junger Fußballer getan. Verdienste erwarben sich vor allem Karl Schrickel und Hans Thon.

Nach der Wende wurde der Sport nach Vereinsprinzipien neu organisiert. Die Fußballer Ilmenaus griffen auf Traditionen zurück und gründeten 1990 den SV Germania Ilmenau. Es war ein Neubeginn, denn die frühere ökonomische Basis war weggebrochen und finanziell war man nun auf Sponsoren angewiesen. Was den Spielerstamm betraf, hatte eine komplette Mannschaft Ilmenau in Richtung der alten Bundesländer verlassen. So war der Abstieg aus der damaligen DDR-Liga vorprogrammiert, dann aber aus der Landesliga nicht erwartet worden. Die Verantwortlichen des SV Germania Ilmenau

waren nun in die Pflicht genommen, sich erneut verstärkt dem eigenen Nachwuchs zu widmen. Aus unterschiedlichen Gründen, vorwiegend aber wirtschaftlichen, nahm der Vorstand Abstand vom Einsatz auswärtiger Spieler und gab seinem nachrückenden Nachwuchs die Chance. Dabei gingen nicht alle Wünsche in Erfüllung. Dafür blieb der Verein, der gut geführt wurde, immer ökonomisch stabil.

Nachdem Germania 1992 als Viertletzter die Landesliga verlassen musste, kehrte die Mannschaft zwei Jahre später in die höchste Thüringer Spielklasse zurück. Überstand sie das folgende Jahr mit dem 12. Tabellenplatz gut, musste sie jedoch 1996 der Thüringenliga mit dem vorletzten Tabellenplatz erneut adieu sagen. Mit Malek, Rohkohl, Gilian, Riege, Hofmann und Alexy wurden 17-jährige Aktive aus den A-Junioren in die Erste übernommen. Huck hatte im gleichen Alter schon sein Debüt ein Jahr zuvor gegeben. Es galt zunächst erst einmal, die Landesklasse zu halten.

In den folgenden Jahren wurden die Ziele höher gesteckt. Germania postierte sich im Vorderfeld der Tabelle der Landesklasse Staffel West. Die junge Mannschaft, die sich jährlich weiter durch eigene Nachwuchsspieler, zuletzt durch Schneider und Dobrocki ergänzte, machte durch gute Pokalergebnisse und die Qualifikation für die Endrunde der Thüringer Hallenmeisterschaft auf sich aufmerksam.

Der Vorstand des SV Germania Ilmenau orientiert die Mannschaft nun darauf, kurzfristig wieder in der Thüringenliga präsent zu sein. Die Grundlagen dazu werden im Nachwuchsbereich gelegt.

*Die Ilmenauer DDR-Liga-Mannschaft der Saison 1981/82, stehend (v. l. n. r.): Harald Rohkohl, Jürgen Probst, Alfred Mämpel, Jörg Prochaska, Fritz-Dietrich Frank, Raimund Dögow, Roland Zentgraf, Dieter Markfeld, Andreas Thon, Egon Wertmann (Trainer), Christoph Weigert (Mannschaftsleiter); kniend: Ralf Beck, Uwe Heinze, Herbert Kandziella, Frank Bode, Wolfgang Schelhorn, Thomas Kobe, Joachim Brehmer, Hartmut Fleißner. Weiter gehörten zur Mannschaft Uwe Möller und Jürgen Fetzer.*

# Talentschmiede für Paradeklubs

## „Karli" Schnieke und seine Nachfolger in Apolda und Sömmerda

Der Raum Apolda hat immer eine besondere Rolle im Thüringer Fußball gespielt. Von dort kamen keine herausragenden, mit Meisterschleifen geschmückte Teams, obwohl oben am Bismarckturm und unten in der Aue immer ein guter Ball gespielt wurde. Das Bemerkenswerte am Apoldaer Fußball war die Vielzahl talentierter Spieler, die dort heranwuchsen und später die Spitzen-Teams des Landes verstärkten.

An erster Stelle muss da „Karli" Schnieke genannt werden, der drei Mal in der DDR-Auswahl zum Einsatz kam und im Oktober 1952 im Länderspiel gegen Rumänien in Bukarest, das mit 1:3 verloren ging, mit dem zwischenzeitlichen Ausgleich deren allererster Treffer überhaupt erzielte. Schnieke besaß zudem in den 50er Jahren wesentlichen Anteil am damaligen Aufstieg des Jenaer Fußballs, für den er in 81 Punkt- und Pokalspielen insgesamt 26 Mal als Torschütze gefeiert wurde. Einen technisch brillanten Nebenmann hatte der „Schnarcher", wie er genannt wurde, im ebenfalls aus Apolda stammenden und später noch für KWU Weimar in der Oberliga spielenden Werner Sonnekalb. Weitere bekannte Namen von der Wirkwarenstadt ins Saale-„Paradies" gewechselter Akteure sind Horst Kirsch, Wolfgang Brünner, Günter Rahm und Erwin Schymik, wobei der Letztere auch zum Meister-Team von KWU Erfurt zählte.

Ebenfalls aus Apolda kam Karl Schäffner, der über die Stationen Dynamo Eisleben und Dynamo Dresden beim BFC Dynamo in Berlin landete und nach Ende seiner aktiven Laufbahn als Oberligatrainer bei Stahl Riesa, Chemie Leipzig, Stahl Brandenburg und dem FC Union Berlin tätig war. Mit dem stämmigen Verteidiger Heinz Irmscher und dem technisch guten Halbstürmer Manfred Kirdorf spielten zudem zwei in der Talentschmiede am Bismarckturm ausgebildete Akteure zu Oberligazeiten auf dem Weimarer Lindenberg. Auch einen Torwart gab es unter den Exporten, denn der lange Jahre die Nr. 1 des Zwickauer Oberliga-Teams tragende Ralf Baumann kam von Apolda.

*Von Apoldas Höhen wanderten gute Spieler in das Tal der Saale. Die Apoldaer Horst Kirsch, Günter Rahm, Erwin Schymik und der unvergessene Karli Schnieke besaßen wesentlichen Anteil am Leistungs-Anstieg des SC Motor Jena Ende der 50er Jahre. Das Zeiss-Team, das 1957 als Oberliga-Aufsteiger auf Anhieb den 4. Platz belegte stehend (v. l. n. r.): Müller, Kirsch, Oehler, Rahm, Woitzat, Hüfer, Schymik, Buschner; kniend (v. l. n. r.): Schnieke, Fritzsche, Eglmeyer. Mit Ersatz-Torwart Wolfgang Bründer gehörte ein weiterer Apoldaer zum damaligen Jenaer Stammaufgebot.*

Eine ähnliche Rolle wie Apolda spielte in den ersten Nachkriegs-Jahrzehnten der Raum Sömmerda. Die damals dort beheimatete Mannschaft um den zur Legende gewordenen Mittelläufer Otto Staudinger hatte im Sommer 1948 mit einem 2:0-Erfolg über Erfurt-West die Qualifikation für die 1. Ostzonen-Meisterschaft geschafft, war dann aber mit einer unglücklichen 0:1-Niederlage an der das Land Sachsen-Anhalt vertretenden SG Burg gescheitert.

Später gab es dann auch in Sömmerda einen Dauer-Aderlass veranlagter Spieler in die benachbarten Klubs. Der begann mit dem Wechsel von Max Wollnick nach Erfurt und hatte später zu DDR-Oberligazeiten in den beiden zunächst für Erfurt und dann in Jena stürmenden Torjägern Erwin Seifert und Rainer Knobloch bekannte Vertreter. Auch Willi Laslop und Karl-Heinz Drzysga gingen den Weg von Sömmerda nach Erfurt. Schließlich war das Stadion an der Fichtestraße die sportliche Startrampe des über die Stationen Rot-Weiß Erfurt und Schalke 04 in das Meister-Team von Bayern München gekommenen aktuellen Nationalspielers Thomas Linke.

Dass der Fußball in und um Sömmerda herum stets einen guten Nährboden hatte, belegen mit Rüdiger Schnuphase (aus Werningshausen) und Uwe Weidemann (aus Weißensee) zwei weitere weit über die Grenzen des Landes Thüringen bekannt gewordene Internationale.

*In Sömmerda wurde vom VfB Sömmerda der Grundstein für die Entwicklung des Fußballsports in der Stadt gelegt. Dieses Foto zeigt die I. Mannschaft des VfB im Kriegsjahr 1916.*

# Die Übermacht des „kleinen Bruders"

## Die Fußballer der Wartburgstadt Eisenach im Schatten des Handballs

Im Bannkreis der Wartburg war der kleine Bruder des Fußballs schon immer der größere. Das belegen bereits die 30er Jahre, als die Eisenacher bis in das Finale der deutschen Feldhandball-Meisterschaft vordrangen. 1958 wurden die Männer um Nationalmannschaftskapitän Werner Aßmann DDR-Meister auf dem Großfeld.

Zu dieser Zeit hatten sich allerdings auch schon Eisenachs Fußballer zu einem freilich ungleich bescheideneren Höhenflug aufgeschwungen. Schließlich hatte es doch für die Motor-Vorläufer Borussia und Sportvereinigung nie auch nur bis zur Vorrunde der mitteldeutschen Titelkämpfe oder später zur Gauliga Mitte gereicht. Ganz im Gegensatz übrigens zu den übermächtigen Nachbarn Wacker Gotha und Preußen Langensalza, das 1931 dem legendären Dresdner SC sogar im Endspiel um die Regionalmeisterschaft gegenüberstand.

Doch schließlich fanden sich die Nachkriegsrivalen Wartburg und Ballspiel zur weitaus schlagkräftigeren ZBSG BMW Eisenach zusammen. Das erste Zeichen setzten die Dörschel, Salzmann, Schmidt, Urban und Scherf mit Rang 9 in der Landesklasse. Seither ging es unentwegt aufwärts. Auch wenn gegen Nachbar Motor Gotha wiederum einfach kein Sieg gelingen wollte, war 1953/54 endlich der Bezirksmeistertitel fällig.

Wie auch in späteren Jahren fühlten sich Ruhlas Kicker immer dann besonders herausgefordert, wenn die Eisenacher vorgelegt hatten. Prompt reihte sich Motor UWR 1955 in die Bezirksliga ein. Sieben Jahre zuvor hatte die Uhrenstadt mit dem Gastspiel des damaligen Ostzonenmeisters SG Planitz, dem man auf der überfüllten Mittelwiese ehrenvoll 1:6 unterlag, die sportliche Wiedergeburt veredelt.

Vor allem dank des überragenden Rückkehrers Gerhard Iffland, der nach seiner erfolgreichen Zeit bei Dynamo Dresden erst als 41-Jähriger die Stopperposition räumte, sprangen für Motor Eisenach in der 2. Liga durchweg Plätze in der oberen Tabellenhälfte heraus. 1957 wurde Dieter Rudolph mit 18 Treffern Torschützenkönig der Staffel 5. Werner Sieder (16) stand ihm als Dritter nur wenig nach.

Während die Automobilwerker 1958 lediglich um einen Punkt und Platz hinter Staffelsieger Steinach zurückblieben, gelang dann vier Jahre später endgültig der Sprung in die neu gegliederte 1. DDR-Liga.

In der nachfolgenden Saison verdankten die Wartburgstädter ihre Rettung freilich nur dem Umstand, dass sie sich in dem Labyrinth von fünf Entscheidungsspielen zu den glücklichsten Pfadfindern dieser Relegation mauserten. Nachdem sie anschließend Rang 11 fast schon zu ihrem Stammplatz erkoren hatten, scheiterte Eisenach 1970 wieder einmal an Motor Steinach. Diesmal trennte beide Mannschaften sogar allein das Torverhältnis. Aber das entschied letztlich über den Abstieg. Immerhin verabschiedete man sich nach 16 Ligajahren mit Siegen über alle drei Erstplatzierten einschließlich des 1. FC Lok Leipzig.

Nach Eisenachs Kurzzeit-Ligaauftritt 1973/74 meldeten sich postwendend auch die Ruhlaer zu Wort. Mehr zu sagen hatten sie damals trotz solcher Stützen wie Ex-Auswahlspieler Gerd Stieler, Manfred Jatzek, Udo Wagner, Frank Flehmig und Lutz Hartung dennoch nicht. Dafür waren sie nun durch ihr neues Stadion der Fahrzeugelektriker geradezu nationalmannschaftsreif geworden. Wenn die DDR-Elite aufspielte, so gegen Vasas Budapest, pilgerten bis zu 8500 Zuschauer auf die „Klippen" hoch über der Stadt.

Weiter ging auch die Eisenach-Ruhlaer Zweigleisigkeit in Ligagefilden. Erstere etablierten sich dort 1981 noch einmal für zwei Jahre mit dem 7:0-Höhepunkt in Schmalkalden. TSG Ruhla hielt es oben auch nicht länger aus, ungeachtet eines 4:0-Auswärtstriumphs der Will, Paul, Fritsche, Scheer & Co. über Oberliga-Aufsteiger Suhl.

Nach der Wende schienen sich die Wartburgstadt-Fußballer noch einmal gegen die eigentliche Hausmacht aus dem Lager des „kleinen Bruders" aufzubäumen. Der vierte Platz 1993 in der Thüringenliga vor zumeist stattlicher Heimkulisse (bis 1100 Zuschauer) war für einen Neuling gewiss respektabel aber letztlich doch nicht mehr als eine Seifenblase. Die Zeit der namhaften Eisenacher Liga-Zugänge ist halt unwiderruflich vorbei.

Zweifellos scheiterte Eisenach aber auch daran, dass man es, im Gegensatz zur Jugendleiter-Ära Rudi Niewolliks, einfach nicht mehr verstanden hat, einheimische Talente an ein anspruchsvolleres Niveau heranzuführen. Inzwischen wäre der Liga-Abkömmling FC Wartburgstadt um ein Haar sogar in den Niederungen der Kreisklassen versunken. Einige beherzte Funktionäre haben nun wenigstens eine vorsichtige Trendwende eingeleitet.

Wortführer im Altkreis Eisenach ist aber nun schon seit etlichen Jahren der EFC Ruhla 08. Unter der ebenso unermüdlichen wie geschickten Stabführung von Heinz Hoßfeld wurde das Erbstromtal zu einer Spitzenbastion der Landesklasse. Dank der Verdienste des kaum weniger engagierten Lutz Koscielsky und des Spielertrainers Roland Fast, hat sich Normannia Treffurt inzwischen ebenfalls in diese Klasse hinaufgeschwungen. Und selbst die Marksuhler, die von Detlef Schwendler, dem Sohn des früheren FC-Rot-Weiß-

Cheftrainers, geführt werden, taten es den Normannen an der Schwelle zum Jahrtausendwechsel gleich.

Das sportliche Sagen indes hat im Wartburgkreis jetzt natürlich erst recht der Bundesligist ThSV Eisenach aus der Gilde des „kleinen Bruders" Handball.

*In der Saison 1993/94 holte sich die Mannschaft des SV Wartburgstadt Eisenach in der Landesliga Thüringen in 30 Spielen gerade mal 17 Pluspunkte. Sie verlor viele Spiele, wie auch das in Sondershausen gegen die gastgebende Eintracht-Elf mit 0:2 (auf dem Foto eine Szene aus jenem Spiel). So musste die Elf schließlich in den sauren Apfel des Abstiegs in die Bezirksliga beißen, war aber zwei Jahre später in die Landesklasse aufgestiegen.*

# Theaterstadt mit Fußball-Tradition

## Meiningens Fußballer vor ihrem 100-jährigen Jubiläum

Der Sport hat nun schon fast hundert Jahre lang seinen festen Platz im gesellschaftlichen Leben der Südthüringer Theater-Metropole. 1904 gilt als Gründungsjahr des VfL Meiningen 04, aus dem nach Ende des Zweiten Weltkrieges mit Einheit und Lok zwei vorrangig mit dem Fußball befasste Betriebs-Sportgemeinschaften hervorgingen. Der sich im Zuge sportlicher und finanzieller Stabilität anbietende Zusammenschluss beider Klubs ließ allerdings recht lange auf sich warten, doch 1959 erfolgte dann endlich der gemeinsame Neubeginn unter dem Namen Lok.

In der Folge sorgten Funktionäre wie Helmut Ender, Hans Schöfbauer, Karl Walther und der drei Jahrzehnte als Sektionsleiter amtierende Heinz Kirschenpfadt dafür, dass der Verein schnell zu einer festen Größe im Südthüringer Raum wurde. Erste Voraussetzung dafür war die bekannt gute Nachwuchsarbeit, für die neben vielen anderen vor allem Hugo Bing, Claus Mende und Jörg Klein verantwortlich zeichneten. Sie alle sorgten dafür, dass es in und um Meiningen herum nie Mangel an talentierten Jugendspielern gab.

Zwei Serien in der DDR-Liga (1961/62 und 1971/72) bildeten für die Lok allerdings jeweils nur Kurz-Gastspiele, da sie beide Male mit dem sofortigen Wiederabstieg endeten. Als eigentlicher Höhepunkt wird daher in Meiningen noch heute der exakt 40 Jahre zurückliegende Gewinn des Bezirksmeister-Titels betrachtet. Da gab es in der Saison 1960/61 im ersten der beiden Endspiele im gefürchteten Ilmenauer Hammergrund durch die dort beheimatete BSG Empor eine schmerzliche 1:3-Niederlage. Dafür bejubelten dann wenig später rund 6000 Zuschauer im Meininger Rückspiel den die Meisterschaft bedeutenden 6:1-Erfolg einer über sich hinauswachsenden Lok-Vertretung.

Dagegen verbindet sich mit der Saison 1966/67 eine mehr zwiespältige Erinnerung. Zwei zum Wehrdienst einrückende Meininger Spieler waren damals von der Mannschaft auf dem Rasen anstelle des üblichen "Sport frei!" mit dem seinerzeit schwer verpönten "Hipp, hipp, hurra!" verabschiedet worden. Eine peinliche Grußform mit Folgen, denn es gab gesellschaftliche Rügen an die Adressen der Verantwortlichen und zwei Punkte Abzug für die Mannschaft. So streng waren damals die Bräuche.

Probleme dieser Art waren beim in den für Meiningen traditionellen gelb-roten Farben spie-

lenden Lokalrivalen „Vorwärts" unbekannt. Schon in den 30er und 40er Jahren waren die Farben Gelb-Rot der Mannschaft aus der Garnisonstadt Meiningen im Thüringer Fußballsport ein Begriff. Nach dem Zweiten Weltkrieg waren diese Farben in Meiningen zunächst verschwunden. Dann aber wurde die aus Dynamo Meiningen-Untermaßfeld hervorgegangene Armee-Vertretung durch die Einberufung guter Spieler aus allen DDR-Bezirken systematisch verstärkt und zählte Ende der 60er und Anfang der 70er Jahre zum festen Stamm der zweithöchsten Spielklasse des Landes. Die beiden Pacholskis Lothar und Bernd, der torgefährliche Sturmführer Kluge, Mittelfeldmotor Quedenfeldt, dazu Spielerpersönlichkeiten wie Kempe, Anding, Wergin, Klausch, Hofmann, Bruckner, Walsch, Mahler, Kaiser und Breves bestimmten in jenen Jahren das Niveau einer Mannschaft, deren große Punkt- und Pokalspiele gegen Spitzen-

Vertretungen des DDR-Fußballs sportliche Höhepunkte für den gesamten Südthüringer Raum darstellten.

Doch der Stern „Vorwärts" verschwand vom Meininger Fußballhimmel genauso schnell wie er dort ein knappes Jahrzehnt zuvor aufgegangen war. Mit der Gründung einer Offiziershochschule der Grenztruppen in Plauen wurden Teile des in Thüringen stationierten Kommandos und mit ihm die komplette Vorwärts-Mannschaft in das sächsische Vogtland verlagert. Was blieb, war die Erinnerung an große Fußballtage in Meiningen, an Punkt- und Pokalspiele gegen Teams wie Dynamo Dresden, Lok Leipzig, Rot-Weiß Erfurt oder die emotionsgeladenen Lokalderbys mit Kali Werra Tiefenort, Motor Suhl oder Motor Steinach.

Und wiedergekehrt ist auch der VfL Meiningen 04, der während der laufenden Saison in der Staffel 1 der Thüringer Bezirksliga zur Spitzengruppe zählt.

*Recht interessant war in den 60er und 70er Jahren die Entwicklung der beiden Mannschaften der Theaterstadt, Vorwärts und Lokomotive Meiningen. 1961 war die Lok-Mannschaft in die 2. DDR-Liga aufgestiegen und konnte sich dort für zwei Jahre behaupten, stieg dann in die Bezirksliga ab. Als sie in der Saison 63/64 wieder in der Bezirksliga um Punkte kämpfte, traf sie dort auch erstmals auf den Ortsrivalen Vorwärts Meiningen. Nur ein Jahr später aber war Vorwärts Staffelsieger geworden, setzte sich in Entscheidungsspielen gegen den anderen Staffelsieger Motor Veilsdorf mit 2:1 und 5:1 durch und stieg in die DDR-Liga auf. Dort hielt sich die Mannschaft als Vorwärts Meiningen bis zur Saison 73/74 und siedelte dann nach Plauen um, wo sie als Vorwärts Plauen weiter in der DDR-Liga spielte. In der Saison 71/72 aber spielte auch die Lok-Mannschaft wieder in der DDR-Liga, gemeinsam mit Vorwärts, doch nur für ein Jahr, dann musste sie wieder in die Bezirksliga absteigen. Dieses gemeinsame DDR-Liga-Jahr war dann Anlass, dass sich 1982 zum ersten Mal und von da an aller fünf Jahre beide Mannschaften zu Traditionsspielen trafen. Das Foto zeigt die Akteure beim Traditionsspiel 1997, hintere Reihe (v. l. n. r.): das Schiedsrichterkollektiv Herbert Hofmann, Günter Weyh und Werner Brzemek, Rolf Höhn (Mannschaftsleiter der Lok-Elf), Wolfgang Schmidt, Walter Groß, Werner Hof, Horst Luther, Willi Voigt, Wolfgang Nathan, Klaus Wergin, Rene Otto, Eckardt Zöller, Achim Lüdicke, Ludwig Hofmann, Günter Kluge, Norbert Cantow, Karl Mahler, Peter Einecke, Harry Felsch (Trainer der Lok-Elf), Otto Weigelt (Trainer der Vorwärts-Elf); vordere Reihe: Gerhard Schneider (Mannschaftsleiter der Vorwärts-Elf), Detlef Nitzschke, Bernd Fischer, Rudi Probst, Rudi Schneider, Bernd Friedrich, Rudi Koska, Horst Brückner, Bernd Quedenfeldt, Bernd Krautwurst, Uwe Anding, Edgar Kessel, Werner Ochmann, Bernd Stickel, Robert Kempe.*

# Wacker Gotha an Oberliga-Schwelle

## Auch Gothas Fußball mit stolzer fast hundertjähriger Tradition

Der Fußball zählte bereits im letzten Jahrzehnt des 19. Jahrhunderts zum gesellschaftlichen Leben in Gotha. So war beim damaligen TSV 1860 neben der meist turnerischen Betätigung ab und an auch bereits gekickt worden, ehe am 7. Juli 1907 eine Gruppe von dem Spiel mit dem runden Leder begeisterter Sportler in der Gaststätte „Zur Reichsfahne" den FC Einigkeit gründeten. Es war praktisch schon die Geburtsstunde des wenige Monate später in SV Wacker 07 umbenannten Vereins, dessen nunmehr weit über 90-jährige Chronik die im Sport nun einmal üblichen Höhen und Tiefen aufweist.

Die Gothaer Fußballer mussten allerdings zunächst erst einmal viel Geduld aufbringen, bis sie nach Training und Spielen auf den unterschiedlichsten Ausweichplätzen endlich im Volkspark der Stadt eine feste Heimat fanden. Das war 1924, und drei Jahre später wurde an gleicher Stelle auch das noch heute bestehende Vereinsheim eingeweiht.

Damals gab es erste Erfolge, die aber nur im regionalen Rahmen, meist auf Kreisebene errungen wurden. Bekannt war Wacker jedoch bereits zu dieser Zeit für die gute Arbeit im Nachwuchsbereich, die in zahlreichen Meistertiteln aller Altersklassen ihren Niederschlag fand.

Die große Stunde des Gothaer Fußballs schlug dann in den ersten Nachkriegsjahren, als die Mannschaft in der Saison 1948/49 unter dem Namen Vorwärts Gruppensieger in einer von drei Thüringer Landesliga-Staffeln wurde. In der anschließenden Qualifikation für die in der folgenden Serie startende DDR-Oberliga gab es auf neutralen Plätzen noch zwei Spiele gegen die beiden anderen Staffelersten. Dabei wurde zunächst in Weimar ein beachtliches 1:1 gegen KWU Erfurt erreicht, danach aber gegen Motor Altenburg im Erfurter Stadion eine hohe 1:5-Niederlage kassiert. So blieb am Ende nur der undankbare, nicht zum Aufstieg berechtigende dritte Platz. Doch Ausnahmespieler wie Rosbigalle, Winkler, Rost,

*Am 1. Mai 1951 kam es zu einem der seltenen Ost-West-Vergleiche, als Motor Gotha vor 6000 Zuschauern gegen Augsburg (damals gehörten die Augsburger der süddeutschen Oberliga an) spielte und mit 3:6 unterlag. Auf unserem Bild der Gothaer Torwart „Raftl" Baumbach in Aktion.*

Fink, Streller und Torwart-Original „Raftl" Baumbach sorgten dafür, dass der Gothaer Fußball in jenen Jahren über die Bezirksgrenze hinaus im Gespräch blieb.

So zählte dann auch die inzwischen in Motor Gotha umbenannte Mannschaft in den folgenden Jahren stets zu den Spitzenteams der Erfurter Bezirksliga, schaffte aber lediglich ein Mal, und das in der Saison 1957/58, den Aufstieg in die seinerzeitige 2. DDR-Liga. Für den Klassenerhalt reichte es allerdings in der folgenden Serie nicht. Getreu dem in jenen Tagen populären Filmtitel „Sie tanzte nur einen Sommer" kehrte die Motor-Elf postwendend zurück auf die Bezirksebene, wo sie in den Folgejahren - von einigen Einbrüchen abgesehen - stets zur Spitze zählte.

Nach der politischen Wende waren Höhepunkte im Wackerpark alles andere als Mangelware. Unvergessen dabei vor allem das 1994er Gastspiel einer DFB-Traditions-Elf, in der unter anderem Franz Beckenbauer, Uwe Seeler, Klaus Allofs sowie die Stuttgarter Förster-Brüder Karl-Heinz und Bernd mitwirkten und Torwart-Legende Toni Schumacher zwischen den Pfosten stand. Über 7000 Zuschauer drängten sich damals auf den Rängen und wurden Zeugen einer Partie, in der die immer noch taufrisch wirkenden Oldies die aktuelle Wacker-Elf mit 5:2 bezwangen.

Eine Bilanz des Gothaer Fußballs wäre unvollständig ohne die Erwähnung prominenter Trainer, die für die sportliche Arbeit im Volkspark verantwortlich zeichneten. So der 1949 ein kurzes Gastspiel in Thüringen gebende Dresdner Alt-Internationale Richard Hoffmann, der in den Erfurter Ex-Nationalspielern Helmut Nordhaus und Horst Weigang, dem von Weimar nach Gotha gekommenen Hansi Göring und natürlich „Raftl" Baumbach würdige Nachfolger besaß. Eine nur unvollständige Aufzählung von Trainernamen, deren

Träger sich um den Gothaer Fußball verdient gemacht haben. Seit mehr als einem Jahrzehnt sind nun Frank Stein und sein Assistent Volkhard Schüller dabei, dem Gothaer Fußball neuen Glanz zu verleihen.

In der laufenden Saison bestehen jetzt berechtigte Hoffnungen auf den Einzug in die Oberliga. Schließlich führt das Wacker-Team bei Halbzeit des Spieljahres die Tabelle der Thüringenliga mit sieben Punkten Vorsprung an, hat in den bisherigen 16 Spielen die mit Abstand meisten Treffer (37) erzielt und die wenigsten Gegentore (4) kassiert. Bei nur annähernd gleicher Beständigkeit in der Rückrunde dürften im Frühjahr 2001 die im schmucken Volkspark-Stadion keimenden Aufstiegsträume in Erfüllung gehen.

*„Trainer-Wachablösung" 1964 beim Bezirksligisten Motor Gotha: Der bisherige Trainer „Raftl" Baumbach, jahrelang Torwart der Mannschaft, übergab das Traineramt an Hansi Göring (links).*

# Dauerbrenner vor den Toren Arnstadts

## Seit mehr als 50 Jahren rollt der Ball in Rudisleben

Die Gründung des Vereins liegt ein reichliches halbes Jahrhundert zurück. Zu danken war sie einem aus dem fernen Russland nach Thüringen gekommenen Mann, dem Generaldirektor des vor den Toren Arnstadts liegenden SAG-Großbetriebes. Zeitzeugen berichten, dass beim ersten, von den Rudislebenern im nahen Witzleben mit 4:0 gewonnenen Spiel nur ein Zuschauer dabei gewesen sei. Es war jener Generaldirektor, und der kündigte Konsequenzen an. Tatsächlich standen beim nächsten Heimspiel in Rudisleben sämtliche Leitungs-Mitglieder des Betriebes am Rande des Feldes. Der Genosse Direktor hatte gesprochen und Befehl ist bekanntlich Befehl - erst recht, wenn er von allerhöchster Stelle kommt.

Das waren die Anfangsgründe eines Vereines, dessen Weg in den Folgejahren steil nach oben führte. Der Zusammenschluss mit der SG Ichtershausen erweiterte 1950 die sportliche Basis, Bau und Einweihung der Manfred-von-Brauchitsch-Kampfbahn waren die nächsten Schritte. So stieg die Mannschaft des Chema-Werkes 1954 in die Bezirksliga auf und brauchte danach nie wieder in untere Klassen abzutauchen.

Der Rasen des Rudislebener Stadions wurde zu einem von allen Gäste-Teams gefürchteten Pflaster. Eine Tatsache, die 1965 auch das nach dem Abstieg auf dem Weg zurück in die Oberliga befindliche Erfurter Turbine-Team zur Kenntnis nehmen musste. Beim Gastspiel der Erfurter um Ligapunkte sorgten damals 8500 Zuschauer für einen Rekordbesuch und wurden Zeugen eines 2:2-Unentschiedens, das für die Erfurter sogar noch schmeichelhaft war.

In dem zurückliegenden halben Jahrhundert waren 22 Trainer beim erfolgreichsten Verein des Arnstädter Raumes tätig. Zu den bekanntesten zählten Heinz Leib, Ernst Tzschach, Klaus Bangert, Toni Skaba und Heinz Weber. Als Spieler und Coach machte sich Faust Scheller einen Namen. Der derzeit amtierende Albert Krebs kann auf die mit Abstand längste Dienstzeit (7 Jahre) am Regiepult der Mannschaft verweisen. Mit Ralf Schulenberg, Hans Domagalle, Siegfried Berschuck, Karl-Heinz (Bolla) Umbreit und Günter Pohl seien an dieser Stelle nur einige der vielen Akteure genannt, die sich um den Fußball in Rudisleben verdient gemacht haben. Ihre inzwischen als SV Arnstadt/Rudisleben meist auch in der Kreisstadt spielenden Nachfolger haben in der laufenden Saison mit dem Titelkampf in der Thüringenliga nichts zu tun. Andererseits braucht aber Albert Krebs mit seiner Truppe kaum noch um den Verbleib in der höchsten Klasse des Landes Thüringen zu bangen.

Auf runde 50 Jahre Fußball können mit Lokomotive und Motor zwei weitere Arnstäd-

*Rassige Zweikämpfe, auch das zeichnet den Fußballsport aus. In der letzten Saison des vergangenen Jahrtausends kämpfte der SV Rudisleben in der Landesliga auch gegen den SV 04 Schmalkalden um Punkte und erreichte in Schmalkalden ein 2:2-Remis. In dieser Szene versuchte sich Holger Bühner (links) gegen Swoboda (Schmalkalden) durchzusetzen.*

ter Vereine zurückblicken. Die SG Motor wurde am 16. Juli 1949 gegründet, nur zwei Monate später entstand dann die für ihre durchgehend gute Jugendarbeit bekannte Fußball-Sektion.

Die an Höhepunkten aber auch Rückschlägen reiche Geschichte des Vereins gipfelte in einer ganzen Reihe unvergessen gebliebener Freundschaftsreisen und dem zweimaligen Aufstieg in die Bezirksklasse (1963 und 1988). Auch die ESV Lokomotive gehörte in den 50er Jahren kurzzeitig der Bezirksklasse an, spielte aber sonst immer nur auf Kreisebene.

Nach der politischen Wende zählten beide Klubs weiter zu jenen fünf im Arnstädter Raum angesiedelten Fußball-Sektionen, die insgesamt mehr als 700 Mitglieder betreuen.

Die meisten davon sind mit 251 beim SV Arnstadt Rudisleben registriert. Nach dem aktuellen Mitgliederstand folgen der BC 07 (173), der ESV Lok (160), Aufwärts (74) und Motor (53). Sie alle bilden die Garantie dafür, dass der Fußball auch weiter eine feste Größe im Leben der Kreisstadt nahe der „Drei Gleichen"-Burgen bleiben wird.

*In der Saison 1992/93 empfing der SV Ichtershausen/Rudisleben in der Landesliga den SV 1910 Kahla, der zwei Jahre später in die Oberliga Nordost aufstieg, zum fälligen Punktspiel und musste sich mit einem 1:1-Remis begnügen. Hier konnte Gebhardt den Kahlaer Torwart Kiosze überwinden. Am Ende dieses Spieljahres standen die Kahlaer auf Platz 7, die Rudislebener auf Platz 11 der Tabelle.*

# Wiege stand in der Universität Jena

## Der Frauenfußball in Thüringen – besser, als man(n) denkt

In Deutschland hatten in den zwanziger Jahren einige wenige begeisterte Frauen den Mut, in die von Männern beherrschte Domäne Fußball einzudringen. Sie waren allerdings nur wenig erfolgreich, weil sportliche Betätigung für Frauen dem Zeitgeist widersprach.

Erst in den fünfziger Jahren kam es in der Bundesrepublik Deutschland auf Privatinitiative hin zur Gründung weiblicher Fußballmannschaften, denen der DFB jedoch die offizielle Anerkennung versagte. Psychologen und Sportärzte unterstützten die Auffassung, dass Frauen für das Fußballspielen prinzipiell nicht geeignet seien. Die Argumente waren durch Vorurteile beeinflusst und hören sich heute belustigend an. Das „Treten" sei wohl spezifisch männlich, meinte der Psychologe Fred J. J. Buytendijk. Sportärzte stellten die Fähigkeit von Frauen in Abrede, ein Fußballspiel konditionell überhaupt durchzustehen.

Obwohl in England und Italien der Frauenfußball längst anerkannt war, kam es in der Bundesrepublik Deutschland erst am 30. Oktober 1970 zu einem Beschluss des DFB-Bundestages, das Verbot für den Frauenfußball aufzuheben. Erste Frauenfußballmannschaften in der DDR gab es in den siebziger Jahren. In der Ausbildung der Schulsportlehrkräfte wurden Studentinnen an Universitäten und Hochschulen der DDR wesentlich früher in die praktische und theoretische Ausbildung der Sportart Fußball einbezogen. In Thüringen erwarben sich am damaligen Institut für Körpererziehung der Friedrich-Schiller-Universität Jena der Lektor Dr. Manfred Dreßler und der

*Sylvia Michel (USV Jena/rechts im Bild) gehörte als bisher einzige Spielerin Thüringens der deutschen Nationalmannschaft an.*

Hochschulsportlehrer Hugo Weschenfelder Verdienste bei der Ausbildung interessierter Studentinnen im Fußball.

Für die meisten Fußballfunktionäre in den drei Thüringer Bezirken Erfurt, Gera und Suhl war Frauenfußball im organisierten Spielbetrieb nicht vorstellbar. Dennoch hatte der Fußballverband der DDR 1971 den Frauen die Aufnahme in die Spielordnung gewährt.

In Thüringen blieb es zunächst jedoch einzelnen Enthusiasten vorbehalten - insbesondere in Erfurt, Gera und Jena -, Mädchen und Frauen in Mannschaften zusammenzuführen. Bald regte sich das Bedürfnis nach Vergleichen mit anderen Mannschaften. Diesem Trend entsprach 1979 der VI. Verbandstag des DFV der DDR mit dem Beschluss, Bezirksbestenermittlungen durchzuführen und in Turnierform die DDR-beste Frauenmannschaft zu ermitteln. Kurz darauf folgte die Einführung der DDR-Oberliga für Frauen.

In Thüringen wurde in der BSG Modedruck Gera, BSG Fortschritt Erfurt und HSG Universität Jena Frauenfußball gespielt. Es ist wohl dem persönlichen Engagement des Hochschulsportlehrers Hugo Weschenfelder zu verdanken, dass die Wurzeln für eine bis heute andauernde spielerische Qualität des Frauenfußballs in Thüringen in Jena zu suchen sind.

Hugo Weschenfelder konnte sich auf trainings- und wettkampferfahrene Sportstudentinnen, auf Kontakte zum ehemaligen Nationalmannschafts-

*Hugo Weschenfelder, geb. 3. 2. 1932, gest. 27. 4. 1996, ist der Nestor des Thüringer Frauenfußballs.*

*Heidi Vater (links im Bild), eine der erfolgreichsten Spielerinnen Thüringens, betreut heute als Spielertrainerin den USV Jena.*

trainer Georg Buschner und zum Trainer des FC Carl Zeiss Jena, Hans Meyer, und natürlich auf das wissenschaftliche, pädagogische und methodische Potenzial der Sportlehr- und Forschungseinrichtung der Jenaer Universität stützen. Der erste sportliche Erfolg einer Thüringer Frauenmannschaft im Fußball kam auf das Konto der Mannschaft der HSG Universität Jena, die 1989 in Berlin im Finale um den Pokal für Frauenmannschaften stand. Im Juli 1989 begann man in der DDR mit dem Aufbau einer DDR-Nationalmannschaft, die am 9. Mai 1990 in Berlin ihr erstes und letztes Länderspiel austragen sollte. Petra Weschenfelder, Heidi Vater und Doreen Meier aus Jena waren die Thüringer Vertreterinnen in dieser Mannschaft, die gegen die CSSR antrat und 0:3 verlor.

Seit September 1990 gab es nur noch eine Staffel der DDR-Oberliga, der die Thüringer Mannschaften Concordia Erfurt (ehem. Fortschritt Erfurt), TSV 1880 Gera-Zwötzen und USV Jena angehörten. Der bevorstehende Beitritt der DDR zur Bundesrepublik Deutschland wirkte sich naturgemäß auf die Sportstrukturen aus. Die Frauen spielten fortan im Rahmen des

Nordostdeutschen Fußball-Verbandes um den Titel „NOFV-Meister", den 1991 als erster ostdeutscher Verein der USV Jena errang.

Damit erwarb sich die Jenaer Mannschaft das Recht zum Aufstieg in die Bundesliga. Der Leistungsunterschied zwischen dem westdeutschen und ostdeutschen Frauenfußball wurde jedoch bald offenkundig; der USV Jena musste nach einjähriger Zugehörigkeit die Bundesliga wieder verlassen. Von den damaligen Bundesligaspielerinnen sind heute noch sechs Spielerinnen in der Regionalligamannschaft des USV Jena: Silke Blochwitz, Bärbel Friedel, Birgit Gärtner, Sylvia Michel, Steffi Scheitler und Heidi Vater. Letztere betreut die USV-Mannschaft erfolgreich als Spielertrainerin.

Nur der USV Jena vertritt gegenwärtig noch die Farben Thüringens in der Regionalliga. Der SV Grün-Weiß Erfurt zog seine Mannschaft aus der Spielklasse zurück, der TSV 1880 Gera-Zwötzen stieg 1999 ab und spielt jetzt in der Landesliga. Dem USV Jena gelang es Jahr für Jahr, sich im Vorderfeld der Regionalliga Nordost zu platzieren. Der Nestor des Thüringer Frauenfußballs, Hugo Weschenfelder, verstarb am 27. April 1996. Er konnte es noch erleben, dass mit Sylvia Michel eine Jenaer Spielerin 1994 in die deutsche Nationalmannschaft der Frauen berufen wurde und in drei Spielen anlässlich eines Länderturniers in den USA zum Einsatz kam. In Thüringen hat sich der Frauenfußball in den Leitungsgremien des Verbandes und in der Öffentlichkeit inzwischen längst die verdiente Anerkennung erworben. In mehr als 150 Mannschaften jagen über 7000 Mädchen und Frauen Thüringens mit Freude dem runden Leder nach. Es gibt eine Landesliga für Frauen, drei Landesklassen und in vielen Kreisen regionale Spielklassen. Auch der weibliche Fußballnachwuchs wird in vielen Vereinen Thüringens durch engagierte Übungsleiter und Funktionäre gefördert; sieben Vereine bilden die Landesliga der Mädchen. Es ist heute auch selbstverständlich, dass Fußballspielerinnen der verschiedenen Altersklassen das Land Thüringen bei den zahlreichen Auswahlvergleichen vertreten.

Schließlich darf nicht unerwähnt bleiben, dass Frauen Gefallen an der Tätigkeit der schwarzen Zunft, der Schiedsrichter, gefunden haben. Einige haben sich sogar bei ihren Einsätzen in Spielen der Männer den Respekt der Fußballspieler erworben. Der Name Rebecca Kirchner aus Schwallungen/Benshausen findet sich sogar auf der Schiedsrichterliste des Thüringer Fußball-Verbandes für die Bundesliga, Regionalliga, Amateuroberliga.

So lässt sich abschließend resümieren, dass auch für Thüringen der Slogan zutrifft: Frauenfußball ist besser, als man(n) denkt!

*Die Bundesligamannschaft des USV Jena in der Saison 1992/93, hintere Reihe (v. l. n. r.): Kerstin Gronke, Marion Fleischer, Susann Murr, Karen Brese, Bärbel Friedel, Ines Waldhäusl, Katrin Schulz; mittlere Reihe: Ärztin Dr. Hanni Hübscher, Michaela Ambrosius, Petra Weschenfelder, Vida Gronke, Angela Hanf, Heike Hirte, Silke Blochwitz, Hugo Weschenfelder (Trainer), Prof. Dr. Werner Riebel (Techn. Ltr.); vordere Reihe: Sylvia Michel, Steffi Scheitler, Birgit Gärtner, Doreen Meier, Heidi Vater (Mannschaftskapitän).*

# Thüringer Pokal feierte Jubiläum

## Zehn Finals in zehn Städten - Wacker Nordhausen fünf Mal dabei

Der Pokal ist die Chance der Kleinen. Das gilt auch im Thüringer Fußball, wo die unterklassigen Vereine immer wieder für Überraschungen sorgten und sich bis in die Viertel- und Halbfinals durchkämpften. Am Schluss aber waren in den Endspielen die Großen doch meist unter sich. Mit dem Abstrich, dass der FC Carl Zeiss Jena und der FC Rot-Weiß Erfurt in den Jahren ihrer Zugehörigkeit zur 2. Bundesliga ja nicht am Thüringenpokal teilnahmen.

Trotzdem ging die Trophäe je drei Mal nach Erfurt und Jena. Darunter war auch ein Erfolg der Zeiss-Amateure, die 1993 das in Rudolstadt als Finale ausgetragene Jenaer Ortsderby gegen die Glaswerker im nach Verlängerung notwendig gewordenen Elfmeterschießen für sich entschieden.

Thüringens Pokal-Könige waren jedoch am Südrand des Harzes im Nordhäuser Albert-Kuntz-Sportpark zu Hause. Das dortige Wacker-Team feierte seinen ersten großen Triumph bereits 1992, als das Finale in Gotha gegen Wismut Gera mit 2:1 gewonnen wurde. Wesentlich höher angesiedelt waren jedoch die beiden Endspielsiege über den FC Rot-Weiß Erfurt, der 1995 in Sondershausen (0:1) und im Folgejahr in Heldrungen (2:3) jeweils die Nordhäuser Pokal-Qualitäten zur Kenntnis nehmen musste.

Die dritte Auflage der Endspiel-Paarung Rot-Weiß - Wacker endete dann abermals ein Jahr später in Bad Langensalza mit einem klaren 4:1-Erfolg der Erfurter. Und schließlich galt es für die Wackeren, bei ihrer fünften Final-Teilnahme 1999 in Suhl mit einer 1:3-Niederlage die klare spielerische Überlegenheit des FC Carl Zeiss anzuerkennen.

Fast noch wertvoller als die drei Pokal-Gewinne waren die ihnen in der 1. DFB-Hauptrunde folgenden Gastspiele prominenter Bundesligisten in Nordhausen. Da hatte das Wacker-Team gegen den 1. FC Köln (0:8), die damals schon von Werner Lorant trainierten Löwen von München 1860 (1:5) und den Hamburger SV (1:3) zwar keine echte Chance auf das Überstehen der ersten Runde, doch die Pokal-Fights im voll besetzten Albert-Kuntz-Sportpark bildeten bis heute nicht verges-

*Schon zwei Mal setzte sich Wacker Nordhausen im Pokalfinale gegen den FC Rot-Weiß Erfurt durch, so am 30. Mai 1997 in Heldrungen mit 3:2. Hier ein Kopfballduell zwischen dem Erfurter Andre Tews (links) und dem Nordhäuser Guido Gorges, der später zu 1860 München wechselte.*

sene sportliche Großereignisse für die gesamte Harzregion.

Als Erste hatten übrigens die Spieler des SV 1910 Kahla am Ende der Saison 1990/91 nach ihrem in Gera im Elfmeterschießen errungenen Erfolg über den FV Zeulenroda die Thüringer Pokal-Trophäe in Empfang genommen. Als bislang Letzte holten ihn die des FC Rot-Weiß, die im Mai des Jahres 2000 das Erfurter Ortsderby gegen den SSV Nord mit 3:1 gewannen. Dabei wahrte die unterklassige Vertretung bis in die Schlussphase hinein ihre Außenseiterchance. Die gerade erst aus der Oberliga abgestiegenen Nordler waren sogar mit Ablauf der ersten halben Stunde durch Schneider in Führung gegangen. Fritz besorgte für den Regionalligisten noch vor der Pause den Ausgleich, und erst in den letzten zehn Spielminuten stellten Gezen und Liebers dann die Weichen endgültig auf Rot-Weiß-Sieg.

Dabei war die Austragung des Erfurter Derbys im Steigerwaldstadion eine Ausnahme. Schließlich hatten die vorangegangenen neun Finals ausnahmslos in Städten stattgefunden, wo der Fußball nicht ständig im Blickpunkt der Öffentlichkeit steht. An dieser Tradition wollen die Verantwortlichen des Thüringer Fußballverbandes auch in Zukunft festhalten.

Voraussetzung ist allerdings, dass auf den betreffenden Plätzen die Einhaltung der Sicherheits-Bestimmungen gewährleistet ist. Schließlich kam es während und nach den Finals in Sondershausen und Heldrungen zu Zuschauer-Ausschreitungen, die den massiven Einsatz von Polizeikräften notwendig machten.

Diese Vorfälle warfen einen unschönen Schatten auf die fußballsportlichen Festtage, zu denen die Thüringer Pokal-Endspiele längst geworden sind.

*1998 verlor Wacker Nordhausen in Bad Langensalza das Pokalfinale gegen den FC Rot-Weiß Erfurt mit 1:4. Hier ein Zweikampf zwischen dem Erfurter Christian Ertner (links) und dem Nordhäuser Stefan Otto.*

# Sein erstes Länderspiel gewann Thüringen gegen Mecklenburg 3:0

## Die Spiele der Thüringer Landes-Auswahl

In den ersten Nachkriegsjahren standen in der damaligen Ostzone Vergleiche von Auswahl-Mannschaften der Länder hoch im Kurs.

Der erste derartige Länder-Vergleich der Thüringer Mannschaft endete im September 1948 im Schweriner Stadion an der Paulshöhe mit einem 3:0-Erfolg über die gastgebende Vertretung Mecklenburgs. In der vom späteren Erfurter Meister-Trainer Hans Carl zusammengestellten Mannschaft standen seinerzeit mit Schüßler, Lindig, Buschner, Malter und Oehler fünf Akteure, die entweder bereits in Jena spielten oder in der Folge nach dort wechselten. Das zwei Monate danach im Erfurter Stadion ausgetragene Rückspiel gewann Thüringen mit 3:2, wobei der Geraer Linksaußen Schmidt alle drei Treffer erzielte. In der Mecklenburger Auswahl wirkte in beiden Partien der Wismarer Verteidiger Laband mit, der später zum Hamburger SV wechselte und 1954 zum Aufgebot der deutschen Weltmeister-Elf gehörte.

Das nächste Auswahlspiel endete im April 1949 im Erfurter Stadion vor 35 000 Zuschauern mit einer Enttäuschung. Gegen Sachsen gab es eine 0:2-Niederlage der Thüringer Mannschaft, in deren Aufstellung mit Schäller (Weimar), Hennsdorf (Sonneberg, später Erfurt), dem langen Jochen Müller (Erfurt), Schnieke (Apolda), Pfeiffer (Neustadt/Orla) und Friedemann (Altenburg) erstmals Namen bekannter Akteure des ostdeutschen Fußballs auftauchten. Auch der folgende Auftritt der Thüringen-Auswahl ging im Juli 1949 in Altenburg mit 0:1 gegen Sachsen-Anhalt verloren. Der Dessauer Welzel erzielte das goldene Tor für die Gäste.

Nur eine Woche später gab es dann im Dresdner Heinz-Steyer-Stadion vor 22 000 Zuschauern einen Thüringer 3:2-Sieg über das als Gastgeber klar favorisierte sächsische Team. Der Apoldaer Schnieke wurde als dreifacher Torschütze gefeiert, Torwart Senftleben, der spielintelligente Halbstürmer Hammer (beide Pels Erfurt), Noack (Nordhausen) und der Geraer Wollenschläger zählten zu den Stützen der Sieger-Elf.

Erneut auf einer ganzen Reihe von Positionen umgestellt, aber weiter unter der Regie von Hans Carl verloren die Thüringer schließlich im gleichen Jahr noch gegen Sachsen-Anhalt glatt mit 0:3. Die beiden Hallenser Außenstürmer Gola (2) und

Theile teilten sich in die Torausbeute der Partie, die im Erfurter Stadion mit schweren, auch von massivem Polizeieinsatz nicht zu unterbindenden Zuschauerausschreitungen ein unschönes Ende fand.

Die Thüringer Auswahl-Spiele wurden im April 1950 in Erfurt mit einem 3:2-Erfolg über Brandenburg fortgesetzt. Der Jenaer Breternitz, Pfeifer (Neustadt) und Herz (KWU Erfurt) erzielten die Treffer der Sieger-Elf, für die Gäste trafen die beiden Babelsberger Wolfrum und Kandziora ins Netz.

Wesentlich wertvoller war jedoch der 2:1-Erfolg, der acht Wochen später in Chemnitz gefeiert werden konnte. Die Außenstürmer Neupert und Pfeifer zeichneten für die Tore verantwortlich, für die spielerische Überlegenheit das Erfurter Innen-Trio Hammer-Wozniakowski-Herz. Das dritte Auswahlspiel des Jahres endete in Bitterfeld gegen Sachsen-Anhalt mit 1:1 unentschieden. Acht Jenaer bildeten an diesem Tag das Gerüst der Thüringer Elf, deren einziger Treffer auf das Konto des Geraers Frey ging.

Die Ländervergleiche des Jahres 1951 begannen für Thüringen in Forst mit einem 3:0-Erfolg über die gastgebende Vertretung Brandenburgs. Es folgte ein 2:2 gegen Sachsen in Erfurt, das in dieser Partie mit Senftleben, Hoffmeyer, Löffler, Müller, Wozniakowski und Herz (alle Turbine) das Gerüst der Mannschaft sowie mit Herz und Wozniakowski auch die beiden Torschützen stellte.

Der letzte Auftritt einer Thüringer Auswahl datierte schließlich aus dem Juni 1951, als im Halbfinale des Länderpokals im Hallenschen Kurt-Wabbel-Stadion mit 1:4 gegen Sachsen-Anhalt eine überraschend deutliche Niederlage kassiert wurde. Mit der politischen Neugliederung der Länder in Bezirke wurde dann die nur wenige Spieljahre umfassende Chronik der Vergleiche auf Landesebene geschlossen.

Eine Ausnahme gab es dann allerdings zwölf Monate später doch noch, als sich 1952 im Erfurter Stadion Thüringen und Niedersachsen in einem Freundschaftsspiel gegenüberstanden. 20 000 Zuschauer sahen insgesamt zehn Treffer, wobei sich beide Teams mit einem 5:5-Unentschieden friedlich in die reiche Torausbeute teilten.

# Die Landes-Auswahl-Statistik

**19. September 1948 in Schwerin**, Paulshöhe, 6000 Zuschauer
**Mecklenburg - Thüringen 0:3 (0:2)**

**Mecklenburg:** Hagelstein (Schwerin) - Brothagen (Bergen), Laband - Schweiß (beide Wismar-Süd), Potyralla (Rostock-Süd), Heyduck (Schwerin) - E. Vick (Neustadt-Gl.), K. Holze (Greifswald), Sczewierski (Wismar-Süd), Strübing (Rostock-Süd), Schlünß (Greifswald); TR: Siegert.
**Thüringen:** Händler (Wurzbach) - Schüßler (Ernst Abbe Jena), Oehler (Ronneburg) - Malter (Ernst Abbe Jena), Buschner (Weida), Lindig (Ernst Abbe Jena) - Funk (Gera-Untermhaus), Fischer (Union Erfurt), Vogel (Weida), Pätzold (Gera Untermhaus), Schmidt (Gera-Pforten); Tainer: Carl

**6. November 1948 in Erfurt**, Stadion, 13 000 Zuschauer
**Thüringen - Mecklenburg 3:2 (1:0)**

**Thüringen:** Händler (Wurzbach) - Schüßler (Stadion Jena), Oehler (Ronneburg) - Malter (Stadion Jena), Buschner (Weida), Müller (Fortuna Erfurt) - Meffert (Suhl), Vogel (Weida), Golde (Gera-Zwötzen), Pätzold (Gera-Untermhaus), Schmidt (Gera-Pforten); Trainer: Carl
**Mecklenburg:** Zannitz (Wismar-Süd) - Brothagen (Bergen), Denninger (Schwerin) - Löchel (Torgelow), Thoms (Wismar-Süd), Friedrich - Wollitz, Hofmann (alle Schwerin), Laband, Rennhack (beide Wismar-Süd), Leihmann (Parchim); Trainer: Siegert

**15. April 1949 in Erfurt**, 3500 Zuschauer
**Thüringen - Sachsen 0:2 (0:2)**
**Thüringen:** Händler (Wurzbach) - Sittner (Altenburg-Nord)/ab 35. Oehler (Ronneburg), Schäller (Eintracht Weimar) - Hermsdorf (Sonneberg), Buschner (Weida), Müller (Fortuna Erfurt)/ab 80. Wollnik (BSG Rheinmetall Sömmerda) - Ehm (Sonneberg), Pätzold (Gera-Pforten), Schnieke (Olympia Apolda), Pfeiffer (Neustadt/O.), Schmidt (BSG Carl Zeiss Jena)/ab 75. Friedemann (Altenburg-Nord); Trainer: Carl
**Sachsen:** Franke (Rötha) - Möbius (Dresden Striesen), Gödicke (ZSG Industrie Leipzig) - Scherbaum (Planen-Süd)/ab 46. Weiß (Planitz), Clemens (Dresden Cotta), Lenk (Planitz) - Sommer (ZSG Industrie Leipzig), Breitenstein (Planitz), Starke (Meerane), Schubert (Planitz), Helbig (ZSG Industrie Leipzig); Tainer: Schön

**3. Juli 1949 in Altenburg**, 15 000 Zuschauer
**Thüringen - Sachsen-Anhalt 0:1 (0:0)**
**Thüringen:** Senftleben (Pels Erfurt) - Geyer (Uder), Schäller (Eintracht Weimar) - Klemig (Altenburg-Nord), Noack (Nortag Hannewacker Nordhausen-Salza) - Reichhardt (Eintracht Weimar), Weiß (Waltershausen), Förtsch (Eintracht Apolda), Schnieke (Olympia Apolda), Friedemann (Altenburg-Nord); Trainer: Carl
**Sachsen-Anhalt:** Döbler (Waggonfabrik Dessau) - Acthun (Zeitz), Bromann (Grün-Rot Magdeburg) - Schneider (Burgörner), Straube (Schuhmetro Weißenfels), Manthey (Waggonfabrik Dessau) - Knauf (Oberröblingen), Kusmierek (Waggonfabrik Dessau), Isensee (Magdeburg-Altstadt), Welzel (Waggonfabrik Dessau), Härte (Sandersdorf); Trainer: Vorkauf

*Die Abwehr-Strategen Wilhelm Hoffmeyer (Turbine Erfurt), Karl Oehler (Motor Jena) und Siggi Schäller (Turbine Weimar/von links nach rechts) zählten in den 50er Jahren zu den Stützen der Thüringen-Auswahl.*

**10. Juli 1949 in Dresden**, Heinz-Steyer-Stadion, 22 000 Zuschauer
**Sachsen - Thüringen 2:3 (1:1)**

**Sachsen:** Franke (ZSG Energie Espenhain) - Baumgart (Meerane), Jungnickel, Pohl (beide Friedrichstadt), Clemens (Mickten Dresden), Lenk (ZSW Horch Zwickau) - Gömer (Chemnitz-Nord), Werner (Friedrichstadt), Hänel (Hartha), Schubert (ZSG Horch Zwickau), Keßler (Friedrichstadt); TR: Schön.
**Thüringen:** Senftleben (Pels Erfurt) - Schüßler (BSG Carl Zeiss Jena), Schäller (Eintracht Weimar) - Wollenschläger (Gera-Süd), Buschner (Weida), Müller (Fortuna Erfurt) - Funke (Gera-Untermhaus), Noack (Nortag Hannewacker Nordhausen-Salza), Hammer (Pels Erfurt), Schnieke (Olympia Apold), Schmidt (Werra Breitungen); TR: Carl

**21. August 1949 in Erfurt**, Stadion, 20.000 Zuschauer
**Thüringen - Sachsen-Anhalt 0:3 (0:2)**

**Thüringen:** Senftleben (Fortuna Erfurt) - Golde (BSG Gera-Süd), Schäller (Eintracht Weimar) - Wollenschläger (BSG Gera-Süd), Buschner (BSG Gera-Süd), Müller (Fortuna Erfurt) - Funke (Gera-Untermhaus), Hammer (Fortuna Erfurt), Langethal (Eintracht Weimar), Nordhaus (Fortuna Erfurt), Friedemann (Altenburg-Nord); Trainer: Carl
**Sachsen-Anhalt:** Döbler (BSG Waggonfabrik Dessau) - Bromann (BSG Stadt Magdeburg Grün-Rot), Lehmann - Werkmeister, Knefler, Fritzsche Theile, Horter, Rappsilber (alle ZSG Union Halle), Welzel (BSG Waggonfabrik Dessau), Gola (ZSG Union Halle; Trainer: Vorkauf

**23. April 1950 in Erfurt**, Georgi-Dimitroff-Stadion, 12.000 Zuschauer
**Thüringen - Brandenburg 3:2 (2:1)**
**Thüringen:** Senftleben - Müller (beide BSG KWU Erfurt), Oehler (BSG Carl Zeiss Jena) - Brock (BSG KWU Erfurt), Buschner, Wollenschläger (beide BSG Gera-Süd) - Pätzold (BSG RFT Gera)/ ab 46. Breternitz (BSG Carl Zeiss Jena), Pfeiffer (ZSG Neustadt/O.), Noack/ab 46. Joosten (beide SG Nortag Hannewacker Nordhausen-Salza), Herz (BSG KWU Erfurt); Trainer: Carl
**Brandenburg:** Schröder - Balduin, Fabian (alle BSG Märkische Volksstimme Babelsberg) - Hennemann, Auras (BSG Grube Franz Mehring Marga), Kandziora (BSG Märkische Volksstimme Babelsberg) - Weist (BSG Grube Franz Mehring Marga), Wohlfahrt (BSG Textil Cottbus), Tietz, Wolfrum (beide BSG Märkische Volksstimme Babelsberg), Franke (BSG Grube Franz Mehring Marga); Trainer: Höfer

**25. Juni 1950 in Chemnitz**, Südkampfbahn, 35 000 Zuschauer
**Sachsen - Thüringen 1:2 (0:0)**
**Sachsen:** Lorenz (SG Wilkau-Haßlau) - Engelmann (Einheit Meerane), Gödicke (Industrie Leipzig) - Breitenstein (Horch Zwickau), Schorr (Fewa Chemnitz), Schubert - Satrapa, Heinze (alle Horch Zwickau), Franke (SG Dresden-Zschachwitz), Flehmig (Spinnstoffe Glauchau), Meier (Horch Zwickau); Trainer: Hofmann
**Thüringen:** Scherf (Geschwister Scholl Uder) - Hofmeyer (KWU Erfurt), Oehler (Carl Zeiss Jena)-Brock (KWU Erfurt), Jakob (Carl Zeiss Jena), Müller (KWU Erfurt) - Neupert (Carl Zeiss Jena), Hammer, Wozniakowski, Herz (alle KWU Erfurt), Pfeiffer (ZSG Neustadt/O.); Trainer: Carl

**19. August 1950 in Bitterfeld**, Fritz-Heinrich-Stadion, 12 000 Zuschauer
**Sachsen-Anhalt - Thüringen 1:1 (0:0)**
**Sachsen-Anhalt:** Zur Hose - Henning, Dodt - Lahutta, Kovennann (alle Lok Stendal), Zerneck (SG DVP Halle) - Köhler (SG Anisdorf) ab 46. Scheel, Alpert, Weißenfels (alle Lok Stendal), Krampe (Genossenschaften Halle), Zimmermann (Lok Stendal); Trainer: Vorkauf
**Thüringen:** Grünbeck - Neuendorf, Schipphorst - Lindig, Oehler, Jakob - Breternitz/ab 2. Volland (alle Carl Zeiss Jena), Frey (BSG Gera-Süd), Göring (KWU Weimar), Scherf (Motor Eisenach), Friedemann (ZSG Altenburg); Trainer: Carl

**23. März 1951 in Forst**, Forster Stadion, 4000 Zuschauer
**Brandenburg - Thüringen 0:3 (0:1)**
**Brandenburg:** Hindenberg (SG DVP Potsdam) - Leu (Chemie Wittenberge), Hagen (SG DVP Potsdam) - Berndt (Chemie Wittenberge), Bartholomäus (SG DVP Potsdam), Kaiser (Süden Forst) - Zschernack (SG DVP Potsdam), Polligkeit (Chemie Wittenberge)/ab 46. Baldermann (SG Döbern), Jank (Lok Cottbus), Ullrich (Textil Forst), Stoppa (Lok Cottbus); Trainer: Unger
**Thüringen:** Baumbach (Motor Gotha) - Neuendorf (Mechanik Jena), Tzschach (SG Lauscha) - Händler (Chemie Jena), Iffland (SG DVP Weimar), Scherf, Dörschel (beide Motor Eisenach), Leib (SG Lauscha), Schnieke (Metall Apolda), Pfeiffer (ZSG Neustadt/O.), Sperrschneider (Mechanik Jena); Trainer: Carl

**9. Juni 1951 in Halle**, Kurt-Wabbel-Stadion, 20 000 Zuschauer
**Sachsen-Anhalt - Thüringen 4:1 (0:1)**
**Sachsen-Anhalt:** Rosenheinrich (Fortschritt Weißenfels) - Werkmeister (Turbine Halle), Theile (Motor Dessau) - Wlassny (Stahl Thale), Breitmann (Motor Dessau), Knefler - Rappsilber, Schmidt (alle

Turbine Halle), Oberländer (Stahl Thale), Welzel, Kersten (beide Motor Dessau); Trainer: Vorkauf
**Thüringen:** Senftleben - Hofmeyer (beide Turbine Erfurt), Schäller (Turbine Weimar) - Jakob, Oehler (beide Motor Jena), Müller (Turbine Erfurt)/ab 65. Göring (Turbine Weimar) - Kaiser (Motor Gera), Schnieke (Metall Apolda), Woznia-kowski (Turbine Erfurt), Pfeiffer (Fortschritt Neustadt/O.), Herz (Turbine Erfurt); Trainer: Carl

**27. Juni 1952 in Erfurt,** Georgi-Dimitroff-Stadion, 20 660 Zuschauer
**Thüringen - Niedersachsen 5:5**
**Thüringen:** Nitsche (Turbine Erfurt)/ab 46. Scherf (Einheit Heiligenstadt) - Hoffmeyer (Turbine Erfurt), Oehler (Motor Jena) - J. Müller, Nordhaus /ab 78. Hermsdorf (alle Turbine Erfurt), Jakob (Motor Jena) - Kaiser (Motor Gera), Möller (Motor Nordhausen), Hammer (Turbine Erfurt), Sonne-kalb (Motor Jena), Rosbigalle (Motor Gotha)
**Niedersachsen:** Bruch (Arminia Hannover) - Geruschke (Hannover 96), Richter (Arminia Han-nover) - Gehmlich, Oettler (beide VfL Osnabrück), Kling (Göttingen 05)/ab 46. Gerber (VfL Osna-brück) - Alpert (VfL Osnabrück)/ab 46. Thamm (Eintracht Braunschweig), Apel (Arminia Hanno-ver), Meyer, Haverkampf (beide VfL Osnabrück), Heyduck (Arminia Hannover)
**Torfolge:** 0:1 Meyer (5.), 1:1 Möller (10.), 2:1 J. Müller (11.), 2:2 Meyer (39.), 3:2, 4:2 Kaiser (43., 61.), 5:2 Möller (70.), 5:3 Geruschke (73.), 5:4 Meyer (75.), 5:5 Apel (77.)

*Die Anfangsformation der Thüringer Auswahl beim 5:5-Spiel gegen die Auswahl Niedersachsens am 27. Juni 1952 im Erfurter Stadion (v. l. n. r.): Nordhaus, Nitsche, J. Müller, Oehler, Hoffmeyer, Jakob, Sonnekalb, Hammer, Möller, Rosbigalle, Kaiser.*

# Thüringer Fußball-Nationalspieler
## Den Rekord hält Konrad Weise (Jena) mit 86 Einsätzen

Der Thüringer Fußball war in der Zeit vom ersten offiziellen Länderspiel der deutschen National-mannschaft am 5. April 1908 in Basel gegen die Schweiz (3:5 verloren) bis zum letzten im Zweiten Weltkrieg - dem 198. - am 22. November 1942 in Bratislava gegen die Slowakei (5:2 gewonnen) nur drei Mal vertreten.

Willi Krauß von Carl Zeiss Jena war im elften Länderspiel am 26. März 1911 in Stuttgart gegen die Schweiz (6:2 gewonnen) als linker Läufer dabei. Der gleiche Spieler wurde ein Jahr später am 14. April 1912 beim 4:4-Unentschieden gegen Ungarn in Budapest noch einmal nominiert.

Das bereits 118. Länderspiel wurde am 25. August 1935 im Erfurter Stadion, das damals Mitteldeutsche Kampfbahn hieß, ausgetragen.

Da war auch der Jenaer Außenläufer Heinz Werner dabei. Vor 35.000 Zuschauern sprang ein 4:2-Sieg über Rumänien heraus. Es war Werners erstes und gleichzeitig letztes Länderspiel.

Ab 1937 gab es in der Mitteldeutschen Gauliga-mannschaft Thüringen Weida noch einen Natio-nalspieler, Andreas Munkert, ein Linksverteidiger der absoluten Klasse. Er war aus beruflichen Gründen von Nürnberg nach Thüringen gekom-men. Hatte ab 1935 acht Länderspiele bestritten, war aber mit seinem Wechsel nicht wieder beru-fen worden.

Nach dem Krieg änderte sich alles total. Mit der offiziellen Aufnahme des Fußballverbandes der DDR sowohl in den Weltverband (FIFA) als auch in den europäischen Verband (UEFA) bekamen die

*Duell der Prominenten. Jenas Linksaußen Eberhard Vogel, der in 74 Spielen der DDR-Nationalmannschaft mitwirk-te, im Zweikampf mit Benfica Lissabons Stürmerstar Eusebio.*

Länderspiele der DDR amtlichen Charakter. Vom ersten Spiel, am 21. September 1952 in Warschau gegen Polen (0:3 verloren), bis zum letzten, am 12. September 1990 in Brüssel gegen Belgien (2:0 gewonnen), wirkten 49 Thüringer Spieler mit. 32 davon aus Jena, 14 aus Erfurt. Zwei, Bringfried Müller und Manfred Kaiser kamen aus Gera und einer, der speziell im Thüringer Wald unvergessene Werner Linß, kam aus Steinach.

Hier die alphabetische Reihenfolge mit der Anzahl der Spiele und den Jahren des Nationalmannschaftseinsatzes:

| Spiele | Name | Verein | Jahre |
|---|---|---|---|
| 1 | Benkert, Wolfgang | RW Erfurt | 1984 |
| 9 | Bielau, Andreas | CZ Jena | 1981 - 1985 |
| 19 | Blochwitz, Wolfgang | CZ Jena | 1966 - 1974 |
| 4 | Böger, Stefan | CZ Jena | 1990 |
| 4 | Brauer, Gerd | CZ Jena | 1979 - 1980 |
| 3 | Bräutigam, Perry | CZ Jena | 1989 - 1990 |
| 6 | Buschner, Georg | CZ Jena | 1954 - 1957 |
| 3 | Busse, Martin | RW Erfurt | 1983 |
| 68 | Ducke, Peter | CZ Jena | 1960 - 1975 |
| 37 | Ducke, Roland | CZ Jena | 1958 - 1967 |
| 6 | Franke, Gerhard | RW Erfurt | 1958 - 1959 |
| 8 | Fritsche, Harald | CZ Jena | 1962 - 1964 |
| 21 | Grapenthin, Hans-Ullrich | CZ Jena | 1975 - 1981 |
| 58 | Häfner, Reinhard | Dynamo Dresden | 1975 - 1980 |
| 1 | Hergert, Heinz | CZ Jena | 1969 |
| 17 | Heun, Jürgen | RW Erfurt | 1980 - 1985 |
| 41 | Irmscher, Harald | Zwickau/Jena | 1966 - 1974 |
| 1 | Jahn, Rolf | Turbine Erfurt | 1957 |
| 31 | Kaiser, Manfred | Wismut Gera, Wismut Aue | 1955 - 1963 |
| 4 | Krause, Andreas | CZ Jena | 1984 - 1985 |
| 1 | Krebs, Albert | RW Erfurt | 1975 |
| 66 | Kurbjuweit, Lothar | CZ Jena | 1970 - 1981 |
| 4 | Lesser, Henri | CZ Jena | 1986 |
| 21 | Lindemann, Lutz | CZ Jena | 1977 - 1980 |
| 2 | Linß, Werner | Motor Steinach | 1962 |
| 18 | Müller, Bringfried | Wismut Gera/Wismut Aue | 1955 - 1963 |
| 13 | Müller, Helmut | Motor Jena | 1957 - 1963 |
| 3 | Müller, Jochen | Turbine Erfurt | 1953 - 1954 |
| 3 | Nordhaus, Helmut | Turbine Erfurt | 1953 - 1954 |
| 5 | Peschke, Heiko | CZ Jena | 1990 |
| 1 | Preuße, Udo | CZ Jena | 1970 |
| 20 | Raab, Jürgen | CZ Jena | 1982 - 1988 |
| 11 | Rock, Peter | CZ Jena | 1967 - 1971 |
| 1 | Romstedt, Armin | RW Erfurt | 1984 |
| 2 | Rosbigalle, Georg | Turbine Erfurt | 1952 |
| 1 | Röser, Mario | CZ Jena | 1988 |
| 6 | Sänger, Carsten | RW Erfurt | 1984 - 1987 |
| 5 | Schlutter, Rainer | CZ Jena | 1970 - 1971 |
| 3 | Schnieke, Karl | Motor Jena | 1952 - 1954 |
| 5 | Schnuphase, Rüdiger | RW Erfurt/CZ Jena | 1973 - 1983 |
| 22 | Stein, Helmut | Chemie Halle/CZ Jena | 1962 - 1973 |
| 15 | Strempel, Michael | CZ Jena | 1970 - 1972 |
| 8 | Trocha, Martin | CZ Jena | 1980 - 1982 |
| 74 | Vogel, Eberhard | SC Karl-Marx-Stadt/CZ Jena | 1962 - 1976 |
| 1 | Wehner, Harald | Turbine Erfurt | 1961 |
| 10 | Weidemann, Uwe | RW Erfurt | 1984 - 1987 |
| 86 | Weise, Konrad | CZ Jena | 1970 - 1981 |
| 1 | Werner, Jürgen | CZ Jena | 1970 |
| 1 | Woitzat, Siegfried | Motor Jena | 1961 |

## Thüringer in der jetzigen DFB-Auswahl (Länderspielzahl bis 1. 8. 2000)

| 21 | Linke, Thomas | Robotron Sömmerda<br>RW Erfurt<br>Schalke 04<br>Bayern München | geboren: 26. 12. 69 |
| 5 | Schneider, Bernd | CZ Jena<br>Eintracht Frankfurt<br>Bayer Leverkusen | geboren: 17. 11. 73 |
| 6 | Zickler, Alexander | Stahl Bad Salzungen<br>Dynamo Dresden<br>Bayern München | geboren: 28. 02. 74 |

*Ein Talent aus dem Saale-„Paradies": Der inzwischen zum Bundesligisten Bayer Leverkusen gewechselte Bernd Schneider (links) ist eines der vielen aus der Jenaer Fußball-Schule hervorgegangenen Talente.*

# Von Bader bis Weise

## Thüringer Schiedsrichter in den Stadien der Welt

Die Schiedsrichter aus dem grünen Herzen Deutschlands hatten eigentlich immer einen guten Ruf. Wie in dem bekannten Sprichwort die Propheten, so galten und gelten auch sie nicht allzu viel im eignen Land und stehen leider nur allzu oft im Mittelpunkt von mehr oder weniger sachlichen Kritiken.

Doch außerhalb der Thüringer Landesgrenzen waren und werden sie als gute Spielleiter geachtet. Auch auf der internationalen Bühne, die als Erster von ihnen 1953 der Hildburghäuser Werner Bergmann betrat. Er pfiff seinerzeit zwei A-Länderspiele. Später kamen noch Manfred Roßner (Gera/5), Günter Habermann (Weißensee/4) und Bernd Stumpf (Jena/4) zu Länderspielehren. Das letztgenannte Trio erhielt auch mehrfach Berufungen zur Leitung von Europacup-Begegnungen.

Thüringens bekanntester Vertreter der inzwischen schon längst nicht mehr nur noch „Schwarzen Zunft" war jedoch fraglos der Erfurter Adolf Prokop. Er hatte beim in der Nachkriegszeit zu den ersten Oberliga-Unparteiischen zählenden Mühlhäuser Karl Gartner die Grundlagen des Schiedsrichter-Handwerks erlernt und sich dann von der Kreisebene bis hinauf in die absolute internationale Spitze gedient. Prokop leitete 28 A-Länderspiele, 60 Europacup-Begegnungen und wurde 245 Mal in der DDR-Oberliga eingesetzt. Die Höhepunkte seiner fast 30-jährigen Schiedsrichterlaufbahn bildeten dabei die Einsätze bei den beiden Endrunden der Weltmeisterschaft 1978 und 1982 und den zwei europäischen Titelkämpfen der Jahre 1980 und 1984. Nationale Spitze stellen zurzeit der in der 1. Bundesliga pfeifende Jörg Keßler aus Wogau bei Jena dar und der zum Schiedsrichter-Aufgebot der 2. Bundesliga zählende Eisenacher Stefan Weber. Beide vertreten zugleich die 2510 ausgebildeten und ständig zur Verfügung stehenden Thüringer Referees. Ohne deren beispielhaften und nicht hoch genug anzuerkennenden Einsatz wäre ein geregelter Spielbetrieb von der Kreis- bis zur Landesebene nicht möglich.

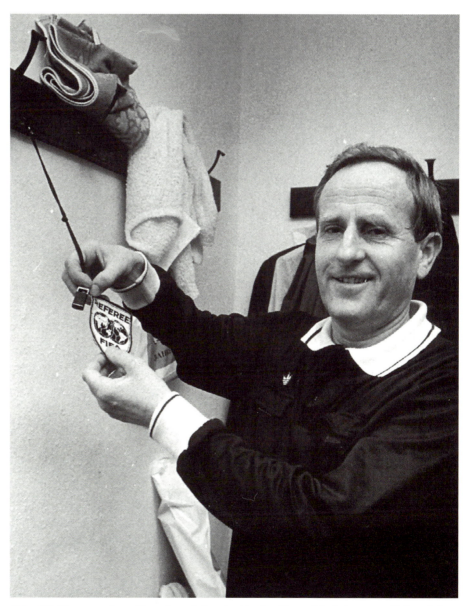

*Die Pfeife an den Nagel gehängt. Nach über 30 Jahren erfolgreicher Schiedsrichter-Tätigkeit in den Stadien der Welt beendete Adolf Prokop im Dezember 1988 seine an Höhepunkten reiche Laufbahn.*

| | | |
|---|---|---|
| Bader, Helmut | Bremen/Rhön | FIFA-Schiri, DDR-Oberliga |
| Bergmann, Werner | Hildburghausen | erster FIFA-Schiri der DDR 1953 |
| Demme, Gerhard | Sömmerda | DDR-Oberliga |
| Ehmann, Hans | Erfurt | DDR-Oberliga |
| Gartner, Karl | Mühlhausen | DDR-Oberliga |
| Gläser, Karl-Heinz | Breitungen | DDR-Oberliga, Bundesliga |
| Habermann, Günter | Weißensee | FIFA-Schiri (4 A-Länderspiele und 4 EC-Spiele) Bundes-Liga, DDR-Oberliga |
| Heinemann, Manfred | Erfurt | DDR-Oberliga |
| Keßler, Jörg | Wogau/Jena | aktuell 1. Bundesliga |
| Krahl, Hans | Apolda | DDR-Oberliga |
| Müller, Matthias | Gera | DDR-Oberliga, FIFA-SRA |
| Planer, Heinz | Jena | DDR-Oberliga |
| Prokop, Adolf | Erfurt | einziger Thüringer WM-Schiri (1978 und 1982), EM-Schiri (1980 und 1984), FIFA-Schiri (28 A-Länderspiele und 60 EC-Spiele), DDR-Oberliga |
| Roßner, Manfred | Gera | FIFA-Schiri (5 A-Länderspiele und 9 EC-Spiele), DDR-Oberliga |
| Scherl, Alfred | Gera | DDR-Oberliga |
| Schmidt, Heinz | Erfurt | DDR-Oberliga |
| Stumpf, Bernd | Jena | FIFA-Schiri (5 A-Länderspiele und 9 EC-Spiele), DDR-Oberliga |
| Supp, Günter | Meiningen | DDR-Oberliga |
| Trautvetter, Karl | Immelborn | DDR-Oberliga |
| Warz, Joachim | Erfurt | DDR-Oberliga |
| Weber, Stefan | Eisenach | aktuell 2. Bundesliga |
| Weise, Peter | Pößneck | aktuell 2. Bundesliga |

*Der Mühlhäuser Karl Gartner (Mitte) zählte in den Jahren nach Kriegsende zu den bekanntesten Schiedsrichter-Persönlichkeiten des Ostens. „Eingerahmt" ist er hier von seinen ebenfalls Extraklasse darstellenden Kollegen Fritz Walther (Leipzig/links) und dem Weißenfelser Kurt Liebschner.*

# Thüringens bekannteste Trainer

Nicht nur nach dem Alphabet steht fraglos Georg („Schorsch") Buschner an erster Stelle. Er wurde am 26. 2. 1925 in Gera geboren. In seiner großen Trainerkarriere als Clubchef in Jena von 1958 bis 1971 und als Nationalmannschafts-Coach von 1970 bis 1981 schaffte er diese Erfolge:

Mit CZ Jena (früher Motor) drei Mal Landesmeister und einmal Pokalsieger. Die Nationalelf führte er in 101 offiziellen Länderspielen zu 53 Siegen und 27 Remis. Gewann 1972 die Olympische Bronze- und 1976 in Montreal die Goldmedaille. Unvergessen sein Endrundenspiel der Weltmeisterschaft 1974 in Hamburg gegen den späteren Weltmeister BRD..

Auf dem zweiten Platz steht der heute noch in Erfurt hoch geachtete Hans Carl, der 1954 und 1955 den damaligen SC Turbine zur zweimaligen Landesmeisterschaft führte. Danach war er Coach beim FSV Frankfurt und Hessen/Kassel. Hans Carl wurde am 31. 12. 1900 in Erfurt geboren und starb am 9. 6. 1990 in Kassel.

Nach dem Alphabet folgt Heinz Leib, geboren am 16. 1. 1927 in Lauscha, wo er auch mit dem Fußballspielen begann. Mit der Lauschaer Elf wurde er 1949 Thüringer Pokalsieger. 1955 wechselte er als Spielertrainer nach Steinach und führte als Trainer die Elf 1963 in die DDR-Oberliga.

Zu den bekannteren Thüringer Fußballlehrern gehören natürlich zwei aktuelle Trainer, die noch voll im „Saft" und im Dienst stehen. Hans Meyer, geb. am 03. 11. 1942, war erfolgreicher Nachfolger von Buschner beim FC CZ Jena mit zwei Pokalsiegen. Danach Erfolgstrainer bei Rot-Weiß Erfurt, FC Chemnitz, Twente Enschede und seit 1999 bei Borussia Mönchengladbach.

Zum erfolgreichen Auslandstrainer avancierte schließlich Bernd Stange. Geboren 14. 3. 1948 in Gnaschwitz. Nach seiner Trainertätigkeit bei CZ Jena, der DDR-Nationalelf, beim VfB Leipzig und bei Hertha BSC zog es ihn dann in die Ukraine zu Dnjepr Dnjepropetrov. Seit 1999 wirkt Stange sehr erfolgreich in Australien.

*Erfurts Meistertrainer Hans Carl.*

*Thüringer Legenden. Georg Buschner (links) war der mit Abstand erfolgreichste Trainer des Ostens, Peter Ducke als Mittelstürmer einer seiner besten Schützlinge beim FC Carl Zeiss Jena und in der DDR-Nationalmannschaft. Beide hier nach der Ehrung als Jenaer „Sportler des Jahrhunderts".*

# Zeittafel 1990 - 2000

## Wichtige Daten aus der Chronik des Thüringer Fußball-Verbandes

## 1990

**01.03.** - Konstituierung des provisorischen Landesvorstandes aus den BFA Erfurt, Gera und Suhl in Bad Blankenburg

**09.06.** - Gründungs-Verbandstag des TFV in Bad Blankenburg (1. Verbandstag) mit 45 Delegierten; Werner Triebel,1. Präsident des TFV

**25.08.** - Beginn der Landesligasaison 1990/91 der Männer mit 14 Mannschaften (1. Spieltag)

**September** - Start der Landesligasaison der A- und B-Junioren mit jeweils 12 Mannschaften

**11.09.** - DFB-Länderpokal Männer
FV Südwest - Thüringen 2:1 in Edenkoben

**15.09.** - Tagung des gemeinsamen Arbeitsausschusses TFV/HFV in Grünberg

*Das waren in den Zeiten der Wende die „Architekten" der Sportfreundschaft zwischen Hessen und Thüringen: H.-H. Eckert, Vorsitzender des Hessischen Fußball-Verbandes (links), und W. Triebel, Präsident des Thüringer Fußball-Verbandes.*

**21.09.** - DFB-Länderpokal Frauen
FV Südwest - Thüringen 8:1 in Neunkirchen

**29.09.** - Gründung des LSB Thüringen in Bad Blankenburg, der TFV wird außerordentliches Mitglied im LSB

**19./20.10.** - Gemeinsame Vorstandssitzung des TFV und HFV in Grünberg
Beschluss zu gemeinsamen Maßnahmen:

1. Aus- und Fortbildung von Verbandsführungskräften, Übungsleitern und Schiedsrichtern an der Sportschule des HFV in Grünberg;
2. Unterstützung des HFV bei der Einführung neuer Spielerpässe im TFV (computererfasst);
3. Ausstattung der Geschäftsstelle des TFV mit moderner Bürotechnik;
4. Durchführung von Trainingslagern und Übungsspielen der Nachwuchsmannschaften des TFV in Grünberg;
5. Konsultation in Vorbereitung der Beschlussfassung der neuen Ordnungen des TFV.

**21.10.** - DFB-Länderpokal Männer
Thüringen - Hessen 1:2 in Ruhla

**11.11.** - DFB-Länderpokal Frauen
Thüringen - Hessen 2:4 in Rudolstadt

**20.11.** - Außerordentlicher Verbandstag des DFV in Leipzig

- Gründungs-Verbandstag des NOFV

**21.11.** - Außerordentlicher Bundestag des DFB in Leipzig; Aufnahme des NOFV in den DFB

## 1991

**12./13.01.** - Weiterbildungsseminar mit den Vorsitzenden der KFA in Grünberg

**27. 01.** - 1. Thüringer Hallenmeisterschaft Männer in Erfurt; Meister: SC 1921 Leinefelde

**02./17.02.** - 1. Thüringer Hallenmeisterschaft der B-, C- und D-Junioren in Erfurt; Meister wurden
B-Junioren: FC Carl Zeiss Jena
C-Junioren: FC Carl Zeiss Jena
D-Junioren: FC Carl Zeiss Jena

**19.02.** - Vorstandstagung des TFV in Erfurt beschließt Einführung der Landesklasse A- und B-Junioren ab Spieljahr 1991/92

**März** - 1. Mitteilungsblatt des TFV erscheint

**Mai/Juni** - Landesmeister des TFV werden
Männer: FV Zeulenroda
A-Junioren: FSV Wismut Gera
B-Junioren: FC Carl Zeiss Jena

**08.06.** - Endrunde um die Landesmeisterschaft der C-Junioren in Erfurt
Meister: FC Carl Zeiss Jena

**08.06.** - Landespokalendspiel Männer in Gera-Zwötzen
SV 1910 Kahla - FV Zeulenroda 4:3 n. E. (1 :1) n. V.

**22.06.** - Endrunde um die Landesmeisterschaft der D-Junioren in Gera
Meister: 1. Suhler SV 06

**02.07.** - Landespokalendspiel C-Junioren in Blankenhain
FC Rot-Weiß Erfurt - FC Carl Zeiss Jena 2:3

**06.07.** - FC Carl Zeiss Jena wird NOFV-Meister C-Junioren in Karsdorf

**06.07.** - Landespokalendspiel A-Junioren in Neu-stadt/Orla
FC Carl Zeiss Jena - FSV Wismut Gera 4:1

**06.07.** - Landespokalendspiel B-Junioren in Neu-stadt/Orla
FC Carl Zeiss Jena - FSV Wismut Gera 7:0

**20.07.** - Vorstandstagung des TFV in Oberhof bestätigt Neufassung der Spielordnung, Rechts- und Verfahrensordnung, Schiedsrichterordnung, Finanzordnung, Jugendordnung und Ehrungs-ordnung

**22. - 27.07.** - DFB-Schülerlager in Duisburg, die B-2-Junioren des TFV belegen den 17. Platz

**10.08.** - Spieljahreseröffnung der Landesliga der Männer in Steinbach-Hallenberg

**10./11. 08.** - Gemeinsame Vorstandssitzung des Thüringer Fußball-Verbandes und des Hessischen Fußball-Verbandes in Oberhof

**08.09.** - DFB-Länderpokal der Frauen in Gera-Zwötzen
Thüringen - Sachsen 4:2

**10.09.** - Freundschaftsspiel der Männerauswahl-mannschaften Hessen - Thüringen 2:3 in Fulda

**14./15.09.** - Start der Landesklasse A- und B-Junioren in 5 Staffeln

**23.09.** - Vorstandssitzung des TFV in Oberhof beschließt Finanzzuschüsse an die KFA in Höhe von 229 000 DM

*Der ganze Stolz des TFV ist sein Nachwuchs, der Jahr für Jahr in spannenden Spielen bei den Endrunden in allen Altersklassen die Thüringer Landesmeister ermittelt.*

**03.10.** - DFB-Länderpokal Männer in Bietigheim-Bissingen
FV Württemberg - Thüringen 2:0

**03. - 06.10.** - NOFV-Pokal der A-2-Junioren in Kienbaum, Thüringen belegt den 2. Platz

**19.10.** - DFB-Länderpokal Männer in Sondershausen
Thüringen - FV Westfalen 2:1

**27.10.** - DFB-Länderpokal der Frauen in Saarbrücken,
FV Saarland - Thüringen 4:0

**28.10. - 03.11.** - Juniorenlager der A-2-Junioren in Duisburg, die TFV-Auswahl belegt den 20. Platz

**06.12.** - Vorstandstagung des TFV in Schlotheim beschließt:
- Herausgabe des „Fußball-Magazins" ab 1992
- Beitritt zum Bildungswerk des LSB
- Konzeption zur Förderung des Leistungssportes
- bestätigt Dr. Siegfried Buchert als Vorsitzenden des Sportgerichtes

# 1992

**21.01.** - Verleihung des „Grünen Bandes" an den VfR Lobenstein

**02.02.** - 2. Thüringer Hallenmeisterschaft der Männer in Suhl
Meister: FSV Wacker Nordhausen

**15./16.02.** - 2. Thüringer Hallenmeisterschaft der B-, C- und D-Junioren in Erfurt
Meister werden
B-Junioren: FC Rot-Weiß Erfurt
C-Junioren: FC Carl Zeiss Jena
D-Junioren: FC Rot-Weiß Erfurt

**22.02.** - 1. Jugendbeiratstagung des TFV in Erfurt, 23 Delegierte und 4 Gäste rufen zur Teilnahme an den Wettbewerben „Jugend trainiert für Olympia" und „Fußball macht Freude" auf

**22.02.** - C-Junioren des FC Carl Zeiss Jena werden in Halle NOFV-Meister im Hallenfußball

**29.02.** - D-Junioren des FC Rot-Weiß Erfurt werden in Freiberg NOFV-Meister im Hallenfußball

**16.03.** - Im DFB-Stützpunkt für Nachwuchskicker des TFV in Bad Blankenburg beginnt das Talenttraining

**16.03.** - 1. Ausgabe des „Fußball-Magazins" des TFV erscheint

**21./22.03.** - Weiterbildungsseminar mit den Vorsitzenden der KFA in Grünberg

**10. - 14.04.** - Länderpokalturnier des DFB B-2-Junioren in Duisburg; Thüringen belegt den 17. Platz

**30.04. - 03.05.** - NOFV-Länderpokal C-Junioren (U14) in Kienbaum; Thüringen belegt den 2. Platz

**23.05.** - Endspiel TFV-Pokal B-Junioren in Bad Berka
FC Rot-Weiß Erfurt - FC Carl Zeiss Jena 2:3

- SV Funkwerk Kölleda wird Landesmeister der Männer 1991/92

**30./31.05.** - FC Carl Zeiss Jena wird Landesmeister der A-Junioren
FC Rot-Weiß Erfurt wird Landesmeister der B-Junioren

- Treffen der Vorstände des TFV und HFV in Grünberg

**04.06.** - Endspiel TFV- Pokal Männer in Gotha
FSV Wacker 90 Nordhausen - FSV Wismut Gera 2:1

**27.06.** - Endspiel TFV-Pokal A-Junioren in Altenburg
FC Carl Zeiss Jena - SV 1990 Altenburg 7:0

**27.06.** - Landesmeisterschaft der C- und D-Junioren in Sondershausen;
Meister wurden
C- Junioren: FC Carl Zeiss Jena
D- Junioren: FC Carl Zeiss Jena

**04.07.** - Endspiel TFV-Pokal C-Junioren in Jena
FC Carl Zeiss Jena - FC Rot-Weiß Erfurt 8:1

**27.07. - 01.08.** - Schülerlager des DFB in Duisburg B-2-Junioren, die Auswahl des TFV belegt Platz 15

**15.08.** - Saisoneröffnung der Landes-Liga in Kahla

**28.08.** - Vorstandstagung des TFV in Oberhof: Außerordentlicher Verbandstag für den 19. 12. 1992 nach Bad Blankenburg einberufen; Beschluss über finanzielle Zuschüsse für alle Nachwuchsmannschaften im TFV; Delegierte für den Bundestag des DFB gewählt

**01.09.** - DFB-Länderpokal Männer in Meiningen, Thüringen - Hessen 1:2

**12.09.** - Verbandstag des NOFV in Kienbaum, Werner Tiebel als Vizepräsident und Harry Felsch als Vorsitzender des Spielausschusses gewählt

**22. - 27.09.** - Bundesfinale „Jugend trainiert für Olympia" in Berlin, Sportgymnasium Jena wird Bundessieger

**01. - 04.10.** - NOFV-Pokal A-2-Junioren in Kienbaum, Auswahl des TFV belegt den 5. Platz

**04.10.** - DFB-Länderpokal Frauen in Altenburg Thüringen - Niederrhein 0:2

**13.10.** - Vorstandssitzung des TFV in Erfurt - TFV ruft zur Aktion „Der Gewalt die rote Karte" auf, Einführung des Fair-Play-Wettbewerbes für die Männermannschaften der Landesliga, Bezirksligen und Bezirksklassen sowie der Junioren-Landesliga und Landesklassen

**23./24.10.** - Bundestag des DFB in Berlin Delegierte des TFV: Werner Triebel, Rainer Milkoreit, Gerald Rössel, Dieter Lippold, Harry Felsch. In Organe des DFB wurden gewählt Harry Felsch in den Spielausschuss, Werner Triebel in den Ehrungsausschuss

**25.10.** - Länderpokal Männer in Marsberg Westfalen - Thüringen 3:2

**27.10. - 01.11.** - Schülerlager des DFB in Duisburg, C-1-Junioren-Auswahl des TFV belegt 20. Platz

*Zur Tradition geworden, dass der Präsident des TFV, hier Rainer Milkoreit (rechts), den Pokal an den Gewinner des Thüringen-Cups überreicht.*

**22.11.** - Berufung von 16 Nachwuchsfußballern Thüringens in den Landesstützpunkt Jena

**05.12.** - DFB-Länderpokal der Frauen in Berlin Berlin - Thüringen 5:0

**12.12.** - Berufung von 18 Nachwuchsfußballern Thüringens in den Landesstützpunkt Erfurt

**19.12.** - Außerordentlicher Verbandstag des TFV in Bad Blankenburg; Beschlussfassung der neuen Satzung; Beschlussfassung von Veränderungen und Ergänzungen der Ordnungen des TFV; Einberufung des 2. Verbandstages des TFV für den 04. 06.1994 nach Bad Blankenburg

# 1993

**17.01.** - 3. Thüringer Hallenmeisterschaft Männer in Gera; Meister: FSV Wacker 90 Nordhausen,

- Hallenmeisterschaft der Frauen in Erfurt Meister: USV Jena

**22.01.** - Vorstandstagung des TFV; Hans-Günter Hänsel als Hauptgeschäftsführer des TFV berufen

**07./14.02.** - 3. Thüringer Hallenmeisterschaft der B-, C-, D- und E-Junioren sowie Mädchen in Erfurt Meister werden
B-Junioren: FC Carl Zeiss Jena
C-Junioren: FC Greiz
D-Junioren: FC Rot-Weiß Erfurt
E-Junioren: FC Carl Zeiss Jena
Mädchen: SV Grün-Weiß Erfurt

**05.03.** - Vorstandstagung des TFV; Günter Bach (Erfurt), Dieter Lippold (Greiz) und Wieland Sorge (Meiningen) in Vorstand des TFV berufen; TFV und DFB stellen den Vereinen 15 000 DM für die Beschaffung von Kindersitzen zur Verfügung

**26./27.03.** - 2. Jugendbeiratstagung des TFV

**03. - 07.04.** - DFB-Länderpokal B-2-Junioren in Duisburg, Thüringen belegt 4. Platz

**05.04.** - Besuch des Präsidenten des DFB, Egidius Braun, in Thüringen; Begegnungen mit Vertretern des TFV in Suhl, Oberhof und Erfurt

**28.04 - 02.05.** - DFB-Mädchenpokal in Duisburg-Wedau, Thüringen belegt 19. Platz

**29.04. - 02.05.** - NOFV-Länderpokal C-Junioren in Kienbaum, Thüringen belegt 5. Platz

**20.05.** - Endspiel um den TFV-Pokal der A- und B-Junioren in Gera
A-Jun.: FC Carl Zeiss Jena - FC Rot-Weiß Erfurt 4:1
B-Jun.: FC Carl Zeiss Jena - FSV Wismut Gera 8:0

**23.05.** - Die A- und B-Junioren des FC Carl Zeiss Jena werden Landesmeister

- Endspiele um den TFV-Pokal der Frauen
A-Finale in Bad Berka: USV Jena - Grün-Weiß Erfurt 2:1
B-Finale in Treffurt: Rot-Weiß Stöckey - Rot-Weiß Breitungen 5:1

**28.05.** - Endspiel des TFV-Pokal Männer in Rudolstadt
FC Carl Zeiss Jena (A.) - SV JENAer Glas 5:3 n. E., 2:2 n. V.

**04. - 06.06.** - FV Rheinland weilt zum Erfahrungsaustausch mit dem Vorstand des TFV in Oberhof

**08.06.** - 1. Meisterschaft der Alten Herren des TFV in Wandersleben; SSV Erfurt-Nord wird Meister im Turnier der fünf qualifizierten Mannschaften

**25. - 27.06.** - FV Südwest weilt zum Erfahrungsaustausch mit dem Vorstand des TFV in Oberhof

**30.06.** - Fair-Play-Pokale des TFV, gestiftet von der Hessisch-Thüringischen Sparkassenversicherung, an Mannschaften der Landesliga, der Bezirksligen, Bezirksklassen und der Junioren-Landesliga in Oberhof übergeben

**03.07.** - TFV-Meisterschaft der C- und D-Junioren in Sondershausen; Meister werden
C-Junioren: FC Carl Zeiss Jena
D-Junioren: 1. SV Gera

**14.07.** - Endspiel um den TFV-Pokal C-Junioren in Jena:
FC Carl Zeiss Jena - 1. SV Gera 2:0

**15.07.** - Benefizspiel „Petersburger Ärzte" in Meiningen: TFV-Auswahl - FC Carl Zeiss Jena 0:4

**22.07.** - Neuauflage des WM-Spieles 1974 in Steinach:
DDR - BRD 4:4

**25.07.** - Endspiel deutsche Meisterschaft B-Junioren in Jena:
FC CZ Jena - Borussia Dortmund 1:5

**27.07.** - Präsidiumstagung des TFV in Oberhof; Präsidium unterbreitet BFA, KFA und Vereinen Vorschläge zur Neugliederung des Spielbetriebes

im TFV ab den Spieljahren 1994/95 (Kreisebene) und 1995/96 (Landes- und Bezirksebene) auf der Grundlage des § 7 der Satzung des TFV

**21.08.** - Eröffnung des Spieljahres 1993/94 der Landesliga in Sondershausen

**28.08.** - DFB-Länderpokal Männer in Nordhausen
Thüringen - Bremen 0 :1

**05.09.** - DFB-Länderpokal Frauen in Nöbdenitz
Thüringen - Westfalen 0:10

**18.09.** - 1. Sepp-Herberger-Tag des TFV in Zeulenroda

**30.09.- 03.10.** - NOFV-Länderpokal A-2-Junioren in Kienbaum; Thüringen Länderpokalsieger (u. a. mit Ziegner, Schwesinger, Berger und Keilwerth, Trainer H. Steinmetz)

**03.10.** - DFB-Länderpokal Frauen in Simmental
FV Südwest - Thüringen 3:2

**06.10.** - EM-Qualifikation U18 in Jena
Deutschland - Griechenland 4:2

*Wenn alljährlich der Sepp-Herberger-Tag des Verbandes auf dem Programm steht, ist damit viel Freude und Spaß bei den teilnehmenden jungen Fußballern verbunden. Das zeigt sich dann auch bei der Siegerehrung.*

**09.10.** - Beiratstagung des TFV: Neugliederung der Fußballkreise, Bildung von 21 Fußballkreisen im TFV, Neugestaltung des Spielbetriebes ab 1995/96 und Änderungen der Spielordnung beschlossen, Werner Triebel und Rainer Milkoreit als Delegierte zum 2. Landessporttag gewählt

**19.10.** - DFB-Länderpokal Männer in Friedewald
Hessen - Thüringen 4:0

**25. - 30.10.** - DFB-A-2-Juniorenlager in Duisburg, Thüringen belegt 18. Platz

# 1994

**11. 01.** - Werner Triebel, Präsident des TFV, erklärt Rücktritt

**17.01.** - Vorstandstagung des TFV in Erfurt, Vizepräsident Rainer Milkoreit amtiert bis zum 2. Verbandstag des TFV

**22.01.** - TFV-Hallenmeisterschaft Männer in Schmölln; Meister: FV Zeulenroda

**30.01.** - TFV-Hallenmeisterschaft Frauen in Jena-Lobeda, Meister wird USV Jena

- TFV-Hallenmeisterschaft Mädchen/AK 16 in Jena-Lobeda, Meister wird SV Grün-Weiß Erfurt

- TFV-Pokal im Hallenfußball Mädchen AK 14 in Jena-Lobeda
Pokalsieger wird SV Grün-Weiß Erfurt

**06.02.** - TFV-Hallenmeisterschaft B- und E-Junioren in Erfurt; Meister werden
B-Junioren: BSV Eintracht Sondershausen
E-Junioren: FC Rot-Weiß Erfurt

**13.02.** - TFV-Hallenmeisterschaft C- und D-Junioren in Erfurt; Meister wurden
C-Junioren: FC Rot-Weiß Erfurt
D-Junioren: FC Rot-Weiß Erfurt

**20.02.** - TFV-Hallenmeisterschaft A-Junioren in Erfurt; Meister wird FC Carl Zeiss Jena

**20.02.** - NOFV-Hallenmeisterschaft C-Junioren in Halle, FC Rot-Weiß Erfurt belegt 1. Platz

**27.02.** - NOFV-Hallenmeisterschaft D-Junioren in Zwickau, FC Rot-Weiß Erfurt belegt 4. Platz

**25. - 30.03.** - DFB-Länderpokal der B-2-Junioren in Duisburg, TFV-Auswahl belegt 19. Platz

**09.04.** - Bezirksfußballtage in Bad Langensalza (Westthüringen), Großebersdorf (Ostthüringen) und Zella-Mehlis (Südthüringen)

**27.04. - 01.05.** - DFB-Länderpokal Mädchen U15 in Duisburg, Thüringen belegt 19. Platz

**28.04. - 01.05.** - NOFV-Pokal C-1-Junioren in Kienbaum, TFV-Auswahl belegt 4. Platz

**07.05.** - Jugendverbandstag des TFV in Erfurt

**April/Mai** - Erfahrungsaustausche des Sport- und des Verbandsgerichtes des TFV mit den Sportgerichten der Fußballbezirke und -kreise in Meiningen, Gera, Großengottern

**07.05.** - FSV Rot-Weiß Breitungen wird Landesmeister der Frauen

**08. - 15.05.** - 1. Schiedsrichterwerbewoche des TFV

**15.05.** - Endspiel TFV-Pokal der Frauen (B-Pokal) in Ruhla: FSV Rot-Weiß Breitungen - SV Preußen Bad Langensalza 3:0

**18.05.** - Endspiel TFV-Pokal Männer in Waltershausen: FC Rot-Weiß Erfurt - 1. Suhler SV 06 4:0

- Endspiel TFV-Pokal A-Junioren in Gotha
FC Carl Zeiss Jena - FC Rot-Weiß Erfurt II 3:0

- Endspiel TFV-Pokal B-Junioren in Gotha
FC Carl Zeiss Jena - BSV Eintracht Sondershausen 3:1 n. V.

**04.06.** - 2. Ordentlicher Verbandstag des TFV in Bad Blankenburg; Rainer Milkoreit zum Präsidenten gewählt

- SV Grün-Weiß Erfurt 1990 wird Landesmeister der Mädchen in Gera

- Endspiel TFV Pokal Frauen (A-Pokal) in Kölleda
USV Jena - SV Grün-Weiß Erfurt 1990 3:0

**04./05.06.** - FC Carl Zeiss Jena (A.) wird Landesmeister der Männer

- FC Carl Zeiss Jena wird Landesmeister der A-Junioren

- FC Rot-Weiß Erfurt wird Landesmeister der B-Junioren

**19.06.** - Endspiel TFV-Pokal C-Junioren in Magdala: FC Rot-Weiß Erfurt- FC Carl Zeiss Jena 4:1

**26.06.** - Endrunde TFV-Meisterschaft in Gera; Meister werden
C-Junioren: FC Rot-Weiß Erfurt
D-Junioren: FC Carl Zeiss Jena
E-Junioren: SV Wacker 07 Gotha

**19.06.** - Endspiel TFV-Pokal Mädchen in Schmiedefeld: SV Grün-Weiß Erfurt 1990 - SV Finsterberg Schmiedefeld 2:1

**19.06.** - Endspiel NOFV-Pokal C-Junioren in Weißenfels
FC Carl Zeiss Jena - Hertha BSC Berlin 2:0

**29.06.** - TFV stellt den KFA insgesamt 35 130 DM zur Verfügung

**03.07.** - TFV Meisterschaft Alte Herren in Erfurt
SSV Erfurt-Nord verteidigt Titel erfolgreich

**08./09.07.** - 1. LandesjugendspieleThüringens in Erfurt („Jugend trainiert für Olympia");

Sieger werden
WK-KI. II: Sportgymnasium Jena
WK-KI.III: Sportgymnasium Jena
AK 8-13 Jungen: Schillergymnasium Zeulenroda
Mädchen: Staatliche Regelschule Dachwig

**11. - 17.07.** - Ferienlager des TFV in Grünberg, Teilnehmer: SG Dolmar, SV Carl Zeiss Gera, SC 1911 Heiligenstadt

**21.07.** - Auszeichnungsveranstaltung im Fair-Play-Wettbewerb des TFV und der Sparkassen-versicherung in Bad Blankenburg

**25. - 30.07.** - DFB-Schülerlager C-1-Junioren in Duisburg, TFV-Auswahl belegt 13. Platz; Carsten Sträßer und Sascha Iffarth in den Kaderkreis des DFB berufen

**09./10.07.** - B-Junioren des FC Carl Zeiss Jena gewinnen den Deutschlandpokal in Unterhaching („Starball")

**19. 08.** - Saisoneröffnung des TFV in Viernau

**10.09.** - 2. Sepp-Herberger-Tag des TFV in Waltershausen

**16. - 18.09.** - Vorrunde DFB-Länderpokal Frauen in Südbaden: Thüringen - Schleswig-Holstein 0:1, Südbaden - Thüringen 2:0

**16. - 18.09.** - Europafinale „Starball" in Prag, B-Junioren des FC Carl Zeiss Jena belegen 2. Platz und qualifizieren sich für den Weltpokal

**24.09.** - Bundesfinale „Jugend trainiert für Olympia" in Berlin; Sportgymnasium Jena belegt in der WK-KL. II den 1. Platz und in der WK-KL. III den 2. Platz

*Es ist erfreulich, wie auch im Bereich des Thüringer Fußball-Verbandes der Frauenfußball einen immer größeren Aufschwung nimmt.*

**27.09.** - Freundschaftsspiel U21 in Gera
Thüringen - Sachsen 0:2

**30.09. - 03.10** - NOFV-Länderpokal der A-2-Junioren in Kienbaum, Thüringen belegt den 1. Platz (u. a. Enke, Ziegner, Kanopa, Trainer F. Schattauer)

**Sep./Okt.** - Kreisbestenermittlungen im Freizeitfußball (Kleinfeld)

**01. - 03.10.** - Vorrunde DFB-Länderpokal Männer in Zeulenroda/Weida
Thüringen - Niedersachsen 2:2
Thüringen - Württemberg 0:5

**27. - 31.10.** - DFB-Länderpokal A-2-Junioren in Duisburg, Thüringen belegt den 3. Platz

**28. - 30.10.** - TFV-Vorstand weilt zum Erfahrungsaustausch beim Südwestdeutschen Fußballverband in Edenkoben

**Oktober** - Bezirksbestenermittlungen im Freizeitfußball (Kleinfeld) in Eisenberg, Zella-Mehlis und Erfurt

**November** - Verbandsstatistik des TFV veröffentlicht
In 1006 Vereinen sind 81 866 Mitglieder organisiert; Zahl der Mannschaften stieg auf 3 382; 1 675 Referees im TFV

**Dezember** - B-Junioren des FC Carl Zeiss Jena gewinnen den „Starball"-Weltcup in Tunis

# 1995

**06.01.** - Herta BSC gewinnt Hallenturnier des TFV um den Pokal der Sparkassenversicherung in Erfurt

**21.01.** - FV Zeulenroda wird TFV-Hallenmeister Herren in Bad Langensalza

*In der Winterpause wird nun schon traditionell das internationale Hallenturnier des TFV in Erfurt ausgetragen. Alljährlich ist es ein großer Zuschauermagnet und hilft, die in den Wintermonaten im Fußball vorhandene Angebotslücke etwas zu schließen.*

**22.01.** - 3. NOFV-Hallenpokalturnier der U-19-Frauen in Aschersleben, TFV-Auswahl belegt 3. Platz

**28.01.** - USV Jena wird TFV-Hallenmeister Frauen in Schmölln

**11.02.** - FC Carl Zeiss Jena wird TFV-Hallenmeister bei den D- und E-Junioren in Erfurt

**12.02.** - FC Rot-Weiß Erfurt wird TFV-Hallenmeister bei den C-Junioren in Erfurt

**18.02.** - FC Rot-Weiß Erfurt wird bei der C-Junioren-Hallenmeisterschaft des NOFV in Sandersleben Vizemeister

- FC Carl Zeiss Jena wird TFV-Hallenmeister bei den B-Junioren in Erfurt

**19.02.** - FC Carl Zeiss Jena wird TFV-Hallenmeister bei den A-Junioren in Erfurt

- SV Grün-Weiß Erfurt wird TFV-Hallenmeister bei den Mädchen in Apolda

**25.02.** - FC Carl Zeiss Jena belegt bei der D-Junioren-Hallenmeisterschaft des NOFV in Zwickau den 5. Platz.

**04.03.** - Jugendbeiratstagung des TFV in Erfurt

**06. - 09.04.** - NOFV-Länderpokal Mädchen U15 in Kienbaum, Thüringen belegt den 6. Platz

**08.04.** - TFV Beiratstagung in Erfurt

**08.04.** - 1. TFV-Hallenmeisterschaft Alte Herren in Gera, SV Preußen 01 Bad Langensalza erkämpft Meistertitel

**08. - 12.04.** - DFB-Länderpokal B-2-Junioren in Duisburg, Thüringen belegt 7. Platz

**06.05.** - TFV-Pokalendspiel Frauen (B-Pokal) in Geraberg
SC 09 Effelder - SV Grün-Weiß 90 Erfurt II 2:3

**27.04. - 01.05.** - DFB-Länderpokal U15 Mädchen in Duisburg, TFV-Auswahl belegt den 20. Platz

**28.04. - 01.05.** - NOFV-Länderpokal C-1 -Junioren in Kienbaum
Thüringen belegt 5. Platz

**14.05.** - 1. Bestenermittlung des TFV für Freizeitmannschaften (Kleinfeld) in Erfurt Pokalgewinner FSV Silvester Bad Salzungen

**20.05.** - Endspiel TFV-Pokal A-Junioren in Schmalkalden
FC Carl Zeiss Jena - Rot-Weiß Erfurt 3:0

- Endspiel TFV-Pokal B-Junioren in Blankenhain
FC Carl Zeiss Jena - FC Rot-Weiß Erfurt 4:1 n. E. (1:1 n. V.)

**25.05.** - Endspiel TFV-Pokal Frauen in Magdala
TSV 1880 Gera-Zwötzen - SV Grün-Weiß Erfurt 7:6 n. E. (1 :1) n. V.

- Endspiel TFV-Pokal Mädchen in Magdala
USV Jena - SV Grün-Weiß Erfurt 0:15

**27.05.** - SC 1903 Weimar wird TFV-Meister (Thüringenliga) 1994/95
FC Carl Zeiss Jena wird TFV-Meister A-Junioren
FC Carl Zeiss Jena wird TFV-Meister B-Junioren

**28.05.** - SV Grün-Weiß Erfurt wird in Gera TFV-Meister Mädchen

**28.05. - 02.06.** - DFB-Länderpokal U19 Mädchen in Duisburg, Thüringen belegt 15. Platz

**31.05.** - FSV Wacker 90 Nordhausen Aufsteiger in die Regionalliga

- „Jugend trainiert für Olympia" in Magdala Landessieger der Mädchen RS Uder

**27.05.** - Deutsche Meisterschaft A-Junioren (Qualifikation) in Leipzig
VfB Leipzig - FC Carl Zeiss Jena 3:1

**03.06.** - FC Carl Zeiss Jena Aufsteiger in die 2. Bundesliga

**03.06.** - Deutsche Meisterschaft A-Junioren (Qualifikation) in Jena
FC Carl Zeiss Jena - 1. FC Magdeburg 12:0

- NOFV-Pokal B-Junioren in Magdeburg
1. FC Magdeburg - FC Rot-Weiß Erfurt 1:3

**06.06.** - Endspiel TFV-Pokal Männer in Weida
FC Carl Zeiss Jena - FV Zeulenroda 1:0

**10.06.** - NOFV-Pokal B-Junioren in Erfurt
FC Rot-Weiß Erfurt - FC Chemnitz 0:2

**11.06.** - TFV-Meisterschaft Alte Herren, Endrunde in Großwechsungen; SSV Erfurt-Nord erneut Meister

**11.06.** - FSV Rot-Weiß Breitungen wird Landesmeister Frauen

**13.06.** - „Jugend trainiert für Olympia" Landes-finale in Erfurt; Sieger werden
WK-Klasse II: Sportgymnasium Jena
WK-Klasse III: Sportgymnasium Jena

**31.05.** - „Jugend trainiert für Olympia" Landesfinale in Großschwabhausen; Sieger wird
WK-Klasse IV: Regelschule Hermsdorf

**17.06.** - Deutsche Meisterschaft B-Junioren (Vor-runde) in Jena
FC Carl Zeiss Jena - VfB Leipzig 6:5 n. E., 2:2 n. V.

**18.06.** - TFV-Meisterschaften C- und D-Junioren in Zillbach; Meister werden
D-Junioren: FC Carl Zeiss Jena
C-Junioren: FC Carl Zeiss Jena

- DFB-Kicker-Pokal
FC Rot-Weiß Erfurt - FC Chemnitz 1:3

**22.06.** - TFV-Meisterschaft E-Junioren in Blankenhain:
FC Carl Zeiss Jena gewinnt Meistertitel

- TFV-Pokal Endspiel C-Junioren in Blankenhain
FC Rot-Weiß Erfurt - FC Carl Zeiss Jena 6:5 n. E., 0:0 n. V.

**23.06.** - Auszeichnungsveranstaltung im Fair-Play-Wettbewerb des TFV und der Sparkassen-versicherung in Erfurt

**25.06.** - Deutsche Meisterschaft B-Junioren (Achtelfinale) in Jena
FC Carl Zeiss Jena - Offenburger SV 6:0

*In jedem Jahr auch ein Höhepunkt: Auszeichnung der Sieger im Fair-Play-Wettbewerb des TFV.*

**02.07.** - Viertelfinale Deutsche Meisterschaft B-Junioren in Jena
FC Carl Zeiss Jena - VfB Stuttgart 1:2

**03. - 09.07.** - Ferienlager des TFV in Grünberg; 40 junge Thüringer Fußballer verbringen erlebnis-reiche Tage in der Sportschule des HFV

**29.07.** - In Schlotheim TFV-Auswahl - Borussia Dortmund 0:5

**29.07. - 03.08.** - Schülerlager des DFB in Duisburg,
C-2-Junioren des TFV belegen 20. Platz

**23.08.** - Regionalliga-Auswahl/NOFV - Ausländer-Auswahl/NOFV in Altenburg 1:4

**19.08.** - 3. Sepp-Herberger-Tag des TFV in Weimar

**16.09.** - „adidas"-Cup des TFV in Eisenach

**17.09.** - DFB-Länderpokal Frauen (Vorrunde) in Merchingen
Baden - Thüringen 6:1

**22.09.** - „Jugend trainiert für Olympia" in Berlin Bundesfinale;
Sieger werden
WK-Klasse II: Sportgymnasium Jena
WK-Klasse III: Sportgymnasium Jena

Mädchen: RS Uder belegt den 11. Platz

**23.09.** - NOFV-Verbandstag in Kienbaum; Rainer Milkoreit, Harry Felsch und G.-R. Milek in den NOFV-Vorstand gewählt

**30.09. - 02.10.** - DFB-Länderpokal U21
Thüringen - Mittelrhein 1:3 in Reimsbach
Thüringen - Saarland 1:1 in St. Ingbert

**30.09. - 02.10.** - NOFV-Länderpokal A-2-Junioren in Kienbaum, Thüringen belegt 5. Platz

**22.10.** - 2. Bestenermittlung des TFV für Freizeit-mannschaften (Kleinfeld) in Erfurt, „Abseitsfalle" Jena Pokalgewinner

**27.10. - 01.11.** - DFB-Länderpokal A-2-Junioren in Duisburg, Thüringen belegt 13. Platz

**19.11.** - DFB-Länderpokal Frauen in Großfahner
Thüringen - Niederrhein 0:3

**20./21.10.** - DFB-Bundestag in Düsseldorf; Rainer Milkoreit, Harry Felsch, Gerald Rössel und Günter Supp Delegierte des TFV

# 1996

**09.01.** - 2. Internationales Hallenturnier des TFV in Erfurt um den „Hasseröder Cup"; Hannover 96 Pokalgewinner vor Widzew Lodz und Austria Wien

**28.01.** - TFV-Hallenmeisterschaft Frauen in Schwallungen: USV Jena neuer Titelträger

**04.02.** - TFV-Hallenmeisterschaft Männer in Erfurt FV Zeulenroda neuer Titelträger

- TFV-Hallenmeisterschaft Mädchen in Jena Meister werden
AK 16: FSV Eintracht Wechmar
AK 14: USV Jena

**10.02.** - TFV-Hallenmeisterschaft B-Junioren in Erfurt
Meister wird FC Rot-Weiß Erfurt

**11.02.** - TFV-Hallenmeisterschaft C-Junioren in Eisenach
Meister wird SC 1912 Leinefelde

**17.02.** - TFV-Hallenmeisterschaft A-Junioren in Bad Langensalza
Meister wird FC Carl Zeiss Jena

- TFV-Hallenmeisterschaft E-Junioren in Erfurt
Meister wird 1. FC Altenburg

- NOFV-Hallenmeisterschaft C-Junioren in Sandersdorf, SC 1912 Leinefelde belegt 4. Platz

**18.02.** - TFV-Hallenmeisterschaft D-Junioren in Bad Langensalza
Meister wird FC Carl Zeiss Jena

**24.02.** - NOFV-Hallenmeisterschaft D-Junioren in Zwickau
FC Carl Zeiss Jena wird Vizemeister

**30.03. - 03.04.** - DFB-Länderpokal B-2-Junioren in Duisburg
Thüringen belegt 11. Platz

**13.04.** - TFV-Beiratstagung in Erfurt

**12. - 14.04.** - NOFV-Länderpokal Mädchen in Kienbaum
Thüringen belegt 2. Platz

**14.04.** - TFV-Hallenmeisterschaft Alte Herren in Zella-Mehlis
Meister wird FC Thüringen Weida

**14.04.** - TFV-Hallen-Bestenermittlung Freizeitmannschaften in Erfurt
Freizeitkicker Gera belegen 1. Platz

**21.04.** - TFV-Pokal Frauen (B-Pokal) in Niederwillingen
FSV Rot-Weiß Breitungen - SC 09 Effelder 3:2 n. E.

**27.04.** - Tagung des TFV-Jugendbeirates in Erfurt

**27.04. - 01.05.** - DFB-Länderpokal U19 Frauen in Duisburg
Thüringen belegt 20. Platz

**29.04. - 01.05.** - NOFV-Länderpokal C-Junioren in Kienbaum
Thüringen belegt 3. Platz

**02.05.** - EM-Qualifikation Frauen in Jena
Deutschland - Norwegen 1:3

**15.05. - 19.05.** - DFB-Länderpokal (Mädchen) in Duisburg, Thüringen belegt 12. Platz

**16.05.** - TFV Pokalendspiel A-Junioren in Kranichfeld
FC CZ Jena - SV JENAer Glaswerk 3:1

- TFV-Pokalendspiel der B-Junioren in Rosa
FC RW Erfurt - FC CZ Jena 1:0

**28.05.** - TFV-Pokalendspiel Männer in Sondershausen
FC Rot-Weiß Erfurt - FSV Wacker 90 Nordhausen 0:1

**29.05.** - NOFV-Pokal B-Junioren in Dresden
1. FC Dynamo Dresden - FC RW Erfurt 3:1

**01.06.** - NOFV-Meisterschaft der A-Junioren (Hinspiel) in Berlin
Tennis Borussia Berlin - FC Carl Zeiss Jena 0:0

- BSV Eintracht Sondershausen TFV-Meister der A-Junioren

**02.06.** - Endrunde TFV-Meisterschaft Frauen in Ohrdruf
Endspiel FSV Rot-Weiß Breitungen - SV Jena II 4:2 n. E., 0:0 n. V.

**05.06.** - Endrunde TFV-Meisterschaft B-Junioren in Nordhausen, FC Carl Zeiss Jena erringt Meistertitel

**08.06.** - TFV-Pokalendspiel C-Junioren in Kranichfeld
FC Rot-Weiß Erfurt - FC Carl Zeiss Jena 4:1

**08.06.** - NOFV-Meisterschaft A-Junioren (Rückspiel) in Jena
FC Carl Zeiss Jena - Tennis Borussia Berlin 2:1; Jena damit NOFV-Meister

- 4. Sepp-Herberger-Tag des TFV in Gera

**09.06.** - Endspiel TFV-Pokal Frauen in Birkenfelde
SV Grün-Weiß Erfurt - USV Jena 0:4

- Endrunde TFV-Meisterschaft Alte Herren in Weimar; SSV Erfurt-Nord erringt vierten Titel in Folge

- NOFV-Pokal der B-Junioren in Erfurt
FC RW Erfurt - 1. FC Magdeburg 6:0

**11.06.** - TFV-Pokal-Endspiel Mädchen in Großengottern
FSV Eintracht Wechmar - SV Grün-Weiß Erfurt 1:3

**15.06.** - Endrunde TFV-Meisterschaft E-Junioren in Bad Sulza, FC Rot-Weiß Erfurt erringt Meistertitel

**16.06.** - Deutsche Meisterschaft A-Junioren, Viertelfinale (Hinspiel) in Jena
FC Carl Zeiss Jena - SV Waldhof Mannheim 0:0

- Endrunde TFV-Meisterschaft Mädchen in Wormstedt, SV Grün-Weiß Erfurt gewinnt Meistertitel

**21.06.** - Landesfinale „Jugend trainiert für Olympia" in Erfurt; Sieger werden
WK-Klasse II: Sportgymnasium Jena
WK-Klasse III: Sportgymnasium Erfurt

**22.06.** - Landesfinale „Jugend trainiert für Olympia" in Erfurt
Sieger werden
Mädchen: „Königin-Luise-Gymnasium" Erfurt
WK-Klasse IV (Mädchen): Gleichensee-Gymnasium Ohrdruf

**23.06.** - Endrunde TFV-Meisterschaft C-Junioren in Ershausen, FC Rot-Weiß Erfurt gewinnt Meisterschaft

- Endrunde TFV-Meisterschaft D-Junioren in Ershausen, FC Carl Zeiss Jena gewinnt Meistertitel

- Deutsche Meisterschaft A-Junioren (Rückspiel) in Mannheim
SV Waldhof Mannheim - FC Carl Zeiss Jena 2:0

- Deutsche Meisterschaft B-Junioren (Vorrunde)
Eintracht Frankfurt - FC Carl Zeiss Jena 2:1

**22. - 27.07.** - DFB-Juniorenlager C-1-Junioren in Duisburg, TFV-Auswahl belegt 8. Platz

**16.08.** - Spieljahreseröffnung des TFV in Pößneck und dabei das 100 000. Mitglied des TFV vorgestellt: Sandra Möller, FSV Eintracht Wechmar

**17.08.** - „adidas-Cup" des TFV in Erfurt

**24. - 29.09.** - Bundesfinale „Jugend trainiert für Olympia" in Berlin
Sportgymnasium Jena gewinnt in der WK-KL. II, Sportgymnasium Erfurt belegt 5. Platz in der WK-KL. III

**28.09.** - Bezirksbestenermittlungen in Eisenberg und Suhl im Freizeitfußball (Kleinfeld)

**29.09.** - DFB-Länderpokal Frauen (Vorrunde)
Hamburg - Thüringen 1:0

**04.10.** - Fußball-Gala des TFV in Erfurt
Alt-Repräsentativen-Auswahl
Deutschland - Europa 2:5
Am Elfmeter-Wettbewerb des TFV für D-Junioren beteiligen sich 32 Mannschaften

*Der Thüringer Talenteborn sprudelt. So kamen in der U 17 Normann Loose, Carsten Sträßer und Clemens Fritz zu Auswahlehren im DFB.*

**11. - 13.10.** - NOFV-Länderpokal A2-Junioren in Kienbaum, Thüringen belegt 6. Platz

**12.10.** - TFV Bestenermittlung für Freizeitmannschaften in Bad Salzungen (Kleinfeld), FSV Silvester Bad Salzungen belegt den 1. Platz

**28.10. - 02.11.** - DFB-Länderpokal A-2-Junioren in Duisburg, Thüringen belegt 5. Platz (4:2 Tore, 7:3 P., u. a. mit Loose, Sträßer)

**07.12.** - DFB-Länderpokal Frauen in Uhlstädt Thüringen - Rheinland 2:5

# 1997

**08.01.** - Nationales Hallenturnier des TFV in Erfurt, FC Carl Zeiss Jena gewinnt Pokal der Sparkassenversicherung

**18.01.** - TFV-Hallenmeisterschaft Männer in Neuhaus/Rwg., SV 1910 Kahla neuer Titelträger

**18./19.01.** - NOFV-Hallenmeisterschaft/U19 (Frauen) in Lübz TFV-Auswahl belegt den 4. Platz

**31.01.** - Auftakt der Kreisfußballtage in Eisenach

**02.02.** - TFV-Hallenmeisterschaft Frauen in Eisenach, USV Jena nach 5:1-Finalsieg gegen den TSV 1880 Gera-Zwötzen neuer Meister

**08.02.** - TFV-Hallenmeisterschaft C-Junioren in Bad Langensalza, FC Carl Zeiss Jena neuer Meister

**09.02.** - TFV-Hallenmeisterschaft D-Junioren in Schmalkalden, 1. SC 1911 Heiligenstadt neuer Meister

- TFV-Hallenmeisterschaft Mädchen AK 16 in Jena, SV Grün-Weiß 1990 Erfurt neuer Meister

- TFV-Hallenmeisterschaft Mädchen AK 14 in Jena, Endspiel: USV Jena - SV Grün-Weiß Erfurt 3:2 n. V.

**15.02.** - TFV-Hallenmeisterschaft E-Junioren in Bad Langensalza, FC Rot-Weiß Erfurt neuer Meister

- NOFV-Hallenmeisterschaft C-Junioren in Sandersdorf, 1. SC 1911 Heiligenstadt belegt 6. Platz

**16.02.** - TFV-Hallenmeisterschaft A-Junioren in Eisenach, FC Carl Zeiss Jena neuer Meister

**16.02.** - TFV-Hallenmeisterschaft B-Junioren in Schlotheim, FC Carl Zeiss Jena neuer Meister

**22.02** - NOFV-Hallenmeisterschaft D-Junioren in Zwickau, FC Carl Zeiss Jena belegt 3. Platz

**15.03.** - TFV-Hallenmeisterschaft Alte Herren Ü35 in Bad Langensalza, BSV Eintracht Sondershausen neuer Titelträger

**16.03.** - TFV-Hallenmeisterschaft Alte Herren Ü50 in Gera, 1. Suhler SV 06 erringt Meistertitel

- TFV-Bestenermittlung (Halle) für Freizeitmannschaften in Gera, XXL Jena Turniersieger

**21.03.** - Tagung mit den Pressewarten der BFA/KFA in Erfurt

**20. - 25.03.** - NOFV-Länderpokal Mädchen U15 in Kienbaum Thüringen belegt 6. Platz

**21. - 26.03.** - DFB-Länderpokal Jg. 82 in Duisburg, Thüringen belegt 9. Platz

**05.04.** - Bezirksfußballtag Westthüringen in Schlotheim

**12.04.** - Bezirksfußballtag Südthüringen in Waldau und Bezirksfußballtag Ostthüringen in Großebersdorf

**17. - 20.04.** - DFB-Länderpokal U19 in Duisburg, Thüringen belegt 5. Platz in der Vorrunde

**25.04.** - Tagung mit den MA Breitensport der KFA in Erfurt

**28.04.** - EM U16/Vorrunde in Nordhausen Österreich - Polen 4:0

**30.04. - 04.05.** - DFB-Länderpokal Jg. 81 in Duisburg Thüringen belegt 5. Platz

**01.05.** - TFV-Jugendverbandstag in Erfurt, Wolfgang Schakau wird neuer Vorsitzender des TFV-Jugendausschusses

**01.05.** - Endspiel TFV-Pokal Frauen/B-Pokal FSV Rot-Weiß Breitungen - SC 09 Effelder 0:2

**03.05.** - Tag des Mädchenfußballs in Wechmar USV Jena wird Landesmeister der Mädchen (AK 16) SV Grün-Weiß Erfurt gewinnt Bestenermittlung der Mädchen (AK 12)

**07. - 11.05.** - DFB-Länderpokal Mädchen U15 in Duisburg,
Thüringen belegt 19. Platz

**08. - 11.05.** - NOFV-Länderpokal Jg. 80 in Kienbaum, Thüringen Pokalgewinner (u. a. mit Loose, Engelhardt, Sträßer, Müller, Trainer H. Steinmetz)

**11.05.** - USV Jena belegt 2. Platz in der NOFV-Regionalliga der Frauen

**14.05.** - TFV-Pokalendspiele A- und B-Junioren
A-Junioren: SV JENAer Glaswerk - FC Carl Zeiss Jena 1:5 in Arnstadt
B-Junioren: FC Rot-Weiß Erfurt - FC Carl Zeiss Jena 5:6 n. E. (0:0) in Blankenhain

**16.05.** - TFV-Vorstandstagung in Erfurt, Thüringens Innenminister Dr. Dewes Gast der Tagung

**25.05.** - TFV-Pokal-Endspiel Frauen/A-Pokal in Kranichfeld
SV Grün-Weiß Erfurt 1990 - USV Jena 0:4

**30.05.** - TFV-Pokal Männer, Endspiel in Heldrungen
FC Rot-Weiß Erfurt - FSV Wacker 90 Nordhausen 2:3

**31.05.** - SV JENAerGlaswerk TFV-Meister A-Junioren

*Wie auch in den Jahren zuvor packend das Pokalendspiel 1997. Da standen sich der FC Rot-Weiß Erfurt und der FSV Wacker 90 Nordhausen gegenüber. Es endete mit einem 3:2-Sieg der Nordhäuser.*

**01.06.** - NOFV-Meisterschaft A-Junioren Hinspiel in Jena
FC Carl Zeiss Jena - Reinickendorfer Füchse 2:2

**01.06.** - SC 09 Effelder wird TFV-Meister der Frauen in Jena

**04.06.** - Endspiel TFV-Meisterschaft B-Junioren in Sömmerda
FC Carl Zeiss Jena - FC Rot-Weiß Erfurt 2:1

**04.06.** - Landesfinale „Jugend trainiert für Olympia" in Magdala, RS Altenburg Sieger im Mädchenwettbewerb

**05.06.** - Landesfinale „Jugend trainiert für Olympia" in Erfurt; Sieger werden
WK-KL. II: Sportgymnasium Erfurt
WK-KL. III: Sportgymnasium Jena

**07.06.** - 3. Ordentlicher TFV-Verbandstag in Bad Blankenburg,
Rainer Milkoreit erneut einstimmig zum Präsidenten des TFV gewählt

**08.06.** - NOFV-Meisterschaft A-Junioren Rückspiel in Berlin
Reinickendorfer Füchse - FC Carl Zeiss Jena 3:2

**08.06.** - NOFV-Pokal B-1-Junioren in Halle, Hallescher FC - FC Rot-Weiß Erfurt 2:1

**08.06.** - TFV-Meisterschaft Alte Herren Finale (Hinspiel): SG Blau-Weiß Schwallungen - SV Isolator Neuhaus-Schierschnitz Spielwertung 0:2

**15.06.** - TFV-Meisterschaft Alte Herren Finale (Rückspiel): SV Isolator. Neuhaus-Schierschnitz - SG Blau-Weiß Schwallungen 1:0
Neuhaus-Schierschnitz Landesmeister

- DFB-Kicker-Pokal A-Junioren
1. FC Dynamo Dresden - SV JENAer Glaswerk 4:3 n. E., 1:1 n. V.

- NOFV-Pokal B-Junioren
FC Rot-Weiß Erfurt - FC Chemnitz 5:3

- Deutsche Meisterschaft A-Junioren Viertelfinale (Hinspiel)
FC Carl Zeiss Jena - Hamburger SV 0:1

- SV JENAer Glaswerk neuer Thüringer Landesmeister und Aufsteiger in die Oberliga

**21.06.** - TFV-Pokal C-Junioren Endspiel in Dorndorf
FC Carl Zeiss Jena - VfL Meiningen 04 5:0

**22.06.** - Deutsche Meisterschaft A-Junioren Viertelfinale (Rückspiel)
Hamburger SV - FC Carl Zeiss Jena 2:2

- Deutsche Meisterschaft B-Junioren Vorrunde
Sportfreunde Eisbachtal - FC Carl Zeiss Jena 0:3

**28.06.** - Deutsche Meisterschaft B-Junioren Zwischenrunde
VfB Stuttgart - FC Carl Zeiss Jena 8:1

- TFV-Meisterschaft C-Junioren in Rosa, FC Carl Zeiss Jena neuer Meister

- TFV-Meisterschaft D-Junioren in Jena, FC Carl Zeiss Jena neuer Meister

**29.06.** - TFV-Meisterschaft E-Junioren in Unterwellenborn, FC RW Erfurt neuer Meister

**12.07.** - 5. Sepp-Herberger-Tag des TFV in Sonneberg

**15.08.** - Saisoneröffnung 1997/98 in Meuselwitz

**22. - 26.09.** - „Jugend trainiert für Olympia" Bundesfinale in Berlin,
Sportgymnasium Erfurt belegt in der WKKL II den 1. Platz;
Sportgymnasium Jena wird 5. in der WKKL III;
Regelschule „E. Kirste" Altenburg belegt bei den Mädchen Rang 14

**01. - 05.10.** - DFB-Länderpokal Frauen U19 in Duisburg, Thüringen belegt 16. Platz

**02. - 05.10.** - NOFV-Länderpokal Jg. 83 in Kienbaum, Thüringen belegt 5. Platz

**03.10.** - „All together Cup" des TFV in Erfurt mit 10 Mannschaften
Sieger: TSV 1923 Neuenbau

**11.10.** - 4. TFV-Bestenermittlung für Freizeitmannschaften in Eisenberg
PSV Gotha Pokalgewinner des 6er Finalfeldes

**16. - 18.10.** - DFB-Länderpokal Frauen Vorrunde in Bremen,
Thüringen - Hessen 1:7,
Thüringen - Bremen 3:1

**28.10. - 02.11.** - DFB-Länderpokal Jg. 80 in Duisburg, Thüringen belegt 13. Platz

**13.11.** - TFV überreicht Spende von 7500 DM an den 1. FC Fürstenberg im Rahmen der Aktion „Oderbruch"

**25.11.** - Deutschland - Frankreich U17 1:1 in Gera, Norman Loose (ehem. FSV Grün-Weiß Steinbach-Hallenberg, Rot-Weiß Erfurt) erzielt den Treffer für Deutschland

**27.11.** - Deutschland - Frankreich (U17) 0:0 in Rudolstadt

**Nov./Dez.** - Erfahrungsaustausch der Sportgerichte in Meiningen, Gera und Schlotheim

# 1998

**08.01.** - 4. Internationales Hallenturnier des TFV in Erfurt, VfB Leipzig gewinnt „Eurogreen-Cup" in Erfurt

**17.01.** - TFV-Hallenmeisterschaft Männer in Rudolstadt, SV Wacker 07 Gotha wird TFV Hallenmeister

**24.01.** - Treffen der Ehrenamtsbeauftragten des TFV in Erfurt

**01.02.** - TFV-Hallenmeisterschaft Frauen in Ilmenau
USV Jena neuer Meister

**07.02.** - TFV Hallenmeisterschaft C-Junioren in Bad Langensalza, FC Rot-Weiß Erfurt neuer Meister

- TFV-Hallenmeisterschaft B-Junioren in Bad Salzungen, FC Carl Zeiss Jena neuer Meister

**08.02.** - TFV-Hallenmeisterschaft D-Junioren in Schlotheim, FC Carl Zeiss Jena neuer Meister

**14.02.** - NOFV-Hallenmeisterschaft C-Junioren in Sandersdorf, FC Rot-Weiß Erfurt belegt 4. Platz

**15.02.** - TFV-Hallenmeisterschaft A-Junioren in Greiz, FC Carl Zeiss Jena neuer Meister

- TFV-Hallenmeisterschaft E-Junioren in Schleusingen, SV 1990 Altenburg neuer Meister

- TFV Hallenmeisterschaft Mädchen AK 16 in Gotha, USV Jena neuer Meister

**21.02.** - NOFV-Hallenmeisterschaft D-Junioren in Zwickau, FC Carl Zeiss Jena wird NOFV-Meister

**01.03.** - TFV-Verbandstrainer Fritz Schattauer verabschiedet, Dr. Hartmut Wölk als neuer Verbandstrainer berufen

**14.03.** - TFV-Hallenmeisterschaft Mädchen in Rudolstadt; Meister wurden
AK 14: SV Finsterberg Schmiedefeld
AK 12: USV Jena

**15.03.** - TFV-Hallenmeisterschaft Alte Herren Ü50 in Bad Langensalza
1. Suhler SV 06 neuer Meister

**21.03.** - TFV-Hallenmeisterschaft Alte Herren Ü35 in Rudolstadt, SV Isolator Neuhaus-Schierschnitz neuer Meister

**22.03.** - TFV-Bestenermittlung der Freizeitmannschaften in der Halle in Bad Salzungen, FV Blumenstadt Erfurt belegt Platz 1

**27.03.** - Erfahrungsaustausch der Pressewarte der KFA in Erfurt

**03. - 08.04.** - DFB-Länderpokal Jg. 83 in Duisburg, Thüringen belegt 9. Platz

**04.04.** - TFV-Beiratstagung in Erfurt; im TFV sind 113 793 Mitglieder in 1 107 Vereinen organisiert, 2 311 Schiedsrichter im TFV; Spielgemeinschaften im Männerspielbetrieb werden für unzulässig erklärt

**06.04.** - Erfahrungsaustausch der Mitarbeiter BS/FS der KFA in Erfurt

**16. - 19.04.** - NOFV-Länderpokal Mädchen Jg. 83 in Kienbaum
Thüringen belegt 4. Platz

**23. - 26.04.** - DFB-Länderpokal U19 in Duisburg, Thüringen belegt in ihrer Vorrunden-Gruppe Rang 9

**29.04. - 03.05.** - DFB-Länderpokal Jg. 82 in Duisburg
Thüringen belegt 17. Platz

**10.05.** - FSV Eintracht Wechmar wird TFV-Meister Frauen

**17.05.** - TFV-Pokal-Endspiel Männer in Bad Langensalza
FC RW Erfurt - FSV Wacker 90 Nordhausen 4:1

*So ist der Fußball: Spiel, Leistung, Spaß, Freude, Jubel, Begeisterung. Das zeigt sich auch bei der Pokalatmosphäre auf den Thüringer Sportplätzen.*

**20. - 24.05.** - DFB-Länderpokal Mädchen Jg. 83 in Duisburg, Thüringen belegt 19. Platz

**21. - 24.05.** - NOFV-Länderpokal Jg. 81 in Kienbaum, Thüringen belegt 2. Platz

**23.05.** - TFV-Pokalendspiel A-Junioren in Erfurt
FC Carl Zeiss Jena -1. SV Gera 7:0

- FSV Wacker 90 Nordhausen wird TFV-Meister der A-Junioren

- FC Carl Zeiss Jena B2 wird TFV-Meister der B-Junioren

**24.05.** - TFV-Meisterschaft Alte Herren Finale (Hinspiel), SSV Lobeda - SSV Erfurt-Nord 2:1

**27.05.** - Qualifikation deutsche Meisterschaft B-Junioren in Magdala
FC Carl Zeiss Jena - FC Rot-Weiß Erfurt 4:1

**31.05.** - USV Jena TFV-Meister Mädchen

**02.06.** - TFV-Pokal-Endspiel Mädchen in Bad Berka
FSV Eintracht Wechmar - USV Jena 2:1 (n. V.)

**07.06.** - TFV-Pokal-Endspiel Frauen (B) in Waldau
FSV Rot-Weiß Breitungen - SC 09 Effelder 0:3

- TFV-Meisterschaft Alte Herren Finale (Rückspiel)
SSV Erfurt-Nord - SSV Lobeda 2:4 n. V., SSV Lobeda TFV-Meister

**13.06.** - TFV-Meisterschaft C-Junioren in Mechterstädt
FC Rot-Weiß Erfurt neuer Meister

**14.06.** - TFV-Meisterschaft D- und E-Junioren in Vacha; Meister wurden
D-Junioren: FC Carl Zeiss Jena
E-Junioren: 1. FC Altenburg

- DFB-Kicker-Pokal 1. Hauptrunde
SpVgg. Bayreuth - FC Carl Zeiss Jena 4:6 n. E. (2:2 n. V.)

- NOFV-Pokal B-Junioren
FC Carl Zeiss Jena - Hallescher FC 4:0

**20.06.** - TFV-Pokal-Endspiel Frauen in Gera
TSV 1880 Gera-Zwötzen - USV Jena 4:1

- TFV-Pokal-Endspiel C-Junioren in Magdala
FC Rot-Weiß Erfurt - FC Carl Zeiss Jena II 5:2

- „adidas"-Cup des TFV in Schmölln

**21.06.** - Deutsche Meisterschaft B-Junioren Vorrunde
SC Freiburg - FC Carl Zeiss Jena 1:0

- DFB-Kicker-Pokal Achtelfinale
VfB Stuttgart II - FC Carl Zeiss Jena 2:0

**28.06.** - TFV-Pokal-Endspiel Frauen A in Neustadt/O.
TSV 1880 Gera-Zwötzen - USV Jena 4:1

- NOFV-Pokal B-Junioren
1. FC Dynamo Dresden - FC Carl Zeiss Jena 1:1

**04.07.** - NOFV-Pokal-Endspiel B-Junioren in Hermsdorf
FC Carl Zeiss Jena - FC Eintracht Schwerin 3:0

**04.- 05.07.** - Landesfinale „Jugend trainiert für Olympia" in Erfurt; Sieger werden
WKKL II: Sportgymnasium Erfurt
WKKL III: Sportgymnasium Erfurt
WKKL IV: RS Geisa
Mädchen: RS Oettersdorf

**18.07.** - 6. Sepp-Herberger-Tag des TFV in Hermsdorf

**14.08.** - Spieljahreseröffnung des TFV in Schmalkalden

**04. - 06.09.** - NOFV-Länderpokal Frauen U18 in Bad Blankenburg, Thüringen belegt 6. Platz

**12.09.** - NOFV-Verbandstag in Kienbaum, den TFV vertreten 30 Delegierte

**21. - 25.09.** - Bundesfinale „Jugend trainiert für Olympia" in Berlin
Sportgymnasium Erfurt belegt den 5. Platz in der WKKL III und den 13. Platz in der WKKL II

**30.09. - 04.10.** - DFB-Länderpokal Frauen U18 in Duisburg, Thüringen belegt 18. Platz

**01. - 04.10.** - NOFV-Länderpokal Jg. 84 in Kienbaum, Thüringen belegt 3. Platz

**03.10.** - „All together Cup" des TFV, Finale in Ilmenau, Endrunde mit 10 Mannschaften, Sieger TSV Neuenbau; an den Vorrunden beteiligten sich 47 Mannschaften

**10.10.** - TFV-Bestenermittlung für Freizeitmannschaften in Langenfeld, Finale mit fünf Mannschaften
Sieger Mülana Mühlhausen; Vorrunden auf Kreis- und Bezirksebene

**13. - 24.10.** - DFB-Bundestag in Wiesbaden, Rainer Milkoreit, Wieland Sorge, Gerald Rössel und Günter Supp ordentliche Delegierte des TFV

**06. - 08.11.** - DFB-Länderpokal Frauen Vorrunde in Brackenheim: Württemberg - Thüringen 6:0, Niedersachsen - Thüringen 12:0

**November** - Erfahrungsaustausch der Sportgerichte des TFV in Gera, Oberhof, Waltershausen

**05.12.** - Treffen der „Vorbildlichen Ehrenamtlichen" des TFV 1998 in Erfurt

# 1999

**13.01.** - 5. Internationales Hallenturnier des TFV in Erfurt, Slavia Prag gewinnt „Hasseröder Erfurt Cup 99"

**23.01.** - TFV-Hallenmeisterschaft Männer in Gotha, SV Schmalkalden 04 neuer Meister

**06.02.** - TFV-Hallenmeisterschaft B-Junioren in Eisenberg, FC Carl Zeiss Jena neuer Meister

**07.02.** - TFV-Hallenmeisterschaft Frauen in Gera, USV Jena gewinnt Endrundenturnier

- TFV-Hallenmeisterschaft D-Junioren in Bad Langensalza, FC Rot-Weiß Erfurt neuer Meister;

- TFV-Hallenmeisterschaft C-Junioren in Neuhaus/Rwg., FC Carl Zeiss Jena neuer Meister

*Bei den internationalen Hallenturnieren des TFV wird auch der beste Torschütze ausgezeichnet, hier 1999 Thomas Nowacki (Jena) von TFV-Präsidenten Milkoreit (rechts) und TFV-Spielausschussvorsitzendem Gerald Rössel.*

**13.02.** - NOFV-Hallenmeisterschaft C-Junioren in Sandersdorf, FC Carl Zeiss Jena erringt 3. Platz;

- TFV-Hallenmeisterschaft E-Junioren in Meiningen, FC Carl Zeiss Jena neuer Meister

**14.02.** - TFV-Hallenmeisterschaft A-Junioren in Großengottern
FC Carl Zeiss Jena neuer Meister

**20.02.** - NOFV-Hallenmeisterschaft D-Junioren in Zwickau, FC Rot-Weiß Erfurt belegt 2. Platz

**06.03.** - TFV-Hallenmeisterschaft Mädchen AK 16 in Kraftsdorf, SV Handel Jena neuer Meister

**07.03.** - TFV-Hallenmeisterschaft Mädchen AK 14 in Jena, SV Handel Jena neuer Meister

- TFV-Hallenmeisterschaft Mädchen AK 12 in Jena, SV Motor Altenburg neuer Meister

**13.03.** - TFV-Beiratstagung in Erfurt

**14.03.** - TFV-Hallenmeisterschaft Alte Herren Ü50 in Zella-Mehlis, 1. Suhler SV verteidigt Meistertitel erfolgreich

**20.03.** - TFV-Hallenmeisterschaft Alte Herren Ü35 in Sonneberg, SV BW Auma neuer Meister

**21.03.** - TFV-Hallen-Bestenermittlung der Freizeitmannschaften in Rudolstadt, USV Jena belegt 1. Platz

**26.03.** - Erfahrungsaustausch der Mitarbeiter Öffentlichkeitsarbeit der KFA in Erfurt

**27. - 31.03.** - DFB-Länderpokal Jg. 84 in Duisburg, Thüringen belegt 13. Platz

**08. - 11.04.** - NOFV-Länderpokal Mädchen in Kienbaum, Thüringen belegt 6. Platz

**22.04.** - Erfahrungsaustausch der Mitarbeiter Breitensport der KFA in Pößneck

**22. - 25.04.** - DFB-Länderpokal U19 in Duisburg, Thüringen belegt 17. Platz

**28.04. - 02.05.** - DFB-Länderpokal Jg. 83 in Duisburg, Thüringen belegt 15. Platz

**09.05.** - USV Jena belegt 4. Platz in der Regionalliga der Frauen

**12. - 16.05.** - DFB-Länderpokal Mädchen in Duisburg, Thüringen belegt 15. Platz

**13.05.** - TFV-Pokal-Endspiel A-Junioren in Erfurt, FC Rot-Weiß Erfurt - FC Borntal Erfurt 5:2

**13. - 16.05.** - NOFV-Länderpokal Jg. 82 in Kienbaum
Thüringen belegt 6. Platz

**19.05.** - TFV-Pokal-Endspiel B-Junioren in Jena
FC Carl Zeiss Jena - SV JENAer Glas 8:0;

- Werner Triebel, 1. Präsident des TFV, im Alter von 74 Jahren verstorben

**20.05.** - TFV-Pokal-Endspiel Männer in Suhl
FC Carl Zeiss Jena - FSV Wacker 90 Nordhausen 3:1

**27.05.** - Landesfinale „Jugend trainiert für Olympia" in Jena; Sieger wurden
Wettkampfklasse II: Sportgymnasium Erfurt
Wettkampfklasse III: Sportgymnasium Jena

**05.06.** - „adidas"-Cup des TFV in Erfurt

- FC Carl Zeiss Jena/B1 wird TFV-Meister der A-Junioren;

- FC Carl Zeiss Jena II wird TFV-Meister der B-Junioren;

- SV Handel Jena wird TFV-Meister der Mädchen

**06.06.** - Eintracht Wechmar TFV-Meister Frauen

**12.06.** - 1. SV Gera neuer TFV-Meister der Männer

- „Kicker-Pokal" Vorrunde
FC Rot-Weiß Erfurt - FSV Salmrohr 2:3 n. V. (2:2)

**13.06.** - 1. Endspiel um die TFV-Meisterschaft der Alten Herren
SG Empor Sondershausen - VfB Erfurt 2:2

**19.06.** - Tag des Mädchenfußballs in Kahla

**20.06.** - 2. Endspiel um die TFV-Meisterschaft der Alten Herren
VfB Erfurt - SG Empor Sondershausen 2:1; VfB Erfurt damit TFV-Meister

**24.06.** - TFV-Pokal-Endspiel Mädchen in Magdala
SG Handel Jena - VfB Apolda 8:0

**27.06.** - Deutsche Meisterschaft B-Junioren Achtelfinale
FC Carl Zeiss Jena - SC Freiburg 3:2

**01. - 04.07.** - NOFV-Länderpokal Jg. 85 in Kienbaum, Thüringen belegt 4. Platz

**04.07.** - Deutsche Meisterschaft B-Junioren Viertelfinale
FC Carl Zeiss Jena - Eintracht Frankfurt 0:3;

- TFV-Pokal-Endspiel Frauen A in Hermsdorf
USV Jena -TSV 1880 Gera-Zwötzen 6:3 n.V (3:3)

**10.07.** - 7. Sepp-Herberger-Tag des TFV in Triptis

- TFV-Meisterschaft E- und D-Junioren in Kannawurf; Meister wurden
D-Junioren: FC Rot-Weiß Erfurt
E-Junioren: FSV Ulstertal 1866 Geisa

**10. - 11.07.** - NOFV-Meisterschaft B-Juniorinnen in Berlin, SG Handel Jena belegt 3. Platz

**11.07.** - TFV-Meisterschaft C-Junioren in Struth-Helmershof, FC Rot-Weiß Erfurt neuer Meister

**20.07.** - TFV-Pokal-Endspiel C-Junioren in Großfahner,
FC Carl Zeiss Jena - 1. SC 1911 Heiligenstadt 3:1

**25.07.** - TFV-Pokal-Endspiel Frauen B in Zella-Mehlis,
FSV Eintracht Wechmar - SC 09 Effelder 6:0

**13.08.** - Spieljahreseröffnung 1999/2000 in Leinefelde

**03. - 05.09.** - NOFV-Länderpokal Mädchen U17 in Bad Blankenburg, Thüringen belegt 5. Platz

**06.09.** - Trainingsbeginn in den fünf DFB/TFV-Förderzentren Leinefelde, Schleusingen, Waltershausen, Bad Blankenburg und Gera

**13. - 25.09.** - Bundesfinale „Jugend trainiert für Olympia" in Berlin, Sportgymnasium Jena belegt den 1. Platz in der Wettkampfklasse III

**29.09. - 03.10.** - DFB-Länderpokal Mädchen U17 in Duisburg, Thüringen belegt 7. Platz

**02.10.** - TFV-Bestenermittlung der Freizeitmannschaften (Kleinfeld) in Bad Salzungen, Mülana Mühlhausen belegt 1. Platz

**03.10.** - Finale im „All together Cup" des TFV in Saalfeld, Fan-Club Crazy Ducks Jena Pokalgewinner

**08. - 10.10.** - NOFV-Länderpokal U19 in Bad Blankenburg, Thüringen belegt 5. Platz

**29.10. - 03.11.** - DFB-Länderpokal Jg. 82 in Duisburg, Thüringen belegt 15. Platz

**05. - 07.11.** - DFB-Länderpokal Frauen U20 Vorrunde in Mittelrhein,
Thüringen - Saarland 1:6
Thüringen - Mittelrhein 1:1

**20.11, 27.11., 04.12.** - Erfahrungsaustausche der Sportgerichte in Maua, Gebesee, Oberhof

# 2000

**12.01.** - 6. Internationales Hallenturnier des TFV in Erfurt,
FC Sachsen Leipzig gewinnt Erfurt-Cup 2000

**22.01.** - TFV-Hallenmeisterschaft Männer in Gera,
1. Suhler SV 06 neuer Meister

**23.01.** - TFV-Hallenmeisterschaft Mädchen C in Eisenberg, SG Blau-Weiß Schwallungen neuer Meister

**29.01.** - Auftakt der Kreisfußballtage in Sömmerda

**05.02.** - TFV-Hallenmeisterschaft A-Junioren in Bad Salzungen
FC Rot-Weiß Erfurt neuer Meister

**06.02.** - TFV-Hallenmeisterschaft C-Junioren in Eisenberg, FC Carl Zeiss Jena neuer Meister

- TFV-Hallenmeisterschaft B-Junioren in Bad Langensalza
FC Rot-Weiß Erfurt neuer Meister

**12.02.** - TFV-Hallenmeisterschaft D-Junioren in Nordhausen, SG Heringen/Görsbach neuer Meister

**19.02.** - TFV-Hallenmeisterschaft E-Junioren in Rudolstadt, SV Wacker 04 Bad Salzungen neuer Meister;

- NOFV-Hallenmeisterschaft D-Junioren in Zwickau, SG Heringen/Görsbach belegt 6. Platz;

- TFV-Hallenmeisterschaft Mädchen B in Wechmar,
SV Rennsteig neuer Meister

**20.02.** - NOFV-Hallenmeisterschaft C-Junioren in Sandersdorf
FC Carl Zeiss Jena belegt 1. Platz;

- TFV-Hallenmeisterschaft Frauen in Rudolstadt, USV Jena neuer Meister

**26.02.** - TFV-Hallenmeisterschaft Alte Herren Ü50 in Meiningen, 1. Suhler SV 06 erneut Meister

**05.03.** - TFV-Hallenmeisterschaft Mädchen D in Eisenberg, FSV Eintracht Wechmar neuer Meister

**11.03.** - TFV-Hallenmeisterschaft Alte Herren Ü35 in Hildburghausen, SC 1912 Leinefelde neuer Meister

**18.03.** - TFV-Hallenmeisterschaft Alte Herren Ü45 in Zella-Mehlis, SV Germania Ilmenau neuer Meister

**19.03.** - TFV-Hallen-Bestenermittlung der Freizeitmannschaften in Hildburghausen, FC Union Mühlhausen belegt 1. Platz

**24.03.** - Erfahrungsaustausch der Mitarbeiter Öffentlichkeitsarbeit der KFA in Ilmenau

**30.03.** - Erfahrungsaustausch der Mitarbeiter Breitensport der KFA in Gebesee

**05. - 09.04.** - DFB-Länderpokal U19 in Duisburg, TFV-Auswahl belegt in der Vorrunde den 9. Platz

**08.04.** - Bezirksfußballtag Südthüringen in Waldau

**15.04.** - Bezirksfußballtag Westthüringen in Schlotheim

**27. - 30.04.** - NOFV-Länderpokal Mädchen U15 in Kienbaum
Thüringen belegt 5. Platz

**24.04.** - BSV Eintracht Sondershausen erringt vorzeitig den TFV-Meistertitel der Männer

**29.04.** - TFV-Pokal-Endspiel A-Junioren in Blankenheim
FC Rot-Weiß Erfurt - SV JENAer Glaswerk 4:0

**27.04. - 02.05.** - DFB-Länderpokal B2 in Duisburg, Thüringen belegt 20. Platz

**29.04.** - Bezirksfußballtag Ostthüringen in Gera

**06.05.** - TFV-Verbandsjugendtag in Erfurt

**10.05.** - TFV-Pokal-Endspiel B-Junioren in Gera
FC Carl Zeiss Jena - SV Motor Altenburg 3:1

**21.05.** - USV Jena belegt 4. Platz in der Regionalliga der Frauen;

- FC Rot-Weiß Erfurt TFV-Meister der A-Junioren

**21.05.** - SV JENAer Glaswerk wird TFV-Meister der B-Junioren

**27. 05.** - TFV-Pokal-Endspiel Männer in Erfurt SSV Erfurt-Nord - FC Rot-Weiß Erfurt 1:3;

- TSV 1880 Gera-Zwötzen wird TFV-Meister der Mädchen

**28.05.** - Eintracht Wechmar TFV-Meister Frauen

**31.05. - 4.06.** - DFB-Länderpokal Mädchen in Duisburg, Thüringen belegt 8. Platz

**02.06.** - Festveranstaltung zum 10. Jahrestag des TFV Bad Blankenburg, Ministerpräsident Dr. Vogel überbringt Grußadresse, DFB-Vizepräsident E. Nelle hält Festansprache, LSB-Präsident P. Gösel gratuliert

**03.06.** - 4. TFV-Verbandstag Bad Blankenburg, NOFV-Präsident Dr. H.-G. Moldenhauer hält Grußansprache, R. Milkoreit als Präsident wieder gewählt

**04.06.** - B-Junioren des FC Carl Zeiss Jena belegen in der Regionalliga den 2. Platz;

- TFV-Pokal-Endspiel Frauen B in Ilmenau TSV Zella-Mehlis - USV Jena II 0:2

**07.06.** - TFV-Pokal-Endspiel Frauen A in Jena USV Jena I - USV Jena II 2:0

**10.06.** - „adidas"-Cup des TFV in Schmölln

**14.06.** - DFB-Kicker-Pokal (Vorrunde) 1. FC Dynamo Dresden - FC Rot-Weiß Erfurt 0:1

**17.06.** - NOFV-Pokal B-Junioren FC Carl Zeiss Jena - 1. FC Dynamo Dresden 4:4

**18.06.** - DFB-Kicker-Pokal (Achtelfinale) FC Rot-Weiß Erfurt - Eintracht Frankfurt 1:4;

- 1. Finalspiel um die TFV-Meisterschaft der Alten Herren: SC 1912 Leinefelde - SSV Lobeda 2:2

**22. - 25.06.** - NOFV-Länderpokal Jg. 83 Kienbaum, Thüringen belegt 4. Platz

**23./24.06.** - Länderspiele Frauen U17 in Bad Blankenburg Thüringen - Südbaden 1:0 Thüringen - Südbaden 2:0

*Wie in den anderen Bundesländern werden auch in Thüringen die talentierten Spieler in Trainingsstützpunkten weitergebildet. Hier im Trainingsstützpunkt Bad Blankenburg mit Rüdiger Schnuphase (Mitte) als Fußballlehrer.*

**25.06.** - 2. Finalspiel um die TFV-Meisterschaft der Alten Herren: SSV Lobeda - SC 1912 Leinefelde 0:5, damit SC 1912 Leinefelde neuer TFV-Meister

**01.07.** - NOFV-Pokal B-Junioren
1. FC Magdeburg - FC Carl Zeiss Jena 5:2;

- Sepp-Herberger-Tag des TFV in Apolda

**02.07.** - Tag des Mädchenfußballs im TFV in Apolda;

- TFV-Meisterschaft C-Junioren in Walschleben, FC Carl Zeiss Jena neuer Meister

**06. - 09.07.** - NOFV-Länderpokal Jg. 86 in Kienbaum, Thüringen belegt 6. Platz

**08.07.** - TFV-Meisterschaft E- und D-Junioren in Bad Salzungen; Meister werden
D-Junioren: FC Rot-Weiß Erfurt
E-Junioren: SG Nahetal/Waldau

**10. - 12.07.** - Internationaler Trainerkongress des Bundes Deutscher Fußballlehrer in Erfurt

**11.07.** - TFV-Pokal-Endspiel C-Junioren in Magdala; FC Carl Zeiss Jena - FC RW Erfurt 6:3 (n. E.);

- TFV-Pokal-Endspiel Mädchen in Magdala
USV Jena - VfB Apolda 5:0

**14. - 18.07.** - DFB-Schülerlager Jg. 85 in Duisburg, TFV-Auswahl belegt 12. Platz

**24. - 29.07.** - DFB-Feriencamp Jg. 86 in Berlin

**11.08.** - Spieljahreseröffnung 2000/01 in Sonneberg

**01. - 03.09.** - NOFV-Länderpokal Frauen U17 in Bad Blankenburg,
Thüringen belegt 2. Platz

**02.09.** - Familiensporttag des TFV in Pößneck, mehr als 2500 Teilnehmer auf der „Griebse", Premiere für DFB-Fußballabzeichen, 84 Teilnehmer erfüllten Bedingungen

**30.09.** - „All together" Turnier des TFV, 62 Mannschaften beteiligen sich an Turnierserie; Finale in Erfurt, Crazy Ducks Jena verteidigen Titel

**03. - 07.10.** - DFB-Länderpokal Frauen U17 in Duisburg,
Thüringen belegt 14. Platz

**07.10.** - TFV-Bestenermittlung der Freizeitmannschaften (Kleinfeld) in Barchfeld, Mülana Mühlhausen belegt 1. Platz

**12. - 17.10.** - DFB-A2-Lager Jg. 83 in Duisburg, TFV-Auswahl belegt 14. Platz

*Land unter an der Saale. Im April 1994 ertrank das Ernst-Abbe-Sportfeld in Jena im Hochwasser der Saale.*

# Der Thüringer Fußball in Zahlen

Recht schwierig war es, besonders für die Anfangsjahre des Thüringer Fußballs, die Abschlusstabellen in Erfahrung zu bringen. Das Forschen in den Zeitungen der damaligen Zeit brachte nicht das gewünschte Ergebnis, andere Aufzeichnungen gab es kaum. So bleiben die erforschten Tabellen für die Zeit bis 1945 mitunter lückenhaft, manche fanden sich überhaupt nicht. Punktabsprüche werden nicht dokumentiert, hin und wieder stimmen die Punkt- oder Torverhältnisse nicht ganz. Mitunter war lediglich die Reihenfolge in der Abschlusstabelle mit den dazugehörigen Punkten in Erfahrung zu bringen, nicht aber die Ergebnisse, die dazu führten. So fehlen da die Torverhältnisse. Es gibt auch Tabellen, wo nur die Reihenfolge feststeht, Tor- und Punktverhältnisse fehlen. Dennoch haben wir uns entschlossen, zumindest ab dem Spieljahr 1919/20 die aufgefundenen Tabellen zu veröffentlichen in der Hoffnung, dass weitere Forschungsarbeit auf diesem Gebiet es ermöglicht, sie zu ergänzen und zu präzisieren. Hinweise dazu werden in einer eventuellen Nachauflage dieses Buches oder anderen Veröffentlichungen berücksichtigt. Die Tabellen ab 1948/49 sind aber exakt. Wir haben alle Tabellen berücksichtigt mit Thüringer Mannschaften in den oberen Klassen, im Bereich Thüringen die Tabellen der jeweils zwei obersten Klassen.

## 1919/20

### Kreisliga Thüringen

| | | |
|---|---|---|
| SC 95 Erfurt | 27:00 | 14:6 |
| 1. SV 03 Jena | 31:21 | 13:7 |
| VfB 04 Erfurt | 28:16 | 12:8 |
| SpVg. 02 Erfurt | 19:21 | 12:8 |
| Borussia Erfurt | 12:34 | 5:15 |
| SV 01 Gotha | 11:26 | 4:16 |

### Gau Nordthüringen

| | | |
|---|---|---|
| SV 99 Mühlhausen | 16:5 | 10:2 |
| Germania 07 Ilmenau | 16:6 | 10:2 |
| MTV 97 Erfurt | 7:7 | 6:4 |
| SV 09 Ilmenau | 8:12 | 3:9 |
| Saxonia 03 Erfurt | 5:11 | 1:7 |
| Wacker 07 Gotha | 2:13 | 0:6 |

**Absteiger:** SV 99 Mühlhausen und Wacker 07 Gotha, die beide zum Wartburggau wechselten, und Saxonia 03 Erfurt, weil aus dem VMBV ausgetreten.
**Aufsteiger:** VfR Erfurt, SV 09 Arnstadt, BC 07 Arnstadt, TV 05 Ilversgehofen und Erfurter TS.

### Gau Ostthüringen

**Staffel A**

| | | |
|---|---|---|
| Vimaria 03 Weimar | 26:14 | 14:6 |
| VfB 1911 Jena | 24:20 | 12:8 |
| SC 03 Weimar | 13:16 | 11:9 |
| VfB 1910 Apolda | 17:13 | 10:10 |
| SC Apolda | 23:25 | 9:11 |
| 1. SV 03 Jena 1b | 13:28 | 4:16 |

**Staffel B**

| | | |
|---|---|---|
| FV 06 Saalfeld | 28:18 | 16:8 |
| 1. VfR Gera | 23:21 | 16:8 |
| Wacker 1910 Gera | 20:20 | 13:11 |
| Concordia 1910 Gera | 23:20 | 11:11 |
| ATG Gera | 15:14 | 10:14 |
| SpVg. 08 Jena | 11:15 | 8:14 |
| VfB Pößneck | 15:27 | 8:16 |

Spiel um Platz 1 in der Staffel B: FV 06 Saalfeld - **1. VfR Gera** 1:2.
Entscheidungsspiele um die Gaumeisterschaft: 1. VfR Gera - **Vimaria 03 Weimar** 1:1/1:2.

### Gau Südthüringen

| | | |
|---|---|---|
| VfB 07 Neustadt/Coburg | 21:11 | 9:3 |
| VfB 07 Coburg | 11:5 | 6:2 |
| BC 06 Hildburghausen | 20:15 | 5:7 |
| SC 03 Eisfeld | 2:23 | 0:8 |

### Gau Westthüringen

| | | |
|---|---|---|
| SC (ehem. TV) Zella | 17:7 | 10:2 |
| FC 05 Zella | 19:18 | 10:6 |
| TV 09 Mehlis | 15:17 | 5:7 |
| Germania 06 Mehlis | 9:14 | 5:7 |
| Sportfreunde Suhl | 15:16 | 4:8 |
| SC 04 Meiningen | 15:18 | 4:8 |

**Aufsteiger:** Germania Suhl und Germania 02 Zella.

## 1920/21

### Kreisliga Thüringen

| | | |
|---|---|---|
| VfB 07 Coburg | 47:20 | 28: 8 |
| 1. SV 03 Jena | 48:20 | 23:13 |
| Germania 07 Ilmenau | 34:34 | 23:13 |
| VfB 04 Erfurt | 36:23 | 21:15 |
| SC 95 Erfurt | 30:25 | 21:15 |
| SV 01 Gotha | 34:36 | 21:15 |
| SpVg. 02 Erfurt | 39:31 | 20:16 |
| SC Zella | 24:36 | 12:24 |
| Vimaria 03 Weimar | 17:47 | 11:25 |
| Borussia Erfurt | 14:51 | 0:36 |

**Um den Ligaaufstieg**

| | | |
|---|---|---|
| FC 99 Mühlhausen | 9:3 | 6:2 |
| 1. FC 07 Lauscha | 7:5 | 5:3 |
| Germania 06 Mehlis | 6:7 | 5:3 |
| VfB 1910 Apolda | 6:6 | 2:6 |
| TV 05 Ilversgehofen | 4:11 | 2:6 |

Entscheidungsspiel um Platz 4 der Aufstiegsrunde: **TV 05 Ilversgehofen** - VfB 1910 Apolda 2:0.

### Gau Nordthüringen

| | | |
|---|---|---|
| TV 05 Ilversgehofen | 14:7 | 14:4 |
| MTV 97 Erfurt | 17:13 | 10:8 |
| VfR Erfurt | 13:13 | 10:8 |
| BC 07 Arnstadt | 10:11 | 8:10 |
| SV 09 Arnstadt | 13:20 | 5:13 |
| Erfurter TS | 6:9 | 3:7 |

Der Erfurter TS spielte nur die 2. Serie.

**Absteiger:** SV 09 Ilmenau; **Aufsteiger:** SC Oehrenstock, TuSV Vieselbach, TSG Gispersleben und Preußen Greußen.

### Gau Ostthüringen

**Staffel A**

| | | |
|---|---|---|
| VfB 1910 Apolda | 25:6 | 17:3 |
| SpVg. 08 Jena | 23:8 | 16:4 |
| 1. SV 03 Jena 1b | 13:14 | 14:6 |
| SC Apolda | 16:15 | 8:12 |
| SC 03 Weimar | 10:22 | 4:16 |
| VfB 1911 Jena | 5:27 | 1:19 |

**Staffel B**

| | | |
|---|---|---|
| Wacker 1910 Gera | 39:11 | 25:7 |
| ATG Gera | 30:21 | 18:14 |
| 1. VfR Gera | 27:23 | 18:14 |
| Concordia 1910 Gera | 20:18 | 17:13 |
| VfB Pößneck | 25:29 | 14:18 |
| Helios Eisenberg | 17:19 | 13:17 |
| SV 1910 Kahla | 19:23 | 13:19 |
| VfL 06 Saalfeld | 17:33 | 12:20 |
| VfB Rudolstadt | 17:34 | 12:20 |

Endspiel um die Meisterschaft: **VfB 1910 Apolda** - Wacker 1910 Gera 1:0.

### Gau Südthüringen

| | | |
|---|---|---|
| 1. FC 07 Lauscha | 29:14 | 21:7 |
| SC 06 Oberlind | 27:14 | 19:9 |
| Sportring 1910 Sonneberg | 19:8 | 19:9 |
| Viktoria 09 Coburg | 30:19 | 16:12 |
| SV 07 Neustadt/Coburg | 29:25 | 14:14 |
| TuSV Sonneberg | 25:24 | 13:15 |
| SV 08 Steinach | 23:31 | 8:20 |
| VfB 07 Coburg 1b | 11:58 | 2:26 |

## Gau Westthüringen

### Staffel A

| | | |
|---|---|---|
| Germania 06 Mehlis | 21:8 | 10:4 |
| Germania Suhl | 15:16 | 10:2 |
| TV Mehlis | 17:12 | 8:4 |
| FC 05 Zella | 17:17 | 7:5 |
| Germania 02 Zella | 6:16 | 3:9 |
| Sportfreunde Suhl | 18:25 | 0:14 |

### Staffel B

| | | |
|---|---|---|
| SC 04 Meiningen | 15:4 | 10:0 |
| SV 04 Schmalkalden | 9:4 | 4:4 |
| TH Schmalkalden | 6:12 | 2:4 |
| VfL 06 Hildburghausen | 5:15 | 0:8 |

Entscheidungsspiele um die Meisterschaft: Germania 06 Mehlis - **SC 04 Meiningen** 1:1/1:2. Der Titel wurde Mehlis zugesprochen, da Meiningen nicht spielberechtigte Akteure eingesetzt hatte.

## Wartburggau

| | | |
|---|---|---|
| FC 99 Mühlhausen | 25:4 | 19:1 |
| Wacker 07 Gotha | 17:8 | 13:7 |
| SpVg. Eisenach | 12:12 | 9:9 |
| Britannia 09 Mühlhausen | 11:13 | 8:10 |
| Preußen 01 Langensalza | 6:20 | 5:11 |
| BSC 08 Ruhla | 10:24 | 2:18 |

**Aufsteiger:** Meteor Waltershausen, SpVg. im TV 1860 Gotha und SV 01 Gotha 1b.

# 1921/22

## Kreisliga Thüringen

### Staffel 1

| | | |
|---|---|---|
| SpVg. 02 Erfurt | 49:6 | 24:0 |
| SC 95 Erfurt | 34:12 | 20:4 |
| VfB 07 Coburg | 12:12 | 12:12 |
| Germania 07 Ilmenau | 11:15 | 12:12 |
| FC 99 Mühlhausen | 18:22 | 9:15 |
| Germania 06 Mehlis | 11:29 | 7:17 |
| Vimaria 03 Weimar | 3:42 | 0:24 |

### Staffel 2

| | | |
|---|---|---|
| 1. SV 03 Jena | 52:10 | 18:6 |
| VfB 04 Erfurt | 31:19 | 17:7 |
| SV 01 Gotha | 25:24 | 15:9 |
| SC Zella | 13:16 | 13:11 |
| 1. FC 07 Lauscha | 18:33 | 10:14 |
| Borussia Erfurt | 8:17 | 6:18 |
| TV 05 Ilversgehofen | 15:43 | 5:19 |

Endspiel der beiden Staffelersten um die Kreismeisterschaft: SpVg. 02 Erfurt - **1. SV 03 Jena** 2:3 n.V. Der Vorstand des Kreises Thüringen nominierte dennoch auf Grund des besseren Punktekontos in der Staffel 1 die SpVg. 02 Erfurt als Teilnehmer für die Endrunde um die mitteldeutsche Meisterschaft.

### Aufstiegsrunde

| | | |
|---|---|---|
| SC 06 Oberlind | 14:1 | 10:0 |
| SpVg. 08 Jena | 5:3 | 6:4 |
| Wacker 07 Gotha | 6:5 | 4:4 |
| SC 95 Erfurt 1b | 8:11 | 4:6 |
| TV 09 Mehlis | 4:10 | 3:7 |
| Concordia 1910 Gera | 2:9 | 1:7 |

---

Da die Kreisliga Thüringen ab dem folgenden Spieljahr in vier Gruppen spielte, stiegen außerdem noch auf: SC 03 Weimar, VfB 1910 Apolda, MTV 97 Erfurt, Preußen 01 Langensalza, SpVg. 07 Arnstadt, SV 07 Neustadt/Coburg und FC 05 Zella.

## Gau Nordthüringen

| | | |
|---|---|---|
| MTV 97 Erfurt | 40:11 | 23:3 |
| SpVg. 07 Arnstadt | 36:10 | 15:5 |
| TuSV Vieselbach | 43:24 | 13:11 |
| TSG Gispersleben | 30:32 | 12:12 |
| SV 09 Arnstadt | 29:39 | 11:13 |
| Erfurter TS | 20:32 | 11:15 |
| Preußen Greußen | 15:35 | 5:11 |
| VfR Erfurt | 15:14 | 5:15 |
| SC Oehrenstock | 16:46 | 3:17 |

Entscheidungsspiel zur Teilnahme an der Aufstiegsrunde: MTV 97 Erfurt - **SC 95 Erfurt 1b** 1:2.

## Gau Ostthüringen

| | | |
|---|---|---|
| SpVg. 08 Jena | 23:6 | 17:7 |
| SC 03 Weimar | 21:10 | 17:7 |
| SC Apolda | 18:14 | 13:11 |
| VfL 06 Saalfeld | 8:13 | 11:9 |
| VfB Rudolstadt | 12:17 | 9:9 |
| VfB 1911 Jena | 11:16 | 7:13 |
| 1. SV 03 Jena 1b | 14:19 | 7:15 |
| SV 1910 Kahla | 11:23 | 7:17 |

Entscheidungsspiel zur Teilnahme an der Aufstiegsrunde: SC 03 Weimar - **SpVg. 08 Jena** 3:4.
**Aufsteiger:** VfB 1910 Apolda 1b.

## Gau Westthüringen

1. TV 09 Mehlis
2. Germania Suhl
3. Germania 02 Zella
4. FC 05 Zella
5. SC 04 Meiningen
6. Sportfreunde Suhl
7. VfL 06 Hildburghausen
8. SV 04 Schmalkalden
9. Germania 06 Mehlis 1b

Die Spielergebnisse, die zu dieser Reihenfolge in der Abschlusstabelle führten, waren bisher nicht in Erfahrung zu bringen.
Ab dem folgenden Spieljahr wurde in zwei Staffeln gespielt. Deshalb waren Aufsteiger: SC Zella 1b, SC 08 Wasungen, FC 05 Zella 1b, TV 09 Mehlis 1b, SC 07 Schleusingen und FC 02 Barchfeld.

## Gau Südthüringen

| | | |
|---|---|---|
| SC 06 Oberlind | 30:11 | 21:7 |
| SV 07 Neustadt/Coburg | 32:16 | 21:7 |
| SV 08 Steinach | 41:23 | 17:7 |
| Viktoria 09 Coburg | 34:21 | 17:7 |
| Sportring 1910 Sonneberg | 24:19 | 9:11 |
| TSV 04 Sonneberg | 36:20 | 9:15 |
| 1. FC 07 Lauscha 1b | 8:42 | 2:20 |
| VfB 07 Coburg 1b | 5:69 | 1:21 |

Entscheidungsspiel zur Teilnahme an der Aufstiegsrunde: **SC 06 Oberlind** - SV 07 Neustadt/Coburg 3:0.

---

## Gau Osterland

| | | |
|---|---|---|
| 1. VfR Gera | 20:13 | 15:9 |
| Concordia 1910 Gera | 28:21 | 14:8 |
| ATG Gera | 24:14 | 14:8 |
| Wacker 1910 Gera | 24:15 | 13:11 |
| VfB Pößneck | 24:21 | 13:11 |
| Helios Eisenberg | 20:31 | 8:16 |
| Thüringen Weida | 14:39 | 5:19 |

## Wartburggau

| | | |
|---|---|---|
| Wacker 07 Gotha | 43:12 | 24:2 |
| Preußen 01 Langensalza | 43:11 | 21:3 |
| VfB 09 Mühlhausen | 20:17 | 13:11 |
| SV 01 Gotha 1b | 22:25 | 10:12 |
| SpVg. Eisenach | 20:39 | 8:18 |
| Meteor Waltershausen | 19:27 | 7:13 |
| SpVg. im TV 1860 Gotha | 12:40 | 5:17 |
| BSC 08 Ruhla | 8:16 | 2:14 |

**Aufsteiger:** Preußen 01 Langensalza 1b und SpVg. Siebleben.

## Endrunde VMBV-Meisterschaft

| | | |
|---|---|---|
| SpVg. 99 Leipzig-Lindenau | 17:1 | 12:0 |
| Chemnitzer BC 99 | 12:9 | 9:3 |
| Fußballring 02 Dresden | 9:8 | 8:4 |
| SV 98 Halle | 13:6 | 6:6 |
| Konkordia 05 Plauen | 8:18 | 4:8 |
| **SpVg. 02 Erfurt** | **12:17** | **3:9** |
| Fortuna 1911 Magdeburg | 5:17 | 0:12 |

# 1922/23

## Kreisliga Thüringen

### Gruppe Nord

| | | |
|---|---|---|
| SpVg. 02 Erfurt | 48:8 | 18:2 |
| VfB 04 Erfurt | 12:8 | 11:7 |
| Borussia Erfurt | 13:15 | 10:8 |
| SC 95 Erfurt | 14:19 | 10:10 |
| MTV 97 Erfurt | 13:17 | 7:13 |
| TV 05 Ilversgehofen | 5:38 | 2:18 |

Die Kreisliga wurde aufgelöst und die Gauliga Nordthüringen gegründet.

### Gruppe Ost

| | | |
|---|---|---|
| SC 03 Weimar | 22:9 | 17:3 |
| SpVg. 08 Jena | 18:14 | 12:8 |
| 1. SV 03 Jena | 17:13 | 10:10 |
| VfB 1910 Apolda | 11:14 | 10:10 |
| Concordia 1910 Gera | 19:26 | 8:12 |
| Vimaria 03 Weimar | 13:24 | 3:17 |

Die Kreisliga wurde aufgelöst und die Gauliga Ostthüringen gegründet.

### Gruppe West

| | | |
|---|---|---|
| SV 01 Gotha | 20:11 | 15:5 |
| SV 99 Mühlhausen | 14:11 | 12:8 |
| Wacker 07 Gotha | 15:11 | 10:10 |
| Germania 07 Ilmenau | 17:24 | 9:11 |
| Preußen 01 Langensalza | 13:22 | 9:11 |
| SpVg. 07 Arnstadt | 18:18 | 5:15 |

Die Kreisliga wurde aufgelöst.

## Kreisliga Thüringen

### Gruppe Süd

**Staffel 1**

| | | |
|---|---|---|
| SV 07 Neustadt/Coburg | 12:8 | 8:4 |
| VfB 07 Coburg | 16:11 | 8:4 |
| SC 06 Oberlind | 13:17 | 7:5 |
| 1. FC 07 Lauscha | 9:14 | 1:11 |

Entscheidungsspiel um die Staffelmeisterschaft: **VfB 07 Coburg** - SV 07 Neustadt/Coburg 4:1.
Die Kreisliga wurde aufgelöst, die Gauliga Südthüringen gegründet und durch weitere Vereine aufgestockt.

**Staffel 2**

| | | |
|---|---|---|
| SC Zella | 9:4 | 11:1 |
| FC 05 Zella | 10:10 | 5:7 |
| TV 09 Mehlis | 6:5 | 5:7 |
| Germania 06 Mehlis | 8:14 | 3:9 |

Entscheidungsspiele der beiden Staffelsieger um die Kreismeisterschaft: **VfB 07 Coburg** - SC Zella 1:1/2:1.

Die Kreisliga wurde aufgelöst.

## Endrunde um die Kreismeisterschaft

Zwischenrunde: SC 03 Weimar - SV 01 Gotha 0:1, SpVg. 02 Erfurt - VfB 07 Coburg 3:2; Endspiel: SpVg. 02 Erfurt - **SV 01 Gotha** 1:4.

## Gau Nordthüringen

**Staffel A**

1. Erfurter TS
2. Jahnbund Erfurt
3. TuSV Vieselbach
4. TSG Gispersleben
5. Preußen Greußen
6. VfB Sömmerda

**Staffel B**

1. SC 95 Erfurt 1b
2. SpVg. 02 Erfurt 1b
3. VfB 04 Erfurt 1b
4. Borussia Erfurt 1b
5. TV 05 Ilversgehofen 1b
6. MTV 97 Erfurt 1b

**Staffel C**

1. SV 09 Arnstadt
2. SC Oehrenstock
3. Vorwärts Ilmenau
4. Techniker-TV Ilmenau
5. Germania 07 Ilmenau 1b
6. SpVg. 07 Arnstadt 1b

Die Ergebnisse, die zur Reihenfolge in diesen Abschlußtabellen führten, waren bisher nicht in Erfahrung zu bringen.
Die 1. Kreisklasse wurde aufgelöst und die 1b-Klasse Nordthüringen gegründet.

## Gau Ostthüringen

| | | |
|---|---|---|
| VfB Rudolstadt | 35:9 | 21:3 |
| SC Apolda | 31:12 | 17:5 |
| SV 1910 Kahla | 21:13 | 12:10 |
| VfL 06 Saalfeld | 16:22 | 10:12 |
| VfB 1910 Apolda 1b | 18:21 | 8:14 |
| 1. SV 03 Jena 1b | 13:37 | 6:16 |
| VfB 1911 Jena | 13:33 | 4:18 |

Die 1. Kreisklasse wurde aufgelöst und die 1b-Klasse Ostthüringen gegründet.

## Gau Osterland

| | | |
|---|---|---|
| SpVg. 04 Gera | 61:13 | 26:2 |
| Wacker 1910 Gera | 42:13 | 24:4 |
| VfB Pößneck | 46:20 | 20:8 |
| Helios Eisenberg | 29:22 | 13:15 |
| Thüringen Weida | 24:28 | 8:20 |
| SpVg. 1914 Neustadt/Orla | 19:40 | 8:20 |
| VfB Greiz | 16:62 | 8:20 |
| TC Greiz | 10:49 | 5:23 |

Die 1. Kreisklasse wurde aufgelöst und die Gauliga Osterland gegründet.

## Gau Westthüringen

**Staffel A**

1. SV 04 Schmalkalden
2. VfL 04 Meiningen
3. Sportfreunde Suhl
4. Germania 02 Zella
5. SC Zella 1b
6. SC 08 Wasungen

Entscheidungsspiele zur Qualifikation für die Gauliga: **VfL 04 Meiningen** - Sportfreunde Suhl 4:2/2:1.

**Staffel B**

1. VfL 06 Hildburghausen
2. Germania Suhl
3. SC 07 Schleusingen
4. FC 05 Zella 1b
5. TV 09 Mehlis 1b
6. Germania 06 Mehlis 1b
7. FC 02 Barchfeld

Entscheidungsspiele zur Qualifikation für die Gauliga: **Germania Suhl** - SC 07 Schleusingen 1:0.
Endspiel der beiden Staffelersten um die Kreismeisterschaft: **SV 04 Schmalkalden** - VfL 06 Hildburghausen 6:1.
Die 1. Kreisklasse wurde aufgelöst und die Gauliga Westthüringen gegründet.

## Gau Südthüringen

In dieser Saison wurden keine Punktspiele ausgetragen. Die 1. Kreisklasse wurde aufgelöst und die 1b-Klasse Südthüringen gegründet.

## Wartburggau

| | | |
|---|---|---|
| VfB 09 Mühlhausen | 8:0 | 6:0 |
| BSC 08 Ruhla | 2:1 | 6:0 |
| SV 01 Gotha 1b | 3:2 | 2:0 |
| Meteor Waltershausen | 2:5 | 1:5 |
| SpVg. im TV 1860 Gotha | 1:7 | 1:5 |
| Preußen 01 Langensalza 1b | 2:3 | 0:2 |
| SpVg. Siebleben | 0:0 | 0:4 |
| SpVg. Eisenach | | zurückgezogen |

Es waren bisher nur wenige Ergebnisse, die zu dieser Reihenfolge in der Abschlusstabelle führten, in Erfahrung zu bringen.

## Kyffhäusergau

| | | |
|---|---|---|
| Wacker 05 Nordhausen | 32:13 | 27:5 |
| BSC 07 Sangerhausen | 33:14 | 23:9 |
| VfB 09 Eisleben | 42:20 | 21:9 |
| FC 1911 Heiligenstadt | 23:29 | 17:15 |
| VfB 06 Sangerhausen | 34:27 | 15:15 |
| Preußen 05 Nordhausen | 24:33 | 11:19 |
| SpVg. 1919 Eisleben | 18:27 | 11:19 |
| SC Schwarzburg-Sondershausen | 16:16 | 10:20 |
| FC 08 Duderstadt | 14:65 | 3:27 |

Entscheidungsspiele für die Ligaqualifikation: Olympia Nordhausen - SC 1912 Leinefelde 3:1, FC 08 Duderstadt - SC 1912 Leinefelde 1:0; **Aufsteiger:** SpVg. Mansfeld und Olympia Nordhausen.

## Endrunde VMBV-Meisterschaft

Vorrunde: VfB Leipzig - SV 01 Gotha 4:1, Chemnitzer BC 99 - Konkordia 05 Plauen 2:1, SuS 98 Magdeburg - Borussia 02 Halle 2:1; Zwischenrunde: VfB Leipzig - SuS 98 Magdeburg 1:0, GutsMuths Dresden - Chemnitzer BC 99 6:1; Endspiel: VfB Leipzig - **GutsMuths Dresden** 0:1.

# 1923/24

## Gau Nordthüringen

| | | |
|---|---|---|
| SC 95 Erfurt | 48:12 | 32:4 |
| SpVg. 02 Erfurt | 52:15 | 30:6 |
| Germania 07 Ilmenau | 44:32 | 23:13 |
| MTV 97 Erfurt | 34:26 | 21:15 |
| TV 05 Ilversgehofen | 27:30 | 17:19 |
| VfB 04 Erfurt | 31:29 | 16:20 |
| SpVg. 07 Arnstadt | 28:46 | 14:22 |
| Borussia Erfurt | 29:41 | 10:26 |
| Erfurter TS | 20:39 | 9:27 |
| SV 09 Arnstadt | 15:58 | 8:28 |

## Gau Ostthüringen

| | | |
|---|---|---|
| 1. SV 03 Jena | 36:3 | 21:1 |
| SC 03 Weimar | 35:33 | 16:12 |
| SpVg. 08 Jena | 17:21 | 12:16 |
| Vimaria 03 Weimar | 24:23 | 10:12 |
| SV 1910 Kahla | 15:25 | 10:16 |
| SC Apolda | 16:25 | 9:9 |
| VfB 1910 Apolda | 15:20 | 9:15 |
| VfB Rudolstadt | 13:21 | 7:13 |

## Gau Osterland

| | | |
|---|---|---|
| Wacker 1910 Gera | 14:12 | 13:3 |
| VfB Pößneck | 28:12 | 10:6 |
| SpVg. 04 Gera | 22:11 | 8:8 |
| Concordia 1910 Gera | 8:18 | 6:10 |
| Helios Eisenberg | 7:26 | 3:13 |

## Gau Westthüringen

| | | |
|---|---|---|
| SC 1912 Zella | 0:0 | 22:4 |
| SV 04 Schmalkalden | 43:14 | 21:5 |
| Germania 06 Mehlis | 43:18 | 17:9 |
| VfL 04 Meiningen | 32:28 | 14:12 |
| FC 05 Zella | 0:0 | 10:16 |
| VfL 09 Mehlis | 0:0 | 9:17 |
| Germania Suhl | 0:0 | 3:23 |
| VfL 06 Hildburghausen | 0:0 | 2:12 |

Entscheidungsspiel um den Aufstieg zur Gauliga: **Germania 02 Zella** - SC 07 Schleusingen 2:0.

## Gau Südthüringen

| | | |
|---|---|---|
| SC 06 Oberlind | 0:0 | 27:9 |
| 1. FC 07 Lauscha | 0:0 | 25:11 |
| TSV 04 Sonneberg | 0:0 | 24:12 |
| Viktoria 09 Coburg | 0:0 | 23:13 |
| VfB 07 Coburg | 0:0 | 21:15 |
| SV 07 Neustadt/Coburg | 0:0 | 15:21` |
| Sportring 1910 Sonneberg | 0:0 | 15:21 |
| SV 08 Steinach | 0:0 | 14:22 |
| SV Neuhaus-Igelshieb | 0:0 | 10:26 |
| SC 1919 Effelder | 0:0 | 6:30 |

Entcheidungsspiel um den Aufstieg zur Gauliga: **SC 03 Eisfeld** - FC 1910 Köppelsdorf 2:1.

## Wartburggau

| | | |
|---|---|---|
| SV 01 Gotha | 24:4 | 15:1 |
| VfB 09 Mühlhausen | 11:19 | 7:9 |
| Preußen 01 Langensalza | 10:13 | 6:10 |
| Wacker 07 Gotha | 10:13 | 6:10 |
| SV 99 Mühlhausen | 11:17 | 6:10 |

## Kyffhäusergau

| | | |
|---|---|---|
| VfB 09 Eisleben | 60:14 | 29:7 |
| Preußen 05 Nordhausen | 46:26 | 26:10 |
| BSC 07 Sangerhausen | 40:21 | 23:13 |
| Wacker 05 Nordhausen | 41:22 | 23:13 |
| Olympia Nordhausen | 24:46 | 20:16 |
| SpVg. 1919 Eisleben | 20:33 | 19:17 |
| SpVg. Mansfeld | 21:46 | 14:20 |
| VfB 06 Sangerhausen | 16:40 | 13:21 |
| FC 1911 Heiligenstadt | 29:21 | 11:25 |
| FC 08 Duderstadt | 17:45 | 0:36 |

Entscheidungsspiele um den Aufstieg zur Gauliga: VfR Dingelstädt - Preußen 05 Nordhausen II 3:2, Wacker Helbra - TV Frankenhausen 6:1; Endspiel: **VfR Dingelstädt** - Wacker Helbra 7:1.

# 1924/25

## Gau Nordthüringen

| | | |
|---|---|---|
| SpVg. 02 Erfurt | 64:18 | 33:3 |
| SC 95 Erfurt | 42:15 | 29:5 |
| VfB 04 Erfurt | 25:18 | 19:11 |
| SpVg. 07 Arnstadt | 35:13 | 18:16 |
| SV 05 Erfurt | 23:20 | 15:13 |
| Germania 07 Ilmenau | 26:27 | 13:17 |
| SC Stadtilm | 28:50 | 12:22 |
| Borussia Erfurt | 17:34 | 10:24 |
| Sportring Erfurt | 20:31 | 6:24 |
| Wacker Erfurt | 13:47 | 5:25 |

## Gau Ostthüringen

| | | |
|---|---|---|
| 1. SV 03 Jena | 43:14 | 21:7 |
| VfB Rudolstadt | 27:14 | 18:10 |
| VfB 1910 Apolda | 35:26 | 16:12 |
| SC 03 Weimar | 26:20 | 16:12 |
| VfL 06 Saalfeld | 18:28 | 14:14 |
| Vimaria 03 Weimar | 26:28 | 13:15 |
| SC Apolda | 30:28 | 12:16 |
| SpVg. 08 Jena | 13:44 | 2:26 |

## Gau Osterland

| | | |
|---|---|---|
| SpVg. 04 Gera | 19:9 | 13:3 |
| Wacker 1910 Gera | 30:8 | 11:5 |
| VfB Pößneck | 19:10 | 11:5 |
| Concordia 1910 Gera | 12:36 | 5:11 |
| SpVg. 1914 Neustadt/Orla | 7:24 | 0:16 |

## Gau Südthüringen

| | | |
|---|---|---|
| 1. FC 07 Lauscha | 44:15 | 27:7 |
| 1. SC 04 Sonneberg | 54:15 | 26:8 |
| SC 06 Oberlind | 45:19 | 25:9 |
| VfB 07 Coburg | 38:29 | 19:13 |
| SV 07 Neustadt/Coburg | 32:30 | 16:16 |
| SC 03 Eisfeld | 29:31 | 16:18 |
| Sportring 1910 Sonneberg | 30:22 | 14:18 |
| Viktoria 09 Coburg | 17:52 | 8:24 |
| SV 08 Steinach | 11:36 | 6:24 |
| SpVg. Neuhaus-Igelshieb | 13:64 | 3:23 |

## Gau Westthüringen

| | | |
|---|---|---|
| VfL 04 Meiningen | 64:20 | 24:4 |
| SC Zella | 36:14 | 24:4 |
| VfL 09 Mehlis | 34:20 | 16:8 |
| FC 05 Zella | 27:32 | 15:13 |
| Germania 06 Mehlis | 33:28 | 10:16 |
| SV 04 Schmalkalden | 27:41 | 8:18 |
| Germania Zella | 14:34 | 5:21 |
| Germania Suhl | 11:57 | 2:20 |

## Wartburggau

| | | |
|---|---|---|
| SV 01 Gotha | 45:8 | 20:4 |
| Preußen 01 Langensalza | 25:8 | 16:8 |
| Wacker 07 Gotha | 13:8 | 14:8 |
| VfB 09 Mühlhausen | 14:8 | 14:10 |
| SV 99 Mühlhausen | 15:16 | 10:12 |
| BSC 08 Ruhla | 8:33 | 6:18 |
| Meteor Waltershausen | 5:43 | 2:22 |

## Kyffhäusergau

| | | |
|---|---|---|
| Wacker 05 Nordhausen | 37:10 | 24:6 |
| Preußen 05 Nordhausen | 23:15 | 21:9 |
| BSC 07 Sangerhausen | 19:8 | 18:10 |
| SpVg. 1919 Eisleben | 16:14 | 15:11 |
| FC 1911 Heiligenstadt | 13:16 | 15:11 |
| VfB 06 Sangerhausen | 40:26 | 15:13 |
| VfB 09 Eisleben | 26:23 | 15:15 |
| VfR Dingelstädt | 21:28 | 7:19 |
| Olympia Nordhausen | 11:35 | 5:21 |
| SpVg. Mansfeld | 10:40 | 5:25 |

# 1925/26

## Gau Nordthüringen

| | | |
|---|---|---|
| SpVg. 02 Erfurt | 58:14 | 31:3 |
| SC 95 Erfurt | 74:15 | 30:6 |
| VfB 04 Erfurt | 67:40 | 19:13 |
| Germania 07 Ilmenau | 19:25 | 14:12 |
| Borussia Erfurt | 35:36 | 16:16 |
| SpVg. 07 Arnstadt | 28:57 | 13:21 |
| SC Stadtilm | 26:50 | 11:21 |
| SV 09 Arnstadt | 26:42 | 10:20 |
| SV 05 Erfurt | 18:38 | 7:23 |
| Sportring Erfurt | 14:48 | 7:23 |

## Gau Ostthüringen

| | | |
|---|---|---|
| 1. SV 03 Jena | 42:16 | 25:5 |
| VfB 1910 Apolda | 59:35 | 22:10 |
| SC Apolda | 44:43 | 18:12 |
| SC 03 Weimar | 35:32 | 16:16 |
| SV 1910 Kahla | 34:37 | 13:17 |
| VfB Rudolstadt | 33:44 | 13:17 |
| Vimaria 03 Weimar | 26:38 | 11:19 |
| SpVg. 08 Jena | 26:40 | 8:18 |
| VfL 06 Saalfeld | 24:39 | 8:20 |

## Gau Osterland

| | | |
|---|---|---|
| Wacker 1910 Gera | 46:13 | 16:2 |
| VfB Pößneck | 29:22 | 13:7 |
| SpVg. 04 Gera | 39:12 | 12:6 |
| 1. FC Greiz | 16:28 | 8:12 |
| Concordia 1910 Gera | 18:47 | 4:14 |
| SpVg. 1914 Neustadt/Orla | 11:36 | 3:15 |

## Gau Südthüringen

| | | |
|---|---|---|
| SC 06 Oberlind | | 25:7 |
| 1. SC 04 Sonneberg | | 25:9 |
| 1. FC 07 Lauscha | | 19:13 |
| VfB 07 Coburg | | 18:14 |
| SV 07 Neustadt/Coburg | | 17:15 |
| SC 03 Eisfeld | | 16:16 |
| SV 08 Steinach | | 10:18 |
| Sportring 1910 Sonneberg | | 11:19 |
| Viktoria 09 Coburg | | 9:19 |
| FC 1910 Köppelsdorf | | 6:20 |

Die Torverhältnisse der Abschlusstabelle waren bisher nicht in Erfahrung zu bringen.

## Gau Westthüringen

| | | |
|---|---|---|
| SpVg. 06 Mehlis | 55:19 | 22:4 |
| VfL 04 Meiningen | 52:22 | 18:6 |
| SC Zella | 41:23 | 16:8 |
| FC 05 Zella | 22:14 | 10:8 |
| Gelb-Rot Meiningen | 24:22 | 10:10 |
| Germania Suhl | 21:39 | 9:13 |
| SV 04 Schmalkalden | 26:34 | 7:17 |
| Germania 02 Zella | 9:77 | 0:26 |

## Wartburggau

| | | |
|---|---|---|
| Preußen 01 Langensalza | 65:25 | 23:5 |
| SV 01 Gotha | 78:19 | 21:7 |
| VfB 09 Mühlhausen | 29:29 | 18:10 |
| Meteor Waltershausen | 40:40 | 16:12 |
| Wacker 07 Gotha | 30:31 | 12:14 |
| SV 99 Mühlhausen | 37:45 | 12:16 |
| BSC 08 Ruhla | 10:72 | 2:22 |

## Kyffhäusergau

| | | |
|---|---|---|
| Wacker 05 Nordhausen | 46:18 | 23:5 |
| BSC 07 Sangerhausen | 41:14 | 22:6 |
| SpVg. 1919 Eisleben | 33:17 | 21:9 |
| SC Schwarzburg-Sondershausen | 30:30 | 18:12 |
| Preußen 05 Nordhausen | 35:33 | 16:16 |
| VfB 09 Eisleben | 36:32 | 13:17 |
| FC 1911 Heiligenstadt | 23:29 | 13:17 |
| Olympia Nordhausen | 17:29 | 10:18 |
| VfB 06 Sangerhausen | 25:40 | 7:19 |
| VfR Dingelstädt | 11:55 | 1:25 |

# 1926/27

## Gau Nordthüringen

| | | |
|---|---|---|
| SC 95 Erfurt | 87:16 | 35:1 |
| VfB 04 Erfurt | 35:18 | 24:6 |
| SpVg. 02 Erfurt | 37:22 | 20:10 |
| SpVg. 07 Arnstadt | 27:35 | 15:15 |
| SC Stadtilm | 26:27 | 13:15 |
| SV 09 Arnstadt | 44:59 | 12:18 |
| Germania 07 Ilmenau | 21:29 | 10:18 |
| Schwarz-Weiß Erfurt | 20:39 | 8:18 |
| Sportring Erfurt | 22:40 | 6:18 |
| BC 1918 Erfurt | 9:43 | 3:25 |

## Gau Ostthüringen

| | | |
|---|---|---|
| 1. SV 03 Jena | 45:17 | 26:6 |
| VfB Rudolstadt | 46:31 | 19:9 |
| SC Apolda | 50:32 | 19:9 |
| SV 1910 Kahla | 34:30 | 14:12 |
| Vimaria 03 Weimar | 33:37 | 14:14 |
| VfB 1910 Apolda | 27:27 | 13:13 |
| VfL 06 Saalfeld | 22:31 | 10:16 |
| SC 03 Weimar | 23:31 | 9:17 |
| SpVg. 08 Jena | 19:1 | 8:20 |
| M. v. Richthofen Weimar | 27:49 | 8:24 |

## Gau Osterland

| | | |
|---|---|---|
| Wacker 1910 Gera | 47:15 | 22:2 |
| Concordia 1910 Gera | 28:28 | 15:9 |
| SpVg. 04 Gera | 44:14 | 13:9 |
| VfB Pößneck | 29:33 | 12:10 |
| Thüringen Weida | 25:31 | 10:12 |
| Polizei Gera | 24:44 | 6:18 |
| 1. FC Greiz | 15:47 | 2:20 |

## Gau Südthüringen

| | | |
|---|---|---|
| SC 06 Oberlind | 69:27 | 30:6 |
| 1. SC 04 Sonneberg | 36:21 | 25:9 |
| VfB 07 Coburg | 67:38 | 23:13 |
| SV 07 Neustadt/Coburg | 46:29 | 21:13 |
| SV 08 Steinach | 46:46 | 17:15 |
| SC 03 Eisfeld | 29:33 | 17:19 |
| 1. FC 07 Lauscha | 28:28 | 15:15 |
| Sportring 1910 Sonneberg | 14:34 | 9:27 |
| SpVg. Neuhaus-Igelshieb | 21:56 | 8:26 |
| Viktoria 09 Coburg | 24:68 | 7:29 |

## Gau Westthüringen

| | | |
|---|---|---|
| FC 05 Zella | 42:22 | 23:5 |
| SC Zella | 32:23 | 19:9 |
| VfL 04 Meiningen | 43:36 | 15:13 |
| Gelb-Rot Meiningen | 36:36 | 14:14 |
| SpVg. 06 Mehlis | 55:32 | 13:15 |
| Wacker Salzungen | 32:36 | 14:14 |
| SV 04 Schmalkalden | 27:41 | 9:19 |
| 1. Suhler SV 06 | 19:60 | 5:23 |

## Wartburggau

| | | |
|---|---|---|
| Preußen 01 Langensalza | 48:11 | 22:2 |
| SV 01 Gotha | 43:20 | 17:11 |
| Wacker 07 Gotha | 16:18 | 14:14 |
| Borussia Eisenach | 22:27 | 13:13 |
| VfB 09 Mühlhausen | 16:21 | 12:12 |
| SpVg. Eisenach | 21:36 | 10:16 |
| SV 99 Mühlhausen | 24:30 | 10:16 |
| Meteor Waltershausen | 13:39 | 4:22 |

## Kyffhäusergau

| | | |
|---|---|---|
| VfB 09 Eisleben | 36:17 | 21:5 |
| Wacker 05 Nordhausen | 35:20 | 16:8 |
| BSC 07 Sangerhausen | 42:24 | 17:9 |
| Preußen 05 Nordhausen | 33:23 | 14:10 |
| VfB 06 Sangerhausen | 32:26 | 14:12 |
| SV Eisleben | 23:31 | 10:14 |
| SC Schwarzburg-Sondershausen | 24:36 | 10:16 |
| FC 1911 Heiligenstadt | 17:38 | 8:20 |
| FC Brochthausen | 16:44 | 4:20 |

# 1927/28

## Gau Nordthüringen

| | | |
|---|---|---|
| VfB 04 Erfurt | 75:24 | 31:5 |
| SC 95 Erfurt | 46:31 | 25:11 |
| SC Stadtilm | 35:30 | 20:16 |
| Schwarz-Weiß Erfurt | 42:32 | 19:15 |
| BC 07 Arnstadt | 34:33 | 17:15 |
| SpVg. 02 Erfurt | 37:33 | 15:19 |
| SV 09 Arnstadt | 25:35 | 15:19 |
| Sportring Erfurt | 29:44 | 13:19 |
| Germania 07 Ilmenau | 18:41 | 6:20 |
| Post-SV Erfurt | 13:52 | 5:27 |

## Gau Ostthüringen

| | | |
|---|---|---|
| SC Apolda | 63:30 | 27:9 |
| VfB 1910 Apolda | 55:29 | 26:10 |
| Vimaria 03 Weimar | 50:35 | 24:12 |
| 1. SV 03 Jena | 51:28 | 22:14 |
| SC 03 Weimar | 40:39 | 18:18 |
| VfB Rudolstadt | 42:44 | 16:18 |
| SV 1910 Kahla | 52:47 | 16:20 |
| VfL 06 Saalfeld | 35:47 | 14:22 |
| SpVg. 08 Jena | 29:59 | 11:75 |

## Gau Osterland

| | | |
|---|---|---|
| Wacker 1910 Gera | 46:14 | 21:3 |
| Concordia 1910 Gera | 41:28 | 16:8 |
| VfB Pößneck | 28:25 | 13:11 |
| Thüringen Weida | 17:35 | 9:11 |
| SpVg. 04 Gera | 30:30 | 8:12 |
| Polizei Gera | 24:31 | 8:16 |
| SV Schmölln | 18:41 | 3:17 |

## Gau Südthüringen

| | | |
|---|---|---|
| SC 06 Oberlind | 71:23 | 30:4 |
| VfB 07 Coburg | 73:21 | 23:5 |
| 1. FC 07 Lauscha | 30:22 | 18:12 |
| SV 08 Steinach | 31:29 | 14:12 |
| 1. SC 04 Sonneberg | 35:31 | 15:15 |
| SV 07 Neustadt/Coburg | 25:34 | 11:15 |
| Sportring 1910 Sonneberg | 13:30 | 9:19 |
| Fröhlich Neustadt/Coburg | 22:48 | 10:20 |
| SpVg. Neuhaus-Igelshieb | 23:48 | 9:21 |
| SC 03 Eisfeld | 11:48 | 5:21 |

## Gau Westthüringen

| | | |
|---|---|---|
| SpVg. 06 Mehlis | 63:30 | 21:7 |
| SC Zella | 35:19 | 20:6 |
| Gelb-Rot Meiningen | 40:26 | 17:9 |
| FC 05 Zella | 44:39 | 15:13 |
| SV 04 Schmalkalden | 16:16 | 10:8 |
| Wacker Salzungen | 22:38 | 7:19 |
| VfL 04 Meiningen | 20:39 | 6:20 |
| VfL 06 Hildburghausen | 21:54 | 6:20 |

## Wartburggau

| | | |
|---|---|---|
| SV 01 Gotha | 48:13 | 24:2 |
| Preußen 01 Langensalza | 67:28 | 23:5 |
| Borussia Eisenach | 47:22 | 19:7 |
| Wacker 07 Gotha | 31:37 | 13:15 |
| VfB 09 Mühlhausen | 25:32 | 10:18 |
| SpVg. Eisenach | 24:42 | 8:20 |
| SV 99 Mühlhausen | 23:58 | 7:19 |
| Meteor Waltershausen | 13:46 | 4:22 |

## Kyffhäusergau

| | | |
|---|---|---|
| VfB 09 Eisleben | 38:21 | 23:5 |
| Preußen 05 Nordhausen | 38:21 | 21:7 |
| SV Eisleben | 29:22 | 14:10 |
| BSC 07 Sangerhausen | 27:24 | 12:12 |
| Wacker 05 Nordhausen | 25:26 | 10:12 |
| VfB 06 Sangerhausen | 28:32 | 10:12 |
| SV Mansfeld | 18:30 | 6:20 |
| SC Schwarzburg-Sondershausen | 17:44 | 2:20 |

# 1928/29

## Gau Nordthüringen

| | | |
|---|---|---|
| SpVg. 02 Erfurt | 49:19 | 23:5 |
| VfB 04 Erfurt | 54:27 | 22:8 |
| SC 95 Erfurt | 49:19 | 20:8 |
| BC 07 Arnstadt | 49:34 | 17:11 |
| SC Stadtilm | 39:43 | 14:16 |
| Germania 07 Ilmenau | 37:40 | 13:15 |
| Schwarz-Weiß Erfurt | 31:49 | 12:18 |
| Sportring Erfurt | 19:54 | 8:18 |
| VfB Sömmerda | 25:49 | 7:21 |
| SV 09 Arnstadt | 15:33 | 6:22 |

## Gau Ostthüringen

| | | |
|---|---|---|
| SC Apolda | 90:25 | 30:6 |
| 1. SV 03 Jena | 47:20 | 25:7 |
| VfB 1910 Apolda | 48:27 | 17:11 |
| SC 03 Weimar | 25:32 | 17:15 |
| SV 1910 Kahla | 46:43 | 16:18 |
| VfB Rudolstadt | 44:43 | 15:15 |
| M. v. Richthofen Weimar | 27:42 | 13:15 |
| VfL 06 Saalfeld | 29:35 | 11:17 |
| Vimaria 03 Weimar | 24:49 | 9:25 |
| SpVg. 08 Jena | 12:76 | 1:25 |

## Gau Osterland

| | | |
|---|---|---|
| SpVg. 04 Gera | 45:24 | 22:8 |
| Wacker 1910 Gera | 54:28 | 21:7 |
| Concordia 1910 Gera | 64:47 | 20:14 |
| SpVg. 1914 Neustadt/Orla | 43:38 | 18:12 |
| VfB Pößneck | 59:40 | 18:16 |
| SV Schmölln | 39:47 | 16:18 |
| 1. FC Greiz | 35:40 | 15:17 |
| Thüringen Weida | 33:52 | 13:21 |
| Polizei Gera | 25:37 | 10:20 |
| VfB Ronneburg | 21:65 | 5:25 |

## Gau Südthüringen

| | | |
|---|---|---|
| SC 06 Oberlind | 54:15 | 27:5 |
| VfB 07 Coburg | 65:21 | 25: 5 |
| SV 08 Steinach | 40:31 | 16:12 |
| 1. FC 07 Lauscha | 35:19 | 15:7 |
| 1. SC 04 Sonneberg | 26:38 | 14:16 |
| SV 07 Neustadt/Coburg | 25:45 | 12:8 |
| Fröhlich Neustadt/Coburg | 32:42 | 12:22 |
| SpVg. Neuhaus | 17:24 | 11:17 |
| Sportring 1910 Sonneberg | 16:38 | 7:17 |
| FC 1910 Köppelsdorf | 24:61 | 5:25 |

## Gau Westthüringen

| | | |
|---|---|---|
| Gelb-Rot Meiningen | 46:25 | 20:6 |
| SpVg. 06 Mehlis | 59:32 | 18:8 |
| Wacker Salzungen | 29:24 | 17:11 |
| FC 05 Zella | 31:31 | 10:16 |
| SC Zella | 13:25 | 11:11 |
| VfL 04 Meiningen | 27:36 | 9:15 |
| SV 04 Schmalkalden | 25:37 | 7:17 |
| Edelweiß Viernau | 12:32 | 8:16 |

## Wartburggau

| | | |
|---|---|---|
| Preußen 01 Langensalza | 71:27 | 23:3 |
| SV 01 Gotha | 43:15 | 20:4 |
| Borussia Eisenach | 35:23 | 15:9 |
| Wacker 07 Gotha | 33:32 | 11:15 |
| VfB 09 Mühlhausen | 31:37 | 10:12 |
| SpVg. Eisenach | 25:26 | 10:12 |
| Meteor Waltershausen | 18:41 | 9:15 |
| SV 99 Mühlhausen | 23:46 | 5:19 |
| SV Schlotheim | 19:51 | 5:17 |

## Kyffhäusergau

| | | |
|---|---|---|
| Preußen 05 Nordhausen | 39:25 | 20:4 |
| VfB 09 Eisleben | 37:19 | 21:7 |
| Wacker 05 Nordhausen | 67:29 | 20:10 |
| SV Eisleben | 28:33 | 13:13 |
| VfB 06 Sangerhausen | 37:41 | 12:14 |
| BSC 07 Sangerhausen | 41:13 | 10:16 |
| SV Helbra | 28:39 | 10:16 |
| SV Mansfeld | 18:42 | 7:17 |
| Preußen Hettstedt | 10:44 | 3:19 |

## Eichsfeldgau

| | | |
|---|---|---|
| VfL Duderstadt | 37:10 | 17:3 |
| 1. SC 1911 Heiligenstadt | 29:14 | 17:3 |
| VfR Dingelstädt | 30:21 | 11:9 |
| Wacker Heiligenstadt | 20:23 | 11:11 |
| ViKtoria Kirchworbis | 20:26 | 8:12 |
| FC Brochthausen | 17:15 | 6:14 |
| SC 1912 Leinefelde | 12:24 | 6:14 |
| VfB Worbis | 19:51 | 6:16 |

# 1929/30

## Gau Nordthüringen

| | | |
|---|---|---|
| SpVg. 02 Erfurt | 67:24 | 27:7 |
| VfB 04 Erfurt | 47:31 | 26:10 |
| SC Stadtilm | 66:27 | 25:11 |
| SC 95 Erfurt | 41:17 | 25:11 |
| Germania 07 Ilmenau | 51:45 | 19:17 |
| Sporting Erfurt | 24:45 | 16:20 |
| Schwarz-Weiß Erfurt | 32:45 | 12:24 |
| SV 09 Arnstadt | 33:50 | 11:25 |
| TSG Gispersleben | 27:61 | 10:24 |
| BC 07 Arnstadt | 21:74 | 7:29 |

## Gau Ostthüringen

| | | |
|---|---|---|
| SC Apolda | 80:22 | 32:2 |
| 1. SV 03 Jena | 53:20 | 27:9 |
| VfL 06 Saalfeld | 50:46 | 23:13 |
| VfB 1910 Apolda | 37:35 | 19:17 |
| M. v. Richthofen Weimar | 31:46 | 18:18 |
| VfB Rudolstadt | 36:42 | 15:21 |
| SV 1910 Kahla | 48:52 | 14:22 |
| Vimaria 03 Weimar | 23:43 | 14:22 |
| SC 03 Weimar | 22:47 | 10:24 |
| SpVg. 08 Jena | 24:51 | 6:30 |

## Gau Osterland

| | | |
|---|---|---|
| 1. FC Greiz | 58:34 | 28:8 |
| Wacker 1910 Gera | 78:43 | 23:13 |
| Spvg. 04 Gera | 43:25 | 23:13 |
| VfB Pößneck | 42:32 | 21:15 |
| SpVg. 1914 Neustadt/Orla | 37:37 | 19:17 |
| Polizei Gera | 57:51 | 19:17 |
| SV Schmölln | 36:45 | 14:22 |
| Thüringen Weida | 39:48 | 14:22 |
| Concordia 1910 Gera | 34:65 | 10:26 |
| SC Rubitz | 29:59 | 10:26 |

## Gau Südthüringen

| | | |
|---|---|---|
| SV 08 Steinach | 48:32 | 28:10 |
| 1. FC 07 Lauscha | 44:26 | 28:10 |
| SC 06 Oberlind | 52:25 | 28:12 |
| VfB 07 Coburg | 51:29 | 27:11 |
| VfL 07 Neustadt/Coburg | 51:30 | 22:16 |
| FC 1910 Köppelsdorf | 38:45 | 18:22 |
| SpVg. Neuhaus | 26:36 | 14:22 |
| Viktoria 09 Coburg | 37:64 | 14:20 |
| 1. SC 04 Sonneberg | 30:42 | 11:25 |
| Sportring 1910 Sonneberg | 16:37 | 10:28 |
| SpVg. Mengersgereuth-Hämmern | 29:56 | 6:30 |

## Gau Westthüringen

| | | |
|---|---|---|
| Union Zella-Mehlis | 50:18 | 24:4 |
| SpVg. 06 Mehlis | 65:26 | 20:8 |
| Gelb-Rot Meiningen | 49:18 | 20:8 |
| VfL 04 Meiningen | 25:33 | 13:15 |
| TuB Steinbach-Hallenberg | 28:30 | 11:17 |
| Wacker Salzungen | 33:38 | 10:18 |
| SV 04 Schmalkalden | 25:37 | 10:18 |
| Edelweiß Viernau | 14:71 | 4:24 |

## Wartburggau

| | | |
|---|---|---|
| Preußen 01 Langensalza | 72:19 | 30:2 |
| Borussia Eisenach | 43:20 | 22:6 |
| VfB 09 Mühlhausen | 32:29 | 16:14 |
| Wacker 07 Gotha | 31:42 | 14:18 |
| SV 01 Gotha | 35:39 | 13:17 |
| SpVg. Eisenach | 24:35 | 10:18 |
| SV Schlotheim | 29:50 | 10:20 |
| Meteor Waltershausen | 19:35 | 9:17 |
| SV 99 Mühlhausen | 24:40 | 8:20 |

## Eichsfeldgau

| | | |
|---|---|---|
| VfL Duderstadt | 80:20 | 28:2 |
| 1. SC 1911 Heiligenstadt | 33:37 | 17:13 |
| SC 1912 Leinefelde | 33:23 | 16:10 |
| Konkordia Beuren | 46:33 | 16:14 |
| Wacker Heiligenstadt | 22:20 | 14:12 |
| Viktoria Kirchworbis | 33:42 | 13:17 |
| VfR Dingelstädt | 36:41 | 11:17 |
| FC Brochthausen | 32:38 | 10:16 |
| VfB Worbis | 15:27 | 3:27 |

# 1930/31

## Gau Nordthüringen

| | | |
|---|---|---|
| SC Stadtilm | 74:19 | 33:3 |
| SC 95 Erfurt | 73:21 | 30:6 |
| SpVg. 02 Erfurt | 42:30 | 27:9 |
| VfB 04 Erfurt | 34:32 | 20:16 |
| Germania 07 Ilmenau | 53:51 | 17:19 |
| SV 09 Arnstadt | 25:55 | 13:23 |
| VfB Sömmerda | 28:51 | 12:24 |
| TSG Gispersleben | 42:52 | 12:24 |
| Sportring Erfurt | 26:28 | 11:25 |
| Schwarz-Weiß Erfurt | 19:77 | 5:31 |

## Gau Ostthüringen

| | | |
|---|---|---|
| 1. SV 03 Jena | 60:18 | 32:4 |
| VfB 1910 Apolda | 53:25 | 27:9 |
| SC Apolda | 64:36 | 26:10 |
| SV 1910 Kahla | 44:44 | 19:17 |
| VfB Rudolstadt | 47:41 | 16:20 |
| VfL 06 Saalfeld | 51:50 | 16:20 |
| SC 03 Weimar | 29:49 | 13:23 |
| M. v. Richthofen Weimar | 27:51 | 13:23 |
| VfB 1911 Jena | 42:55 | 12:24 |
| Vimaria 03 Weimar | 29:56 | 6:30 |

## Gau Osterland

| | | |
|---|---|---|
| Thüringen Weida | 65:32 | 28:8 |
| 1. FC Greiz | 45:44 | 22:14 |
| Wacker 1910 Gera | 74:37 | 21:15 |
| SpVg. 04 Gera | 54:44 | 18:18 |
| SpVg. 1914 Neustadt/Orla | 54:49 | 17:19 |
| VfB Pößneck | 49:50 | 17:19 |
| Concordia 1910 Gera | 38:50 | 17:19 |
| VfB Ronneburg | 42:65 | 13:23 |
| SV Schmölln | 32:60 | 13:23 |
| Polizei Gera | 30:49 | 12:24 |

## Gau Südthüringen

| | | |
|---|---|---|
| VfL 07 Neustadt/Coburg | 40:16 | 28:8 |
| VfB 07 Coburg | 51:18 | 25:11 |
| SV 08 Steinach | 37:18 | 23:11 |
| SC 06 Oberlind | 29:34 | 16:20 |
| SpVg. Neuhaus | 27:38 | 16:16 |
| Viktoria 09 Coburg | 41:47 | 15:19 |
| 1. FC 07 Lauscha | 40:33 | 14:18 |
| FC 1910 Köppelsdorf | 19:33 | 13:21 |
| 1. SC 04 Sonneberg | 29:49 | 12:24 |
| SC 03 Eisfeld | 22:49 | 10:24 |

## Gau Westthüringen

| | | |
|---|---|---|
| SpVg. 06 Mehlis | 82:24 | 32:2 |
| Gelb-Rot Meiningen | 57:19 | 27:7 |
| Union Zella-Mehlis | 56:41 | 24:12 |
| TuB Steinbach-Hallenberg | 48:56 | 17:19 |
| SC 08 Wasungen | 39:53 | 15:21 |
| VfL 04 Meiningen | 36:43 | 14:22 |
| Wacker Salzungen | 38:52 | 14:22 |
| SV 04 Schmalkalden | 37:50 | 12:24 |
| FC 02 Barchfeld | 34:52 | 12:22 |
| SC 07 Schleusingen | 36:73 | 9:25 |

## Wartburggau

| | | |
|---|---|---|
| Preußen 01 Langensalza | 87:22 | 30:6 |
| Borussia Eisenach | 34:21 | 24:12 |
| SV 99 Mühlhausen | 34:22 | 22:14 |
| VfB 09 Mühlhausen | 26:28 | 21:15 |
| SV 01 Gotha | 37:32 | 19:17 |
| SpVg. Schlotheim | 33:44 | 16:20 |
| Wacker 07 Gotha | 34:54 | 14:22 |
| SpVg. Eisenach | 31:34 | 13:23 |
| Meteor Waltershausen | 29:68 | 12:24 |
| BC 08 Ruhla | 30:64 | 11:25 |

## Kyffhäusergau

| | | |
|---|---|---|
| Wacker 05 Nordhausen | 61 : 21 | 21 : 5 |
| BSC 07 Sangerhausen | 40 : 28 | 20 : 6 |
| Merkur Volkstedt | 41 : 34 | 19:15 |
| VfB 09 Eisleben | 43 : 24 | 16:10 |
| SV Eisleben | 25 : 33 | 16:16 |
| VfB 06 Sangerhausen | 30 : 27 | 12 : 16 |
| Preußen 05 Nordhausen | 34 : 37 | 12 : 14 |
| VfB Oberrüblingen | 21 : 39 | 11 : 17 |
| VfB Bleicherode | 29 : 51 | 9 : 19 |
| SpVg. Helbra | 24 : 54 | 6 : 24 |

## Eichsfeldgau

| | | |
|---|---|---|
| VfL Duderstadt | 76:32 | 24:2 |
| Konkordia Beuren | 40:35 | 17:11 |
| FC Brochthausen | 39:30 | 13:11 |
| Viktoria Kirchworbis | 24:29 | 10:10 |
| Fuhrbach | 33:34 | 10:12 |
| SC 1912 Leinefelde | 27:34 | 10:16 |
| 1. SC 1911 Heiligenstadt | 28:41 | 9:15 |
| VfR Dingelstädt | 26:43 | 9:15 |
| Wacker Heiligenstadt | 22:37 | 8:18 |

# 1931/32

## Gau Nordthüringen

| | | |
|---|---|---|
| SC 95 Erfurt | 55:23 | 28:8 |
| Germania 07 Ilmenau | 52:38 | 24:12 |
| SC Stadtilm | 66:27 | 22:14 |
| VfB 04 Erfurt | 30:39 | 22:14 |
| SpVg. 02 Erfurt | 48:37 | 19:17 |
| Sportring Erfurt | 48:41 | 18:18 |
| VfB Sömmerda | 27:50 | 14:22 |
| SV 09 Arnstadt | 40:58 | 13:23 |
| BC 07 Arnstadt | 41:57 | 11:25 |
| TSG Gispersleben | 25:62 | 4:32 |

## Gau Ostthüringen

| | | |
|---|---|---|
| SC Apolda | 70:32 | 27:9 |
| 1. SV 03 Jena | 53:22 | 25:11 |
| VfB Rudolstadt | 54:41 | 23:13 |
| VfB 1910 Apolda | 42:28 | 20:12 |
| VfL 06 Saalfeld | 40:35 | 18:14 |
| SV 1910 Kahla | 46:51 | 17:15 |
| M. v. Richthofen Weimar | 31:53 | 11:21 |
| VfB 1911 Jena | 25:47 | 10:22 |
| SC 03 Weimar | 25:40 | 8:24 |
| VfB Oberweimar | 25:62 | 7:25 |

## Gau Osterland

| | | |
|---|---|---|
| Thüringen Weida | 80:28 | 30:6 |
| Wacker 1910 Gera | 66:27 | 28:8 |
| SpVg. 04 Gera | 78:29 | 27:9 |
| 1. FC Greiz | 62:36 | 26:10 |
| SpVg. 1914 Neustadt/Orla | 50:47 | 15:21 |
| Concordia 1910 Gera | 41:55 | 14:22 |
| SC Rubitz | 45:70 | 13:23 |
| VfB Pößneck | 18:44 | 12:24 |
| SV Schmölln | 29:79 | 9:27 |
| VfB Ronneburg | 38:88 | 6:30 |

## Gau Südthüringen

| | | |
|---|---|---|
| SV 08 Steinach | 42:18 | 29:7 |
| VfL 07 Neustadt/Coburg | 40:20 | 26:10 |
| VfB 07 Coburg | 36:19 | 22:14 |
| 1. FC 07 Lauscha | 31:28 | 19:17 |
| SC 06 Oberlind | 28:31 | 17:19 |
| SC 1919 Effelder | 29:41 | 14:22 |
| 1. SC 04 Sonneberg | 26:31 | 13:23 |
| Viktoria 09 Coburg | 24:35 | 13:21 |
| SpVg Neuhaus | 22:34 | 13:21 |
| FC 1910 Köppelsdorf | 21:42 | 12:24 |

## Gau Westthüringen

| | | |
|---|---|---|
| SC 08 Wasungen | 60:33 | 27:11 |
| SpVg. 06 Zella-Mehlis | 74:33 | 25:13 |
| Union Zella-Mehlis | 55:43 | 19:15 |
| SV 04 Schmalkalden | 47:47 | 19:17 |
| Gelb-Rot Meiningen | 60:41 | 18:18 |
| TuB Steinbach-Hallenberg | 41:48 | 18:18 |
| Wacker Salzungen | 34:64 | 15:21 |
| FC 02 Barchfeld | 25:34 | 14:20 |
| SpVg. Breitungen | 31:59 | 14:22 |
| VfL 04 Meiningen | 30:50 | 11:25 |

## Wartburggau

| | | |
|---|---|---|
| Preußen 01 Langensalza | 52:21 | 27:9 |
| SV 99 Mühlhausen | 35:30 | 20:12 |
| SpVg. Schlotheim | 42:30 | 29:14 |
| Arnoldi 01 Gotha | 47:39 | 18:16 |
| Borussia Eisenach | 26:29 | 16:16 |
| BC 08 Ruhla | 33:38 | 14:20 |
| SpVg. Eisenach | 32:31 | 14:16 |
| VfB 09 Mühlhausen | 29:30 | 13:17 |
| Wacker 07 Gotha | 23:34 | 12:22 |
| Nordstern Mühlhausen | 22:59 | 10:22 |

# 1932/33

## Gau Nordthüringen

| | | |
|---|---|---|
| SC 95 Erfurt | 68:26 | 31:5 |
| SpVg. 02 Erfurt | 65:24 | 29:7 |
| Germania 07 Ilmenau | 71:45 | 23:13 |
| SC Stadtilm | 46:24 | 23:13 |
| Sportring Erfurt | 38:48 | 18:18 |
| VfB 04 Erfurt | 35:47 | 15:21 |
| TSG Gispersleben | 43:57 | 14:22 |
| SV 09 Arnstadt | 33:58 | 11:25 |
| Post-SV Erfurt | 32:65 | 10:26 |
| VfB Sömmerda | 22:69 | 6:30 |

## Gau Ostthüringen

| | | |
|---|---|---|
| 1. SV 03 Jena | 55:18 | 31:3 |
| VfL 06 Saalfeld | 57:36 | 27:9 |
| SV 1910 Kahla | 51:36 | 26:10 |
| SC Apolda | 53:36 | 21:13 |
| VfB 1910 Apolda | 46:40 | 19:17 |
| Vimaria 03 Weimar | 34:55 | 14:20 |
| VfB Rudolstadt | 37:42 | 14:22 |
| SC 03 Weimar | 27:46 | 10:24 |
| VfB 1911 Jena | 23:51 | 8:28 |
| M. v. Richthofen Weimar | 21:44 | 6:30 |

## Gau Osterland

| | | |
|---|---|---|
| Wacker 1910 Gera | 69:21 | 33:3 |
| Thüringen Weida | 88:31 | 30:6 |
| SpVg. 1914 Neustadt/Orla | 68:51 | 19:17 |
| SC Rubitz | 47:54 | 18:18 |
| VfB Pößneck | 40:42 | 16:20 |
| Concordia 1910 Gera | 30:46 | 15:21 |
| 1. FC Greiz | 34:51 | 15:21 |
| SpVg. 04 Gera | 53:57 | 12:24 |
| SC Ranis | 33:68 | 11:25 |
| SV Schmölln | 22:63 | 11:25 |

## Gau Südthüringen

| | | |
|---|---|---|
| SV 08 Steinach | 50:20 | 27:9 |
| SC 06 Oberlind | 39:42 | 20:16 |
| VfB 07 Coburg | 51:31 | 19:17 |
| VfL 07 Neustadt/Coburg | 47:36 | 19:17 |
| 1. FC 07 Lauscha | 38:34 | 19:17 |
| 1. SC 04 Sonneberg | 41:32 | 18:18 |
| SpVg. Neuhaus | 22:32 | 18:18 |
| SC 1919 Effelder | 38:44 | 17:19 |
| Viktoria 09 Coburg | 32:53 | 13:23 |
| Sportring 1910 Sonneberg | 27:59 | 10: 26 |

## Gau Westthüringen

| | | |
|---|---|---|
| Gelb-Rot Meiningen | 58:32 | 26:8 |
| SpVg. 06 Zella-Mehlis | 50:32 | 21:15 |
| SC 08 Wasungen | 39:22 | 21:15 |
| SV 04 Schmalkalden | 37:33 | 21:15 |
| Union Zella-Mehlis | 34:33 | 19:15 |
| Wacker Salzungen | 38:39 | 19:17 |
| FC 02 Barchfeld | 33:44 | 15:21 |
| TuB Steinbach-Hallenberg | 43:68 | 14:22 |
| SpVg. Breitungen | 29:41 | 13:23 |
| VfB Vacha | 30:47 | 9:27 |

## Wartburggau

| | | |
|---|---|---|
| Borussia Eisenach | 49: 26 | 27:9 |
| Wacker 07 Gotha | 42:30 | 24:12 |
| SpVg. Schlotheim | 40:25 | 22:12 |
| Preußen 01 Langensalza | 32:26 | 21:15 |
| Arnoldi 01 Gotha | 42:42 | 20:16 |
| SV 99 Mühlhausen | 38:30 | 18:16 |
| SpVg. Eisenach | 33:42 | 15:21 |
| Meteor Waltershausen | 33:54 | 13:23 |
| VfB 09 Mühlhausen | 30:42 | 11:25 |
| Nordstern Mühlhausen | 23:52 | 7:29 |

Der Mannschaft Borusia Eisenach wurden laut Urteil des Gauvorstandes 13 Punkte abgezogen. Außerdem musste die Mannschaft vier gewonnene Spiele wiederholen. Die Mannschaft Wacker 07 Gotha wurde zum Gaumeister ernannt.

# 1933/34

## Gauliga Mitte

| | | |
|---|---|---|
| Wacker Halle | 55:21 | 26:10 |
| **SV 08 Steinach** | **50:33** | **23:13** |
| VfL Bitterfeld | 44:34 | 22:14 |
| **SpVg. 02 Erfurt** | **43:45** | **20:16** |
| Victoria Magdeburg | 43:40 | 19:17 |
| **SC 95 Erfurt** | **44:40** | **18:18** |
| **1. SV 03 Jena** | **40:50** | **17:19** |
| SV 99 Merseburg | 35:39 | 16:20 |
| Fortuna 1911 Magdeburg | 35:52 | 13:23 |
| Preußen Magdeburg | 24:59 | 6:30 |

### Aufstiegsrunde zur Gauliga

| | | |
|---|---|---|
| Cricket Magdeburg | 8:3 | 3:1 |
| Sportfreunde Halle | 3:8 | 1:3 |
| **1. FC 07 Lauscha** | | disqualifiziert |

## Bezirksklasse Thüringen

| | | |
|---|---|---|
| 1. FC 07 Lauscha | 78:32 | 34:10 |
| Wacker 1910 Gera | 76:37 | 33:11 |
| Thüringen Weida | 74:43 | 33:11 |
| Gelb-Rot Meiningen | 74:20 | 24:20 |
| SC Stadtilm | 63:49 | 24:20 |
| SC 06 Oberlind | 50:61 | 22:22 |
| SpVg. 06 Zella-Mehlis | 44:53 | 21:23 |
| Germania 07 Ilmenau | 65:73 | 19:25 |
| Wacker 07 Gotha | 48:64 | 19:25 |
| SV 1910 Kahla | 51:69 | 16:28 |
| VfL 06 Saalfeld | 31:71 | 11:33 |
| Arnoldi 01 Gotha | 34:92 | 9:35 |

## Kreis Nordthüringen

| | | |
|---|---|---|
| Sportring Erfurt | 43:15 | 26:6 |
| VfB 04 Erfurt | 56:22 | 25:7 |
| VfB Sömmerda | 51:19 | 20:12 |
| TSG Gispersleben | 36:29 | 19:13 |
| SV 09 Arnstadt | 42:39 | 16:16 |
| Polizei-SV Erfurt | 35:42 | 13:19 |
| BC 07 Arnstadt | 34:44 | 13:19 |
| Schwarz-Weiß Erfurt | 32:67 | 7:29 |
| SC Stotternheim | 27:79 | 5:27 |

## Kreis Ostthüringen

| | | |
|---|---|---|
| VfB 1910 Apolda | 51:20 | 22:6 |
| SC Apolda | 44:25 | 20:8 |
| SC 03 Weimar | 27:31 | 15:13 |
| VfB Rudolstadt | 41:25 | 14:14 |
| Vimaria 03 Weimar | 35:33 | 13:15 |
| VfB 1911 Jena | 26:46 | 11:17 |
| M. v. Richthofen Weimar | 32:45 | 10:18 |
| VfB Oberweimar | 17:48 | 7:21 |

## Kreis Osterland

| | | |
|---|---|---|
| Eintracht Altenburg | 71:40 | 33:9 |
| SpVg. 04 Gera | 68:41 | 29:15 |
| SC Rubitz | 72:54 | 25:17 |
| VfL Altenburg | 55:48 | 24:18 |
| SpVg. 1914 Neustadt/Orla | 56:49 | 24:18 |
| Concordia 1910 Gera | 53:51 | 22:22 |
| 1. FC Greiz | 52:58 | 22:22 |
| SpVg. Meuselwitz | 58:58 | 20:24 |
| VfB Pößneck | 43:56 | 19:25 |
| TSV Ranis | 45:66 | 18:26 |
| VfB Ronneburg | 41:66 | 12:32 |
| SV Schmölln | 37:64 | 12:32 |

## Kreis Südthüringen

| | | |
|---|---|---|
| 1. SC 04 Sonneberg | 39:20 | 23:9 |
| SpVg. Neuhaus | 47:32 | 22:10 |
| FC 1910 Köppelsdorf | 27:16 | 22:10 |
| SC 03 Eisfeld | 37:28 | 17:15 |
| SC 1919 Effelder | 33:23 | 15:17 |
| TSV Haselbach | 28:33 | 14:18 |
| SpVg. Mengersgereuth-Hämmern | 22:36 | 11:17 |
| TV Steinheid | 19:31 | 9:21 |
| SC Ernstthal | 17:45 | 7:23 |

Sportring 1910 Sonneberg schloss sich mit dem 1. SC 04 Sonneberg zusammen. Dadurch spielten in dieser Saison nur neun Mannschaften im Kreis.

## Kreis Westthüringen

| | | |
|---|---|---|
| SV 04 Schmalkalden | 66:28 | 29:7 |
| SC 08 Wasungen | 59:39 | 24:12 |
| Wacker Salzungen | 61:51 | 20:16 |
| VfL 04 Meiningen | 49:39 | 20:16 |
| Union Zella-Mehlis | 44:43 | 20:16 |
| FC 02 Barchfeld | 49:46 | 18:18 |
| TuB Steinbach-Hallenberg | 46:37 | 16:20 |
| SV 04 Breitungen | 36:45 | 16:20 |
| VfL 06 Hildburghausen | 33:55 | 13:23 |
| VfB Vacha | 17:76 | 4:32 |

## Kreis Wartburg

| | | |
|---|---|---|
| SV 99 Mühlhausen | 45:18 | 22:10 |
| Nordstern Mühlhausen | 52:27 | 22:10 |
| Preußen 01 Langensalza | 43:29 | 21:11 |
| SpVg. Eisenach | 35:34 | 16:16 |
| Borussia Eisenach | 33:34 | 15:17 |
| SpVg. Schlotheim | 43:38 | 14:18 |
| BC 08 Ruhla | 33:40 | 14:18 |
| VfB 09 Mühlhausen | 25:54 | 11:21 |
| Meteor Waltershausen | 23:71 | 5:27 |

# 1934/35

## Gauliga Mitte

| | | |
|---|---|---|
| **1. SV 03 Jena** | **39:29** | **25:11** |
| Wacker Halle | 37:25 | 23:13 |
| **SV 08 Steinach** | **42:30** | **21:15** |
| Cricket Magdeburg | 43:41 | 21:15 |
| Sportfreunde Halle | 41:39 | 18:18 |
| Victoria 96 Magdeburg | 36:40 | 17:19 |
| **SC 95 Erfurt** | **41:36** | **16:20** |
| **SpVg. 02 Erfurt** | **27:38** | **15:21** |
| VfL Bitterfeld | 22:40 | 14:22 |
| SV 99 Merseburg | 29:39 | 10:26 |

### Aufstiegsrunde zur Gauliga

| | | |
|---|---|---|
| SV 05 Dessau | 4:4 | 5:3 |
| **1. FC 07 Lauscha** | **8:8** | **4:4** |
| VfL 96 Halle | 7:7 | 3:5 |

## Bezirksklasse Thüringen

| | | |
|---|---|---|
| 1. FC 07 Lauscha | 51:30 | 33:11 |
| Thüringen Weida | 76:35 | 31:13 |
| Gelb-Rot Meiningen | 56:33 | 27:17 |
| SC 06 Oberlind | 47:38 | 26:18 |
| Germania 07 Ilmenau | 54:51 | 24:20 |
| SV 04 Schmalkalden | 49:50 | 23:21 |
| 1. SC 04 Sonneberg | 42:45 | 21:23 |
| Wacker 1910 Gera | 46:45 | 20:24 |
| SV 1910 Kahla | 42:59 | 18:26 |
| SpVg. 06 Zella-Mehlis | 25:56 | 15:29 |
| Wacker 07 Gotha | 37:64 | 14:30 |
| SC Stadtilm | 49:68 | 12:32 |

## Kreis Nordthüringen

| | | |
|---|---|---|
| VfB Sömmerda | 55:30 | 30:6 |
| VfB 04 Erfurt | 59:36 | 27:9 |
| BC 07 Arnstadt | 43:47 | 19:17 |
| SV 09 Arnstadt | 33:38 | 16:20 |
| SV Weißensee | 40:52 | 16:20 |
| TSG Gispersleben | 47:44 | 15:21 |
| Schwarz-Weiß Erfurt | 35:43 | 15:21 |
| SC Oehrenstock | 39:49 | 15:21 |
| Polizei-SV Erfurt | 38:52 | 15:21 |
| Sportring Erfurt | 29:47 | 12:24 |

## Kreis Ostthüringen

| | | |
|---|---|---|
| VfB 1910 Apolda | 83:14 | 29:3 |
| SC Apolda | 78:18 | 26:6 |
| VfB Rudolstadt | 51:22 | 22:10 |
| Vimaria 03 Weimar | 34:53 | 13:19 |
| VfL 06 Saalfeld | 17:40 | 12:18 |
| SC 03 Weimar | 19:43 | 12:20 |
| Thuringia Königsee | 28:47 | 11:21 |
| Glaswerk Jena | 19:42 | 10:22 |
| VfB 1911 Jena | 24:74 | 7:23 |

## Kreis Osterland

| | | |
|---|---|---|
| Concordia 1910 Gera | 62 : 39 | 30 : 10 |
| SpVg. 1914 Neustadt/Orla | 59 : 40 | 29 : 11 |
| Eintracht Altenburg | 62 : 35 | 27 : 13 |
| SC Rubitz | 47 : 46 | 23 : 17 |
| VfB Pößneck | 39 : 43 | 19 : 21 |
| 1. FC Greiz | 39 : 56 | 18 : 22 |
| Phönix Pößneck | 38 : 43 | 16 : 24 |
| SpVg. Meuselwitz | 36 : 52 | 16 : 24 |
| VfL Altenburg | 34 : 38 | 15 : 25 |
| FC Rositz | 31 : 44 | 13 : 27 |
| SpVg. 04 Gera | 36 : 47 | 11 : 29 |

## Kreis Südthüringen

| | | |
|---|---|---|
| SpVg. Neuhaus | 47:14 | 19:7 |
| SC 1919 Effelder | 36:24 | 17:11 |
| SV 08 Steinach | 34:37 | 17:11 |
| FC 1910 Köppelsdorf | 27:24 | 15:11 |
| TSV Haselbach | 25:25 | 15:13 |
| SpVg. Mengersgereuth-Hämmern | 26:32 | 12:16 |
| SC Rauenstein | 20:46 | 9:19 |
| SC 03 Eisfeld | 24:35 | 6:22 |

## Kreis Westthüringen

| | | |
|---|---|---|
| FC 02 Barchfeld | 44:23 | 22:10 |
| Wacker Salzungen | 56:32 | 21:11 |
| TuB Steinbach-Hallenberg | 41:38 | 17:15 |
| SV 04 Breitungen | 31:31 | 17:15 |
| Union Zella-Mehlis | 43:33 | 16:16 |
| VfL 04 Meiningen | 31:46 | 15:17 |
| SC 08 Wasungen | 35:32 | 14:18 |
| TSV 1911 Themar | 34:52 | 11:21 |
| Wernshausen | 20:48 | 11:21 |

## Kreis Wartburg

| | | |
|---|---|---|
| SpVg. Eisenach | 38:20 | 22:10 |
| Arnoldi 01 Gotha | 39:24 | 20:12 |
| Nordstern Mühlhausen | 41:32 | 19:13 |
| Preußen 01 Langensalza | 40:36 | 17:15 |
| SV 99 Mühlhausen | 41:26 | 15:15 |
| Borussia Eisenach | 27:36 | 13:19 |
| Heringen | 26:40 | 12:18 |
| BC 08 Ruhla | 35:51 | 12:20 |
| SpVg. Schlotheim | 27:38 | 11:21 |

Diedorf war in dieser 1. Klasse die 10. Mannschaft, verzichtete aber auf eine Teilnahme.

# 1935/36

## Gauliga Mitte

| | | |
|---|---|---|
| **1. SV 03 Jena** | **39:18** | **26:10** |
| Cricket Magdeburg | 33:30 | 20:16 |
| Sportfreunde Halle | 29:28 | 19:17 |
| **1. FC 07 Lauscha** | **30:31** | **19:17** |
| **SpVg. 02 Erfurt** | **32:34** | **18:18** |
| SV 05 Dessau | 29:31 | 17:19 |
| Wacker Halle | 38:30 | 16:20 |
| Victoria Magdeburg | 30:33 | 16:20 |
| **SV 08 Steinach** | **25:33** | **16:20** |
| **SC 95 Erfurt** | **21:38** | **13:23** |

### Aufstiegsrunde zur Gauliga

| | | |
|---|---|---|
| **FC Thüringen Weida** | **9:6** | **6:2** |
| Sportfreunde Halle | 10:10 | 3:5 |
| Fortuna 1911 Magdeburg | 8:11 | 3:5 |

## Bezirksklasse Thüringen

| | | |
|---|---|---|
| Thüringen Weida | 78:24 | 36:8 |
| Gelb-Rot Meiningen | 47:17 | 31:13 |
| SC 06 Oberlind | 58:46 | 29:15 |
| Wacker 1910 Gera | 53:46 | 25:19 |
| VfB 1910 Apolda | 64:33 | 24:20 |
| 1. SC 04 Sonneberg | 47:50 | 24:20 |
| VfB Sömmerda | 45:45 | 21:23 |
| SpVg. 06 Zella-Mehlis | 41:64 | 21:23 |
| SV 04 Schmalkalden | 52:51 | 18:26 |
| SV 1910 Kahla | 37:36 | 15:29 |
| Germania 07 Ilmenau | 36:72 | 10:34 |
| MSV Gera | 29:73 | 10:34 |

## Kreis Nordthüringen

| | | |
|---|---|---|
| SC Stadtilm | 67:12 | 30:6 |
| SC Oehrenstock | 37:30 | 19:17 |
| SV 09 Arnstadt | 34:30 | 19:15 |
| SV Gräfenroda | 40:34 | 18:16 |
| SV Weißensee | 30:38 | 18:18 |
| VfB 04 Erfurt | 40:38 | 17:17 |
| SV 09 Ilmenau | 27:32 | 15:19 |
| TSG Gispersleben | 42:47 | 14:22 |
| Schwarz-Weiß Erfurt | 30:54 | 14:22 |
| BC 07 Arnstadt | 27:59 | 12:24 |

## Kreis Ostthüringen

| | | |
|---|---|---|
| SC Apolda | 63:16 | 26:6 |
| VfB Rudolstadt | 56:22 | 25:7 |
| M. v. Richthofen Weimar | 56:29 | 23:9 |
| VfL 06 Saalfeld | 50:29 | 23:9 |
| Vimaria 03 Weimar | 39:37 | 17:15 |
| Thuringia Königsee | 24:49 | 10:22 |
| SC 03 Weimar | 22:50 | 10:22 |
| MTV Saalfeld | 20:50 | 8:24 |
| TV Rudolstadt | 16:64 | 2:30 |

## Kreis Osterland

| | | |
|---|---|---|
| Eintracht Altenburg | 55:20 | 28:8 |
| Concordia 1910 Gera | 50:26 | 25:11 |
| VfB Pößneck | 45:32 | 21:15 |
| 1. FC Greiz | 43:52 | 20:16 |
| SpVg. 1914 Neustadt/Orla | 43:37 | 19:17 |
| SpVg. Meuselwitz | 37:48 | 19:17 |
| SC Hermsdorf | 43:41 | 16:20 |
| TSV Ranis | 37:46 | 15:21 |
| Phönix Pößneck | 22:50 | 9:27 |
| SC Rubitz | 34:57 | 8:28 |

## Kreis Südthüringen

| | | |
|---|---|---|
| SpVg. Neuhaus | 33:18 | 23:5 |
| SpVg. Mengersgereuth-Hämmern | 37:19 | 20:8 |
| TSV Haselbach | 23:22 | 13:15 |
| SC 1919 Effelder | 35:35 | 13:15 |
| Wacker Steinheid | 18:27 | 12:16 |
| TuS Ernstthal | 24:35 | 12:16 |
| FC 1910 Köppelsdorf | 26:28 | 10:18 |
| TV Steinach | 22:35 | 9:19 |

## Kreis Westthüringen

| | | |
|---|---|---|
| Union Zella-Mehlis | 60:23 | 32:4 |
| VfL 04 Meiningen | 55:42 | 23:13 |
| Wacker Salzungen | 40:39 | 20:16 |
| SC 08 Wasungen | 34:37 | 19:17 |
| TuB Steinbach-Hallenberg | 29:34 | 18:16 |
| SpVg. Suhl-Heinrichs | 42:42 | 17:19 |
| SV 04 Breitungen | 25:36 | 16:20 |
| FC 02 Barchfeld | 18:27 | 15:21 |
| Schwarz-Weiß Fambach | 27:42 | 11:23 |
| TV Kieselbach | 22:37 | 7:29 |

## Kreis Wartburg

| | | |
|---|---|---|
| Arnoldi 01 Gotha | 49:25 | 29:5 |
| Wacker 07 Gotha | 34:30 | 22:14 |
| SV 99 Mühlhausen | 39:25 | 21:15 |
| Borussia Eisenach | 45:35 | 19:15 |
| SpVg. Eisenach | 42:29 | 17:19 |
| Preußen 01 Langensalza | 45:39 | 16:20 |
| Nordstern Mühlhausen | 34:40 | 15:21 |
| VfB 09 Mühlhausen | 30:45 | 15:21 |
| BC 08 Ruhla | 24:47 | 11:21 |
| SpVg. im TV 1860 Gotha | 21:48 | 9:23 |

# 1936/37

## Gauliga Mitte

| | | |
|---|---|---|
| SV 05 Dessau | 48:11 | 32:4 |
| **Thüringen Weida** | **39:27** | **24:12** |
| **1. SV 03 Jena** | **28:20** | **22:14** |
| Sportfreunde Halle | 37:32 | 22:14 |
| Cricket Magdeburg | 42:26 | 20:16 |
| **1. FC 07 Lauscha** | **31:36** | **15:21** |
| **SpVg. 02 Erfurt** | **29:36** | **15:21** |
| SV 99 Merseburg | 26:33 | 14:22 |
| Wacker Halle | 21:42 | 10:26 |
| Victoria Magdeburg | 17:55 | 6:30 |

### Aufstiegsrunde zur Gauliga

| | | |
|---|---|---|
| VfL 96 Halle | 15:6 | 6:2 |
| **SC 95 Erfurt** | **7:7** | **4:4** |
| Saxonia 07 Tangermünde | 4:13 | 2:6 |

## Bezirksklasse Thüringen

| | | |
|---|---|---|
| SC 95 Erfurt | 64:34 | 32:12 |
| SV 08 Steinach | 53:24 | 26:18 |
| VfB 1910 Apolda | 42:38 | 25:19 |
| VfB Sömmerda | 64:52 | 24:20 |
| Eintracht Altenburg | 50:61 | 23:21 |
| SC Apolda | 50:47 | 21:23 |
| SpVg. 06 Zella-Mehlis | 50:58 | 21:23 |
| Wacker 1910 Gera | 42:44 | 20:24 |
| SC 06 Oberlind | 44:49 | 20:24 |
| 1. SC 04 Sonneberg | 40:48 | 19:25 |
| SV 04 Schmalkalden | 40:61 | 17:27 |
| SV 1910 Kahla | 36:59 | 16:28 |

## Kreis Erfurt

| | | |
|---|---|---|
| SC Stadtilm | 65:26 | 27:9 |
| Germania 07 Ilmenau | 59:25 | 26:10 |
| SV 09 Arnstadt | 43:34 | 26:10 |
| Sportring Erfurt | 43:38 | 21:15 |
| TSG Gispersleben | 27:40 | 18:18 |
| SV Greußen | 37:43 | 15:19 |
| VfB 04 Erfurt | 29:34 | 13:21 |
| SV 09 Ilmenau | 41:56 | 13:23 |
| SV Weißensee | 20:41 | 13:23 |
| SC Oehrenstock | 21:48 | 6:30 |

## Kreis Weimar

| | | |
|---|---|---|
| VfB Pößneck | 65:18 | 28:8 |
| VfB Rudolstadt | 64:34 | 26:10 |
| M. v. Richthofen Weimar | 51:31 | 24:12 |
| VfL 06 Saalfeld | 54:34 | 20:16 |
| TSV Ranis | 53:45 | 20:16 |
| Vimaria 03 Weimar | 48:42 | 18:18 |
| Glaswerk Jena | 47:44 | 16:20 |
| Thuringia Königsee | 25:47 | 13:23 |
| SC 03 Weimar | 30:51 | 12:24 |
| SC Bad Berka | 21:112 | 3:33 |

## Kreis Osterland

| | | |
|---|---|---|
| FSV Rositz | 51:18 | 25:3 |
| 1. SV Gera | 35:37 | 16:12 |
| SpVg. 1914 Neustadt/Orla | 36:28 | 15:13 |
| SpVg. Meuselwitz | 33:43 | 13:15 |
| MSV Gera | 34:34 | 12:16 |
| SC Hermsdorf | 28:33 | 12:16 |
| 1. FC Greiz | 27:42 | 10:18 |
| SV Zeulenroda | 23:43 | 9:19 |

## Kreis Südthüringen

| | | |
|---|---|---|
| SpVg. Mengersgereuth-Hämmern | 37:17 | 19:9 |
| Siemens Neuhaus | 51:31 | 18:10 |
| SC 1919 Effelder | 37:37 | 16:12 |
| TSV Haselbach | 21:30 | 15:13 |
| TuS Ernstthal | 18:26 | 11:15 |
| SpVg. Neuhaus | 17:18 | 10:14 |
| Wacker Steinheid | 20:29 | 10:16 |
| Germania Blechhammer | 25:38 | 9:19 |

## Kreis Henneberg

| | | |
|---|---|---|
| FC 02 Barchfeld | 35:21 | 27:5 |
| SV 04 Breitungen | 53:20 | 26:6 |
| SpVg. Suhl-Heinrichs | 56:39 | 17:15 |
| TuB Steinbach-Hallenberg | 33:28 | 16:16 |
| Union Zella-Mehlis | 42:36 | 16:16 |
| 1. Suhler SV 06 | 34:38 | 14:18 |
| Wacker Salzungen | 33:52 | 11:21 |
| VfL 04 Meiningen | 19:43 | 9:23 |
| Blau-Weiß Steinbach | 25:53 | 8:24 |

## Kreis Wartburg

| | | |
|---|---|---|
| SpVg. Eisenach | 60:11 | 29:3 |
| Arnoldi 01 Gotha | 55:31 | 21:11 |
| Wacker 07 Gotha | 29:43 | 17:15 |
| SV 99 Mühlhausen | 38:23 | 16:16 |
| Borussia Eisenach | 40:35 | 16:16 |
| VfB 09 Mühlhausen | 31:39 | 14:18 |
| Nordstern Mühlhausen | 28:44 | 11:21 |
| SpVg. Schlotheim | 30:53 | 11:21 |
| Preußen 01 Langensalza | 19:50 | 9:23 |

# 1937/38

## Gauliga Mitte

| | | |
|---|---|---|
| SV 05 Dessau | 64:23 | 27:9 |
| Cricket Magdeburg | 47:30 | 25:11 |
| SV 99 Merseburg | 31:28 | 20:16 |
| **1. SV 03 Jena** | **40:33** | **19:17** |
| VfL 96 Halle | 30:33 | 16:20 |
| **SpVg. 02 Erfurt** | **26:46** | **16:20** |
| **Thüringen Weida** | **37:32** | **15:21** |
| **1. FC 07 Lauscha** | **39:46** | **15:21** |
| Sportfreunde Halle | 25:50 | 15:21 |
| **SC 95 Erfurt** | **15:34** | **12:24** |

### Aufstiegsrunde zur Gauliga

| | | |
|---|---|---|
| **SV 08 Steinach** | **13:2** | **6:0** |
| Fortuna 1911 Magdeburg | 6:6 | 2:4 |
| VfL Bitterfeld | 6:17 | 2:6 |

## Bezirksklasse Thüringen

| | | |
|---|---|---|
| SV 08 Steinach | 79:14 | 36:4 |
| FSV Rositz | 49:48 | 24:16 |
| SC Apolda | 57:36 | 23:17 |
| Wacker 1910 Gera | 37:34 | 22:18 |
| VfB 1910 Apolda | 38:32 | 19:21 |
| VfB Sömmerda | 41:45 | 19:21 |
| VfB Pößneck | 40:52 | 19:21 |
| 1. SC 04 Sonneberg | 42:52 | 18:22 |
| SC 06 Oberlind | 39:46 | 17:23 |
| Eintracht Altenburg | 32:62 | 15:25 |
| SpVg. 06 Zella-Mehlis | 20:51 | 8:32 |

## Kreis Erfurt

| | | |
|---|---|---|
| SC Stadtilm | 60:30 | 27:9 |
| SV 09 Arnstadt | 40:31 | 21:15 |
| SV 09 Ilmenau | 36:33 | 20:16 |
| VfB 04 Erfurt | 34:35 | 18:18 |
| TSG Gispersleben | 37:42 | 17:19 |
| SV Weißensee | 29:41 | 16:18 |
| BC 07 Arnstadt | 39:48 | 18:20 |
| Schwarz-Weiß Erfurt | 37:53 | 16:20 |
| Germania 07 Ilmenau | 36:36 | 13:23 |
| Sportring Erfurt | 42:42 | 14:20 |

## Kreis Weimar

| | | |
|---|---|---|
| M. v. Richthofen Weimar | 89:27 | 32:4 |
| SV 1910 Kahla | 47:33 | 24:12 |
| VfB Rudolstadt | 52:38 | 23:13 |
| VfL 06 Saalfeld | 53:41 | 20:16 |
| TSV Ranis | 50:38 | 19:17 |
| TuS Schott Jena | 49:40 | 19:17 |
| Vimaria 03 Weimar | 31:49 | 16:20 |
| Thuringia Königsee | 26:48 | 14:22 |
| MTV Saalfeld | 30:54 | 11:25 |
| VfB 1911 Jena | 24:82 | 2:34 |

## Kreis Osterland

| | | |
|---|---|---|
| 1. SV Gera | 55:21 | 25:7 |
| VfL Altenburg | 59:31 | 21:11 |
| MSV Gera | 58:25 | 20:12 |
| SpVg. 1914 Neustadt/Orla | 41:26 | 20:12 |
| SC Rubitz | 31:28 | 16:16 |
| SC Hermsdorf | 39:42 | 14:18 |
| SpVg. Meuselwitz | 39:44 | 14:18 |
| TV Wünschendorf | 16:66 | 9:23 |
| TV Triebes | 11:62 | 3:29 |

## Kreis Südthüringen

| | | |
|---|---|---|
| Siemens Neuhaus | 45:18 | 26:4 |
| SC 1919 Effelder | 42:29 | 20:12 |
| SpVg. Mengersgereuth-Hämmern | 29:34 | 18:14 |
| Spvg. Neuhaus | 30:27 | 17:13 |
| TSV Haselbach | 24:26 | 15:13 |
| TuS Ernstthal | 24:25 | 13:19 |
| TSV Sonneberg-West | 33:46 | 13:19 |
| VfL Grümpen | 37:46 | 10:22 |
| TV Steinach | 33:46 | 8:24 |

## Kreis Henneberg

| | | |
|---|---|---|
| SV 04 Breitungen | 68:27 | 31:9 |
| Union Zella-Mehlis | 61:36 | 28:12 |
| 1. Suhler SV 06 | 52:37 | 26:14 |
| SV 04 Schmalkalden | 55:41 | 26:14 |
| TuB Steinbach-Hallenberg | 51:48 | 25:15 |
| SpVg. Suhl-Heinrichs | 58:49 | 22:18 |
| FC 02 Barchfeld | 37:56 | 17:23 |
| VfB Vacha | 40:56 | 15:25 |
| VfL 04 Meiningen | 26:54 | 11:29 |
| Wacker Salzungen | 30:57 | 8:32 |

## Kreis Wartburg

| | | |
|---|---|---|
| SV 99 Mühlhausen | 58:29 | 30:6 |
| Borussia Eisenach | 67:22 | 29:7 |
| Arnoldi 01 Gotha | 42:45 | 20:16 |
| SpVg. Schlotheim | 40:37 | 19:17 |
| VfL Ruhla | 52:49 | 16:20 |
| SpVg. Eisenach | 36:46 | 16:20 |
| Nordstern Mühlhausen | 34:43 | 16:20 |
| Wacker 07 Gotha | 34:42 | 13:21 |
| VfB 09 Mühlhausen | 33:48 | 13:21 |
| SpVg. Siebleben | 29:66 | 6:30 |

# 1938/39

## Gauliga Mitte

| | | |
|---|---|---|
| SV 05 Dessau | 73:13 | 35:1 |
| **1. SV 03 Jena** | **60:26** | **28:8** |
| **SV 08 Steinach** | **47:20** | **25:11** |
| **Thüringen Weida** | **40:24** | **21:15** |
| Cricket/Victoria Magdeburg | 39:36 | 19:17 |
| VfL 96 Halle | 27:40 | 15:21 |
| SV 99 Merseburg | 31:40 | 12:24 |
| **1. FC 07 Lauscha** | **34:70** | **11:25** |
| Fortuna 1911 Magdeburg | 25:74 | 7:29 |
| **SpVg. 02 Erfurt** | **11:44** | **7:29** |

### Aufstiegsrunde zur Gauliga

| | | |
|---|---|---|
| **1. SV Gera** | **9:3** | **6:2** |
| Sportfreunde Halle | 3:5 | 3:5 |
| Preußen 02 Burg | 4:8 | 3:5 |

## Bezirksklasse Thüringen

| | | |
|---|---|---|
| 1. SV Gera | 58:20 | 30:10 |
| SC 95 Erfurt | 43:40 | 24:16 |
| SC Apolda | 44:43 | 24:16 |
| FSV Rositz | 49:41 | 23:17 |
| SV 04 Breitungen | 45:40 | 22:18 |
| VfB Sömmerda | 57:34 | 20:20 |
| 1. SC 04 Sonneberg | 40:58 | 18:22 |
| SC 06 Oberlind | 41:55 | 17:23 |
| VfB Pößneck | 32:43 | 16:24 |
| Wacker 1910 Gera | 32:41 | 15:25 |
| VfB 1910 Apolda | 18:44 | 11:29 |

## Kreis Erfurt

| | | |
|---|---|---|
| SC Stadtilm | 63:18 | 32:4 |
| SV 09 Ilmenau | 49:23 | 30:6 |
| VfB 04 Erfurt | 42:35 | 22:14 |
| Sportfreunde Leubingen | 45:38 | 20:16 |
| SV 09 Arnstadt | 34:38 | 17:19 |
| TSG Gispersleben | 34:28 | 16:20 |
| Sportring Erfurt | 34:42 | 14:22 |
| BC 07 Arnstadt | 25:35 | 12:24 |
| SV Gräfenroda | 25:64 | 9:27 |
| Schwarz-Weiß Erfurt | 25:55 | 6:28 |

## Kreis Weimar

| | | |
|---|---|---|
| SV 1910 Kahla | 49:28 | 33:11 |
| SC Hermsdorf | 72:44 | 29:15 |
| M. v. Richthofen Weimar | 59:29 | 28:14 |
| TuB Hermsdorf | 47:46 | 25:19 |
| TuS Schott Jena | 43:54 | 24:20 |
| Vimaria 03 Weimar | 60:49 | 23:21 |
| SC 03 Weimar | 49:40 | 21:23 |
| Thuringia Königsee | 38:40 | 20:22 |
| Phönix Pößneck | 52:46 | 20:24 |
| VfL 06 Saalfeld | 34:55 | 18:26 |
| VfB Rudolstadt | 24:55 | 11:33 |
| TSV Ranis | 28:70 | 10:34 |

## Kreis Osterland

| | | |
|---|---|---|
| SpVg. 1914 Neustadt/Orla | 40:21 | 20:8 |
| Eintracht Altenburg | 46:30 | 20:8 |
| 1. FC Greiz | 53:34 | 17:11 |
| VfL Altenburg | 39:36 | 15:11 |
| SpVg. Meuselwitz | 26:32 | 15:11 |
| Eichenkranz Meuselwitz | 39:32 | 12:16 |
| MSV Gera | 21:31 | 5:17 |
| SC Rubitz | 18:66 | 2:24 |

## Kreis Südthüringen

| | | |
|---|---|---|
| SpVg. Neuhaus | 29:7 | |
| FC 1910 Köppelsdorf | 23:11 | |
| SC 1919 Effelder | 22:10 | |
| Wacker Steinheid | 22:14 | |
| SpVg. Mengersgereut-Hämmern | 22:14 | |
| Siemens Neuhaus | 16:18 | |
| TSV Sonneberg-West | 17:21 | |
| Rot-Weiß Themar | 15:19 | |
| TSV Haselbach | 12:18 | |
| TuS Ernstthal | 7:25 | |
| VfL Grümpen | 1:31 | |

Leider waren die Torverhältnisse und die Ergebnisse der letzten zwei Spieltage bisher nicht in Erfahrung zu bringen.

## Kreis Henneberg

| | | |
|---|---|---|
| 1. Suhler SV 06 | 64:22 | 27:5 |
| SpVg. Suhl-Heinrichs | 53:32 | 24:8 |
| SV 04 Schmalkalden | 49:34 | 19:13 |
| Union Zella-Mehlis | 38:33 | 16:16 |
| TuB Steinbach-Hallenberg | 35:45 | 13:19 |
| SpVg. 06 Zella-Mehlis | 23:42 | 13:19 |
| FC 02 Barchfeld | 26:38 | 12:20 |
| SV Langenfeld | 39:67 | 11:21 |
| SC 08 Wasungen | 29:43 | 9:23 |

## Kreis Wartburg

| | | |
|---|---|---|
| VfL Ruhla | 55:18 | 32:4 |
| SV 99 Mühlhausen | 55:30 | 25:11 |
| Borussia Eisenach | 34:23 | 20:16 |
| Nordstern Mühlhausen | 52:44 | 20:16 |
| VfB Vacha | 34:44 | 17:19 |
| MSV Eisenach | 48:43 | 16:20 |
| SpVg. Eisenach | 31:42 | 16:20 |
| Wacker 07 Gotha | 34:35 | 15:21 |
| Arnoldi 01 Gotha | 38:49 | 15:21 |
| TSV Tennstedt | 20:71 | 4:32 |

# 1939/40

## Gauliga Mitte

| | | |
|---|---|---|
| **1. SV 03 Jena** | **54:11** | **27:1** |
| SV 05 Dessau | 65:31 | 17:11 |
| **Thüringen Weida** | **43:26** | **17:11** |
| **1. SV Gera** | **47:42** | **13:15** |
| Cricket/Victoria Magdeburg | 33:39 | 13:15 |
| VfL 96 Halle | 26:41 | 12:16 |
| SV 99 Merseburg | 14:59 | 8:20 |
| Sportfreunde Halle | 23:56 | 5:23 |

### Aufstiegsrunde zur Gauliga

| | | |
|---|---|---|
| SpVg. 1910 Zeitz | 8:3 | 7:1 |
| **SC Apolda** | **8:9** | **3:5** |
| Fortuna 1911 Magdeburg | 6:10 | 2:6 |

## Bezirksklasse Thüringen

### Staffel West

| | | |
|---|---|---|
| SC Apolda | 27:13 | 13:3 |
| SpVg. 02 Erfurt | 34:16 | 11:5 |
| SC 95 Erfurt | 22:19 | 7:9 |
| 1. Suhler SV 06 | 12:28 | 5:11 |
| VfB Sömmerda | 19:38 | 4:12 |

### Staffel Süd

| | | |
|---|---|---|
| SV 08 Steinach | 32:17 | 15:5 |
| VfL 07 Neustadt/Coburg | 40:26 | 12:8 |
| 1. FC 07 Lauscha | 40:34 | 11:9 |
| SpVg. Neuhaus | 24:36 | 9:11 |
| 1. SC 04 Sonneberg | 31:37 | 7:13 |
| SC 06 Oberlind | 21:38 | 6:14 |

## Kreisklasse Erfurt

### Staffel Arnstadt

| | | |
|---|---|---|
| SC Stadtilm | 62:14 | 20:4 |
| BC 07 Arnstadt | 37:18 | 15:9 |
| SV Gräfenroda | 23:15 | 14:8 |
| SV 09 Arnstadt | 35:33 | 12:12 |
| Griesheim | 41:56 | 9:15 |
| Marlishausen | 18:49 | 7:15 |
| Niederwillingen | 15:46 | 5:19 |
| Plaue | | zurückgezogen |

In der Klasse Erfurt gab es drei Staffeln, die Staffeln Erfurt, Ilmenau und Arnstadt. Nur die Abschlusstabelle der Staffel Arnstadt war bisher zu erforschen.

## Kreisklasse Weimar

### Staffel 3

| | | |
|---|---|---|
| VfL 06 Saalfeld | 41:16 | 18:6 |
| TSV Rudolstadt | 41:29 | 18:6 |
| SV 1910 Kahla | 36:33 | 12:12 |
| VfB Pößneck | 32:29 | 11:13 |
| MTV Saalfeld | 29:27 | 11:13 |
| Phönix Pößneck | 19:33 | 10:14 |
| TSV Ranis | 16:47 | 4:20 |

Die Klasse Weimar spielte mit acht Staffeln. Nur die Abschlusstabelle der Staffel 3 war bisher in Erfahrung zu bringen. Von den anderen Staffeln liegen bei einigen nur Zwischentabellen vor.

## Kreisklasse Osterland

### Staffel Gera

| | | |
|---|---|---|
| 1. FC Greiz | 33:11 | 13:3 |
| Tgde. Debschwitz | 33:20 | 12:4 |
| Wacker 1910 Gera | 15:24 | 5:9 |
| SpVg. 1914 Neustadt/Orla | 10:14 | 5:11 |
| TV Tannenhof | 5:27 | 3:11 |

In der Klasse Osterland gab es zwei Staffeln, die Staffeln Altenburg und Gera. Nur die Abschlusstabelle der Staffel Gera war bisher ausfindig zu machen.

## Kreisklasse Südthüringen

| | | |
|---|---|---|
| Siemens Neuhaus | 48:19 | 20:4 |
| SpVg. Mengersgereuth-Hämmern | 38:17 | 14:10 |
| TSV Haselbach | 29:27 | 12:12 |
| TV Steinach | 28:36 | 11:13 |
| Wacker Steinheid | 15:30 | 10:14 |
| TSV Sonneberg-West | 22:36 | 9:15 |
| FC 1910 Köppelsdorf | 30:45 | 8:16 |

## Kreisklasse Henneberg

| | | |
|---|---|---|
| SpVg. Suhl-Heinrichs | 25:7 | |
| SV 04 Breitungen | 22:10 | |
| SV 04 Schmalkalden | 20:12 | |
| SpVg. 06 Zella-Mehlis | 17:15 | |
| Union Zella-Mehlis | 14:18 | |
| VfL 04 Meiningen | 14:18 | |
| TuB Steinbach-Hallenberg | 13:19 | |
| FC 02 Barchfeld | 11:21 | |
| TuS Viernau | 8:24 | |

Die Torverhältnisse zu dieser Abschlusstabelle waren bisher nicht zu ermitteln.

## Kreisklasse Wartburg

| | | |
|---|---|---|
| SV 99 Mühlhausen | 45:17 | 22:6 |
| Borussia Eisenach | 54:24 | 21:7 |
| VfL Ruhla | 32:37 | 16:12 |
| SpVg. Eisenach | 33:29 | 15:11 |
| Wacker 07 Gotha | 29:21 | 14:14 |
| SpVg. Tiefenort | 30:32 | 11:15 |
| VfB Vacha | 11:21 | 6:14 |
| Nordstern Mühlhausen | 10:63 | 1:25 |

# 1940/41

## Bereichsklasse Mitte

| | | |
|---|---|---|
| **1. SV 03 Jena** | **63:12** | **24:4** |
| SV 05 Dessau | 53:25 | 19:9 |
| **Thüringen Weida** | **29:29** | **15:13** |
| Cricket/Victoria Magdeburg | 30:19 | 14:14 |
| VfL 96 Halle | 32:41 | 13:15 |
| SpVg. 1910 Zeitz | 23:36 | 13:15 |
| **1. SV Gera** | **20:37** | **9:19** |
| **SC Apolda** | **17:51** | **5:23** |

### Aufstiegsrunde zur Bereichsklasse

| | | |
|---|---|---|
| Wacker Halle | 7:4 | 7:1 |
| SG 98 Dessau | 4:5 | 3:5 |
| **SC 95 Erfurt** | **4:6** | **2:6** |

Da die Bereichsklasse auf zehn Mannschaften erweitert wurde, stiegen alle drei Mannschaften der Aufstiegsrunde am Ende auf.

## 1. Klasse Thüringen

### Staffel West

| | | |
|---|---|---|
| SC 95 Erfurt | 35:14 | 22:6 |
| 1. Suhler SV 06 | 39:31 | 21:7 |
| SpVg. 02 Erfurt | 29:15 | 15:13 |
| VfL 06 Saalfeld | 29:28 | 14:14 |
| SV 99 Mühlhausen | 24:27 | 13:15 |
| SpVg. Suhl-Heinrichs | 21:31 | 10:18 |
| Germania 07 Ilmenau | 18:41 | 9:19 |
| VfB Sömmerda | 18:35 | 8:20 |

### Staffel Süd

| | | |
|---|---|---|
| SV 08 Steinach | 65:19 | 23:5 |
| 1. SC 04 Sonneberg | 43:29 | 17:11 |
| 1. FC 07 Lauscha | 44:44 | 17:9 |
| VfL 07 Neustadt/Coburg | 48:33 | 15:13 |
| SC 06 Oberlind | 44:40 | 15:13 |
| SpVg. Neuhaus | 25:34 | 12:14 |
| TSV Wildenheid | 22:52 | 9:19 |
| Siemens Neuhaus | 19:59 | 2:26 |

## 2. Klasse Erfurt

### Gruppe Ilmenau

| | | |
|---|---|---|
| SV 09 Ilmenau | 51:13 | 25:3 |
| Geraberg | 46:21 | 20:6 |
| Gräfinau | 61:22 | 18:6 |
| Gehren | 52:21 | 17:9 |
| Langewiesen | 17:29 | 9:13 |
| Unterpörlitz | 21:43 | 6:16 |
| SC Oehrenstock | 16:30 | 6:16 |
| Großbreitenbach | 15:32 | 3:17 |
| Neustadt/Rst. | 12:82 | 2:22 |

### Gruppe Arnstadt

| | | |
|---|---|---|
| BC 07 Arnstadt | 80:14 | 18:2 |
| SV 09 Arnstadt | 41:27 | 13:7 |
| SC Stadtilm | 34:28 | 8:8 |
| SV Gräfenroda | 13:38 | 8:10 |
| Geschwenda | 26:56 | 5:13 |
| Marlishausen | 22:53 | 4:16 |

## 2. Klasse Weimar

### Staffel Nord

| | | |
|---|---|---|
| LSV Weimar | 61:17 | 20:4 |
| TuS Schott Jena | 28:17 | 16:6 |
| VfB 1910 Apolda | 36:27 | 15:9 |
| Vimaria 03 Weimar | 29:22 | 12:10 |
| SC 03 Weimar | 25:37 | 7:17 |
| SC Apolda | 10:45 | 4:14 |
| TV Wenigenjena | 9:33 | 4:16 |

### Staffel Süd

| | | |
|---|---|---|
| 1. SV 03 Jena II | 66:24 | 28:4 |
| VfB Pößneck | 67:35 | 25:7 |
| MTV Saalfeld | 52:42 | 20:12 |
| SV 1910 Kahla | 36:28 | 17:15 |
| Phönix Pößneck | 43:49 | 14:18 |
| VfB 1911 Jena | 32:37 | 14:18 |
| SpVg. 1914 Neustadt/Orla | 40:53 | 12:20 |
| TSV Rudolstadt | 37:64 | 11:21 |
| TV Könitz | 11:49 | 3:29 |

## 2. Klasse Osterland

### Gruppe A

| | | |
|---|---|---|
| Wacker 1910 Gera | 35:11 | 17:3 |
| SC Hermsdorf-Klosterlausnitz | 18:16 | 12:8 |
| 1. FC Greiz | 16:11 | 11:9 |
| Tgde. Debschwitz | 33:31 | 10:10 |
| TV Wünschendorf | 14:26 | 5:15 |
| TuB Hermsdorf | 19:40 | 5:15 |

### Gruppe B

| | | |
|---|---|---|
| FSV Rositz | 19:5 | 8:2 |
| TV Serbitz | 8:11 | 7:3 |
| Eintracht Altenburg | 10:11 | 6:4 |
| VfL Altenburg | 14:10 | 4:6 |
| SpVg. Meuselwitz | 11:15 | 4:6 |
| Eichenkranz Meuselwitz | 7:17 | 1:9 |

Von der Gruppe B war bisher nur die Tabelle der 1. Halbserie in Erfahrung zu bringen.

## 2. Klasse Südthüringen

| | | |
|---|---|---|
| SV Heinersdorf | 26:16 | 11:5 |
| SC 1919 Effelder | 40:15 | 10:6 |
| FC 1910 Köppelsdorf | 22:30 | 8:8 |
| TV Steinach | 13:23 | 6:10 |
| SpVg. Mengersgereuth-Hämmern | 13:30 | 5:11 |
| TSV Sonneberg-West | | zurückgezogen |
| TSV Haselbach | | zurückgezogen |

## 2. Klasse Henneberg

| | | |
|---|---|---|
| SpVg. 06 Zella-Mehlis | 66:18 | 25:7 |
| Union Zella-Mehlis | 37:20 | 23:9 |
| TuB Steinbach-Hallenberg | 26:11 | 23:9 |
| SV 04 Breitungen | 43:20 | 17:15 |
| VfL 04 Meiningen | 35:45 | 15:17 |
| SV 04 Schmalkalden | 28:49 | 13:19 |
| SC 07 Schleusingen | 25:54 | 11:21 |
| SV 09 Benshausen | 25:39 | 9:23 |
| Aue | 28:57 | 8:24 |

## 2. Klasse Wartburg

| | | |
|---|---|---|
| SpVg. Tiefenort | 23:19 | 18:6 |
| Borussia Eisenach | 34:24 | 13:11 |
| Arnoldi 01 Gotha | 38:28 | 14:10 |
| Wacker 07 Gotha | 38:32 | 12:12 |
| VfB 09 Mühlhausen | 33:37 | 12:12 |
| VfL Ruhla | 14:21 | 10:14 |
| SpVg. Eisenach | 14:32 | 7:17 |

# 1941/42

## Bereichsklasse Mitte

| | | |
|---|---|---|
| SV 05 Dessau | 76:14 | 32:4 |
| **1. SV 03 Jena** | **53:27** | **27:9** |
| Wacker Halle | 49:28 | 23:13 |
| VfL 96 Halle | 41:46 | 23:13 |
| **SC 95 Erfurt** | **36:35** | **19:17** |
| SpVg. 1910 Zeitz | 24:33 | 16:20 |
| SG 98 Dessau | 32:52 | 14:22 |
| **1. SV Gera** | **36:57** | **11:25** |
| **Thüringen Weida** | **20:53** | **9:27** |
| Cricket/Victoria Magdeburg | 23:55 | 6:30 |

### Aufstiegsrunde zur Bereichsklasse

| | | |
|---|---|---|
| **SpVg. 02 Erfurt** | **9:6** | **6:2** |
| Sportfreunde Halle | 10:10 | 3:5 |
| Fortuna 1911 Magdeburg | 8:11 | 3:5 |

## 1. Klasse Thüringen

### Staffel West

| | | |
|---|---|---|
| SpVg. 02 Erfurt | 52:16 | 20:4 |
| LSV Nohra/Weimar | 53:19 | 16:8 |
| SpVg. Suhl-Heinrichs | 38:37 | 14:10 |
| SV 99 Mühlhausen | 22:40 | 11:13 |
| 1. Suhler SV 06 | 25:30 | 10:14 |
| VfL 06 Saalfeld | 17:35 | 10:14 |
| VfB 04 Erfurt | 24:52 | 3:21 |

### Staffel Süd

| | | |
|---|---|---|
| SC 06 Oberlind | 58:22 | 19:5 |
| 1. SC 04 Sonneberg | 53:25 | 19:5 |
| TSV Wildenheid | 31:26 | 11:9 |
| SV 08 Steinach | 20:33 | 6:12 |
| 1. FC 07 Lauscha | 11:24 | 5:7 |
| SV Heinersdorf | 18:45 | 4:14 |

## 2. Klasse Weimar

### Staffel Süd

| | | |
|---|---|---|
| LSV Rudolstadt | 40:17 | 20:4 |
| SV 1910 Kahla | 36:19 | 15:7 |
| VfB Pößneck | 28:25 | 12:10 |
| SpVg. 1914 Neustadt/Orla | 27:15 | 11:13 |
| VfL 06 Saalfeld II | 19:56 | 10:14 |
| MTV Saalfeld | 36:40 | 9:15 |
| Phönix Pößneck | 23:35 | 5:19 |

## 2. Klasse Henneberg

| | | |
|---|---|---|
| Union Zella-Mehlis | 43:15 | 22:4 |
| TuB Steinbach-Hallenberg | 25:16 | 14:10 |
| SpVg. 06 Zella-Mehlis | 27:22 | 14:10 |
| TuS Viernau | 31:28 | 14:14 |
| SV 04 Schmalkalden | 23:31 | 10:10 |
| TuS Erlau | 18:27 | 8:12 |
| VfL 04 Meiningen | 15:36 | 6:18 |
| Blau-Weiß Steinbach | 11:18 | 4:14 |

## 2. Klasse Wartburg

| | | |
|---|---|---|
| LSV Gotha | 74:15 | 28:6 |
| Wacker 07 Gotha | 37:30 | 26:10 |
| Meteor Waltershausen | 41:35 | 23:13 |
| Borussia Eisenach | 40:32 | 20:14 |
| VfL Ruhla | 44:30 | 19:9 |
| SpVg. Eisenach | 35:37 | 18:16 |
| Arnoldi 01 Gotha | 36:56 | 17:19 |
| Reichsbahn-SG Eisenach | 36:60 | 9:25 |
| VfB 09 Mühlhausen | 21:50 | 8:20 |
| SpVg. Tiefenort | 3:22 | 0:36 |

# 1942/43

## Bereichsklasse Mitte

| | | |
|---|---|---|
| SV 05 Dessau | 104:20 | 33:3 |
| **SpVg. 02 Erfurt** | **35:31** | **21:15** |
| Wacker Halle | 44:46 | 20:16 |
| Sportfreunde Halle | 44:45 | 19:17 |
| **1. SV 03 Jena** | **42:38** | **17:19** |
| SG 98 Dessau | 47:61 | 17:19 |
| VfL 96 Halle | 54:48 | 15:21 |
| **SC 95 Erfurt** | **21:36** | **14:22** |
| **1. SV Gera** | **22:62** | **14:22** |
| SpVg. 1910 Zeitz | 32:58 | 10:26 |

## 1. Klasse Thüringen

### Staffel Nord

### Gruppe 1

| | | |
|---|---|---|
| LSV Nordhausen | 28:4 | 12:0 |
| 1. Suhler SV 06 | 15:7 | 6:6 |
| SpVg. Suhl-Heinrichs | 12:13 | 3:9 |
| Union Zella-Mehlis | 6:31 | 3:9 |

### Gruppe 2

| | | |
|---|---|---|
| VfL 06 Saalfeld | 31:15 | 15:5 |
| LSV Nohra/Weimar | 46:16 | 14:6 |
| LSV Rudolstadt | 35:21 | 14:6 |
| LSV Erfurt | 32:27 | 11:9 |
| SV 09 Arnstadt | 15:53 | 4:16 |
| TuS Schott Jena | 8:35 | 2:18 |

### Staffel Süd

Die Abschlusstabelle der Staffel Süd war bisher noch nicht in Erfahrung zu bringen. Das gilt auch für alle Tabellen der 2. Klasse des Spieljahres 1942/43.

# 1943/44

## Bereichsklasse Mitte

| | | |
|---|---|---|
| SV 05 Dessau | 68:13 | 27:3 |
| KSG RB/VfL 99 Merseburg | 57:32 | 21:13 |
| **SpVg. 02 Erfurt** | **47:31** | **20:12** |
| **SC 95 Erfurt** | **30:30** | **19:11** |
| **1. SV 03 Jena** | **24:41** | **19:17** |
| SG 98 Dessau | 26:50 | 17:19 |
| Sportfreunde Halle | 30:38 | 15:19 |
| Wacker Halle | 30:56 | 12:24 |
| VfL 96 Halle | 36:53 | 10:22 |
| Preußen 02 Burg | 33:37 | 8:28 |

## 2. Klasse Weimar

### Staffel I

| | | |
|---|---|---|
| SC 03 Weimar | 36:16 | 19:5 |
| Vimaria 03 Weimar | 50:23 | 16:8 |
| TuS Schott Jena | 26:26 | 12:10 |
| VfB 1910 Apolda | 31:36 | 12:12 |
| 1. SV 03 Jena II | 21:10 | 6:14 |
| SC Apolda | 16:26 | 4:14 |
| Polizei Jena | 7:50 | 1:19 |

### Staffel II

| | | |
|---|---|---|
| LSV Rudolstadt I | 88:18 | 28:0 |
| LSV Rudolstadt II | 33:30 | 16:8 |
| VfL 06 Saalfeld | 36:31 | 14:12 |
| MTV Saalfeld | 27:36 | 10:18 |
| BSV Rudolstadt | 23:35 | 10:12 |
| VfB Pößneck | 32:49 | 9:17 |
| Reichsbahn-SV Saalfeld | 25:32 | 8:18 |
| Phönix Pößneck | 14:48 | 7:17 |

## 2. Klasse Wartburg

| | | |
|---|---|---|
| Sundhausen (Heeresflak) | 17:12 | 16:6 |
| Wacker 07 Gotha | 30:19 | 16:8 |
| SpVg. Tiefenort | 19:9 | 14:6 |
| Luftwaffe Gotha | 23:17 | 11:9 |
| SpVg. Eisenach | 27:25 | 11:13 |
| SpVg. im TV 1860 Gotha | 28:32 | 11:13 |
| Arnoldi 01 Gotha | 27:31 | 10:12 |
| Borussia Eisenach | 11:19 | 6:14 |
| SpVg. Siebleben | 15:33 | 5:19 |

## 2. Klasse Südthüringen

| | | |
|---|---|---|
| 1. SC 04 Sonneberg | 51:16 | 17:3 |
| SC 06 Oberlind | 47:7 | 16:4 |
| SV 08 Steinach | 31:23 | 11:9 |
| 1. FC 07 Lauscha | 23:42 | 9:11 |
| SV Heinersdorf | 35:33 | 7:13 |
| LSV Sonneberg | 7:73 | 0:20 |
| TSV Wildenheid | zurückgezogen | |

# Thüringer Fußball nach dem Zweiten Weltkrieg in Zahlen

## 1948/49

### Landesklasse

**Staffel I**

| | | |
|---|---|---|
| Altenburg-Nord | 46:17 | 21:7 |
| Steinach | 41:17 | 19:9 |
| Weida | 27:16 | 18:10 |
| Wurzbach | 32:24 | 17:11 |
| Gera-Pforten | 40:25 | 16:12 |
| Union Schalkau | 28:31 | 12:16 |
| Triebes | 25:41 | 7:21 |
| Fichte Probstzella | 18:86 | 2:26 |

**Staffel II**

| | | |
|---|---|---|
| Fortuna Erfurt | 45:19 | 21:7 |
| Sömmerda | 31:25 | 17:11 |
| Jena-Stadion | 26:18 | 15:13 |
| Eintracht Weimar | 22:19 | 14:14 |
| Bleicherode | 19:40 | 12:16 |
| Union Erfurt | 17:15 | 11:17 |
| Olympia Apolda | 17:27 | 11:17 |
| Uder | 14:28 | 11:17 |

**Staffel III**

| | | |
|---|---|---|
| Vorwärts Gotha | 43:24 | 21:7 |
| Breitungen | 32:20 | 20:8 |
| Tiefenort | 27:18 | 16:12 |
| Suhl | 31:28 | 16:12 |
| Sondershausen | 28:35 | 13:15 |
| Steinbach-Hallenberg | 22:31 | 12:16 |
| Spfr. Langensalza | 27:26 | 11:17 |
| Vorwärts Mühlhausen | 25:53 | 3:25 |

Meisterschafts-Entscheidung der drei Staffel-sieger: Fort. Erfurt - Vorw. Gotha 1:1, Fort. Erfurt - Altenburg-N. 3:1, Vorw. Gotha - Altenburg-N. 1:5. Meister damit Fortuna Erfurt. Abstiegsentscheidung wegen Punktgleichheit in der Staffel II: Uder - Olym. Apolda 1:0, Uder - Union Erfurt 0:0, Union Erfurt - Olym. Apolda 2:1. Absteiger damit Olympia Apolda.

## 1949/50

### DS-Liga

| | | |
|---|---|---|
| ZSG Horch Zwickau | 69:27 | 41:11 |
| SG Dresden-Friedrichstadt | 87:29 | 39:13 |
| BSG Waggonbau Dessau | 67:36 | 37:15 |
| **BSG KWU Erfurt** | **58:30** | **35:17** |
| ZSG Union Halle | 56:38 | 31:21 |
| BSG Franz Mehring Marga | 49:48 | 31:21 |
| BSG Volksstimme Babelsberg | 42:66 | 24:28 |
| ZSG Industrie Leipzig | 38:45 | 22:30 |
| BSG Einheit Meerane | 38:56 | 21:31 |
| BSG Hans Wendler Stendal | 31:45 | 19:33 |
| **BSG Gera-Süd** | **34:54** | **19:33** |
| **ZSG Altenburg** | **34:50** | **17:35** |
| ZSG Anker Wismar | 35:60 | 17:35 |
| BSG Vorwärts Schwerin | 30:84 | 11:41 |

### Landesklasse

**Staffel 1**

| | | |
|---|---|---|
| KWU Weimar | 67:22 | 36:12 |
| KWU Nordhausen | 62:39 | 33:15 |
| Vorwärts Gotha | 56:34 | 32:16 |
| Rheinmetall Sömmerda | 61:33 | 31:17 |
| Volkspolizei Weimar | 66:42 | 29:19 |
| SG Werra Breitungen | 50:39 | 26:22 |
| SG Bleicherode | 53:67 | 23:25 |
| Glückauf Kaiseroda | 48:46 | 22:26 |
| SG Sondershausen | 51:65 | 22:26 |
| Geschwister Scholl Uder | 36:54 | 21:27 |
| Henry Pels Erfurt | 30:76 | 16:32 |
| SG Waltershausen | 36:63 | 13:35 |
| Olympia Erfurt | 26:62 | 8:40 |

**Staffel 2**

| | | |
|---|---|---|
| SG Lauscha | 73:28 | 37:11 |
| Zeiß Jena | 56:22 | 35:13 |
| ZSG Neustadt/Orla | 56:31 | 34:14 |
| SG Steinach | 55:32 | 33:15 |
| Metall Apolda | 53:41 | 32:16 |
| Franken Wurzbach | 43:37 | 27:21 |
| Schott Jena | 51:55 | 26:22 |
| RFT Gera | 48:43 | 24:24 |
| Industrie Weida | 36:41 | 22:26 |
| Keramik Kahla | 40:43 | 21:27 |
| ZBSG Suhl | 34:57 | 14:34 |
| SG Steinbach-Hallenberg | 18:74 | 4:44 |
| Union Schalkau | 25:84 | 3:45 |

Entscheidungsspiel der beiden Staffelersten um die Landesmeisterschaft: **KWU Weimar - SG Lauscha 1:0**

## 1950/51

### Oberliga

| | | |
|---|---|---|
| **BSG Turbine Erfurt** | **80:37** | **50:18** |
| BSG Chemie Leipzig | 66:33 | 50:18 |
| BSG Motor Zwickau | 72:35 | 43:25 |
| SG Volkspolizei Dresden | 75:40 | 43:25 |
| BSG Aktivist Brieske-Ost | 87:79 | 43:25 |
| BSG Turbine Halle | 74:50 | 40:28 |
| BSG Stahl Thale | 82:65 | 39:29 |
| BSG Rotation Babelsberg | 95:78 | 39:29 |
| BSG Motor Dessau | 68:62 | 34:34 |
| BSG Fortschritt Meerane | 65:71 | 32:36 |
| **BSG Stahl Altenburg** | **46:61** | **31:37** |
| BSG Rotation Dresden | 64:61 | 30:38 |
| **BSG Motor Gera** | **59:63** | **30:38** |
| BSG Lokomotive Stendal | 73:73 | 29:39 |
| SG Union Oberschöneweide | 49:72 | 26:42 |
| **BSG Turbine Weimar** | **45:71** | **26:42** |
| SC Lichtenberg 47 | 49:96 | 20:48 |
| VfB Pankow | 29:131 | 7:61 |

Entscheidungsspiel um die Meisterschaft: Chemie Leipzig - Turbine Erfurt 2:0.

### DS-Liga

**Staffel Süd**

| | | |
|---|---|---|
| Zentra Wismut Aue | 50:15 | 27:9 |
| Chemie Zeitz | 36:23 | 24:12 |
| Einheit Ost Leipzig | 48:20 | 23:13 |
| Schuhmetro Weißenfels | 40:22 | 23:13 |
| Freiheit Wismut Lauter | 40:18 | 20:16 |
| Fewa Chemnitz | 35:24 | 20:16 |
| **Mechanik Jena** | **37:33** | **18:18** |
| **SG Lauscha** | **33:40** | **16:20** |
| **Motor Nordhausen** | **21:79** | **5:31** |
| Concordia Wilhelmsruh | 17:83 | 4:32 |

### Landesklasse

| | | |
|---|---|---|
| Volkspolizei Weimar | 71:31 | 40:12 |
| ZSG Neustadt/Orla | 60:35 | 36:16 |
| Mechanik Sömmerda | 71:41 | 34:18 |
| Mechanik Steinach | 62:36 | 33:19 |
| Aktivist Kaiseroda | 50:41 | 30:22 |
| Metall Apolda | 50:43 | 30:22 |
| Chemie Jena | 57:58 | 25:27 |
| Nortag Salza | 49:58 | 25:27 |
| Motor Eisenach | 61:63 | 21:31 |
| Motor Gotha | 48:53 | 21:31 |
| Glückauf Bleicherode | 44:64 | 21:31 |
| Franken Wurzbach | 23:55 | 17:35 |
| Einheit Breitungen | 43:81 | 16:36 |
| Mechanik Gera 1 B | 39:69 | 15:37 |

## 1951/52

### Oberliga

| | | |
|---|---|---|
| BSG Turbine Halle | 80:42 | 53:19 |
| SG Volkspolizei Dresden | 79:53 | 49:23 |
| BSG Chemie Leipzig | 90:53 | 47:25 |
| BSG Rotation Dresden | 73:44 | 46:26 |
| BSG Motor Zwickau | 71:50 | 45:27 |
| BSG Rotation Babelsberg | 75:58 | 42:30 |
| BSG Wismut Aue | 75:62 | 40:32 |
| **BSG Turbine Erfurt** | **58:47** | **39:33** |
| BSG Aktivist Brieske-Ost | 72:74 | 38:34 |
| BSG Lokomotive Stendal | 70:69 | 37:35 |
| SG Motor Oberschöneweide | 53:66 | 35:37 |
| BSG Motor Dessau | 67:69 | 34:38 |
| BSG Stahl Thale | 52:59 | 31:41 |
| **BSG Motor Gera** | **56:72** | **31:41** |
| SV Vorwärts KVP Leipzig | 57:60 | 30:42 |
| BSG Fortschritt Meerane | 66:89 | 26:46 |
| BSG Motor Wismar | 55:77 | 24:48 |
| **BSG Stahl Altenburg** | **46:95** | **21:51** |
| BSG Einheit Pankow | 38:94 | 16:56 |

### DS-Liga

**Staffel 1**

| | | |
|---|---|---|
| Empor Lauter | 45:22 | 33:11 |
| **Motor Nordhausen-West** | **54:32** | **30:14** |
| Fortschritt Weißenfels | 37:23 | 27:17 |
| Stahl Magdeburg | 47:30 | 25:19 |
| **Volkspolizei Weimar** | **33:31** | **25:19** |
| Einheit Ost Leipzig | 46:28 | 24:20 |
| Volkspolizei Potsdam | 36:33 | 24:20 |
| Chemie Großräschen | 43:42 | 23:21 |
| **Chemie Lauscha** | **38:38** | **16:28** |
| Einheit Schwerin | 18:56 | 16:28 |
| Fortschritt Cottbus | 22:41 | 14:30 |
| Lichtenberg 47 | 17:60 | 7:37 |

**Staffel 2**

| | | |
|---|---|---|
| **Motor Jena** | **55:22** | **33:11** |
| Chemie Chemnitz | 51:19 | 32:12 |
| Rotation Plauen | 69:30 | 30:14 |
| **Turbine Weimar** | **53:27** | **30:14** |
| Chemie Zeitz | 53:35 | 25:19 |
| Volkspolizei Schwerin | 43:42 | 22:22 |
| Einheit Spremberg | 31:39 | 22:22 |
| Wissenschaft Halle | 29:42 | 19:25 |
| Einheit Burg | 29:53 | 19:25 |
| Lokomotive Cottbus | 22:51 | 14:30 |
| Hohenschönhausener SC | 23:57 | 9:35 |
| SV Grünau | 18:61 | 9:35 |

### Landesklasse

| | | |
|---|---|---|
| Aktivist Kaiseroda/Tiefenort | 63:36 | 37:15 |
| Einheit Sonneberg | 73:41 | 35:17 |
| Motor Sömmerda | 59:46 | 33:19 |
| Stahl Steinach | 55:40 | 31:21 |
| Stahl Meuselwitz | 44:36 | 30:22 |
| Motor Gotha | 62:59 | 29:23 |
| Chemie Jena | 47:49 | 28:24 |
| Motor Eisenach | 51:46 | 26:26 |
| Fortschritt Neustadt/Orla | 49:42 | 24:28 |
| Empor Nordhausen/Salza | 64:64 | 23:29 |
| Empor Apolda | 46:57 | 20:32 |
| Aktivist Bleicherode | 37:49 | 20:32 |
| Traktor Wurzbach | 31:61 | 19:33 |
| Motor Sondershausen | 22:77 | 9:43 |

## 1952/53

### Oberliga

| | | |
|---|---|---|
| SG Dynamo Dresden | 51:33 | 38:26 |
| BSG Wismut Aue | 57:48 | 38:26 |
| BSG Motor Zwickau | 54:43 | 37:27 |
| BSG Rotation Dresden | 65:55 | 36:28 |
| BSG Stahl Thale | 45:47 | 36:28 |
| BSG Motor Dessau | 66:55 | 35:29 |
| **BSG Turbine Erfurt** | **51:44** | **34:30** |
| BSG Chemie Leipzig | 55:51 | 34:30 |
| BSG Aktivist Brieske-Ost | 55:52 | 34:30 |
| BSG Empor Lauter | 58:61 | 33:31 |
| BSG Lokomotive Stendal | 56:54 | 32:32 |
| BSG Rotation Babelsberg | 58:59 | 32:32 |
| BSG Turbine Halle | 51:44 | 31:33 |
| SV Vorwärts KVP Leipzig | 49:56 | 30:34 |
| SG Motor Oberschöneweide | 47:50 | 27:37 |
| **BSG Motor Jena** | **35:62** | **22:42** |
| **BSG Wismut Gera** | **32:71** | **15:49** |

Entscheidungsspiel um die Meisterschaft: Dynamo Dresden - Wismut Aue 3:2 n.V.

### DDR-Liga

**Staffel 1**

| | | |
|---|---|---|
| Fortschritt Meerane | 67:22 | 37:11 |
| Fortschritt Weißenfels | 48:23 | 34:14 |
| Chemie Zeitz | 47:28 | 31:17 |
| Rotation Plauen | 44:32 | 30:18 |
| **Turbine Weimar** | **38:30** | **27:21** |
| **Motor Nordhausen-West** | **47:37** | **25:23** |
| Chemie Chemnitz | 39:34 | 24:24 |
| **Motor Altenburg** | **44:51** | **23:25** |
| **Chemie Lauscha** | **37:48** | **23:25** |
| Chemie Großräschen | 40:38 | 22:26 |
| **Dynamo Erfurt** | **38:39** | **21:27** |
| **Aktivist Kaiseroda** | **30:61** | **12:36** |
| Einheit Spremberg | 18:94 | 3:45 |

### Bezirksliga Erfurt

| | | |
|---|---|---|
| Aktivist Bleicherode | 48:22 | 31:13 |
| Motor Sömmerda | 45:27 | 30:14 |
| Motor Gotha | 44:43 | 28:16 |
| Einheit Arnstadt | 60:38 | 27:17 |
| Motor Eisenach | 59:35 | 25:19 |
| Empor Apolda | 56:46 | 23:21 |
| Motor Erfurt-Nord | 36:48 | 23:21 |
| Post Mühlhausen | 30:37 | 19:25 |
| Empor Nordhausen-Salza | 40:54 | 19:25 |
| SG Dingelstädt | 33:61 | 14:30 |
| Einheit Erfurt | 31:53 | 13:31 |
| Motor Sondershausen | 33:51 | 12:32 |

### Bezirksliga Gera

| | | |
|---|---|---|
| Chemie Jena | 41:11 | 34:10 |
| Chemie Elsterberg | 66:25 | 30:14 |
| Motor Neustadt/Orla | 53:18 | 30:14 |
| Chemie Kahla | 51:34 | 26:18 |
| Fortschritt Weida | 32:27 | 26:18 |
| Motor Saalfeld | 45:39 | 23:21 |
| Einheit Rudolstadt | 35:33 | 22:22 |
| Einheit Greiz | 41:51 | 19:25 |
| Motor Königsee | 47:60 | 18:26 |
| Aufbau Triebes | 37:55 | 14:30 |
| Fortschritt Pößneck | 17:61 | 13:31 |
| Traktor Wurzbach | 12:63 | 9:35 |

### Bezirksliga Suhl

| | | |
|---|---|---|
| Empor Ilmenau | 56:41 | 23:13 |
| Motor Mitte Suhl | 45:31 | 22:14 |
| Motor Steinach | 38:28 | 22:14 |
| Chemie Neuhaus-Schierschnitz | 44:29 | 21:15 |
| Einheit Sonneberg | 33:25 | 21:15 |
| Motor Oberlind | 45:35 | 20:16 |
| Einheit Meiningen | 32:42 | 17:19 |
| Motor Breitungen | 37:33 | 15:21 |
| Lokomotive Meiningen | 36:48 | 11:25 |
| Fortschritt Fambach | 17:71 | 8:28 |

## 1953/54

### Oberliga

| | | |
|---|---|---|
| **BSG Turbine Erfurt** | **58:36** | **39:17** |
| BSG Chemie Leipzig | 51:37 | 35:21 |
| SG Dynamo Dresden | 54:44 | 34:22 |
| BSG Wismut Aue | 59:42 | 33:23 |
| BSG Rotation Babelsberg | 58:43 | 32:24 |
| BSG Aktivist Brieske-Ost | 48:43 | 30:26 |
| BSG Rotation Dresden | 46:39 | 28:28 |
| BSG Turbine Halle | 30:30 | 28:28 |
| BSG Empor Lauter | 40:38 | 27:29 |
| BSG Fortschritt Meerane | 46:46 | 25:31 |
| BSG Motor Zwickau | 39:56 | 25:31 |
| BSG Einheit Ost Leipzig | 43:57 | 23:33 |
| BSG Lokomotive Stendal | 38:51 | 23:33 |
| BSG Motor Dessau | 38:55 | 23:33 |
| BSG Stahl Thale | 28:59 | 15:41 |

### DDR-Liga

**Staffel 1**

| | | |
|---|---|---|
| Chemie Karl-Marx-Stadt | 59:22 | 41:11 |
| **Wismut Gera** | **58:48** | **32:20** |
| Fortschritt Weißenfels | 52:38 | 30:22 |
| **Chemie Lauscha** | **54:47** | **29:23** |
| **Turbine Weimar** | **56:55** | **29:23** |
| Motor Oberschöneweide | 52:41 | 27:25 |
| **Motor Nordhausen-West** | **64:63** | **26:26** |
| **Motor Altenburg** | **56:59** | **26:26** |
| Chemie Zeitz | 45:44 | 25:27 |
| Rotation Plauen | 38:48 | 25:27 |
| Fortschritt Hartha | 53:48 | 24:28 |
| Stahl Freital | 42:68 | 18:34 |
| **Chemie Jena** | **38:62** | **17:35** |
| Dynamo Berlin | 41:65 | 15:37 |

**Staffel 2**

| | | |
|---|---|---|
| ZSK Vorwärts Berlin | 79:28 | 43:9 |
| Chemie Glauchau | 65:39 | 32:20 |
| Empor Wurzen | 62:42 | 31:21 |
| Motor Mitte Magdeburg | 47:36 | 29:23 |
| Chemie Großräschen | 50:42 | 29:23 |
| **Motor Jena** | **37:26** | **27:25** |
| Chemie Wolfen | 44:50 | 27:25 |
| Einheit Greifswald | 44:54 | 24:28 |
| Wissenschaft Halle | 42:54 | 24:28 |
| Motor Wismar | 37:47 | 23:29 |
| Dynamo Eisleben | 40:58 | 23:29 |
| Motor Süd Brandenburg | 41:51 | 22:30 |
| Einheit Pankow | 30:56 | 19:33 |
| Motor Hennigsdorf | 39:74 | 11:41 |

### Bezirksliga Erfurt

| | | |
|---|---|---|
| Motor Eisenach | 59:28 | 33:11 |
| Motor Nord Erfurt | 54:40 | 29:15 |
| Chemie Apolda | 59:28 | 28:16 |
| Aktivist Bleicherode | 50:39 | 26:18 |
| Einheit Arnstadt | 55:36 | 24:20 |
| Motor Gotha | 39:30 | 24:20 |
| Dynamo Erfurt | 40:43 | 22:22 |
| Motor Sömmerda | 35:45 | 19:25 |
| Chemie Waltershausen | 23:34 | 19:25 |
| Einheit Heiligenstadt | 34:58 | 16:28 |
| Post Mühlhausen | 33:52 | 13:31 |
| Empor Nordhausen-Salza | 20:68 | 11:33 |

### Bezirksliga Gera

| | | |
|---|---|---|
| Chemie Kahla | 40:26 | 31:13 |
| Chemie Elsterberg | 65:27 | 28:16 |
| Motor Neustadt/Orla | 65:31 | 27:17 |
| Motor Saalfeld | 44:34 | 25:19 |
| Fortschritt Weida | 31:37 | 22:22 |
| Motor Königsee | 44:53 | 22:22 |
| Einheit Greiz | 44:43 | 20:24 |
| Stahl Silbitz | 42:51 | 20:24 |
| Einheit Rudolstadt | 35:41 | 19:25 |
| Aufbau Triebes | 34:46 | 19:25 |
| Fortschritt Pößneck | 36:55 | 19:25 |
| Chemie Hermsdorf | 32:68 | 12:32 |

### Bezirksliga Suhl

| | | |
|---|---|---|
| Motor Oberlind | 68:25 | 36:8 |
| Aktivist Tiefenort | 66:42 | 27:17 |
| Motor Breitungen | 49:50 | 25:19 |
| Einheit Sonneberg | 37:28 | 24:20 |
| Empor Ilmenau | 69:53 | 24:20 |
| Motor Rauenstein | 36:47 | 21:23 |
| Einheit Meiningen | 35:48 | 21:23 |
| Motor Steinach | 42:35 | 19:25 |
| Motor Mitte Suhl | 34:34 | 18:26 |
| Chemie Neuhaus-Schierschnitz | 29:40 | 18:26 |
| Aufbau Katzhütte | 41:66 | 18:26 |
| Lokomotive Meiningen | 16:54 | 13:31 |

## 1954/55

### Oberliga

| | | |
|---|---|---|
| **SC Turbine Erfurt** | **58:25** | **34:18** |
| SC Wismut Karl-Marx-Stadt | 62:38 | 33:19 |
| SC Rotation Leipzig | 58:47 | 30:22 |
| SC Einheit Dresden | 64:55 | 29:23 |
| BSG Motor Zwickau | 51:49 | 28:24 |
| SC Aktivist Brieske-Senftenberg | 37:44 | 27:25 |
| SC Dynamo Berlin | 50:50 | 26:26 |
| ASK Vorwärts Berlin | 43:46 | 26:26 |
| SC Empor Rostock | 29:33 | 26:26 |
| BSG Chemie Karl-Marx-Stadt | 34:43 | 25:27 |
| SC Lokomotive Leipzig | 33:38 | 24:28 |
| SC Chemie Halle-Leuna | 28:52 | 20:32 |
| BSG Rotation Babelsberg | 36:36 | 23:29 |
| BSG Fortschritt Meerane | 31:58 | 13:39 |

### DDR-Liga

**Staffel 2**

| | | |
|---|---|---|
| Fortschritt Weißenfels | 72:26 | 45:7 |
| **SC Motor Jena** | **60:26** | **42:10** |
| Chemie Zeitz | 73:41 | 34:18 |
| **Motor Nordhausen-West** | **69:46** | **31:21** |
| Dynamo Eisleben | 54:38 | 29:23 |
| **Lokomotive Weimar** | **50:39** | **28:24** |
| Stahl Thale | 46:45 | 25:27 |
| **Chemie Lauscha** | **51:44** | **24:28** |
| Vorwärts Leipzig | 53:54 | 24:28 |
| **Motor Eisenach** | **41:60** | **21:31** |
| **Motor Oberlind** | **44:68** | **19:33** |
| Chemie Greppin | 46:74 | 19:33 |
| Motor Schönebeck | 41:70 | 17:35 |
| **Chemie Kahla** | **24:93** | **6:46** |

## DDR-Liga

**Staffel 3**

| | | |
|---|---|---|
| Motor Dessau | 56:22 | 38:14 |
| **Wismut Gera** | **52:29** | **35:17** |
| Chemie Glauchau | 68:38 | 35:17 |
| **Motor Altenburg** | **54:34** | **35:17** |
| Aufbau Großräschen | 49:48 | 30:22 |
| Stahl Freital | 41:54 | 25:27 |
| Motor West Karl-Marx-Stadt | 48:49 | 23:29 |
| Fortschritt Hartha | 53:56 | 23:29 |
| Stahl Stalinstadt | 34:63 | 22:30 |
| Dynamo Dresden | 61:45 | 21:31 |
| Motor Bautzen | 42:63 | 20:32 |
| Rotation Nordost Leipzig | 29:49 | 20:32 |
| Wismut Plauen | 43:55 | 19:33 |
| Chemie Weißwasser | 34:59 | 18:34 |

## Bezirksliga Erfurt

| | | |
|---|---|---|
| Aktivist Bleicherode | 61:32 | 32:12 |
| Motor Nord Erfurt | 48:33 | 28:16 |
| Motor Sömmerda | 44:41 | 26:18 |
| Einheit Arnstadt | 52:39 | 25:19 |
| Motor Gotha | 47:40 | 23:21 |
| Dynamo Erfurt | 44:48 | 23:21 |
| Chemie Apolda | 50:33 | 21:23 |
| Motor Rudisleben | 50:53 | 21:23 |
| Chemie Waltershausen | 37:60 | 19:25 |
| Einheit Mitte Erfurt | 39:58 | 17:27 |
| Einheit Heiligenstadt | 34:43 | 16:28 |
| Aktivist Sondershausen | 34:60 | 13:31 |

## Bezirksliga Gera

| | | |
|---|---|---|
| Chemie Jena | 65:30 | 32:12 |
| Motor Neustadt/Orla | 52:31 | 31:13 |
| Chemie Elsterberg | 71:26 | 28:16 |
| Stahl Silbitz | 53:28 | 28:16 |
| Aufbau Triebes | 57:50 | 25:19 |
| Fortschritt Weida | 40:26 | 24:20 |
| Einheit Rudolstadt | 45:45 | 22:22 |
| Motor Saalfeld | 36:45 | 18:26 |
| Einheit Greiz | 33:48 | 17:27 |
| Motor Königsee | 36:59 | 17:27 |
| Chemie Rudolstadt 2 | 32:82 | 15:29 |
| Chemie Triptis | 25:55 | 7:37 |

## Bezirksliga Suhl

| | | |
|---|---|---|
| Einheit Sonneberg | 51:19 | 34:10 |
| Motor Mitte Schmalkalden | 51:32 | 29:15 |
| Motor Breitungen | 41:37 | 29:15 |
| Motor Steinach | 57:32 | 27:17 |
| Aktivist Tiefenort | 56:38 | 27:17 |
| Chemie Neuhaus-Schierschnitz | 34:29 | 24:20 |
| Motor Mitte Suhl | 36:44 | 20:24 |
| Chemie Veilsdorf | 43:56 | 19:25 |
| Einheit Meiningen | 39:57 | 18:26 |
| Motor Neuhaus | 36:46 | 17:27 |
| Empor Ilmenau | 37:51 | 13:31 |
| Motor Rauenstein | 31:71 | 7:37 |

# 1955
# Übergangsrunde

## Oberliga

| | | |
|---|---|---|
| SC Wismut Karl-Marx-Stadt | 30:13 | 20:6 |
| SC Empor Rostock | 25:13 | 19:7 |
| SC Dynamo Berlin | 35:12 | 18:8 |
| BSG Motor Zwickau | 36:21 | 17:9 |
| BSG Rotation Babelsberg | 29:24 | 15:11 |
| SC Lokomotive Leipzig | 21:17 | 14:12 |
| SC Fortschritt Weißenfels | 19:20 | 13:13 |
| **SC Turbine Erfurt** | **16:18** | **13:13** |
| BSG Lokomotive Stendal | 16:31 | 11:15 |
| ZSK Vorwärts Berlin | 26:28 | 10:16 |
| SC Rotation Leipzig | 16:27 | 10:16 |
| SC Einheit Dresden | 21:24 | 8:18 |
| SC Aktivist Brieske-Senftenberg | 17:33 | 8:18 |
| BSG Chemie Karl-Marx-Stadt | 16:42 | 6:20 |

## I. DDR-Liga

| | | |
|---|---|---|
| Fortschritt Meerane | 27:15 | 18:8 |
| **Motor Nordhausen-West** | **31:21** | **17:9** |
| Motor Dessau | 29:23 | 17:9 |
| SC Chemie Halle-Leuna | 35:23 | 16:10 |
| **SC Motor Jena** | **30:20** | **16:10** |
| Wissenschaft Halle | 31:21 | 16:10 |
| Motor Mitte Magdeburg | 33:20 | 14:12 |
| **Motor Altenburg** | **25:23** | **14:12** |
| **Wismut Gera** | **23:29** | **11:15** |
| Chemie Wolfen | 22:26 | 10:16 |
| Empor Wurzen | 17:24 | 9:17 |
| Chemie Zeitz | 18:34 | 9:17 |
| Chemie Glauchau | 28:39 | 8:18 |
| Aufbau Großräschen | 18:49 | 7:19 |

## II. DDR-Liga

**Staffel Süd**

| | | |
|---|---|---|
| Chemie Leuna | 19:8 | 19:7 |
| Motor West Karl-Marx-Stadt | 42:23 | 18:8 |
| **Lokomotive Weimar** | **24:16** | **18:8** |
| Dynamo Dresden | 24:20 | 17:9 |
| Motor Bautzen | 37:29 | 15:11 |
| SC Stahl Riesa | 26:25 | 14:12 |
| **Motor Oberlind** | **27:29** | **14:12** |
| **Chemie Lauscha** | **26:27** | **13:13** |
| Chemie Greppin | 15:22 | 11:15 |
| Stahl Freital | 26:24 | 10:16 |
| Rotation Südwest Leipzig | 19:24 | 10:16 |
| Lokomotive Cottbus | 17:35 | 9:17 |
| Fortschritt Hartha | 16:24 | 8:18 |
| **Motor Eisenach** | **24:36** | **6:20** |

## Bezirksliga Erfurt

| | | |
|---|---|---|
| Motor Gotha | 45:18 | 23:5 |
| Post Mühlhausen | 41:23 | 20:8 |
| Dynamo Erfurt | 46:26 | 20:8 |
| Chemie Apolda | 28:16 | 17:11 |
| Einheit Arnstadt | 35:29 | 15:13 |
| Motor Nord Erfurt | 28:24 | 15:13 |
| Chemie Waltershausen | 15:15 | 15:13 |
| Motor Rudisleben | 31:42 | 14:14 |
| Aktivist Sollstedt | 37:28 | 13:15 |
| Motor Weimar | 19:27 | 13:15 |
| Motor Erfurt-West | 23:40 | 12:16 |
| Aktivist Bleicherode | 27:33 | 11:17 |
| Motor Ruhla | 17:40 | 9:19 |
| Einheit Mitte Erfurt | 20:36 | 8:20 |
| Motor Sömmerda | 16:31 | 5:23 |

## Bezirksliga Gera

**Staffel A**

| | | |
|---|---|---|
| Stahl Silbitz | 18:13 | 12:8 |
| Chemie Elsterberg | 22:16 | 11:9 |
| Aufbau Triebes | 17:18 | 10:10 |
| Fortschritt Weida | 14:16 | 10:10 |
| Einheit Greiz | 13:20 | 9:11 |
| Motor Zeulenroda | 20:21 | 8:12 |

**Staffel B**

| | | |
|---|---|---|
| Chemie Jena | 31:19 | 14:6 |
| Motor Saalfeld | 21:10 | 13:7 |
| Chemie Kahla | 24:24 | 12:8 |
| Motor Neustadt/Orla | 17:19 | 8:12 |
| Stahl Eisenberg | 17:31 | 8:12 |
| Einheit Rudolstadt | 20:27 | 5:15 |

## Bezirksliga Suhl

| | | |
|---|---|---|
| Motor Sonneberg | 31:11 | 18:4 |
| Motor Mitte Schmalkalden | 24:11 | 16:6 |
| Motor Steinach | 24:19 | 13:9 |
| Aktivist Tiefenort | 18:18 | 12:10 |
| Motor Neuhaus-Schierschnitz | 30:22 | 11:11 |
| Motor Breitungen | 25:21 | 11:11 |
| Motor Neuhaus | 23:22 | 11:11 |
| Motor Suhl | 25:25 | 10:12 |
| Motor Barchfeld | 18:26 | 10:12 |
| Motor Veilsdorf | 16:23 | 8:14 |
| Einheit Meiningen | 19:37 | 7:15 |
| Fortschritt Geschwenda | 21:39 | 5:17 |

# 1956

## Oberliga

| | | |
|---|---|---|
| SC Wismut Karl-Marx-Stadt | 53:21 | 38:14 |
| SC Aktivist Brieske-Senftenberg | 34:15 | 36:16 |
| SC Lokomotive Leipzig | 45:22 | 34:18 |
| BSG Lokomotive Stendal | 55:54 | 28:24 |
| SC Einheit Dresden | 50:46 | 26:26 |
| ASK Vorwärts Berlin | 41:41 | 26:26 |
| BSG Rotation Babelsberg | 41:53 | 26:26 |
| SC Rotation Leipzig | 35:41 | 24:28 |
| SC Motor Karl-Marx-Stadt | 24:48 | 23:29 |
| SC Fortschritt Weißenfels | 36:38 | 22:30 |
| BSG Motor Zwickau | 47:52 | 22:30 |
| **SC Turbine Erfurt** | **36:38** | **21:31** |
| SC Dynamo Berlin | 37:47 | 20:32 |
| SC Empor Rostock | 31:49 | 18:34 |

## I. DDR-Liga

| | | |
|---|---|---|
| **SC Motor Jena** | **89:23** | **42:10** |
| SC Chemie Halle-Leuna | 82:31 | 38:14 |
| Motor Mitte Magdeburg | 55:36 | 33:19 |
| Fortschritt Meerane | 51:32 | 31:21 |
| SC Wissenschaft Halle | 59:46 | 29:23 |
| Empor Wurzen | 39:36 | 28:24 |
| **Wismut Gera** | **36:36** | **27:25** |
| Chemie Zeitz | 36:46 | 23:29 |
| Chemie Wolfen | 47:60 | 20:32 |
| Motor Dessau | 33:49 | 20:32 |
| Chemie Glauchau | 28:54 | 19:33 |
| **Motor Altenburg** | **33:69** | **19:33** |
| **Motor Nordhausen-West** | **39:69** | **18:34** |
| Aufbau Großräschen | 22:62 | 17:35 |

## II. DDR-Liga

**Staffel Süd**

| | | |
|---|---|---|
| **Lokomotive Weimar** | **60:28** | **37:15** |
| **Chemie Lauscha** | **46:27** | **34:18** |
| Chemie Leuna | 46:41 | 31:21 |
| Motor Bautzen | 52:39 | 30:22 |
| **Motor Oberlind** | **48:45** | **27:25** |
| **Motor Eisenach** | **30:39** | **27:25** |
| Motor West Karl-Marx-Stadt | 42:37 | 26:26 |
| Fortschritt Hartha | 36:47 | 26:26 |
| Chemie Greppin | 41:36 | 25:27 |
| Rotation Südwest Leipzig | 37:48 | 24:28 |
| SC Stahl Riesa | 33:36 | 23:29 |
| Lokomotive Cottbus | 42:49 | 23:29 |
| Dynamo Dresden | 37:29 | 18:34 |
| Stahl Freital | 25:74 | 13:39 |

## Bezirksliga Erfurt

| | | |
|---|---|---|
| Motor Sömmerda | 70:35 | 44:12 |
| Dynamo Erfurt | 64:33 | 39:17 |
| Motor Nord Erfurt | 54:27 | 38:18 |
| Aktivist Bleicherode | 51:27 | 38:18 |
| Motor Rudisleben | 55:43 | 33:23 |
| Post Mühlhausen | 48:41 | 30:26 |
| Chemie Apolda | 59:46 | 29:27 |
| Einheit Arnstadt | 43:46 | 28:28 |
| Motor Gotha | 51:44 | 27:29 |
| Chemie Waltershausen | 46:40 | 27:29 |
| Motor Ruhla | 43:62 | 22:34 |
| Motor Erfurt-West | 49:69 | 20:36 |
| Aktivist Sollstedt | 34:63 | 19:37 |
| Motor Weimar | 30:58 | 17:39 |
| Einheit Erfurt Mitte | 20:83 | 9:47 |

## Bezirksliga Gera

| | | |
|---|---|---|
| Motor Zeiß Jena | 75:29 | 40:12 |
| Stahl Silbitz | 74:45 | 36:16 |
| Motor Saalfeld | 53:37 | 33:19 |
| Chemie Elsterberg | 63:49 | 31:21 |
| Fortschritt Weida | 51:45 | 27:25 |
| Chemie Jena | 66:60 | 26:26 |
| Einheit Rudolstadt | 49:53 | 26:26 |
| Motor Neustadt/Orla | 47:48 | 25:27 |
| Aufbau Triebes | 48:60 | 25:27 |
| Stahl Eisenberg | 43:49 | 23:29 |
| Chemie Kahla | 33:51 | 23:29 |
| Chemie Greiz | 50:52 | 22:30 |
| Motor Zeulenroda | 41:64 | 20:32 |
| Lokomotive Jena | 28:79 | 7:45 |

## Bezirksliga Suhl

| | | |
|---|---|---|
| Motor Steinach | 89:27 | 42:10 |
| Motor Schmalkalden | 65:32 | 41:11 |
| Motor Breitungen | 73:37 | 40:12 |
| Aktivist Tiefenort | 55:42 | 32:20 |
| Motor Sonneberg | 41:28 | 30:22 |
| Motor Veilsdorf | 55:52 | 27:25 |
| Motor Neuhaus-Schierschnitz | 56:56 | 25:27 |
| Motor Neuhaus | 39:50 | 25:27 |
| Empor Ilmenau | 40:60 | 22:30 |
| Fortschritt Geschwenda | 51:59 | 21:31 |
| Motor Suhl | 39:45 | 18:34 |
| Einheit Meiningen | 32:68 | 16:36 |
| Motor Barchfeld | 48:87 | 14:38 |
| Einheit Hildburghausen | 28:68 | 11:41 |

# 1957

## Oberliga

| | | |
|---|---|---|
| SC Wismut Karl-Marx-Stadt | 49:28 | 36:16 |
| ASK Vorwärts Berlin | 45:22 | 33:19 |
| SC Rotation Leipzig | 40:29 | 32:20 |
| **SC Motor Jena** | **41:28** | **28:24** |
| SC Aktivist Brieske-Senftenberg | 33:26 | 28:24 |
| **SC Turbine Erfurt** | **37:33** | **27:25** |
| SC Lokomotive Leipzig | 36:33 | 26:26 |
| SC Einheit Dresden | 40:44 | 25:27 |
| SC Fortschritt Weißenfels | 38:38 | 23:29 |
| BSG Motor Zwickau | 35:43 | 23:29 |
| BSG Rotation Babelsberg | 29:44 | 23:29 |
| SC Chemie Halle-Leuna | 42:51 | 22:30 |
| BSG Lokomotive Stendal | 28:43 | 22:30 |
| SC Motor Karl-Marx-Stadt | 31:62 | 16:36 |

## I. DDR-Liga

| | | |
|---|---|---|
| SC Dynamo Berlin | 80:28 | 41:11 |
| SC Empor Rostock | 54:17 | 39:13 |
| SC Aufbau Magdeburg | 48:32 | 34:18 |
| Chemie Wolfen | 49:33 | 29:23 |
| SC Wissenschaft Halle | 44:33 | 29:23 |
| Chemie Zeitz | 49:39 | 27:25 |
| Fortschritt Meerane | 36:44 | 27:25 |
| Stahl Stalinstadt | 40:45 | 23:29 |
| Empor Wurzen | 36:49 | 23:29 |
| **Lokomotive Weimar** | **31:36** | **22:30** |
| **Wismut Gera** | **33:41** | **20:32** |
| Chemie Glauchau | 39:60 | 20:32 |
| Motor Dessau | 28:69 | 18:34 |
| **Motor Altenburg** | **28:69** | **12:40** |

## II. DDR-Liga

**Staffel Süd**

| | | |
|---|---|---|
| Motor Bautzen | 50:27 | 36:16 |
| **Motor Nordhausen-West** | **54:47** | **29:23** |
| **Motor Steinach** | **51:46** | **29:23** |
| **Chemie Lauscha** | **32:37** | **28:24** |
| **Motor Eisenach** | **57:46** | **27:25** |
| Aktivist Böhlen | 43:36 | 27:25 |
| Fortschritt Hartha | 40:49 | 27:25 |
| Motor West Karl-Marx-Stadt | 55 :42 | 26:26 |
| **Motor Oberlind** | **55 :55** | **25:27** |
| Chemie Riesa | 41:43 | 25:27 |
| **Motor Sömmerda** | **45:47** | **24:28** |
| SC Stahl Riesa | 41:43 | 24:28 |
| Chemie Leuna | 38:46 | 24:28 |
| Aufbau Südwest Leipzig | 27:65 | 13:39 |

## Bezirksliga Erfurt

| | | |
|---|---|---|
| Motor Nord Erfurt | 65:29 | 43:13 |
| Aktivist Bleicherode | 62:29 | 39:17 |
| Motor Gotha | 53:32 | 39:17 |
| Dynamo Erfurt | 58:38 | 38:18 |
| Einheit Arnstadt | 67:55 | 30:26 |
| Motor Rudisleben | 58:48 | 30:26 |
| Motor Erfurt-West | 50:52 | 27:29 |
| Empor Apolda | 43:51 | 26:30 |
| Post Mühlhausen | 43:62 | 26:30 |
| Chemie Waltershausen | 46:55 | 25:31 |
| Aktivist Sollstedt | 57:46 | 24:32 |
| Lokomotive Weimar II | 29:46 | 20:36 |
| Rotation Heiligenstadt | 38:56 | 20:36 |
| Turbine Erfurt | 40:60 | 20:36 |
| Motor Ruhla | 41:91 | 13:43 |

## Bezirksliga Gera

| | | |
|---|---|---|
| Stahl Silbitz | 67:30 | 35:17 |
| Chemie Elsterberg | 74:34 | 35:17 |
| Einheit Rudolstadt | 58:36 | 34:18 |
| Chemie Kahla | 62:42 | 34:18 |
| Aufbau Triebes | 66:51 | 33:19 |
| Stahl Maxhütte | 48:38 | 31:21 |
| Chemie Greiz | 67:49 | 29:23 |
| Motor Saalfeld | 54:53 | 28:24 |
| Fortschritt Weida | 48:55 | 28:24 |
| Chemie Jena | 46:71 | 20:32 |
| Motor Zeiß Jena | 32:58 | 18:34 |
| Chemie Triptis | 39:56 | 17:35 |
| Motor Neustadt/Orla | 32:69 | 14:38 |
| Stahl Eisenberg | 38:89 | 8:44 |

## Bezirksliga Suhl

| | | |
|---|---|---|
| Motor Suhl | 69:28 | 40:12 |
| Motor Sonneberg | 77:25 | 38:14 |
| Aktivist Tiefenort | 62:39 | 35:17 |
| Motor Schmalkalden | 77:45 | 34:18 |
| Fortschritt Geschwenda | 58:59 | 29:23 |
| Aufbau Mengersgereuth | 50:66 | 26:26 |
| Motor Breitungen | 77:52 | 25:27 |
| Traktor Obermaßfeld | 48:58 | 25:27 |
| Motor Neuhaus | 60:55 | 24:28 |
| Empor Ilmenau | 51:58 | 23:29 |
| Motor Veilsdorf | 37:54 | 21:31 |
| Lokomotive Meiningen | 38:70 | 19:33 |
| Motor Neuhaus-Schierschnitz | 42:70 | 15:37 |
| Fortschritt Heubach | 31:98 | 10:42 |

# 1958

## Oberliga

| | | |
|---|---|---|
| ASK Vorwärts Berlin | 50:24 | 38:14 |
| **SC Motor Jena** | **49:36** | **32:20** |
| SC Aktivist Brieske-Senftenberg | 41:25 | 30:22 |
| SC Wismut Karl-Marx-Stadt | 43:32 | 28:24 |
| SC Einheit Dresden | 38:39 | 28:24 |
| SC Dynamo Berlin | 37:34 | 26:26 |
| SC Empor Rostock | 33:31 | 26:26 |
| BSG Motor Zwickau | 38:41 | 26:26 |
| SC Lokomotive Leipzig | 40:28 | 25:27 |
| SC Rotation Leipzig | 38:41 | 25:27 |
| **SC Turbine Erfurt** | **33:44** | **22:30** |
| SC Fortschritt Weißenfels | 30:42 | 22:30 |
| SC Chemie Halle | 30:50 | 22:30 |
| BSG Rotation Babelsberg | 32:65 | 14:38 |

## I. DDR-Liga

| | | |
|---|---|---|
| Chemie Zeitz | 52:29 | 41:11 |
| Lokomotive Stendal | 52:24 | 36:16 |
| Chemie Wolfen | 48:35 | 34:18 |
| SC Chemie Halle II | 46:44 | 28:24 |
| SC Aufbau Magdeburg | 48:49 | 28:24 |
| Fortschritt Meerane | 34:37 | 26:26 |
| Dynamo Eisleben | 49:48 | 24:28 |
| **Lokomotive Weimar** | **41:40** | **24:28** |
| **Wismut Gera** | **33:38** | **24:28** |
| Chemie Glauchau | 35:45 | 23:29 |
| Empor Wurzen | 38:43 | 22:30 |
| Motor Bautzen | 35:48 | 22:30 |
| Stahl Stalinstadt | 26:38 | 18:34 |
| SC Motor Karl-Marx-Stadt | 33:52 | 14:38 |

## II. DDR-Liga

### Staffel 4

| | | |
|---|---|---|
| Dynamo Dresden | 80:25 | 42:10 |
| Aktivist „Karl Marx" Zwickau | 60:34 | 35:17 |
| Aufbau Meißen | 54:44 | 33:19 |
| Wismut Plauen | 47:48 | 29:23 |
| SC Stahl Riesa | 53:40 | 28:24 |
| Motor Brand-Langenau | 57:47 | 28:24 |
| **Motor Altenburg** | **47:44** | **27:25** |
| SC Motor Karl-Marx-Stadt II | 55:54 | 26:26 |
| Chemie Schwarzheide | 56:65 | 24:28 |
| Aktivist Laubusch | 41:56 | 22:30 |
| Chemie Riesa | 38:53 | 18:34 |
| **Chemie Elsterberg** | **51:75** | **18:34** |
| Fortschritt Hartha | 36:54 | 17:35 |
| Stahl Freital | 26:62 | 17:35 |

### Staffel 5

| | | |
|---|---|---|
| **Motor Steinach** | **56:24** | **38:14** |
| **Motor Eisenach** | **48:30** | **37:15** |
| **Motor Sömmerda** | **50:43** | **30:22** |
| **Aktivist Tiefenort** | **50:49** | **29:23** |
| **Motor Suhl** | **58:46** | **28:24** |
| **Motor Sonneberg** | **49:52** | **28:24** |
| **Stahl Silbitz** | **45:59** | **27:25** |
| **Motor Nord Erfurt** | **40:49** | **26:26** |
| **Motor Nordhausen-West** | **54:53** | **24:28** |
| **Glückauf Bleicherode** | **49:48** | **24:28** |
| **Motor Oberlind** | **50:49** | **22:30** |
| **Chemie Lauscha** | **52:50** | **21:31** |
| **Motor Gotha** | **31:46** | **19:33** |
| **Einheit Rudolstadt** | **29:63** | **11:41** |

## Bezirksliga Erfurt

| | | |
|---|---|---|
| Dynamo Erfurt | 60:34 | 36:16 |
| Motor Rudisleben | 55:32 | 34:18 |
| Post Mühlhausen | 49:40 | 32:20 |
| Aktivist Sollstedt | 54:35 | 31:21 |
| Rotation Heiligenstadt | 51:39 | 31:21 |
| Motor Stadtilm | 56:53 | 30:22 |
| Lokomotive Weimar II | 47:29 | 28:24 |
| Einheit Arnstadt | 51:39 | 27:25 |
| Motor Mühlhausen | 39:43 | 27:25 |
| Motor Erfurt-West | 48:44 | 26:26 |
| Chemie Waltershausen | 39:48 | 24:28 |
| Motor Kranichfeld | 38:55 | 19:33 |
| Empor Apolda | 28:72 | 10:42 |
| Glückauf Bleicherode | 26:78 | 9:43 |

## Bezirksliga Gera

| | | |
|---|---|---|
| Fortschritt Weida | 59:25 | 42:10 |
| Stahl Maxhütte | 64:30 | 36:16 |
| Motor Neustadt/Orla | 62:26 | 35:17 |
| Chemie Greiz | 63:38 | 30:22 |
| Chemie Kahla | 49:52 | 27:25 |
| Aufbau Triebes | 63:66 | 25:27 |
| Fortschritt Elsterberg | 48:58 | 24:28 |
| Chemie Schwarza | 40:51 | 24:28 |
| Fortschritt Pößneck | 46:58 | 24:28 |
| Einheit Schleiz | 42:62 | 24:28 |
| Motor Saalfeld | 38:46 | 23:29 |
| Chemie Jena | 38:60 | 19:33 |
| Motor Zeiß Jena | 46:53 | 17:35 |
| Chemie Triptis | 32:65 | 14:38 |

## Bezirksliga Suhl

| | | |
|---|---|---|
| Motor Breitungen | 63:38 | 34:18 |
| Lokomotive Meiningen | 55:53 | 32:20 |
| Motor Schmalkalden | 63:40 | 31:21 |
| Motor Veilsdorf | 52:42 | 31:21 |
| Fortschritt Schalkau | 43:47 | 28:24 |
| Chemie Fehrenbach | 68:55 | 27:25 |
| Empor Ilmenau | 47:56 | 26:26 |
| Aktivist Unterbreizbach | 53:56 | 25:27 |
| Aufbau Mengersgereuth | 57:58 | 24:28 |
| Fortschritt Geschwenda | 48:52 | 23:29 |
| Traktor Obermaßfeld | 50:56 | 23:29 |
| Stahl Bad Salzungen | 46:57 | 23:29 |
| Motor Neuhaus | 53:57 | 22:30 |
| Motor Steinach II | 41:72 | 15:37 |

# 1959

## Oberliga

| | | |
|---|---|---|
| SC Wismut Karl-Marx-Stadt | 44:25 | 39:13 |
| ASK Vorwärts Berlin | 49:24 | 35:17 |
| SC Dynamo Berlin | 46:26 | 33:19 |
| SC Empor Rostock | 36:26 | 29:23 |
| **SC Motor Jena** | **29:27** | **29:23** |
| SC Fortschritt Weißenfels | 36:39 | 27:25 |
| SC Aktivist Brieske-Senftenberg | 36:30 | 24:28 |
| BSG Motor Zwickau | 30:32 | 24:28 |
| SC Lokomotive Leipzig | 28:36 | 24:28 |
| BSG Chemie Zeitz | 42:52 | 24:28 |
| SC Rotation Leipzig | 31:40 | 22:30 |
| SC Einheit Dresden | 23:42 | 19:33 |
| **SC Turbine Erfurt** | **27:45** | **18:34** |
| BSG Lokomotive Stendal | 19:32 | 17:35 |

## I. DDR-Liga

| | | |
|---|---|---|
| SC Chemie Halle | 57:21 | 41:11 |
| SC Aufbau Magdeburg | 51:23 | 35:17 |
| Rotation Babelsberg | 44:30 | 35:17 |
| Chemie Wolfen | 50:46 | 32:20 |
| Einheit Greifswald | 42:36 | 28:24 |
| Dynamo Eisleben | 40:35 | 27:25 |
| Dynamo Dresden | 48:41 | 25:27 |
| **Wismut Gera** | **36:35** | **23:29** |
| **Lokomotive Weimar** | **20:29** | **22:30** |
| Motor Bautzen | 38:53 | 21:31 |
| Fortschritt Meerane | 25:51 | 20:32 |
| **Motor Steinach** | **35:47** | **19:33** |
| Chemie Glauchau | 26:51 | 19:33 |
| Empor Wurzen | 37:51 | 17:35 |

## II. DDR-Liga

### Staffel 4

| | | |
|---|---|---|
| SC Motor Karl-Marx-Stadt | 77:23 | 44:8 |
| Motor Görlitz | 44:34 | 32:20 |
| Aufbau Meißen | 45:40 | 31:21 |
| SC Stahl Riesa | 63:35 | 29:23 |
| Wismut Plauen | 37:42 | 26:26 |
| Aktivist Laubusch | 36:44 | 26:26 |
| Motor Brand-Langenau | 41:49 | 25:27 |
| Chemie Schwarzheide | 42:51 | 25:27 |
| Aktivist „Karl Marx" Zwickau | 37:40 | 23:29 |
| **Motor Altenburg** | **34:50** | **23:29** |
| Aktivist Böhlen | 42:45 | 22:30 |
| Chemie Riesa | 45:56 | 21:31 |
| Aktivist Welzow | 43:60 | 19:33 |
| Wismut Rodewisch | 26:43 | 18:34 |

## Staffel 5

| | | |
|---|---|---|
| **Chemie Lauscha** | **51:30** | **35:17** |
| **Motor Nord Erfurt** | **46:33** | **31:21** |
| **Motor Nordhausen-West** | **57:43** | **30:22** |
| **Motor Sonneberg** | **36:29** | **30:22** |
| **Aktivist Tiefenort** | **44:38** | **30:22** |
| **Motor Eisenach** | **37:31** | **28:24** |
| **Glückauf Bleicherode** | **33:38** | **28:24** |
| **Motor Suhl** | **35:43** | **26:26** |
| **Motor Breitungen** | **52:52** | **25:27** |
| **Stahl Silbitz** | **33:34** | **24:28** |
| **Motor Sömmerda** | **57:53** | **23:29** |
| **Dynamo Erfurt** | **32:41** | **23:29** |
| **Fortschritt Weida** | **33:47** | **21:31** |
| **Motor Oberlind** | **22:56** | **10:42** |

## Bezirksliga Erfurt

| | | |
|---|---|---|
| Motor Rudisleben | 73:25 | 42:10 |
| Lokomotive Weimar II | 43:25 | 31:21 |
| Aktivist Sollstedt | 50:35 | 30:22 |
| Motor Stadtilm | 50:51 | 28:24 |
| Rotation Heiligenstadt | 50:38 | 27:25 |
| Motor Gispersleben | 58:58 | 26:26 |
| Motor Gotha | 48:54 | 25:27 |
| Chemie Waltershausen | 33:38 | 24:28 |
| Einheit Arnstadt | 44:53 | 24:28 |
| Motor Mühlhausen | 38:55 | 24:28 |
| Post Mühlhausen | 34:43 | 23:29 |
| Motor Tambach-Dietharz | 51:64 | 23:29 |
| Motor Erfurt-West | 38:50 | 20:32 |
| Motor Kranichfeld | 45:66 | 17:35 |

## Bezirksliga Gera

| | | |
|---|---|---|
| Chemie Greiz | 58:39 | 33:19 |
| Chemie Elsterberg | 59:42 | 33:19 |
| Stahl Maxhütte | 51:32 | 32:20 |
| Chemie Schwarza | 50:33 | 32:20 |
| Motor Neustadt/Orla | 45:33 | 28:24 |
| Rotation Pößneck | 40:39 | 27:25 |
| Einheit Schleiz | 43:44 | 26:26 |
| Motor Saalfeld | 35:41 | 24:28 |
| Fortschritt Elsterberg | 56:61 | 23:29 |
| Aufbau Triebes | 51:58 | 23:29 |
| Fortschritt Pößneck | 35:62 | 22:30 |
| Chemie Kahla | 56:58 | 21:31 |
| Wismut Ronneburg | 33:51 | 20:32 |
| Einheit Rudolstadt | 43:62 | 20:32 |

## Bezirksliga Suhl

| | | |
|---|---|---|
| Motor Neuhaus-Schierschnitz | 90:31 | 41:11 |
| Empor Ilmenau | 68:46 | 32:20 |
| Motor Schmalkalden | 52:31 | 32:20 |
| Chemie Fehrenbach | 70:50 | 30:22 |
| Traktor Gräfinau | 48:40 | 27:25 |
| Aktivist Unterbreizbach | 48:44 | 27:25 |
| Lokomotive Meiningen | 51:53 | 26:26 |
| Traktor Obermaßfeld | 40:49 | 26:26 |
| Motor Barchfeld | 47:54 | 25:27 |
| Fortschritt Schalkau | 32:45 | 24:28 |
| Motor Veilsdorf | 46:56 | 23:29 |
| Stahl Bad Salzungen | 34:44 | 22:30 |
| Fortschritt Geschwenda | 29:59 | 18:34 |
| Aufbau Mengersgereuth | 34:87 | 11:41 |

# 1960

## Oberliga

| | | |
|---|---|---|
| ASK Vorwärts Berlin | 73:28 | 41:11 |
| SC Dynamo Berlin | 44:27 | 32:20 |
| SC Lokomotive Leipzig | 37:31 | 32:20 |
| BSG Motor Zwickau | 37:33 | 31:21 |
| SC Wismut Karl-Marx-Stadt | 40:32 | 30:22 |
| SC Empor Rostock | 46:36 | 29:23 |
| SC Aufbau Magdeburg | 47:59 | 27:25 |
| **SC Motor Jena** | **55:43** | **24:28** |
| SC Aktivist Brieske-Senftenberg | 35:39 | 24:28 |
| SC Rotation Leipzig | 39:39 | 23:29 |
| SC Chemie Halle | 37:42 | 22:30 |
| SC Einheit Dresden | 30:51 | 21:31 |
| BSG Chemie Zeitz | 43:61 | 20:32 |
| SC Fortschritt Weißenfels | 27:69 | 8:44 |

## I. DDR-Liga

| | | |
|---|---|---|
| **SC Turbine Erfurt** | **66:25** | **39:13** |
| Lokomotive Stendal | 56:29 | 36:16 |
| Dynamo Dresden | 58:43 | 31:21 |
| **Wismut Gera** | **42:36** | **30:22** |
| Dynamo Eisleben | 56:42 | 27:25 |
| Chemie Wolfen | 52:41 | 27:25 |
| Vorwärts Cottbus | 46:41 | 27:25 |
| SC Motor Karl-Marx-Stadt | 46:42 | 27:25 |
| Einheit Greifswald | 47:44 | 25:27 |
| Rotation Babelsberg | 46:59 | 25:27 |
| Dynamo Hohenschönhausen | 42:37 | 24:28 |
| Motor Bautzen | 41:39 | 22:30 |
| **Lokomotive Weimar** | **36:47** | **22:30** |
| Fortschritt Meerane | 18:127 | 2:50 |

## II. DDR-Liga

### Staffel 4

| | | |
|---|---|---|
| Vorwärts Leipzig | 58:36 | 32:20 |
| Wismut Plauen | 50:31 | 32:20 |
| Motor Brand-Langenau | 51:48 | 31:21 |
| Stahl Riesa | 66:47 | 30:22 |
| Aktivist Böhlen | 38:37 | 29:23 |
| **Einheit Elsterberg** | **50:61** | **27:25** |
| Motor Görlitz | 48:43 | 26:26 |
| Chemie Glauchau | 52:46 | 25:27 |
| Aktivist „Karl Marx" Zwickau | 46:44 | 25:27 |
| Motor Werdau | 38:38 | 25:27 |
| Stahl Gröditz | 45:54 | 24:28 |
| Aufbau Meißen | 35:49 | 21:31 |
| Chemie Schwarzheide | 45:60 | 21:31 |
| **Motor Altenburg** | **26:54** | **16:36** |

### Staffel 5

| | | |
|---|---|---|
| **Motor Steinach** | **84:32** | **41:11** |
| **Chemie Lauscha** | **50:34** | **34:18** |
| **Motor Nordhausen-West** | **69:42** | **31:21** |
| **Motor Nord Erfurt** | **48:51** | **30:22** |
| **Glückauf Bleicherode** | **44:35** | **29:23** |
| **Aktivist Tiefenort** | **48:50** | **26:26** |
| **Motor Sonneberg** | **41:46** | **25:27** |
| **Motor Eisenach** | **43:40** | **24:28** |
| **Stahl Silbitz** | **44:55** | **24:28** |
| **Motor Suhl** | **52:67** | **24:28** |
| **Motor Neuhaus-Schierschnitz** | **43:49** | **23:29** |
| **Motor Breitungen** | **54:67** | **21:31** |
| **Motor Rudisleben** | **40:61** | **19:33** |
| **Motor Sömmerda** | **33:64** | **13:39** |

## Bezirksliga Erfurt

### Staffel 1

| | | |
|---|---|---|
| Dynamo Erfurt | 71:33 | 33:15 |
| BSG Turbine Erfurt | 39:26 | 32:16 |
| Motor Gispersleben | 52:38 | 30:18 |
| Lokomotive Erfurt | 41:35 | 28:20 |
| Motor Stadtilm | 41:41 | 27:21 |
| Einheit Arnstadt | 48:28 | 26:22 |
| Empor Erfurt | 42:53 | 23:25 |
| Einheit Kölleda | 50:43 | 22:26 |
| SC Turbine Erfurt II | 42:48 | 22:26 |
| Lokomotive Weimar II | 44:43 | 21:27 |
| Traktor Straußfurt | 42:51 | 21:27 |
| Post Erfurt | 28:70 | 14:34 |
| Motor Sömmerda II | 33:64 | 13:35 |

### Staffel 2

| | | |
|---|---|---|
| Motor Gotha | 59:28 | 33:11 |
| Aktivist Sollstedt | 54:29 | 31:13 |
| Rotation Heiligenstadt | 53:31 | 28:16 |
| Motor Mühlhausen | 43:31 | 25:19 |
| Glückauf Sondershausen | 53:44 | 22:22 |
| Motor Ruhla | 34:30 | 22:22 |
| Chemie Waltershausen | 49:49 | 22:22 |
| Aufbau Heringen | 50:50 | 20:24 |
| Post Mühlhausen | 30:39 | 20:24 |
| Empor Treffurt | 46:57 | 19:25 |
| Motor Tambach-Dietharz | 42:62 | 17:27 |
| Traktor Ilfeld | 21:84 | 5:39 |

Entscheidungsspiele der beiden Staffelsieger um die Bezirksmeisterschaft: **Dynamo Erfurt** - Motor Gotha 2:0/3:2.

## Bezirksliga Gera

| | | |
|---|---|---|
| Chemie Schwarza | 72:25 | 37:15 |
| Chemie Jena | 68:30 | 35:17 |
| Fortschritt Greiz | 52:31 | 33:19 |
| Einheit Schleiz | 56:42 | 32:20 |
| Fortschritt Weida | 46:38 | 32:20 |
| Aufbau Triebes | 51:37 | 30:22 |
| Wismut Gera II | 53:43 | 30:22 |
| Motor Saalfeld | 52:45 | 30:22 |
| Motor Neustadt/Orla | 39:35 | 25:27 |
| Stahl Maxhütte | 42:42 | 24:28 |
| Rotation Pößneck | 30:67 | 16:36 |
| Fortschritt Pößneck | 34:67 | 15:37 |
| Chemie Bad Blankenburg | 44:87 | 14:38 |
| Einheit Elsterberg II | 40:90 | 11:41 |

## Bezirksliga Suhl

### Staffel 1

| | | |
|---|---|---|
| Empor Ilmenau | 96:33 | 39:13 |
| Motor Oberlind | 71:29 | 37:15 |
| Motor Veilsdorf | 69:43 | 37:15 |
| Traktor Gräfenthal | 63:54 | 32:20 |
| Chemie Fehrenbach | 92:55 | 31:21 |
| Traktor Gräfinau | 67:50 | 30:22 |
| Traktor Steinheid | 75:71 | 29:23 |
| Motor Steinach II | 77:62 | 26:26 |
| Fortschritt Geschwenda | 44:44 | 22:30 |
| Fortschritt Schalkau | 45:59 | 22:30 |
| Lokomotive Ilmenau | 46:81 | 20:32 |
| Lokomotive Themar | 32:80 | 17:35 |
| Motor Neuhaus | 48:97 | 15:37 |
| SG Effelder | 35:102 | 7:45 |

### Staffel 2

| | | |
|---|---|---|
| Lokomotive Meiningen | 75:28 | 38:14 |
| Aktivist Unterbreizbach | 56:26 | 35:17 |
| Motor Schmalkalden | 54:28 | 33:19 |
| Motor Benshausen | 62:47 | 30:22 |
| Stahl Bad Salzungen | 49:38 | 30:22 |
| Motor Barchfeld | 61:45 | 29:23 |
| Motor Zella-Mehlis Ost | 39:40 | 27:25 |
| Motor Oberschönau | 52:60 | 26:26 |
| Traktor Walldorf | 55:55 | 25:27 |
| Traktor Obermaßfeld | 45:43 | 24:28 |
| Lokomotive Vacha | 50:59 | 24:28 |
| Motor Bad Liebenstein | 36:53 | 20:32 |
| Traktor Unterschönau | 37:73 | 16:36 |
| Motor Fambach | 29:105 | 7:45 |

Entscheidungsspiele der beiden Staffelsieger um die Bezirksmeisterschaft: Empor Ilmenau - **Lokomotive Meiningen** 3:1/1:6.

# 1961/62
### (Meisterschaft mit drei Serien)

## Oberliga

| | | |
|---|---|---|
| ASK Vorwärts Berlin | 69:49 | 50:28 |
| SC Empor Rostock | 70:43 | 47:31 |
| SC Dynamo Berlin | 72:64 | 45:33 |
| **SC Motor Jena** | **77:60** | **43:35** |
| BSG Motor Zwickau | 59:66 | 41:37 |
| SC Lokomotive Leipzig | 67:57 | 40:38 |
| SC Wismut Karl-Marx-Stadt | 60:48 | 38:38 |
| SC Rotation Leipzig | 57:57 | 38:40 |
| SC Aufbau Magdeburg | 59:63 | 37:41 |
| **SC Turbine Erfurt** | **66:69** | **35:43** |
| SC Chemie Halle | 53:66 | 34:44 |
| SC Aktivist Brieske-Senftenberg | 45:53 | 33:45 |
| SC Einheit Dresden | 48:73 | 32:46 |
| BSG Lokomotive Stendal | 49:83 | 31:47 |

## I. DDR-Liga

| | | |
|---|---|---|
| Dynamo Dresden | 92:35 | 60:18 |
| SC Motor Karl-Marx-Stadt | 73:48 | 59:19 |
| Dynamo Hohenschönhausen | 71:42 | 50:28 |
| SC Potsdam | 79:49 | 47:31 |
| Vorwärts Cottbus | 77:62 | 40:38 |
| Chemie Zeitz | 59:52 | 38:40 |
| **Wismut Gera** | **60:59** | **38:40** |
| Einheit Greifswald | 53:62 | 38:40 |
| Vorwärts Neubrandenburg | 48:59 | 36:42 |
| Dynamo Eisleben | 49:67 | 32:46 |
| Chemie Wolfen | 46:81 | 32:46 |
| Stahl Eisenhüttenstadt | 39:60 | 28:50 |
| Fortschritt Weißenfels | 42:74 | 25:53 |
| Motor Dessau | 54:92 | 23:55 |

## II. DDR-Liga

### Staffel 3

| | | |
|---|---|---|
| Vorwärts Leipzig | 77:24 | 61:17 |
| **Motor Nordhausen-West** | **91:57** | **50:28** |
| Lokomotive Halberstadt | 71:49 | 47:31 |
| Aktivist Geiseltal | 64:59 | 43:35 |
| Motor Schkeuditz | 80:65 | 39:39 |
| Chemie Bitterfeld | 70:64 | 39:39 |
| Stahl Thale | 68:68 | 38:40 |
| Motor Aschersleben | 50:57 | 38:40 |
| Stahl Eisleben | 50:59 | 38:40 |
| Motor Schönebeck | 50:66 | 33:45 |
| Motor Ammendorf | 49:65 | 33:45 |
| Motor Gohlis-Nord | 46:77 | 30:48 |
| **Glückauf Bleicherode** | **39:77** | **29:49** |
| Wissenschaft Halle | 38:56 | 28:50 |

## II. DDR-Liga

### Staffel 5

| | | |
|---|---|---|
| **Motor Weimar** | **109:38** | **62:16** |
| **Motor Steinach** | **93:43** | **57:21** |
| **Motor Eisenach** | **80:52** | **53:25** |
| **Dynamo Erfurt** | **78:70** | **45:33** |
| **Aktivist Tiefenort** | **68:59** | **38:40** |
| **Chemie Lauscha** | **49:60** | **36:42** |
| **Motor Neuhaus-Schierschnitz** | **55:58** | **35:43** |
| **Motor Nord Erfurt** | **53:67** | **34:44** |
| **Chemie Schwarza** | **50:57** | **33:45** |
| **Motor Mitte Suhl** | **65:87** | **33:45** |
| **Einheit Elsterberg** | **50:81** | **31:47** |
| **Motor Sonneberg** | **54:74** | **30:48** |
| **Lokomotive Meiningen** | **55:83** | **30:48** |
| **Stahl Silbitz** | **44:74** | **29:49** |

### Bezirksliga Erfurt

#### Staffel 1

| | | |
|---|---|---|
| Motor Rudisleben | 109:32 | 60:18 |
| Motor Gispersleben | 97:46 | 60:18 |
| Motor Weimar II | 71:46 | 52:26 |
| Motor Sömmerda | 86:51 | 49:29 |
| Empor Erfurt | 78:62 | 49:29 |
| Einheit Arnstadt | 63:57 | 42:36 |
| Lokomotive Erfurt | 57:39 | 41:37 |
| Traktor Straußfurt | 77:78 | 38:40 |
| Motor Optima Erfurt | 66:89 | 31:47 |
| Motor Stadtilm | 50:79 | 29:49 |
| Einheit Kölleda | 61:99 | 29:49 |
| Motor Erfurt-West | 48:66 | 27:51 |
| Turbine Erfurt | 41:83 | 21:57 |
| Post Erfurt | 50:127 | 18:60 |

#### Staffel 2

| | | |
|---|---|---|
| Aktivist Sollstedt | 102:54 | 52:20 |
| Motor Gotha | 90:49 | 49:23 |
| Rotation Heiligenstadt | 75:47 | 47:25 |
| Motor Waltershausen | 55:43 | 41:31 |
| Motor Mühlhausen | 66:60 | 41:31 |
| Motor Nordhausen-West II | 63:58 | 40:32 |
| Aufbau Heringen | 62:69 | 39:33 |
| Glückauf Sondershausen | 66:58 | 35:37 |
| Post Mühlhausen | 63:65 | 33:39 |
| Chemie Waltershausen | 60:73 | 31:41 |
| Empor Treffurt | 67:87 | 25:47 |
| Motor Ruhla | 48:88 | 21:51 |
| Motor Tambach-Dietharz | 42:108 | 14:58 |

Entscheidungsspiele der beiden Staffelsieger um die Bezirksmeisterschaft: Aktivist Sollstedt - **Motor Rudisleben** 1:1/1:1/1:5.

### Bezirksliga Gera

#### Staffel 1

| | | |
|---|---|---|
| Fortschritt Greiz | 92:40 | 51:15 |
| Fortschritt Weida | 85:43 | 46:20 |
| Dynamo Gera | 80:54 | 42:24 |
| Motor Neustadt/Orla | 47:45 | 39:27 |
| Wismut Gera II | 60:52 | 36:30 |
| Einheit Triebes | 59:73 | 36:30 |
| Einheit Schleiz | 67:70 | 32:34 |
| Motor Gera-Zwötzen | 42:51 | 27:39 |
| Motor Hermsdorf | 51:67 | 24:42 |
| Chemie Triptis | 38:57 | 24:42 |
| Wismut Ronneburg | 60:79 | 23:43 |
| Stahl Eisenberg | 43:93 | 16:50 |

### Staffel 2

| | | |
|---|---|---|
| Motor Zeiß Jena | 108:26 | 50:16 |
| Chemie Kahla | 97:43 | 48:18 |
| Motor Saalfeld | 68:41 | 45:21 |
| Chemie Jena | 66:43 | 39:27 |
| Einheit Rudolstadt | 56:48 | 36:30 |
| Stahl Maxhütte | 38:49 | 31:35 |
| Rotation Pößneck | 51:59 | 29:37 |
| Lokomotive Saalfeld | 51:78 | 28:38 |
| Traktor Krölpa-Ranis | 52:81 | 25:41 |
| Chemie Bad Blankenburg | 54:96 | 25:41 |
| Stahl Kaulsdorf | 45:85 | 23:43 |
| Fortschritt Pößneck | 34:71 | 17:49 |

Entscheidungsspiele der beiden Staffelsieger um die Bezirksmeisterschaft: Motor Zeiß Jena - **Fortschritt Greiz** 1:1/0:2.

### Bezirksliga Suhl

#### Staffel 1

| | | |
|---|---|---|
| Motor Veilsdorf | 126:57 | 56:22 |
| Empor Ilmenau | 106:47 | 55:23 |
| Motor Oberlind | 96:45 | 55:23 |
| Traktor Steinheid | 124:88 | 45:33 |
| Traktor Gräfinau | 98:72 | 45:33 |
| Motor Steinach II | 97:77 | 43:35 |
| Chemie Fehrenbach | 88:75 | 43:35 |
| Fortschritt Schalkau | 69:82 | 37:41 |
| Fortschritt Geschwenda | 79:84 | 36:42 |
| Chemie Lauscha II | 61:87 | 31:47 |
| Aufbau Themar | 64:91 | 30:48 |
| Chemie Unterpörlitz | 48:88 | 29:49 |
| Traktor Gräfenthal | 53:99 | 27:51 |
| Lokomotive Ilmenau | 43:160 | 14:64 |

#### Staffel 2

| | | |
|---|---|---|
| Motor Breitungen | 109:42 | 55:23 |
| Chemie Unterbreizbach | 73:48 | 48:30 |
| Motor Benshausen | 81:59 | 48:30 |
| Stahl Bad Salzungen | 68:50 | 47:31 |
| Motor Schmalkalden | 66:50 | 45:33 |
| Motor Oberschönau | 83:74 | 45:33 |
| Motor Barchfeld | 52:68 | 38:40 |
| Traktor Obermaßfeld | 54:68 | 38:40 |
| Aktivist Kieselbach | 75:72 | 36:42 |
| Traktor Walldorf | 70:81 | 36:42 |
| Motor Bad Liebenstein | 69:80 | 35:43 |
| Motor Zella-Mehlis West | 58:76 | 33:45 |
| Lokomotive Vacha | 59:110 | 25:53 |
| Motor Zella-Mehlis Ost | 47:106 | 17:61 |

Entscheidungsspiele der beiden Staffelsieger um die Bezirksmeisterschaft: Motor Breitungen - **Motor Veilsdorf** 1:3/2:2.

# 1962/63

## Oberliga

| | | |
|---|---|---|
| **SC Motor Jena** | **49:22** | **39:13** |
| SC Empor Rostock | 42:24 | 33:19 |
| ASK Vorwärts Berlin | 41:34 | 31:21 |
| SC Wismut Karl-Marx-Stadt | 43:42 | 28:24 |
| SC Lokomotive Leipzig | 38:35 | 27:25 |
| SC Chemie Halle | 38:40 | 25:27 |
| BSG Motor Zwickau | 38:41 | 25:27 |
| **SC Turbine Erfurt** | **45:45** | **24:28** |
| SC Rotation Leipzig | 29:35 | 24:28 |
| SC Dynamo Berlin | 37:32 | 23:29 |
| SC Aufbau Magdeburg | 44:46 | 23:29 |
| SC Motor Karl-Marx-Stadt | 39:44 | 23:29 |
| SG Dynamo Dresden | 36:45 | 22:30 |
| SC Aktivist Brieske-Senftenberg | 22:56 | 17:35 |

## I. DDR-Liga

### Staffel Süd

| | | |
|---|---|---|
| **Motor Steinach** | **55:30** | **39:13** |
| **Wismut Gera** | **39:19** | **36:16** |
| SC Einheit Dresden | 47:28 | 34:18 |
| **Motor Steinach** | **42:31** | **31:21** |
| Vorwärts Leipzig | 43:30 | 30:22 |
| Dynamo Eisleben | 41:35 | 29:23 |
| Fortschritt Weißenfels | 46:38 | 28:24 |
| Motor West Karl-Marx-Stadt | 42:45 | 26:26 |
| Chemie Zeitz | 40:41 | 24:28 |
| Motor Bautzen | 28:46 | 21:31 |
| Chemie Wolfen | 32:57 | 21:31 |
| Aktivist „Karl Marx" Zwickau | 34:46 | 18:34 |
| **Motor Nordhausen-West** | **34:49** | **15:37** |
| **Motor Eisenach** | **26:54** | **12:40** |

## II. DDR-Liga

### Staffel 4

| | | |
|---|---|---|
| Stahl Riesa | 65:25 | 39:13 |
| Motor Wema Plauen | 63:30 | 36:16 |
| Chemie Glauchau | 57:40 | 32:20 |
| Einheit Reichenbach | 51:40 | 31:21 |
| Chemie Riesa | 49:42 | 31:21 |
| Motor Brand-Langenau | 48:40 | 29:23 |
| Motor Werdau | 54:47 | 29:23 |
| Chemie Schwarzheide | 52:56 | 25:27 |
| **Fortschritt Greiz** | **45:54** | **25:27** |
| Motor Görlitz | 47:57 | 23:29 |
| TSG Gröditz | 37:45 | 21:31 |
| Lokomotive Zittau | 20:43 | 15:37 |
| Empor Wurzen | 44:74 | 14:38 |
| **Einheit Elsterberg** | **26:65** | **14:38** |

### Staffel 5

| | | |
|---|---|---|
| Stahl Eisleben | 51:26 | 40:12 |
| **Motor Mitte Suhl** | **55:26** | **37:15** |
| **Dynamo Erfurt** | **58:28** | **35:17** |
| **Kali/Werra Tiefenort** | **58:35** | **33:19** |
| **Motor Zeiß Jena** | **49:33** | **30:22** |
| **Chemie Schwarza** | **46:38** | **29:23** |
| **Motor Rudisleben** | **41:39** | **28:24** |
| **Motor Neuhaus-Schierschnitz** | **36:42** | **23:29** |
| **Motor Sonneberg** | **45:60** | **23:29** |
| **Glückauf Bleicherode** | **30:47** | **22:30** |
| **Lokomotive Meiningen** | **33:49** | **21:31** |
| **Motor Veilsdorf** | **36:51** | **18:34** |
| **Motor Nord Erfurt** | **34:46** | **15:37** |
| **Chemie Lauscha** | **28:80** | **10:42** |

## Bezirksliga Erfurt

| | | |
|---|---|---|
| Motor Gispersleben | 63:37 | 35:17 |
| Einheit Breitenbach | 50:32 | 35:17 |
| Motor Gotha | 48:31 | 34:18 |
| Motor Weimar II | 44:39 | 31:21 |
| Rotation Heiligenstadt | 50:34 | 30:22 |
| Motor Mühlhausen | 50:34 | 29:23 |
| Aktivist Sollstedt | 50:44 | 28:24 |
| Motor Waltershausen | 38:39 | 26:26 |
| Fortschritt Apolda | 35:45 | 23:29 |
| Motor Sömmerda | 41:50 | 22:30 |
| Aufbau Erfurt | 49:56 | 20:32 |
| Motor Nordhausen-West II | 42:56 | 19:33 |
| Einheit Arnstadt | 32:55 | 19:33 |
| Empor Erfurt | 28:68 | 13:39 |

## Bezirksliga Gera

### Staffel 1

| | | |
|---|---|---|
| Motor Neustadt/Orla | 60:27 | 31:13 |
| Motor Hermsdorf | 50:31 | 27:17 |
| Fortschritt Weida | 49:38 | 27:17 |
| Einheit Schleiz | 55:45 | 26:18 |
| Wismut Gera II | 55:39 | 25:19 |
| Dynamo Gera | 46:39 | 25:19 |
| Motor Gera-Zwötzen | 42:54 | 22:22 |
| Stahl Silbitz | 47:45 | 20:24 |
| Einheit Triebes | 47:59 | 20:24 |
| Chemie Triptis | 33:47 | 17:27 |
| Traktor Gera-Langenberg | 36:60 | 14:30 |
| Motor Zeulenroda | 26:62 | 10:34 |

### Staffel 2

| | | |
|---|---|---|
| Chemie Jena | 79:22 | 36:8 |
| Chemie Kahla | 66:23 | 34:10 |
| Motor Saalfeld | 61:32 | 31:13 |
| Stahl Maxhütte | 55:28 | 28:16 |
| Einheit Rudolstadt | 47:28 | 25:19 |
| Rotation Pößneck | 52:44 | 22:22 |
| Aufbau Wurzbach | 45:49 | 22:22 |
| Traktor Krölpa-Ranis | 43:52 | 21:23 |
| Turbine Probstzella | 45:55 | 19:25 |
| Traktor Uhlstädt | 35:60 | 12:32 |
| Chemie Bad Blankenburg | 29:67 | 12:32 |
| Lokomotive Saalfeld | 20:117 | 2:42 |

Entscheidungsspiele der beiden Staffelsieger um die Bezirksmeisterschaft: Motor Neustadt/Orla - **Chemie Jena** 2:0/1:4.

## Bezirksliga Suhl

### Staffel 1

| | | |
|---|---|---|
| Motor Oberlind | 70:39 | 36:12 |
| Fortschritt Geschwenda | 49:31 | 34:14 |
| Traktor Steinheid | 66:48 | 30:18 |
| Empor Ilmenau | 65:36 | 29:19 |
| Eintracht Hildburghausen | 62:44 | 29:19 |
| Motor Steinach II | 72:57 | 28:20 |
| Chemie Fehrenbach | 57:57 | 25:23 |
| Traktor Gräfinau | 57:49 | 21:27 |
| Fortschritt Schalkau | 39:60 | 21:27 |
| Motor Rauenstein | 45:51 | 20:28 |
| Motor Mitte Suhl | 44:68 | 14:34 |
| Chemie Unterpörlitz | 25:56 | 14:34 |
| Aufbau Themar | 26:81 | 11:37 |
| Chemie Lauscha II | | zurückgezogen |

### Staffel 2

| | | |
|---|---|---|
| Motor Breitungen | 67:32 | 38:14 |
| Motor Barchfeld | 39:36 | 31:21 |
| Stahl Bad Salzungen | 46:28 | 30:22 |
| Motor Schmalkalden | 40:23 | 30:22 |
| Motor Benshausen | 53:46 | 30:22 |
| Kali/Werra Tiefenort II | 55:51 | 29:23 |
| Motor Oberschönau | 50:40 | 28:24 |
| Stahl Trusetal | 46:35 | 27:25 |
| Aktivist Unterbreizbach | 48:48 | 27:25 |
| Aktivist Kieselbach | 40:50 | 24:28 |
| Motor Bad Liebenstein | 41:55 | 20:32 |
| Traktor Obermaßfeld | 37:58 | 18:34 |
| Traktor Walldorf | 41:66 | 18:34 |
| Motor Zella-Mehlis West | 39:74 | 14:38 |

Entscheidungsspiele der beiden Staffelsieger um die Bezirksmeisterschaft: Motor Oberlind - **Motor Breitungen** 1:1/1:2.

# 1963/64

## Oberliga

| | | |
|---|---|---|
| BSG Chemie Leipzig | 38:21 | 35:17 |
| SC Empor Rostock | 40:23 | 33:19 |
| SC Leipzig | 34:27 | 32:20 |
| SC Karl-Marx-Stadt | 31:29 | 29:23 |
| ASK Vorwärts Berlin | 45:36 | 26:26 |
| **SC Motor Jena** | **43:35** | **26:26** |
| **BSG Motor Steinach** | **30:36** | **25:27** |
| SC Dynamo Berlin | 35:34 | 24:28 |
| BSG Lokomotive Stendal | 31:34 | 23:29 |
| BSG Wismut Aue | 23:32 | 23:29 |
| SC Aufbau Magdeburg | 25:38 | 23:29 |
| BSG Motor Zwickau | 37:41 | 22:30 |
| SC Chemie Halle | 24:35 | 22:30 |
| **SC Turbine Erfurt** | **23:38** | **21:31** |

## DDR-Liga

### Staffel Süd

| | | |
|---|---|---|
| Dynamo Dresden | 57:14 | 49:11 |
| SC Einheit Dresden | 49:35 | 36:24 |
| **Wismut Gera** | **43:43** | **35:25** |
| Dynamo Eisleben | 41:30 | 32:28 |
| **Motor Weimar** | **47:41** | **32:28** |
| Fortschritt Weißenfels | 47:46 | 32:28 |
| Stahl Riesa | 28:30 | 31:29 |
| Aktivist „Karl Marx" Zwickau | 41:43 | 29:31 |
| Motor Bautzen | 35:38 | 29:31 |
| Motor West Karl-Marx-Stadt | 27:31 | 28:32 |
| Vorwärts Leipzig | 37:36 | 27:33 |
| **Motor Eisenach** | **42:45** | **27:33** |
| Chemie Zeitz | 29:39 | 25:35 |
| Stahl Eisleben | 22:42 | 24:36 |
| Stahl Lippendorf | 32:42 | 23:37 |
| Chemie Wolfen | 25:47 | 19:41 |

## Bezirksliga Erfurt

| | | |
|---|---|---|
| Motor Rudisleben | 73:17 | 49:11 |
| Motor Nordhausen-West | 75:17 | 48:12 |
| Dynamo Erfurt | 91:23 | 45:15 |
| Motor Gispersleben | 63:57 | 34:26 |
| Einheit Breitenbach | 74:51 | 33:27 |
| Rotation Heiligenstadt | 55:54 | 30:30 |
| Motor Gotha | 48:56 | 30:30 |
| Aktivist Sollstedt | 56:60 | 29:31 |
| Motor Waltershausen | 40:51 | 29:31 |
| Motor Weira II | 41:47 | 28:32 |
| Motor Nord Erfurt | 52:47 | 27:33 |
| Fortschritt Apolda | 32:48 | 27:33 |
| Empor Greußen | 42:57 | 25:35 |
| Glückauf Bleicherode | 46:75 | 25:35 |
| Lokomotive Erfurt | 18:68 | 13:47 |
| Motor Mühlhausen | 27:105 | 8:52 |

## Bezirksliga Gera

| | | |
|---|---|---|
| Chemie Jena | 70:37 | 45:15 |
| Wismut Gera II | 76:41 | 44:16 |
| Fortschritt Greiz | 64:42 | 36:24 |
| Einheit Rudolstadt | 57:52 | 34:26 |
| Motor Zeiß Jena | 73:43 | 32:28 |
| Rotation Blankenstein | 63:64 | 32:28 |
| Motor Saalfeld | 55:58 | 32:28 |
| Motor Neustadt/Orla | 47:48 | 31:29 |
| Chemie Schwarza | 52:44 | 30:30 |
| Fortschritt Weida | 57:56 | 28:32 |
| Chemie Kahla | 49:52 | 28:32 |
| Einheit Schleiz | 54:74 | 27:33 |
| Dynamo Gera | 49:61 | 24:36 |
| Einheit Elsterberg | 41:75 | 21:39 |
| Stahl Maxhütte | 32:64 | 20:40 |
| Motor Hermsdorf | 37:65 | 16:44 |

## Bezirksliga Suhl

### Staffel 1

| | | |
|---|---|---|
| Empor Ilmenau | 65:22 | 40:12 |
| Motor Veilsdorf | 55:35 | 32:20 |
| Traktor Steinheid | 65:55 | 29:23 |
| Motor Sonneberg | 54:53 | 29:23 |
| Motor Oberlind | 62:47 | 28:24 |
| Motor Neuhaus-Schierschnitz | 50:36 | 27:25 |
| Traktor Gräfinau | 61:54 | 27:25 |
| Motor Rauenstein | 38:45 | 26:26 |
| Chemie Fehrenbach | 74:70 | 25:27 |
| Chemie Lauscha | 47:44 | 25:27 |
| Fortschritt Geschwenda | 38:46 | 23:29 |
| Eintracht Hildburghausen | 40:57 | 23:29 |
| Fortschritt Schalkau | 43:66 | 22:30 |
| Motor Steinach II | 31:93 | 8:44 |

### Staffel 2

| | | |
|---|---|---|
| Kali/Werra Tiefenort | 101:23 | 46:10 |
| Motor Mitte Suhl | 79:39 | 41:15 |
| Vorwärts Meiningen | 69:31 | 37:19 |
| Motor Schmalkalden | 46:41 | 33:23 |
| Motor Breitungen | 59:50 | 31:25 |
| Vorwärts Dermbach | 39:36 | 30:26 |
| Lokomotive Meiningen | 44:38 | 28:28 |
| Motor Steinbach-Hallenberg | 54:52 | 26:30 |
| Motor Oberschönau | 51:68 | 26:30 |
| Stahl Bad Salzungen | 41:54 | 24:32 |
| Motor Barchfeld | 43:57 | 24:32 |
| Motor Benshausen | 44:73 | 23:33 |
| Stahl Trusetal | 51:67 | 21:35 |
| Aktivist Unterbreizbach | 42:67 | 21:35 |
| Motor Zella-Mehlis West | 20:87 | 9:47 |

Entscheidungsspiele der beiden Staffelsieger um die Bezirksmeisterschaft: Kali/Werra Tiefenort - **Empor Ilmenau** 2:0/0:3.

# 1964/65

## Oberliga

| | | |
|---|---|---|
| ASK Vorwärts Berlin | 51:24 | 37:15 |
| **SC Motor Jena** | **41:27** | **32:20** |
| BSG Chemie Leipzig | 47:29 | 31:21 |
| SC Leipzig | 53:34 | 30:22 |
| SC Empor Rostock | 37:33 | 28:24 |
| BSG Lokomotive Stendal | 47:42 | 26:26 |
| SC Aufbau Magdeburg | 35:35 | 25:27 |
| BSG Motor Zwickau | 36:46 | 24:28 |
| BSG Wismut Aue | 23:36 | 24:28 |
| SG Dynamo Dresden | 34:38 | 23:29 |
| SC Karl-Marx-Stadt | 36:41 | 23:29 |
| SC Dynamo Berlin | 27:37 | 22:30 |
| SC Neubrandenburg | 34:58 | 20:32 |
| **BSG Motor Steinach** | **28:49** | **19:33** |

## DDR-Liga

### Staffel Süd

| | | |
|---|---|---|
| **SC Turbine Erfurt** | **53:26** | **42:18** |
| Dynamo Eisleben | 63:37 | 39:21 |
| Vorwärts Leipzig | 62:50 | 37:23 |
| Chemie Zeitz | 43:43 | 35:25 |
| Aktivist „Karl Marx" Zwickau | 59:40 | 33:27 |
| Stahl Riesa | 47:39 | 32:28 |
| SC Einheit Dresden | 42:38 | 32:28 |
| Fortschritt Weißenfels | 41:39 | 32:28 |
| **Motor Eisenach** | **40:42** | **30:30** |
| **Motor Weimar** | **43:49** | **30:30** |
| Motor Wema Plauen | 56:53 | 27:33 |
| **Wismut Gera** | **45:47** | **27:33** |
| Motor Bautzen | 44:46 | 27:33 |
| Chemie Riesa | 38:48 | 23:37 |
| Motor West Karl-Marx-Stadt | 22:53 | 18:42 |
| **Motor Rudisleben** | **30:78** | **16:44** |

## Bezirksliga Erfurt

| | | |
|---|---|---|
| Motor Nordhausen-West | 72:20 | 45:15 |
| SC Turbine Erfurt II | 50:36 | 39:21 |
| Motor Gotha | 44:40 | 38:22 |
| Dynamo Erfurt | 49:37 | 31:23 |
| Glückauf Sondershausen | 57:58 | 32:28 |
| Aktivist Sollstedt | 46:41 | 31:29 |
| Motor Gispersleben | 46:55 | 30:30 |
| Motor Sömmerda | 52:56 | 28:32 |
| Einheit Breitenbach | 52:43 | 27:33 |
| Motor Heiligenstadt | 51:53 | 27:33 |
| Motor Weimar II | 41:52 | 27:33 |
| Empor Greußen | 45:54 | 26:34 |
| ZSG Waltershausen | 39:47 | 24:36 |
| Vorwärts Creuzburg | 42:62 | 24:36 |
| Motor Nord Erfurt | 37:47 | 23:37 |
| Fortschritt Apolda | 34:56 | 22:38 |

## Bezirksliga Gera

| | | |
|---|---|---|
| Motor Zeiß Jena | 90:22 | 48:12 |
| Chemie Jena | 76:39 | 37:23 |
| Vorwärts Zschachenmühle | 50:37 | 37:23 |
| Chemie Schwarza | 48:37 | 37:23 |
| Wismut Gera II | 46:39 | 35:25 |
| Motor Saalfeld | 46:53 | 32:28 |
| Dynamo Gera | 49:47 | 30:30 |
| Fortschritt Weida | 49:48 | 30:30 |
| Einheit Schleiz | 54:60 | 30:30 |
| Stahl Silbitz | 47:52 | 28:32 |
| Fortschritt Greiz | 51:53 | 27:33 |
| Einheit Rudolstadt | 46:69 | 25:35 |
| Rotation Blankenstein | 51:63 | 24:36 |
| Motor Neustadt/Orla | 42:58 | 23:37 |
| Chemie Kahla | 41:63 | 20:40 |
| Einheit Triebes | 35:81 | 17:43 |

## Bezirksliga Suhl

### Staffel 1

| | | |
|---|---|---|
| Motor Veilsdorf | 72:36 | 33:19 |
| Chemie Fehrenbach | 73:50 | 30:22 |
| Empor Ilmenau | 50:33 | 30:22 |
| Motor Oberlind | 54:49 | 30:22 |
| Fortschritt Heubach | 53:72 | 29:23 |
| Traktor Judenbach | 50:40 | 28:24 |
| Motor Neuhaus-Schierschnitz | 46:45 | 26:26 |
| Fortschritt Geschwenda | 44:48 | 26:26 |
| Traktor Steinheid | 60:70 | 25:27 |
| Chemie Lauscha | 34:40 | 24:28 |
| Motor Sonneberg | 39:47 | 24:28 |
| Eintracht Hildburghausen | 45:52 | 21:31 |
| Traktor Gräfinau-Angstedt | 49:56 | 20:32 |
| Motor Rauenstein | 39:70 | 18:34 |

### Staffel 2

| | | |
|---|---|---|
| Vorwärts Meiningen | 98:22 | 46:6 |
| Motor Mitte Suhl | 101:26 | 45:7 |
| Aktivist Kali/Werra | 87:26 | 44:8 |
| Motor Schmalkalden | 43:27 | 35:17 |
| Stahl Bad Salzungen | 48:56 | 22:30 |
| Motor Barchfeld | 48:64 | 22:30 |
| Lokomotive Meiningen | 37:48 | 20:32 |
| Motor Breitungen | 36:55 | 20:32 |
| Vorwärts Dermbach | 36:55 | 20:32 |
| Traktor Obermaßfeld | 32:51 | 20:32 |
| Motor Steinbach-Hallenberg | 30:55 | 19:33 |
| Motor Benshausen | 37:78 | 19:33 |
| Motor Oberschönau | 30:53 | 15:37 |
| Motor Fambach | 34:81 | 15:37 |

Entscheidungsspiele der beiden Staffelsieger um die Bezirksmeisterschaft: Motor Veilsdorf - **Vorwärts Meiningen** 1:2/1:5.

# 1965/66

## Oberliga

| | | |
|---|---|---|
| FC Vorwärts Berlin | 44:27 | 34:18 |
| **FC Carl Zeiss Jena** | **45:24** | **32:20** |
| 1. FC Lokomotive Leipzig | 50:41 | 28:24 |
| FC Hansa Rostock | 41:34 | 28:24 |
| SG Dynamo Dresden | 34:31 | 28:24 |
| BSG Wismut Aue | 33:33 | 28:24 |
| FC Karl-Marx-Stadt | 29:33 | 28:24 |
| BSG Chemie Leipzig | 32:32 | 26:26 |
| Berliner FC Dynamo | 42:32 | 25:27 |
| BSG Motor Zwickau | 28:35 | 24:28 |
| Hallescher FC Chemie | 26:33 | 23:29 |
| BSG Lokomotive Stendal | 36:49 | 22:30 |
| **FC Rot-Weiß Erfurt** | **26:42** | **19:33** |
| 1. FC Magdeburg | 19:39 | 19:33 |

## DDR-Liga

### Staffel Süd

| | | |
|---|---|---|
| **Wismut Gera** | **54:24** | **41:19** |
| **Motor Steinach** | **55:30** | **35:25** |
| Motor Wema Plauen | 56:40 | 34:26 |
| Vorwärts Leipzig | 46:39 | 33:27 |
| Aktivist „Karl Marx" Zwickau | 41:37 | 33:27 |
| Stahl Riesa | 50:37 | 31:29 |
| Dynamo Eisleben | 55:47 | 31:29 |
| Chemie Zeitz | 47:48 | 31:29 |
| **Vorwärts Meiningen** | **53:54** | **30:30** |
| **Motor Weimar** | **41:45** | **30:30** |
| **Motor Eisenach** | **45:50** | **29:31** |
| Lokomotive Dresden | 35:37 | 26:34 |
| Motor Bautzen | 39:64 | 26:34 |
| Chemie Buna-Schkopau | 36:56 | 25:35 |
| Motor WAMA Görlitz | 34:57 | 22:38 |
| Fortschritt Weißenfels | 36:58 | 21:39 |

## Bezirksliga Erfurt

| | | |
|---|---|---|
| Motor Nordhausen-West | 82:56 | 42:18 |
| Motor Rudisleben | 71:41 | 41:19 |
| Motor Gotha | 58:39 | 38:22 |
| Dynamo Erfurt | 57:41 | 35:25 |
| Motor Weimar II | 50:51 | 32:28 |
| Motor Heiligenstadt | 60:48 | 31:29 |
| Aufbau Erfurt | 62:65 | 31:29 |
| Motor Gispersleben | 56:63 | 30:30 |
| Glückauf Sondershausen | 57:54 | 29:31 |
| Motor Sömmerda | 46:51 | 29:31 |
| Empor Greußen | 52:60 | 29:31 |
| Traktor Breitenbach | 62:61 | 27:33 |
| Aktivist Sollstedt | 46:49 | 27:33 |
| Glückauf Bleicherode | 44:53 | 24:36 |
| FC Rot-Weiß Erfurt II | 41:65 | 21:39 |
| ZSG Waltershausen | 23:70 | 12:48 |

## Bezirksliga Gera

| | | |
|---|---|---|
| Chemie Jena | 79:31 | 48:12 |
| Motor Zeiss Jena | 80:35 | 42:18 |
| Stahl Maxhütte | 45:30 | 39:21 |
| Rotation Blankenstein | 60:40 | 36:24 |
| Stahl Silbitz | 56:52 | 33:27 |
| Dynamo Gera | 44:43 | 33:27 |
| Wismut Gera II | 50:46 | 31:29 |
| Fortschritt Greiz | 50:51 | 31:29 |
| Chemie Schwarza | 45:47 | 31:29 |
| Einheit Elsterberg | 47:43 | 28:32 |
| Motor Saalfeld | 37:53 | 27:33 |
| Motor Hermsdorf | 46:53 | 26:34 |
| Vorwärts Zschachenmühle | 46:59 | 25:35 |
| Einheit Rudolstadt | 39:57 | 21:38 |
| Einheit Schleiz | 40:81 | 16:44 |
| Fortschritt Weida | 32:75 | 12:48 |

## Bezirksliga Suhl

### Staffel 1

| | | |
|---|---|---|
| Motor Mitte Suhl | 105:27 | 43:9 |
| Empor Ilmenau | 66:28 | 43:9 |
| Chemie Lauscha | 59:28 | 34:18 |
| Motor Oberlind | 40:36 | 32:20 |
| Motor Steinach II | 47:36 | 31:21 |
| Motor Neuhaus-Schierschnitz | 49:44 | 31:21 |
| Vorwärts Sonneberg | 58:54 | 31:21 |
| Chemie Fehrenbach | 63:56 | 29:23 |
| Motor Sonneberg | 57:44 | 26:26 |
| Traktor Steinheid | 64:79 | 21:31 |
| Fortschritt Geschwenda | 31:73 | 15:37 |
| Traktor Gehren | 41:89 | 10:42 |
| Fortschritt Heubach | 36:69 | 8:44 |
| Traktor Judenbach | 33:86 | 8:44 |

### Staffel 2

| | | |
|---|---|---|
| Aktivist Kali/Werra | 73:21 | 42:10 |
| Motor Veilsdorf | 71:42 | 35:17 |
| Vorwärts Dermbach | 67:37 | 33:19 |
| Stahl Trusetal | 50:43 | 31:21 |
| Motor Schmalkalden | 47:31 | 30:22 |
| Lokomotive Meiningen | 40:25 | 30:22 |
| Traktor Obermaßfeld | 44:36 | 30:22 |
| Motor Barchfeld | 41:48 | 29:23 |
| Motor Steinbach-Hallenberg | 34:25 | 28:24 |
| Stahl Bad Salzungen | 45:55 | 23:29 |
| Motor Breitungen | 32:51 | 19:33 |
| Motor Bad Liebenstein | 40:57 | 17:35 |
| Eintracht Hildburghausen | 28:59 | 13:39 |
| Motor Benshausen | 15:97 | 4:48 |

Entscheidungsspiele der beiden Staffelsieger um die Bezirksmeisterschaft: **Aktivist Kali/Werra** - Motor Mitte Suhl 2:1/1:0.

# 1966/67

## Oberliga

| | | |
|---|---|---|
| FC Karl-Marx-Stadt | 39:23 | 37:15 |
| 1. FC Lokomotive Leipzig | 39:32 | 30:22 |
| BSG Motor Zwickau | 41:26 | 27:25 |
| SG Dynamo Dresden | 35:31 | 27:25 |
| **FC Carl Zeiss Jena** | **31:29** | **27:25** |
| 1. FC Union Berlin | 33:35 | 27:25 |
| BSG Lokomotive Stendal | 39:44 | 27:25 |
| FC Vorwärts Berlin | 43:34 | 26:26 |
| BSG Wismut Aue | 45:43 | 26:26 |
| FC Hansa Rostock | 27:27 | 26:26 |
| Hallescher FC Chemie | 38:41 | 26:26 |
| BSG Chemie Leipzig | 35:38 | 25:27 |
| Berliner FC Dynamo | 28:40 | 21:31 |
| **BSG Wismut Gera** | **27:57** | **10:42** |

## DDR-Liga

### Staffel Süd

| | | |
|---|---|---|
| **FC Rot-Weiß Erfurt** | **62:21** | **41:19** |
| Stahl Riesa | 54:27 | 41:19 |
| **Vorwärts Meiningen** | **53:36** | **35:25** |
| Vorwärts Leipzig | 38:25 | 33:27 |
| Motor Wema Plauen | 52:51 | 33:27 |
| **Motor Steinach** | **34:28** | **31:29** |
| Aktivist „Karl Marx" Zwickau | 43:39 | 31:29 |
| Chemie Zeitz | 43:34 | 30:30 |
| Lokomotive Dresden | 39:35 | 30:30 |
| **Motor Weimar** | **37:42** | **30:30** |
| **Motor Eisenach** | **41:45** | **28:32** |
| Motor Bautzen | 30:33 | 27:33 |
| Dynamo Eisleben | 35:47 | 27:33 |
| **Motor Nordhausen-West** | **28:41** | **27:33** |
| Aktivist Böhlen | 25:53 | 23:37 |
| **Chemie Jena** | **12:69** | **9:51** |

## Bezirksliga Erfurt

| | | |
|---|---|---|
| FC Rot- Weiß Erfurt II | 84:19 | 51:9 |
| Motor Rudisleben | 66:16 | 50:10 |
| Motor Nord Erfurt | 50:29 | 38:22 |
| Motor Sömmerda | 47:40 | 37:23 |
| Glückauf Sondershausen | 44:48 | 33:27 |
| TSG Apolda | 37:37 | 31:29 |
| Motor Gotha | 53:42 | 30:30 |
| Motor Heiligenstadt | 43:39 | 30:30 |
| Dynamo Erfurt | 34:36 | 29:31 |
| Motor Gispersleben | 51:52 | 27:33 |
| Traktor Breitenbach | 44:57 | 26:34 |
| Aufbau Erfurt | 50:70 | 26:34 |
| Empor Greußen | 36:52 | 24:36 |
| Motor Weimar II | 40:50 | 22:38 |
| Lokomotive Schlotheim | 25:73 | 14:46 |
| Aktivist Sollstedt | 24:68 | 12:48 |

## Bezirksliga Gera

| | | |
|---|---|---|
| Wismut Gera II | 82:30 | 52:8 |
| FC Carl Zeiss Jena II | 82:26 | 48:12 |
| Stahl Maxhütte | 46:41 | 36:24 |
| Einheit Triebes | 57:42 | 35:25 |
| Motor Hermsdorf | 53:41 | 33:27 |
| Stahl Silbitz | 56:56 | 32:28 |
| Chemie Schwarza | 48:36 | 30:30 |
| Einheit Elsterberg | 38:35 | 28:32 |
| Einheit Rudolstadt | 45:47 | 28:32 |
| Chemie Kahla | 42:49 | 26:34 |
| Rotation Blankenstein | 52:61 | 26:34 |
| Vorwärts Zschachenmühle | 47:57 | 26:34 |
| Dynamo Gera | 36:50 | 24:36 |
| Motor Neustadt/Orla | 33:68 | 20:40 |
| Fortschritt Greiz | 29:61 | 18:42 |
| Motor Saalfeld | 25:71 | 16:44 |

## Bezirksliga Suhl

| | | |
|---|---|---|
| Aktivist Kali/Werra | 75:21 | 41:11 |
| Motor Mitte Suhl | 86:35 | 36:16 |
| Lokomotive Meiningen | 54:33 | 35:17 |
| Motor Veilsdorf | 41:35 | 34:18 |
| Vorwärts Dermbach | 62:35 | 33:19 |
| Motor Oberlind | 34:36 | 27:25 |
| Motor Schmalkalden | 32:51 | 24:28 |
| Vorwärts Sonneberg | 38:50 | 24:28 |
| Chemie Glas Ilmenau | 33:23 | 22:30 |
| Chemie Lauscha | 30:51 | 21:31 |
| Stahl Trusetal | 41:68 | 21:31 |
| Motor Steinach II | 43:53 | 20:32 |
| Motor Neuhaus-Schierschnitz | 38:60 | 18:34 |
| Traktor Obermaßfeld | 17:73 | 7:45 |

# 1967/68
## Oberliga

| | | |
|---|---|---|
| **FC Carl Zeiss Jena** | **51:19** | **39:13** |
| FC Hansa Rostock | 37:27 | 34:18 |
| 1. FC Magdeburg | 43:38 | 33:19 |
| FC Vorwärts Berlin | 34:29 | 26:26 |
| 1. FC Lokomotive Leipzig | 39:35 | 25:27 |
| FC Karl-Marx-Stadt | 33:30 | 25:27 |
| BSG Sachsenring Zwickau | 36:34 | 25:27 |
| 1. FC Union Berlin | 26:35 | 25:27 |
| **FC Rot-Weiß Erfurt** | **34:39** | **23:29** |
| Hallescher FC Chemie | 32:41 | 23:29 |
| BSG Wismut Aue | 32:40 | 22:30 |
| BSG Chemie Leipzig | 26:32 | 21:31 |
| SG Dynamo Dresden | 25:33 | 21:31 |
| BSG Lokomotive Stendal | 26:42 | 20:32 |

## DDR-Liga
### Staffel Süd

| | | |
|---|---|---|
| Stahl Riesa | 54:31 | 43:17 |
| **Wismut Gera** | **61:27** | **42:18** |
| **Vorwärts Meiningen** | **59:36** | **37:23** |
| **Motor Steinach** | **42:35** | **36:24** |
| Vorwärts Leipzig | 51:39 | 34:26 |
| **FC Carl Zeiss Jena II** | **41:31** | **33:27** |
| Lokomotive Dresden | 36:30 | 30:30 |
| Aktivist „Karl Marx" Zwickau | 40:44 | 28:32 |
| Dynamo Eisleben | 41:51 | 27:33 |
| **Motor Eisenach** | **43:65** | **27:33** |
| Chemie Zeitz | 40:41 | 26:34 |
| Motor Wema Plauen | 49:54 | 26:34 |
| **FC Rot-Weiß Erfurt II** | **48:47** | **25:35** |
| Motor Bautzen | 28:48 | 25:35 |
| **Motor Weimar** | **33:50** | **21:39** |
| Fortschritt Weißenfels | 28:65 | 20:40 |

## Bezirksliga Erfurt

| | | |
|---|---|---|
| Motor Rudisleben | 79:19 | 49:11 |
| Motor Nordhausen-West | 90:23 | 48:12 |
| Motor Heiligenstadt | 38:31 | 37:23 |
| Fortschritt Leinefelde | 57:42 | 33:27 |
| Motor Nord Erfurt | 48:42 | 33:27 |
| Motor Gotha | 53:31 | 32:28 |
| Motor Sömmerda | 46:34 | 32:28 |
| Aufbau Erfurt | 32:32 | 30:30 |
| TSG Apolda | 43:46 | 30:30 |
| Glückauf Bleicherode | 41:51 | 29:31 |
| Motor Gispersleben | 39:65 | 28:32 |
| Vorwärts Mühlhausen | 40:45 | 27:33 |
| Empor Greußen | 28:51 | 26:34 |
| Glückauf Sondershausen | 34:50 | 23:37 |
| Dynamo Weimar | 29:85 | 13:47 |
| Dynamo Erfurt | 21:71 | 10:50 |

## Bezirksliga Gera

| | | |
|---|---|---|
| Wismut Gera II | 72:28 | 45:11 |
| Stahl Maxhütte | 39:23 | 36:20 |
| Rotation Blankenstein | 47:41 | 35:21 |
| Motor Hermsdorf | 71:28 | 34:22 |
| Einheit Triebes | 58:28 | 33:23 |
| FC Carl Zeiss Jena III | 46:33 | 33:23 |
| Chemie Schwarza | 54:36 | 32:24 |
| Wismut Ronneburg | 46:56 | 26:30 |
| Stahl Silbitz | 50:54 | 25:31 |
| Chemie Jena | 22:27 | 25:31 |
| Chemie Kahla | 43:55 | 25:31 |
| Einheit Elsterberg | 44:48 | 24:32 |
| Einheit Rudolstadt | 43:49 | 23:33 |
| Dynamo Gera | 28:68 | 14:42 |
| Traktor Uhlstädt | 32:121 | 6:50 |

## Bezirksliga Suhl

| | | |
|---|---|---|
| Aktivist Kali/Werra | 109:21 | 44:8 |
| Vorwärts Meiningen II | 65:31 | 37:15 |
| Chemie Lauscha | 43:51 | 28:24 |
| Vorwärts Dermbach | 41:44 | 26:26 |
| Chemie Glas Ilmenau | 31:45 | 26:26 |
| Motor Schmalkalden | 52:40 | 24:28 |
| Motor Oberlind | 34:35 | 24:28 |
| Lokomotive Meiningen | 34:36 | 24:28 |
| Stahl Trusetal | 35:38 | 24:28 |
| Traktor Steinheid | 40:57 | 22:30 |
| Motor Veilsdorf | 32:56 | 22:30 |
| Vorwärts Sonneberg | 31:51 | 21:31 |
| Motor Steinach II | 31:49 | 20:32 |
| Ernst-Thälmann-Werk Suhl | 29:53 | 16:36 |

# 1968/69
## Oberliga

| | | |
|---|---|---|
| FC Vorwärts Berlin | 47:28 | 34:18 |
| **FC Carl Zeiss Jena** | **43:22** | **32:20** |
| 1. FC Magdeburg | 43:41 | 31:21 |
| FC Hansa Rostock | 42:33 | 29:23 |
| BSG Sachsenring Zwickau | 23:19 | 27:25 |
| BSG Chemie Leipzig | 30:27 | 27:25 |
| FC Karl-Marx-Stadt | 35:36 | 26:26 |
| **FC Rot-Weiß Erfurt** | **32:27** | **25:27** |
| BSG Wismut Aue | 33:31 | 25:27 |
| Berliner FC Dynamo | 25:36 | 25:27 |
| Hallescher FC Chemie | 32:35 | 22:30 |
| BSG Stahl Riesa | 26:43 | 22:30 |
| 1. FC Union Berlin | 29:41 | 20:32 |
| 1. FC Lokomotive Leipzig | 16:37 | 19:33 |

## DDR-Liga
### Staffel Süd

| | | |
|---|---|---|
| Dynamo Dresden | 57:9 | 47:13 |
| **Vorwärts Meiningen** | **53:37** | **38:22** |
| **Motor Steinach** | **43:29** | **37:23** |
| **Wismut Gera** | **33:24** | **36:24** |
| **FC Carl Zeiss Jena II** | **36:37** | **30:30** |
| Lokomotive Dresden | 32:34 | 30:30 |
| Aktivist Böhlen | 33:38 | 30:30 |
| **Motor Eisenach** | **34:34** | **28:32** |
| Vorwärts Leipzig | 30:31 | 28:32 |
| Dynamo Eisleben | 26:36 | 27:33 |
| Motor Wema Plauen | 33:43 | 26:34 |
| Sachsenring Zwickau II | 31:50 | 26:34 |
| **Aktivist Kali/Werra** | **39:43** | **25:35** |
| Chemie Zeitz | 26:31 | 25:35 |
| Chemie Riesa | 32:40 | 24:36 |
| **FC Rot-Weiß Erfurt II** | **15:37** | **23:37** |

## Bezirksliga Erfurt

| | | |
|---|---|---|
| Motor Nordhausen-West | 89:19 | 50:10 |
| Motor Weimar | 68:15 | 46:14 |
| TSG Apolda | 46:22 | 38:22 |
| Motor Rudisleben | 52:31 | 35:25 |
| Motor Gotha | 41:45 | 32:28 |
| Fortschritt Leinefelde | 42:43 | 31:29 |
| Motor Sömmerda | 46:38 | 30:30 |
| Motor Nord Erfurt | 48:51 | 28:32 |
| Aufbau Erfurt | 33:42 | 28:32 |
| Vorwärts Mühlhausen | 36:43 | 27:33 |
| Motor Heiligenstadt | 36:50 | 26:34 |
| Aktivist Sollstedt | 30:48 | 26:34 |
| Empor Greußen | 31:64 | 26:34 |
| Glückauf Bleicherode | 28:39 | 24:36 |
| Motor Mühlhausen | 35:77 | 18:42 |
| Motor Gispersleben | 30:64 | 15:45 |

## Bezirksliga Gera

| | | |
|---|---|---|
| Motor Hermsdorf | 93:13 | 53:7 |
| Chemie Jena | 50:30 | 35:25 |
| FC Carl Zeiss Jena III | 35:22 | 35:25 |
| Stahl Maxhütte | 47:33 | 34:26 |
| Fortschritt Greiz | 46:34 | 34:26 |
| Chemie Schwarza | 46:38 | 34:26 |
| Wismut Gera II | 57:52 | 31:29 |
| Rotation Blankenstein | 44:51 | 30:30 |
| Motor Saalfeld | 41:39 | 29:31 |
| Wismut Ronneburg | 35:43 | 29:31 |
| Chemie Kahla | 31:34 | 28:32 |
| Stahl Silbitz | 42:46 | 28:32 |
| Einheit Triebes | 31:41 | 27:33 |
| Fortschritt Weida | 37:54 | 25:35 |
| Einheit Elsterberg | 22:55 | 21:39 |
| Fortschritt Hirschberg | 17:89 | 7:53 |

## Bezirksliga Suhl

| | | |
|---|---|---|
| Vorwärts Meiningen II | 65:30 | 37:15 |
| Chemie Glas Ilmenau | 40:26 | 34:18 |
| Motor Veilsdorf | 53:43 | 33:19 |
| Motor Oberlind | 47:27 | 32:20 |
| Motor Schmalkalden | 42:24 | 32:20 |
| Chemie Fehrenbach | 41:44 | 27:25 |
| Aktivist Kali/Werra II | 36:32 | 24:28 |
| Lokomotive Meiningen | 28:35 | 24:28 |
| Chemie Dermbach | 40:50 | 24:28 |
| Chemie Lauscha | 31:38 | 22:30 |
| Eintracht Hildburghausen | 40:48 | 22:30 |
| Stahl Trusetal | 40:48 | 22:30 |
| Vorwärts Sonneberg | 23:32 | 21:31 |
| Traktor Steinheid | 20:69 | 10:42 |

# 1969/70

## Oberliga

| | | |
|---|---|---|
| **FC Carl Zeiss Jena** | **50:16** | **39:13** |
| FC Vorwärts Berlin | 43:34 | 32:20 |
| SG Dynamo Dresden | 36:26 | 31:21 |
| BSG Chemie Leipzig | 33:27 | 30:22 |
| BSG Sachsenring Zwickau | 25:26 | 28:24 |
| Berliner FC Dynamo | 29:32 | 28:24 |
| BSG Wismut Aue | 31:34 | 27:25 |
| 1. FC Magdeburg | 37:37 | 24:28 |
| **FC Rot-Weiß Erfurt** | **32:40** | **24:28** |
| Hallescher FC Chemie | 35:34 | 22:30 |
| BSG Stahl Riesa | 31:35 | 22:30 |
| FC Hansa Rostock | 22:33 | 21:31 |
| FC Karl-Marx-Stadt | 27:42 | 19:33 |
| BSG Stahl Eisenhüttenstadt | 21:36 | 17:35 |

## DDR-Liga

**Staffel Süd**

| | | |
|---|---|---|
| 1. FC Lokomotive Leipzig | 83:23 | 48:12 |
| **Wismut Gera** | **47:16** | **47:13** |
| Sachsenring Zwickau II | 52:46 | 34:26 |
| **Kali/Werra Tiefenort** | **32:37** | **34:26** |
| Chemie Böhlen | 33:38 | 31:29 |
| Hallescher FC Chemie II | 33:42 | 31:29 |
| Dynamo Eisleben | 36:31 | 30:30 |
| **FC Carl Zeiss Jena II** | **39:36** | **29:31** |
| **Vorwärts Meiningen** | **51:38** | **28:32** |
| Motor Wema Plauen | 39:42 | 28:32 |
| **Motor Nordhausen-West** | **27:40** | **27:33** |
| Lokomotive Dresden | 38:41 | 26:34 |
| **Motor Steinach** | **39:44** | **25:35** |
| **Motor Eisenach** | **28:45** | **25:35** |
| **Motor Hermsdorf** | **31:58** | **22:38** |
| Vorwärts Leipzig | 21:52 | 15:45 |

## Bezirksliga Erfurt

| | | |
|---|---|---|
| Motor Sömmerda | 50:16 | 47:13 |
| Motor Weimar | 53:21 | 42:18 |
| Motor Rudisleben | 62:26 | 39:21 |
| Aufbau Erfurt | 40:30 | 35:25 |
| Motor Nordhausen-West II | 44:36 | 34:26 |
| Fortschritt Leinefelde | 49:34 | 33:27 |
| Glückauf Bleicherode | 48:34 | 33:27 |
| TSG Apolda | 50:36 | 32:28 |
| FC Rot-Weiß Erfurt II | 43:42 | 29:31 |
| Aktivist Sollstedt | 37:52 | 27:33 |
| Motor Nord Erfurt | 34:44 | 26:34 |
| Motor Gotha | 34:49 | 24:36 |
| Motor Heiligenstadt | 37:41 | 23:37 |
| Empor Greußen | 30:52 | 23:37 |
| Chemie Blankenhain | 33:76 | 18:42 |
| Vorwärts Mühlhausen | 24:79 | 15:45 |

## Bezirksliga Gera

| | | |
|---|---|---|
| Stahl Maxhütte | 57:25 | 44:16 |
| Chemie Jena | 56:28 | 44:16 |
| Motor Saalfeld | 33:26 | 42:18 |
| Wismut Gera II | 49:35 | 39:21 |
| FC Carl Zeiss Jena III | 43:30 | 37:23 |
| Chemie Schwarza | 44:35 | 35:25 |
| Einheit Rudolstadt | 50:37 | 33:27 |
| Einheit Triebes | 37:38 | 30:30 |
| Fortschritt Weida | 45:44 | 29:31 |
| Rotation Blankenstein | 34:44 | 29:31 |
| Fortschritt Greiz | 40:42 | 26:34 |
| Wismut Ronneburg | 35:51 | 22:38 |
| Stahl Silbitz | 34:40 | 21:39 |
| Dynamo Camburg | 32:56 | 19:41 |
| Chemie Kahla | 32:51 | 15:45 |
| Motor Zeulenroda | 41:80 | 15:45 |

## Bezirksliga Suhl

| | | |
|---|---|---|
| Vorwärts Meiningen II | 62:30 | 36:16 |
| Chemie Glas Ilmenau | 45:22 | 32:20 |
| Lokomotive Meiningen | 43:26 | 32:20 |
| Motor Oberlind | 41:38 | 32:20 |
| Motor Schmalkalden | 42:32 | 29:23 |
| Kali/Werra Tiefenort II | 50:30 | 28:24 |
| Stahl Trusetal | 39:62 | 27:25 |
| Motor Sonneberg | 36:30 | 26:26 |
| ESKA Hildburghausen | 33:39 | 25:27 |
| Chemie Fehrenbach | 55:48 | 24:28 |
| Motor Veilsdorf | 34:40 | 23:29 |
| Motor Simson Suhl-Heinrichs | 30:48 | 21:31 |
| Chemie Dermbach | 38:68 | 14:38 |
| Chemie Lauscha | 29:64 | 13:39 |

# 1970/71

## Oberliga

| | | |
|---|---|---|
| SG Dynamo Dresden | 56:29 | 39:13 |
| **FC Carl Zeiss Jena** | **58:29** | **33:19** |
| Hallescher FC Chemie | 35:29 | 30:22 |
| 1. FC Magdeburg | 37:38 | 27:25 |
| 1. FC Union Berlin | 27:33 | 27:25 |
| BSG Sachsenring Zwickau | 40:42 | 26:26 |
| FC Vorwärts Berlin | 38:44 | 26:26 |
| FC Hansa Rostock | 31:25 | 25:27 |
| Berliner FC Dynamo | 31:29 | 25:27 |
| 1. FC Lokomotive Leipzig | 42:46 | 24:28 |
| BSG Wismut Aue | 30:36 | 21:31 |
| BSG Stahl Riesa | 28:41 | 21:31 |
| **FC Rot-Weiß Erfurt** | **28:44** | **21:31** |
| BSG Chemie Leipzig | 27:43 | 19:33 |

## DDR-Liga

**Staffel Süd**

| | | |
|---|---|---|
| FC Karl-Marx-Stadt | 72:16 | 50:10 |
| **Vorwärts Meiningen** | **53:29** | **38:22** |
| **Motor Nordhausen-West** | **52:36** | **38:22** |
| Motor Wema Plauen | 46:35 | 38:22 |
| **Wismut Gera** | **39:29** | **35:25** |
| Hallescher FC Chemie II | 45:39 | 35:25 |
| Lokomotive Dresden | 37:32 | 32:28 |
| **FC Carl Zeiss Jena II** | **39:40** | **29:31** |
| Chemie Böhlen | 40:44 | 29:31 |
| **Kali/Werra Tiefenort** | **32:47** | **26:34** |
| Dynamo Eisleben | 38:45 | 25:35 |
| Dynamo Dresden II | 36:40 | 24:36 |
| Chemie Leipzig II | 37:58 | 23:37 |
| Sachsenring Zwickau II | 37:62 | 22:38 |
| **Motor Steinach** | **31:42** | **21:39** |
| Chemie Glauchau | 22:62 | 15:45 |

## Bezirksliga Erfurt

| | | |
|---|---|---|
| Motor Sömmerda | 62:21 | 46:14 |
| Motor Weimar | 46:14 | 45:15 |
| Motor Nordhausen-West II | 49:35 | 41:19 |
| Motor Rudisleben | 37:29 | 37:23 |
| Motor Gotha | 62:44 | 35:25 |
| TSG Apolda | 51:43 | 33:27 |
| Aufbau Erfurt | 42:42 | 31:29 |
| Glückauf Bleicherode | 44:43 | 30:30 |
| Motor Heiligenstadt | 35:38 | 27:33 |
| Motor Eisenach | 45:51 | 27:33 |
| FC Rot-Weiß Erfurt II | 42:43 | 26:34 |
| Fortschritt Leinefelde | 29:36 | 26:34 |
| Motor Nord Erfurt | 37:42 | 25:35 |
| Aktivist Sollstedt | 34:49 | 21:39 |
| Motor Gispersleben | 28:72 | 16:44 |
| Motor Stadtilm | 39:80 | 14:46 |

## Bezirksliga Gera

| | | |
|---|---|---|
| Motor Hermsdorf | 87:12 | 53: 7 |
| Fortschritt Greiz | 59:53 | 37:23 |
| Stahl Silbitz | 50:48 | 34:26 |
| Motor Saalfeld | 40:34 | 33:27 |
| Stahl Maxhütte | 34:29 | 32:28 |
| FC Carl Zeiss Jena III | 41:39 | 32:28 |
| Einheit Rudolstadt | 48:38 | 31:29 |
| Fortschritt Weida | 30:38 | 30:30 |
| Wismut Gera II | 49:44 | 28:32 |
| Chemie Schwarza | 44:48 | 28:32 |
| Chemie Jena | 42:40 | 27:33 |
| Einheit Triebes | 35:42 | 27:33 |
| Dynamo Gera | 37:44 | 25:35 |
| Wismut Ronneburg | 27:40 | 25:35 |
| Rotation Blankenstein | 35:64 | 23:37 |
| Motor Neustadt/Orla | 29:74 | 15:45 |

## Bezirksliga Suhl

| | | |
|---|---|---|
| Motor „Ernst Thälmann" Suhl | 60:22 | 41:11 |
| Lokomotive Meiningen | 57:30 | 36:16 |
| Vorwärts Meiningen II | 39:28 | 34:18 |
| Motor Schmalkalden | 36:32 | 30:22 |
| Chemie Glas Ilmenau | 38:32 | 29:23 |
| Motor Veilsdorf | 43:41 | 25:27 |
| Kali/Werra Tiefenort II | 35:35 | 23:29 |
| Motor Sonneberg | 26:29 | 23:29 |
| Motor Steinbach-Hallenberg | 36:44 | 23:29 |
| Stahl Trusetal | 31:47 | 23:29 |
| Chemie Fehrenbach | 42:57 | 21:31 |
| Motor Oberlind | 40:42 | 19:33 |
| Fortschritt Heubach | 31:55 | 19:33 |
| ESKA Hildburghausen | 26:46 | 18:34 |

# 1971/72

## Oberliga

| | | |
|---|---|---|
| 1. FC Magdeburg | 48:23 | 38:14 |
| Berliner FC Dynamo | 45:20 | 35:17 |
| SG Dynamo Dresden | 59:30 | 33:19 |
| **FC Carl Zeiss Jena** | **42:34** | **31:21** |
| FC Vorwärts Frankfurt/Oder | 33:36 | 27:25 |
| Hallescher FC Chemie | 40:44 | 27:25 |
| BSG Sachsenring Zwickau | 26:25 | 25:27 |
| 1. FC Lokomotive Leipzig | 30:31 | 25:27 |
| FC Hansa Rostock | 27:24 | 24:28 |
| BSG Wismut Aue | 34:46 | 23:29 |
| 1. FC Union Berlin | 21:32 | 21:31 |
| FC Karl-Marx-Stadt | 34:48 | 19:33 |
| BSG Stahl Riesa | 23:41 | 18:34 |
| ASG Vorwärts Stralsund | 20:48 | 18:34 |

## Aufstiegsrunde zur Oberliga

| | | |
|---|---|---|
| FC Rot-Weiß Erfurt | 32:5 | 14:2 |
| BSG Chemie Leipzig | 11:5 | 10:6 |
| BSG Stahl Eisenhüttenstadt | 10:11 | 9:7 |
| TSG Wismar | 11:19 | 6:10 |
| BSG Motor Werdau | 7:31 | 1:15 |

## DDR-Liga

### Staffel D

| | | |
|---|---|---|
| Motor Werdau | 39:23 | 29:11 |
| Lokomotive Dresden | 42:20 | 28:12 |
| Dynamo Dresden II | 37:24 | 24:16 |
| Wismut Aue II | 32:26 | 24:16 |
| Vorwärts Löbau | 32:29 | 22:18 |
| Motor Wema Plauen | 42:37 | 19:21 |
| Wismut Pirna-Copitz | 21:33 | 19:21 |
| Sachsenring Zwickau II | 38:37 | 18:22 |
| Chemie Zeitz | 32:29 | 17:23 |
| Fortschritt Greiz | 26:54 | 13:27 |
| Chemie Glauchau | 23:52 | 7:33 |

### Staffel E

| | | |
|---|---|---|
| FC Rot-Weiß Erfurt | 87:14 | 40:4 |
| Vorwärts Meiningen | 55:20 | 33:11 |
| FC Carl Zeiss Jena II | 50:21 | 32:12 |
| Wismut Gera | 44:25 | 30:14 |
| Motor Nordhausen-West | 45:34 | 25:19 |
| Zentronik Sömmerda | 31:29 | 21:23 |
| Motor Hermsdorf | 41:37 | 20:24 |
| Kali/Werra Tiefenort | 31:42 | 19:25 |
| Motor Steinach | 28:49 | 17:27 |
| Motor Weimar | 25:47 | 13:31 |
| Motor „Ernst Thälmann" Suhl | 24:56 | 12:32 |
| Lokomotive Meiningen | 10:97 | 2:42 |

## Bezirksliga Erfurt

| | | |
|---|---|---|
| FC Rot-Weiß Erfurt II | 85:28 | 51:9 |
| Motor Rudisleben | 45:20 | 38:22 |
| Motor Nord Erfurt | 31:28 | 34:26 |
| Motor Eisenach | 43:36 | 32:28 |
| Motor Gotha | 43:40 | 31:29 |
| Fortschritt Leinefelde | 48:53 | 31:29 |
| Chemie Blankenhain | 48:55 | 31:29 |
| Motor Heiligenstadt | 31:34 | 30:30 |
| TSG Apolda | 31:44 | 30:30 |
| Aufbau Erfurt | 41:35 | 29:31 |
| Aktivist Sollstedt | 39:45 | 26:34 |
| Motor Nordhausen-West II | 44:38 | 25:35 |
| Glückauf Sondershausen | 47:59 | 25:35 |
| Motor Wutha-Farnroda | 40:54 | 25:35 |
| ZSG Waltershausen | 39:54 | 24:36 |
| Glückauf Bleicherode | 24:56 | 18:42 |

## Bezirksliga Gera

| | | |
|---|---|---|
| Stahl Maxhütte | 36:12 | 42:18 |
| Wismut Gera II | 60:31 | 41:19 |
| FC Carl Zeiss Jena III | 48:24 | 41:19 |
| Dynamo Gera | 49:28 | 40:20 |
| Motor Saalfeld | 34:29 | 38:22 |
| Chemie Jena | 38:28 | 32:28 |
| Fortschritt Münchenbernsdorf | 28:34 | 28:32 |
| Einheit Rudolstadt | 52:45 | 28:32 |
| Einheit Elsterberg | 30:40 | 28:32 |
| Chemie Kahla | 39:45 | 27:33 |
| Einheit Triebes | 30:34 | 26:34 |
| Chemie Schwarza | 34:48 | 25:35 |
| Wismut Ronneburg | 36:52 | 23:37 |
| Stahl Silbitz | 40:60 | 23:37 |
| Fortschritt Weida | 29:49 | 21:39 |
| Chemie Bad Köstritz | 38:62 | 16:44 |

## Bezirksliga Suhl

| | | |
|---|---|---|
| Chemie Glas Ilmenau | 55:23 | 41:11 |
| Motor Oberlind | 40:25 | 35:17 |
| Motor Steinbach-Hallenberg | 54:35 | 31:21 |
| Motor Breitungen | 32:38 | 28:24 |
| Vorwärts Meiningen II | 45:28 | 27:25 |
| Chemie Lauscha | 42:33 | 27:25 |
| Stahl Trusetal | 41:37 | 27:25 |
| Motor Schmalkalden | 35:35 | 27:25 |
| Motor Veilsdorf | 42:39 | 26:26 |
| Kali/Werra Tiefenort II | 47:53 | 25:27 |
| Chemie Fehrenbach | 36:43 | 24:28 |
| Traktor Jüchsen | 21:36 | 22:30 |
| Motor Sonneberg | 43:61 | 18:34 |
| Handwerk Judenbach | 22:69 | 6:46 |

# 1972/73

## Oberliga

| | | |
|---|---|---|
| SG Dynamo Dresden | 61:30 | 42:10 |
| FC Carl Zeiss Jena | 46:21 | 39:13 |
| 1. FC Magdeburg | 50:28 | 34:18 |
| 1. FC Lokomotive Leipzig | 57:41 | 30:22 |
| FC Karl-Marx-Stadt | 33:32 | 30:22 |
| Berliner FC Dynamo | 41:42 | 26:26 |
| FC Vorwärts Frankfurt/Oder | 54:46 | 25:27 |
| BSG Sachsenring Zwickau | 37:43 | 24:28 |
| BSG Chemie Leipzig | 21:26 | 21:31 |
| FC Hansa Rostock | 36:44 | 20:32 |
| BSG Wismut Aue | 27:46 | 20:32 |
| FC Rot-Weiß Erfurt | 37:56 | 19:33 |
| 1. FC Union Berlin | 22:45 | 18:34 |
| Hallescher FC Chemie | 35:57 | 16:36 |

## DDR-Liga

### Staffel E

| | | |
|---|---|---|
| Chemie Zeitz | 42:19 | 30:14 |
| Wismut Gera | 44:26 | 29:15 |
| FC Carl Zeiss Jena II | 30:14 | 27:17 |
| Vorwärts Meiningen | 32:18 | 27:17 |
| FC Rot-Weiß Erfurt II | 29:23 | 24:20 |
| Stahl Maxhütte | 24:38 | 24:20 |
| Zentronik Sömmerda | 20:21 | 19:25 |
| Motor Steinach | 28:30 | 19:25 |
| Motor Nordhausen-West | 28:34 | 19:25 |
| Motor Hermsdorf | 20:29 | 19:25 |
| Kali Werra Tiefenort | 21:35 | 16:28 |
| Chemie Glas Ilmenau | 10:41 | 11:33 |

## Bezirksliga Erfurt

| | | |
|---|---|---|
| Motor Eisenach | 48:28 | 43:17 |
| Motor Gotha | 55:35 | 36:24 |
| Motor Rudisleben | 47:38 | 35:25 |
| TSG Apolda | 34:31 | 35:25 |
| Umformtechnik Erfurt | 36:27 | 34:26 |
| Landbau Bad Langensalza | 40:32 | 34:26 |
| TSG Ruhla | 40:30 | 33:27 |
| Motor Weimar | 46:35 | 31:29 |
| Glückauf Sondershausen | 44:42 | 30:30 |
| Fortschritt Leinefelde | 32:34 | 29:31 |
| Aufbau Erfurt | 46:46 | 28:32 |
| Motor Heiligenstadt | 41:43 | 26:34 |
| Motor Nordhausen-West II | 33:46 | 26:34 |
| Chemie Blankenhain | 49:53 | 25:35 |
| Einheit Kölleda | 43:72 | 24:36 |
| Aktivist Sollstedt | 23:65 | 11:49 |

## Bezirksliga Gera

| | | |
|---|---|---|
| Wismut Gera II | 99:29 | 48:12 |
| FC Carl Zeiss Jena III | 51:22 | 41:19 |
| Chemie Schwarza | 48:37 | 39:21 |
| Dynamo Gera | 45:43 | 31:29 |
| TSG Gera-Zwötzen | 46:45 | 31:29 |
| Chemie Kahla | 39:40 | 31:29 |
| Motor Hermsdorf II | 33:36 | 30:30 |
| Einheit Rudolstadt | 39:47 | 30:30 |
| Fortschritt Münchenbernsdorf | 34:43 | 29:31 |
| Chemie Jena | 27:33 | 27:33 |
| Motor Saalfeld | 37:36 | 26:34 |
| Einheit Elsterberg | 32:46 | 26:34 |
| Fortschritt Mühltroff | 40:55 | 26:34 |
| Fortschritt Greiz | 33:42 | 24:36 |
| Einheit Triebes | 37:61 | 24:36 |
| Wismut Ronneburg | 36:61 | 17:43 |

## Bezirksliga Suhl

| | | |
|---|---|---|
| Motor Suhl | 70:21 | 41:11 |
| Chemie Lauscha | 43:34 | 31:21 |
| Motor Veilsdorf | 36:43 | 30:22 |
| Motor Oberlind | 37:29 | 28:24 |
| Motor Schmalkalden | 31:29 | 27:25 |
| ESKA Hildburghausen | 42:44 | 27:25 |
| Chemie Fehrenbach | 31:42 | 27:25 |
| Lokomotive Meiningen | 41:38 | 26:26 |
| Motor Steinbach-Hallenberg | 33:35 | 24:28 |
| Vorwärts Meiningen II | 38:38 | 23:29 |
| Motor Breitungen | 39:42 | 22:30 |
| Kali Werra Tiefenort II | 32:42 | 22:30 |
| Stahl Trusetal | 33:49 | 20:32 |
| NARVA Oberweißbach | 23:53 | 16:36 |

# 1973/74

## Oberliga

| | | |
|---|---|---|
| 1. FC Magdeburg | 50:27 | 39:13 |
| FC Carl Zeiss Jena | 55:26 | 36:16 |
| SG Dynamo Dresden | 55:40 | 35:17 |
| FC Vorwärts Frankfurt/Oder | 48:27 | 34:18 |
| 1. FC Lokomotive Leipzig | 49:35 | 30:22 |
| Berliner FC Dynamo | 42:41 | 27:25 |
| FC Hansa Rostock | 37:35 | 25:27 |
| BSG Sachsenring Zwickau | 37:41 | 25:27 |
| FC Karl-Marx-Stadt | 42:46 | 24:28 |
| BSG Wismut Aue | 29:38 | 22:30 |
| BSG Stahl Riesa | 25:42 | 21:31 |
| FC Rot-Weiß Erfurt | 27:39 | 19:33 |
| BSG Chemie Leipzig | 22:39 | 15:37 |
| BSG Energie Cottbus | 16:58 | 10:42 |

## Aufstiegsrunde zur Oberliga

| | | |
|---|---|---|
| Hallescher FC Chemie | 12:5 | 13:3 |
| ASG Vorwärts Stralsund | 12:6 | 10:6 |
| 1. FC Union Berlin | 11:6 | 10:6 |
| BSG Chemie Böhlen | 6:10 | 6:10 |
| BSG Wismut Gera | 3:17 | 1:15 |

## DDR-Liga

### Staffel E

| | | |
|---|---|---|
| Wismut Gera | 44:12 | 37:7 |
| FC Carl Zeiss Jena II | 50:16 | 31:13 |
| Motor Suhl | 40:28 | 28:16 |
| Chemie Zeitz | 35:25 | 24:20 |
| Motor Nordhausen-West | 32:29 | 24:20 |
| Motor Steinach | 33:33 | 22:22 |
| Zentronik Sömmerda | 22:28 | 22:22 |
| Vorwärts Meiningen | 32:27 | 21:23 |
| FC Rot-Weiß Erfurt II | 25:32 | 18:26 |
| Chemie Schwarza | 14:32 | 15:29 |
| Motor Eisenach | 28:50 | 13:31 |
| Stahl Maxhütte | 20:63 | 9:35 |

## Bezirksliga Erfurt

| | | |
|---|---|---|
| TSG Ruhla | 70:16 | 50:10 |
| Motor Weimar | 64:26 | 46:14 |
| Motor Gotha | 44:29 | 37:23 |
| Motor Rudisleben | 61:37 | 36:24 |
| Glückauf Sondershausen | 52:40 | 34:26 |
| Landbau Bad Langensalza | 36:28 | 33:27 |
| Lokomotive Erfurt | 30:30 | 32:28 |
| Umformtechnik Erfurt | 43:39 | 30:30 |
| Glückauf Bleicherode | 31:51 | 28:32 |
| Chemie Blankenhain | 33:43 | 26:34 |
| Motor Heiligenstadt | 30:42 | 26:34 |
| Motor Nordhausen-West II | 23:43 | 25:35 |
| Fortschritt Leinefelde | 38:54 | 24:36 |
| TSG Apolda | 30:47 | 24:36 |
| Aufbau Erfurt | 36:58 | 17:43 |
| Petkus Wutha | 21:59 | 12:48 |

## Bezirksliga Gera

| | | |
|---|---|---|
| Motor Hermsdorf | 78:30 | 48:12 |
| FC Carl Zeiss Jena III | 69:32 | 43:17 |
| Wismut Gera II | 62:38 | 41:19 |
| Motor Saalfeld | 34:29 | 31:29 |
| Dynamo Gera | 41:43 | 31:29 |
| Fortschritt Münchenbernsdorf | 46:46 | 30:30 |
| Fortschritt Weida | 42:39 | 28:32 |
| Fortschritt Mühltroff | 58:64 | 28:32 |
| Einheit Rudolstadt | 41:47 | 28:32 |
| Modedruck Gera | 34:54 | 27:33 |
| Chemie Kahla | 51:49 | 26:34 |
| Chemie Jena | 25:36 | 26:34 |
| Greika Greiz | 37:54 | 26:34 |
| Einheit Elsterberg | 31:49 | 24:36 |
| Stahl Silbitz | 40:58 | 22:38 |
| Einheit Schleiz | 24:45 | 21:39 |

## Bezirksliga Suhl

| | | |
|---|---|---|
| Kali Werra Tiefenort | 81:8 | 47:5 |
| Chemie Glas Ilmenau | 46:23 | 34:18 |
| Chemie Lauscha | 48:45 | 30:22 |
| Vorwärts Meiningen II | 36:34 | 30:22 |
| Lokomotive Meiningen | 31:24 | 27:25 |
| ESKA Hildburghausen | 47:46 | 26:26 |
| Motor Oberlind | 33:36 | 26:26 |
| Motor Steinbach-Hallenberg | 46:39 | 25:27 |
| Chemie Fehrenbach | 38:61 | 22:30 |
| Motor Veilsdorf | 37:38 | 21:31 |
| Motor Breitungen | 46:55 | 21:31 |
| Motor Bad Liebenstein | 29:50 | 20:32 |
| Motor Hinternah | 29:66 | 19:33 |
| Motor Schmalkalden | 23:45 | 16:36 |

# 1974/75

## Oberliga

| | | |
|---|---|---|
| 1. FC Magdeburg | 57:28 | 41:11 |
| **FC Carl Zeiss Jena** | **42:23** | **38:14** |
| SG Dynamo Dresden | 42:30 | 32:20 |
| Berliner FC Dynamo | 47:29 | 30:22 |
| FC Vorwärts Frankfurt/Oder | 37:31 | 26:26 |
| BSG Stahl Riesa | 34:42 | 26:26 |
| BSG Sachsenring Zwickau | 42:39 | 25:27 |
| 1. FC Lokomotive Leipzig | 37:39 | 24:28 |
| **FC Rot-Weiß Erfurt** | **37:42** | **23:29** |
| FC Karl-Marx-Stadt | 28:38 | 22:30 |
| Hallescher FC Chemie | 37:49 | 21:31 |
| BSG Wismut Aue | 24:43 | 21:31 |
| FC Hansa Rostock | 29:35 | 20:32 |
| ASG Vorwärts Stralsund | 21:46 | 15:37 |

## Aufstiegsrunde zur Oberliga

| | | |
|---|---|---|
| BSG Chemie Leipzig | 12:5 | 12:4 |
| BSG Energie Cottbus | 15:10 | 9:7 |
| **BSG Wismut Gera** | **12:10** | **8:8** |
| SG Dynamo Schwerin | 8:15 | 7:9 |
| 1. FC Union Berlin | 10:17 | 4:12 |

## DDR-Liga

### Staffel E

| | | |
|---|---|---|
| **Wismut Gera** | **57:20** | **36:8** |
| **Motor Suhl** | **53:25** | **26:18** |
| Vorwärts Plauen | 48:32 | 26:18 |
| **FC Carl Zeiss Jena II** | **36:27** | **26:18** |
| **Motor Nordhausen-West** | **34:38** | **23:21** |
| **Zentronik Sömmerda** | **28:27** | **21:23** |
| Chemie Zeitz | 30:34 | 21:23 |
| **Motor Hermsdorf** | **39:45** | **21:23** |
| **Kali Werra Tiefenort** | **32:36** | **20:24** |
| **FC Rot-Weiß Erfurt II** | **29:34** | **20:24** |
| **Motor Steinach** | **29:68** | **13:31** |
| **TSG Ruhla** | **20:49** | **11:33** |

## Bezirksliga Erfurt

| | | |
|---|---|---|
| Motor Weimar | 76:21 | 47:13 |
| Motor Rudisleben | 56:19 | 46:14 |
| Motor Eisenach | 66:34 | 43:17 |
| Landbau Bad Langensalza | 42:30 | 36:24 |
| Fortschritt Leinefelde | 48:42 | 34:26 |
| Umformtechnik Erfurt | 45:41 | 32:28 |
| Lokomotive Erfurt | 43:40 | 31:29 |
| Glückauf Sondershausen | 37:41 | 28:32 |
| Glückauf Bleicherode | 40:53 | 27:33 |
| Motor Heiligenstadt | 31:41 | 25:35 |
| Motor Gotha | 29:39 | 24:36 |
| Aktivist Menteroda | 39:63 | 24:36 |
| Motor Nordhausen-West II | 41:55 | 23:37 |
| Empor Buttstädt | 30:59 | 21:39 |
| Motor Gispersleben | 35:58 | 20:40 |
| Chemie Blankenhain | 40:62 | 19:41 |

## Bezirksliga Gera

| | | |
|---|---|---|
| Wismut Gera II | 104:27 | 52:8 |
| Chemie Schwarza | 67:27 | 43:17 |
| Motor Schott Jena | 54:32 | 37:23 |
| Dynamo Gera | 62:43 | 35:25 |
| Chemie Kahla | 47:35 | 35:25 |
| Einheit Rudolstadt | 39:32 | 33:27 |
| Fortschritt Weida | 45:40 | 32:28 |
| Motor Saalfeld | 33:38 | 31:29 |
| FC Carl Zeiss Jena III | 52:40 | 30:30 |
| Motor Neustadt/Orla | 37:48 | 30:30 |
| Fortschritt Münchenbernsdorf | 35:53 | 26:34 |
| Greika Greiz | 30:50 | 24:36 |
| Stahl Maxhütte | 21:38 | 21:39 |
| Chemie Jena | 26:49 | 21:39 |
| Modedruck Gera | 26:49 | 20:40 |
| Fortschritt Mühltroff | 23:100 | 10:50 |

## Bezirksliga Suhl

| | | |
|---|---|---|
| Motor Veilsdorf | 56:20 | 44:8 |
| Chemie Glas Ilmenau | 65:32 | 36:16 |
| Lokomotive Meiningen | 30:22 | 33:19 |
| Kali Werra Tiefenort II | 52:37 | 27:25 |
| Motor Schweina | 32:24 | 27:25 |
| ESKA Hildburghausen | 46:41 | 27:25 |
| Motor Steinbach-Hallenberg | 35:35 | 25:27 |
| Motor Breitungen | 34:39 | 25:27 |
| Motor Oberlind | 40:53 | 25:27 |
| Chemie Fehrenbach | 32:40 | 23:29 |
| Chemie Lauscha | 43:50 | 22:30 |
| Dynamo Suhl | 33:43 | 22:30 |
| Motor Sonneberg | 25:52 | 18:34 |
| Motor Neuhaus-Schierschnitz | 22:57 | 10:42 |

# 1975/76

## Oberliga

| | | |
|---|---|---|
| SG Dynamo Dresden | 70:23 | 43:9 |
| Berliner FC Dynamo | 67:24 | 37:15 |
| 1. FC Magdeburg | 59:33 | 36:16 |
| 1. FC Lokomotive Leipzig | 40:34 | 31:21 |
| **FC Carl Zeiss Jena** | **50:43** | **29:23** |
| BSG Wismut Aue | 30:35 | 27:25 |
| **FC Rot-Weiß Erfurt** | **44:36** | **26:26** |
| Hallescher FC Chemie | 37:35 | 25:27 |
| BSG Sachsenring Zwickau | 29:43 | 22:30 |
| BSG Stahl Riesa | 35:46 | 21:31 |
| FC Karl-Marx-Stadt | 25:41 | 21:31 |
| FC Vorwärts Frankfurt/Oder | 41:57 | 20:32 |
| BSG Chemie Leipzig | 25:62 | 14:38 |
| BSG Energie Cottbus | 23:63 | 12:40 |

## Aufstiegsrunde zur Oberliga

| | | |
|---|---|---|
| FC Hansa Rostock | 20:8 | 13:3 |
| 1. FC Union Berlin | 13:8 | 12:4 |
| BSG Motor Werdau | 14:13 | 7:9 |
| **BSG Motor Suhl** | **12:21** | **5:11** |
| ASG Vorwärts Dessau | 9:18 | 3:13 |

## DDR-Liga

### Staffel D

| | | |
|---|---|---|
| Motor Werdau | 50:17 | 35:9 |
| **Wismut Gera** | **36:19** | **30:14** |
| Chemie Böhlen | 51:24 | 28:16 |
| Dynamo Dresden II | 47:29 | 25:19 |
| Wismut Aue II | 29:27 | 24:20 |
| Stahl Riesa II | 39:41 | 22:22 |
| Lokomotive Dresden | 32:41 | 21:23 |
| Vorwärts Plauen | 34:38 | 19:25 |
| TSG Gröditz | 30:38 | 19:25 |
| Aktivist Schwarze Pumpe | 25:38 | 19:25 |
| Energie Cottbus II | 24:26 | 18:26 |
| Motor Bautzen | 11:70 | 4:40 |

### Staffel E

| | | |
|---|---|---|
| **FC Carl Zeiss Jena II** | **43:19** | **31:13** |
| **Motor Suhl** | **49:29** | **30:14** |
| Chemie Zeitz | 34:17 | 27:17 |
| **Zentronik Sömmerda** | **39:36** | **24:20** |
| **Motor Nordhausen** | **30:27** | **23:21** |
| FC Karl-Marx-Stadt II | 31:27 | 22:22 |
| Sachsenring Zwickau II | 28:37 | 21:23 |
| **Motor Weimar** | **21:21** | **20:24** |
| **Motor Hermsdorf** | **26:40** | **18:26** |
| **Kali Werra Tiefenort** | **25:33** | **17:27** |
| **Motor Veilsdorf** | **24:52** | **16:28** |
| **Chemie Schwarza** | **19:31** | **15:29** |

## Bezirksliga Erfurt

| | | |
|---|---|---|
| FC Rot Weiß-Erfurt II | 61:27 | 44:16 |
| Umformtechnik Erfurt | 70:32 | 41:19 |
| Glückauf Sondershausen | 54:39 | 36:24 |
| ZSG Leinefelde | 55:44 | 34:26 |
| Motor Rudisleben | 55:37 | 33:27 |
| Motor Gotha | 46:37 | 33:27 |
| Motor Eisenach | 60:47 | 32:28 |
| Landbau Bad Langensalza | 40:35 | 31:29 |
| Motor Heiligenstadt | 41:50 | 31:29 |
| Obertrikotagen Apolda | 43:50 | 29:31 |
| Glückauf Bleicherode | 42:45 | 27:33 |
| TSG Ruhla | 30:49 | 25:35 |
| Lokomotive Erfurt | 30:50 | 24:36 |
| ZSG Waltershausen | 33:49 | 23:37 |
| Aktivist Menteroda | 39:72 | 19:41 |
| Landbau Uder | 29:65 | 18:42 |

## Bezirksliga Gera

| | | |
|---|---|---|
| Wismut Gera II | 103:28 | 50:10 |
| FC Carl Zeiss Jena III | 75:23 | 47:13 |
| Fortschritt Weida | 59:29 | 44:16 |
| Motor Schott Jena | 75:36 | 42:18 |
| Stahl Silbitz | 47:45 | 33:27 |
| Chemie Kahla | 45:36 | 32:28 |
| Motor Neustadt/Orla | 36:35 | 30:30 |
| Motor Saalfeld | 37:40 | 30:30 |
| Greika Greiz | 51:59 | 29:31 |
| Dynamo Gera | 49:56 | 25:35 |
| Einheit Rudolstadt | 33:49 | 23:37 |
| Fortschritt Münchenbernsdorf | 19:44 | 21:39 |
| Stahl Maxhütte | 25:62 | 21:39 |
| Wismut Ronneburg | 35:77 | 20:40 |
| Turbine Auma | 30:63 | 17:43 |
| Fortschritt Pößneck | 35:72 | 16:44 |

## Bezirksliga Suhl

| | | |
|---|---|---|
| Chemie Glas Ilmenau | 64:30 | 37:15 |
| Motor Steinach | 64:25 | 35:17 |
| Kali Werra Tiefenort II | 39:36 | 30:22 |
| Lokomotive Meiningen | 36:39 | 28:24 |
| Motor Schweina | 31:29 | 27:25 |
| ESKA Hildburghausen | 50:37 | 26:26 |
| Motor Steinbach-Hallenberg | 35:32 | 26:26 |
| Chemie Fehrenbach | 40:42 | 26:26 |
| Motor Suhl II | 34:37 | 25:27 |
| Motor Breitungen | 36:39 | 24:28 |
| Fortschritt Geschwenda | 42:51 | 23:29 |
| Chemie Lauscha | 38:56 | 23:29 |
| Dynamo Suhl | 28:39 | 20:32 |
| Motor Oberlind | 29:74 | 14:38 |

# 1976/77
## Oberliga

| | | |
|---|---|---|
| SG Dynamo Dresden | 66:27 | 38:14 |
| 1. FC Magdeburg | 47:28 | 34:18 |
| **FC Carl Zeiss Jena** | **45:31** | **33:19** |
| Berliner FC Dynamo | 43:27 | 32:20 |
| 1. FC Lokomotive Leipzig | 40:29 | 29:23 |
| **FC Rot-Weiß Erfurt** | **27:35** | **25:27** |
| Hallescher FC Chemie | 34:39 | 24:28 |
| BSG Sachsenring Zwickau | 32:34 | 22:30 |
| FC Karl-Marx-Stadt | 35:39 | 22:30 |
| BSG Wismut Aue | 27:45 | 22:30 |
| 1. FC Union Berlin | 30:42 | 21:31 |
| FC Vorwärts Frankfurt/Oder | 23:36 | 21:31 |
| BSG Stahl Riesa | 28:47 | 21:31 |
| FC Hansa Rostock | 23:41 | 20:32 |

## Aufstiegsrunde zur Oberliga

| | | |
|---|---|---|
| BSG Chemie Böhlen | 17:11 | 12:4 |
| **BSG Wismut Gera** | **14:10** | **10:6** |
| BSG Chemie Leipzig | 11:10 | 9:7 |
| ASG Vorwärts Stralsund | 10:8 | 7:9 |
| BSG Stahl Hennigsdorf | 8:21 | 2:14 |

## DDR-Liga

### Staffel D

| | | |
|---|---|---|
| Chemie Böhlen | 49:21 | 31:9 |
| Lokomotive Dresden | 36:18 | 27:13 |
| Vorwärts Plauen | 39:30 | 22:18 |
| Aktivist Brieske-Senftenberg | 23:22 | 22:18 |
| Energie Cottbus | 45:23 | 20:20 |
| TSG Gröditz | 30:33 | 20:20 |
| Motor Werdau | 28:37 | 19:21 |
| Aktivist Schwarze Pumpe | 23:28 | 17:23 |
| Fortschritt Bischofswerda | 32:40 | 16:24 |
| **Motor Altenburg** | **25:43** | **13:27** |
| Fortschritt Krumhermersdorf | 23:58 | 13:27 |

| | | |
|---|---|---|
| **Wismut Gera** | **64:19** | **35:9** |
| **Motor Suhl** | **48:28** | **31:13** |
| **Kali Werra Tiefenort** | **36:18** | **31:13** |
| **Motor Nordhausen** | **26:27** | **23:21** |
| **Fortschritt Weida** | **34:37** | **23:21** |
| **Zentronik Sömmerda** | **36:29** | **22:22** |
| Chemie Zeitz | 29:25 | 22:22 |
| **Motor Hermsdorf** | **27:43** | **20:24** |
| **Motor Weimar** | **36:39** | **19:25** |
| **Chemie Industriewerk Ilmenau** | **24:43** | **14:30** |
| **Umformtechnik Erfurt** | **24:37** | **13:31** |
| **Motor Veilsdorf** | **18:57** | **11:33** |

## Bezirksliga Erfurt

| | | |
|---|---|---|
| Landbau Bad Langensalza | 54:21 | 44:16 |
| ZSG Leinefelde | 54:25 | 44:16 |
| Motor Rudisleben | 50:17 | 42:18 |
| Obertrikotagen Apolda | 42:39 | 33:27 |
| Empor Buttstädt | 51:49 | 33:27 |
| Motor Gotha | 33:31 | 32:28 |
| Glückauf Sondershausen | 49:51 | 31:29 |
| Aktivist Menteroda | 46:56 | 28:32 |
| Motor Eisenach | 38:43 | 27:33 |
| Glückauf Bleicherode | 42:52 | 27:33 |
| Motor Heiligenstadt | 39:36 | 26:34 |
| Motor Gispersleben | 38:58 | 25:35 |
| Lokomotive Erfurt | 45:51 | 24:36 |
| ZSG Waltershausen | 26:38 | 23:37 |
| Vorwärts Mühlhausen | 34:54 | 21:39 |
| TSG Ruhla | 36:56 | 20:40 |

## Bezirksliga Gera

| | | |
|---|---|---|
| Wismut Gera II | 78:26 | 48:12 |
| Dynamo Gera | 64:40 | 40:20 |
| Chemie Schwarza | 47:30 | 34:26 |
| Motor Neustadt/Orla | 41:32 | 34:26 |
| FC Carl Zeiss Jena II | 51:40 | 33:27 |
| Chemie Kahla | 38:38 | 31:29 |
| Einheit Elsterberg | 53:53 | 30:30 |
| Motor Schott Jena | 39:43 | 30:30 |
| Stahl Silbitz | 41:34 | 29:31 |
| Fortschritt Münchenbernsdorf | 44:45 | 28:32 |
| Einheit Rudolstadt | 34:47 | 28:32 |
| Möbelkombinat Eisenberg | 43:49 | 26:34 |
| Greika Greiz | 37:44 | 26:34 |
| Motor Saalfeld | 27:42 | 26:34 |
| Franken Wurzbach | 39:78 | 22:38 |
| Stahl Maxhütte | 22:57 | 15:45 |

## Bezirksliga Suhl

| | | |
|---|---|---|
| Kali Werra Tiefenort II | 67:23 | 36:16 |
| Motor Steinach | 64:27 | 36:16 |
| Lokomotive Meiningen | 49:42 | 31:21 |
| Motor Schmalkalden | 29:28 | 30:22 |
| Motor Steinbach-Hallenberg | 34:37 | 28:24 |
| Motor Suhl II | 46:40 | 27:25 |
| Fortschritt Geschwenda | 57:55 | 26:26 |
| Chemie Lauscha | 36:35 | 26:26 |
| Motor Schweina | 29:36 | 25:27 |
| Chemie Fehrenbach | 52:61 | 25:27 |
| Motor Sonneberg | 36:36 | 24:28 |
| ESKA Hildburghausen | 34:50 | 23:29 |
| Lokomotive Schleusingen | 26:52 | 15:37 |
| Motor Breitungen | 21:58 | 12:40 |

# 1977/78
## Oberliga

| | | |
|---|---|---|
| SG Dynamo Dresden | 70:25 | 41:11 |
| 1. FC Magdeburg | 52:17 | 38:14 |
| Berliner FC Dynamo | 54:25 | 35:17 |
| 1. FC Lokomotive Leipzig | 57:34 | 32:20 |
| **FC Carl Zeiss Jena** | **53:32** | **31:21** |
| Hallescher FC Chemie | 44:34 | 30:22 |
| FC Karl-Marx-Stadt | 34:37 | 24:28 |
| 1. FC Union Berlin | 27:36 | 24:28 |
| **FC Rot-Weiß Erfurt** | **23:35** | **23:29** |
| BSG Sachsenring Zwickau | 22:45 | 23:29 |
| BSG Wismut Aue | 22:47 | 22:30 |
| BSG Chemie Böhlen | 34:51 | 20:32 |
| FC Vorwärts Frankfurt/Oder | 19:35 | 15:37 |
| **BSG Wismut Gera** | **17:75** | **6:46** |

## DDR-Liga

### Staffel E

| | | |
|---|---|---|
| Stahl Riesa | 73:15 | 39:5 |
| **Motor Weimar** | **46:32** | **29:15** |
| **Motor Suhl** | **51:29** | **28:16** |
| **Motor Nordhausen** | **50:31** | **27:17** |
| **Kali Werra Tiefenort** | **33:25** | **25:19** |
| **Fortschritt Weida** | **30:39** | **22:22** |
| Chemie Zeitz | 27:38 | 22:22 |
| **Robotron Sömmerda** | **39:45** | **19:25** |
| **Motor Hermsdorf** | **29:38** | **19:25** |
| **Landbau Bad Langensalza** | **30:34** | **18:26** |
| **Dynamo Gera** | **31:67** | **8:36** |
| **Motor Steinach** | **19:65** | **8:36** |

## Bezirksliga Erfurt

| | | |
|---|---|---|
| Motor Rudisleben | 76:28 | 47:13 |
| Glückauf Sondershausen | 73:45 | 41:19 |
| Motor Gotha | 56:30 | 40:20 |
| Umformtechnik Erfurt | 50:38 | 39:21 |
| ZSG Leinefelde | 33:24 | 36:24 |
| Motor Eisenach | 61:48 | 34:26 |
| Empor Buttstädt | 46:45 | 33:27 |
| Motor Heiligenstadt | 59:50 | 31:29 |
| Glückauf Bleicherode | 63:42 | 30:30 |
| Obertrikotagen Apolda | 38:41 | 30:30 |
| Empor Walschleben | 45:43 | 28:32 |
| Aktivist Menteroda | 29:42 | 25:35 |
| Fortschritt Struth | 38:60 | 24:36 |
| Lokomotive Erfurt | 36:50 | 23:37 |
| Motor Gispersleben | 26:87 | 10:50 |
| Chemie Gräfenroda | 28:84 | 9:51 |

## Bezirksliga Gera

| | | |
|---|---|---|
| Chemie Schwarza | 65:24 | 44:12 |
| Greika Greiz | 43:37 | 32:24 |
| Einheit Elsterberg | 39:39 | 32:24 |
| Möbelkombinat Eisenberg | 33:34 | 32:24 |
| Stahl Silbitz | 41:29 | 30:26 |
| Chemie Jena | 47:36 | 29:27 |
| Fortschritt Münchenbernsdorf | 50:47 | 29:27 |
| Motor Neustadt/Orla | 30:29 | 29:27 |
| Glaswerk Schott Jena | 47:39 | 28:28 |
| FC Carl Zeiss Jena II | 47:43 | 27:29 |
| Motor Zeulenroda | 46:42 | 27:29 |
| Chemie Kahla | 26:26 | 27:29 |
| Wismut Berga/Elster | 33:49 | 23:33 |
| Fortschritt Pößneck | 31:64 | 17:39 |
| Einheit Rudolstadt | 19:59 | 14:42 |
| Wismut Gera II | | zurückgezogen |

## Bezirksliga Suhl

| | | |
|---|---|---|
| Chemie Industriewerk Ilmenau | 64:19 | 38:14 |
| Motor Schmalkalden | 43:22 | 37:15 |
| Stahl Bad Salzungen | 39:32 | 31:21 |
| Lokomotive Meiningen | 46:35 | 29:23 |
| Motor Steinbach-Hallenberg | 36:25 | 29:23 |
| Motor Schweina | 30:34 | 26:26 |
| Motor Suhl II | 34:40 | 26:26 |
| Motor Veilsdorf | 42:38 | 24:28 |
| Kali Werra Tiefenort II | 38:50 | 23:29 |
| Chemie Fehrenbach | 30:46 | 23:29 |
| Fortschritt Geschwenda | 33:39 | 22:30 |
| Isolator Neuhaus-Schierschnitz | 27:42 | 21:31 |
| EIO Sonneberg | 25:37 | 20:32 |
| Chemie Lauscha | 21:49 | 15:37 |

# 1978/79

## Oberliga

| | | |
|---|---|---|
| Berliner FC Dynamo | 75:18 | 46:6 |
| SG Dynamo Dresden | 59:19 | 39:13 |
| **FC Carl Zeiss Jena** | **38:21** | **34:18** |
| 1. FC Magdeburg | 63:32 | 33:19 |
| 1. FC Lokomotive Leipzig | 41:40 | 29:23 |
| Hallescher FC Chemie | 36:32 | 27:25 |
| **FC Rot-Weiß Erfurt** | **37:46** | **24:28** |
| FC Karl-Marx-Stadt | 32:38 | 22:30 |
| BSG Stahl Riesa | 33:47 | 21:31 |
| 1. FC Union Berlin | 22:39 | 21:31 |
| BSG Wismut Aue | 34:49 | 19:33 |
| BSG Sachsenring Zwickau | 23:63 | 18:34 |
| BSG Chemie Böhlen | 33:66 | 16:36 |
| FC Hansa Rostock | 30:46 | 15:37 |

## Aufstiegsrunde zur Oberliga

| | | |
|---|---|---|
| FC Vorwärts Frankfurt/Oder | 24:6 | 15:1 |
| BSG Chemie Leipzig | 11:7 | 9:7 |
| **BSG Motor Suhl** | **14:19** | **9:7** |
| BSG Energie Cottbus | 9:13 | 4:12 |
| TSG Bau Rostock | 8:21 | 3:13 |

## DDR-Liga

**Staffel E**

| | | |
|---|---|---|
| **Motor Suhl** | **60:28** | **34:10** |
| **Motor Weimar** | **56:27** | **33:11** |
| **Wismut Gera** | **54:25** | **31:13** |
| **Kali Werra Tiefenort** | **36:21** | **28:16** |
| **Motor Nordhausen** | **49:29** | **27:17** |
| **Motor Rudisleben** | **37:25** | **23:21** |
| Chemie Zeitz | 28:34 | 22:22 |
| **Chemie Industriewerk Ilmenau** | **26:34** | **20:24** |
| **Fortschritt Weida** | **26:37** | **16:28** |
| **Motor Hermsdorf** | **22:44** | **15:29** |
| **Robotron Sömmerda** | **23:58** | **11:33** |
| **Chemie Schwarza** | **9:64** | **4:40** |

## Bezirksliga Erfurt

| | | |
|---|---|---|
| Landbau Bad Langensalza | 71:21 | 46:14 |
| Obertrikotagen Apolda | 47:35 | 39:21 |
| Glückauf Sondershausen | 73:44 | 38:22 |
| TSG Ruhla | 52:32 | 36:24 |
| Umformtechnik Erfurt | 49:31 | 36:24 |
| Motor Gotha | 37:27 | 32:28 |
| Glückauf Bleicherode | 53:51 | 32:28 |
| ZSG Leinefelde | 37:43 | 31:29 |
| Motor Eisenach | 39:33 | 29:31 |
| Motor Heiligenstadt | 47:61 | 26:34 |
| Einheit Kölleda | 33:48 | 26:34 |
| Aktivist Menteroda | 37:43 | 25:35 |
| Fortschritt Struth | 31:52 | 25:35 |
| Empor Buttstädt | 34:61 | 22:38 |
| Empor Walschleben | 40:65 | 20:40 |
| Aktivist Sollstedt | 30:63 | 17:43 |

## Bezirksliga Gera

| | | |
|---|---|---|
| Motor Zeulenroda | 72:36 | 48:16 |
| Dynamo Gera | 81:42 | 46:18 |
| Möbelkombinat Eisenberg | 52:36 | 42:22 |
| Glaswerk Schott Jena | 60:44 | 39:25 |
| Stahl Silbitz | 55:45 | 38:26 |
| Chemie Jena | 78:51 | 36:28 |
| Greika Greiz | 39:40 | 34:30 |
| Traktor Frießnitz | 61:55 | 33:31 |
| Motor Neustadt/Orla | 38:42 | 29:35 |
| Stahl Maxhütte | 39:51 | 28:36 |
| Bekleidung Tanna | 57:74 | 28:36 |
| Einheit Elsterberg | 50:60 | 27:37 |
| Aufbau Jena | 42:50 | 26:38 |
| Chemie Kahla | 33:60 | 26:38 |
| Wismut Berga/Elster | 32:53 | 23:41 |
| Motor Hermsdorf II | 43:64 | 22:42 |
| Fortschritt Münchenbernsdorf | 53:82 | 19:45 |

## Bezirksliga Suhl

| | | |
|---|---|---|
| Motor Schmalkalden | 47:23 | 35:17 |
| Lokomotive Meiningen | 41:27 | 34:18 |
| Lokomotive Schleusingen | 28:28 | 32:20 |
| Kali Werra Tiefenort II | 42:31 | 31:21 |
| Chemie Fehrenbach | 31:34 | 29:23 |
| Motor Veilsdorf | 37:41 | 26:26 |
| Motor Steinach | 60:48 | 25:27 |
| Fortschritt Geschwenda | 43:40 | 25:27 |
| Motor Suhl II | 35:34 | 25:27 |
| Stahl Bad Salzungen | 33:40 | 25:27 |
| Motor Steinbach-Hallenberg | 39:40 | 23:29 |
| Stahl Brotterode | 32:42 | 21:31 |
| Motor Schweina | 34:41 | 19:33 |
| Isolator Neuhaus-Schierschnitz | 24:57 | 14:38 |

# 1979/80

## Oberliga

| | | |
|---|---|---|
| Berliner FC Dynamo | 72:16 | 43:9 |
| SG Dynamo Dresden | 65:22 | 42:10 |
| **FC Carl Zeiss Jena** | **41:24** | **32:20** |
| 1. FC Magdeburg | 45:37 | 30:22 |
| FC Vorwärts Frankfurt/Oder | 41:40 | 30:22 |
| 1. FC Lokomotive Leipzig | 50:34 | 29:23 |
| Hallescher FC Chemie | 38:37 | 28:24 |
| BSG Sachsenring Zwickau | 27:42 | 22:30 |
| BSG Wismut Aue | 26:42 | 20:32 |
| BSG Stahl Riesa | 22:53 | 20:32 |
| FC Karl-Marx-Stadt | 26:38 | 19:33 |
| **FC Rot-Weiß Erfurt** | **33:38** | **18:34** |
| 1. FC Union Berlin | 18:44 | 16:36 |
| BSG Chemie Leipzig | 21:58 | 15:37 |

## Aufstiegsrunde zur Oberliga

| | | |
|---|---|---|
| FC Hansa Rostock | 20:6 | 14:2 |
| BSG Chemie Böhlen | 13:12 | 9:7 |
| BSG Energie Cottbus | 10:12 | 9:7 |
| **BSG Wismut Gera** | **7:11** | **4:12** |
| SG Dynamo Fürstenwalde | 6:15 | 4:12 |

## DDR-Liga

**Staffel E**

| | | |
|---|---|---|
| **Wismut Gera** | **55:25** | **32:12** |
| **Motor Weimar** | **56:30** | **31:13** |
| **Kali Werra Tiefenort** | **34:23** | **29:15** |
| **Motor Rudisleben** | **26:22** | **26:18** |
| **Fortschritt Weida** | **30:28** | **22:22** |
| **Landbau Bad Langensalza** | **29:34** | **22:22** |
| **Motor Nordhausen** | **37:31** | **21:23** |
| **Motor Suhl** | **38:45** | **21:23** |
| **Chemie Industriewerk Ilmenau** | **29:21** | **20:24** |
| **Motor Altenburg** | **30:32** | **19:25** |
| **Motor Zeulenroda** | **28:55** | **15:29** |
| **Motor Schmalkalden** | **13:59** | **6:38** |

## Bezirksliga Erfurt

| | | |
|---|---|---|
| Glückauf Sondershausen | 88:42 | 48:12 |
| Umformtechnik Erfurt | 53:33 | 38:22 |
| Motor Eisenach | 42:31 | 35:25 |
| Robotron Sömmerda | 48:33 | 33:27 |
| ZSG Leinefelde | 48:42 | 33:27 |
| Motor Gotha | 44:51 | 33:27 |
| TSG Ruhla | 53:38 | 32:28 |
| Union Mühlhausen | 38:39 | 31:29 |
| Einheit Kölleda | 60:51 | 30:30 |
| Motor Heiligenstadt | 57:50 | 30:30 |
| Glückauf Bleicherode | 51:52 | 29:31 |
| Obertrikotagen Apolda | 46:41 | 28:32 |
| Motor Tambach-Dietharz | 44:61 | 25:35 |
| Aktivist Menteroda | 40:60 | 25:35 |
| Motor Weimar II | 44:62 | 19:41 |
| Fortschritt Struth | 28:98 | 11:49 |

## Bezirksliga Gera

| | | |
|---|---|---|
| Motor Hermsdorf | 89:31 | 50:18 |
| Fortschritt Pößneck | 62:25 | 48:20 |
| Motor Neustadt/Orla | 59:31 | 46:22 |
| Möbelwerke Eisenberg | 67:46 | 43:25 |
| Dynamo Gera | 83:62 | 41:27 |
| Chemie Jena | 53:40 | 40:28 |
| Stahl Silbitz | 56:44 | 38:30 |
| Traktor Frießnitz | 57:60 | 34:34 |
| Greika Greiz | 62:64 | 33:35 |
| Glaswerk Schott Jena | 59:62 | 33:35 |
| Wismut Gera II | 60:67 | 32:36 |
| Stahl Maxhütte | 34:44 | 32:36 |
| Wismut Seelingstädt | 59:64 | 30:38 |
| Bekleidung Tanna | 55:60 | 30:38 |
| Chemie Schwarza | 57:54 | 29:39 |
| Turbine Auma | 37:48 | 27:41 |
| Aufbau Jena | 35:104 | 13:55 |
| Einheit Elsterberg | 23:101 | 13:55 |

## Bezirksliga Suhl

| | | |
|---|---|---|
| Motor Steinach | 70:29 | 39:13 |
| Vorwärts Bad Salzungen | 44:29 | 35:17 |
| Motor Steinbach-Hallenberg | 48:34 | 34:18 |
| Motor Veilsdorf | 46:34 | 29:23 |
| Lokomotive Meiningen | 52:51 | 29:23 |
| Fortschritt Geschwenda | 50:44 | 26:26 |
| Kali Werra Tiefenort II | 43:44 | 26:26 |
| Chemie Fehrenbach | 39:41 | 26:26 |
| Stahl Bad Salzungen | 41:41 | 24:28 |
| Stahl Trusetal | 52:53 | 24:28 |
| Lokomotive Schleusingen | 40:46 | 23:29 |
| Stahl Brotterode | 27:41 | 22:30 |
| EIO Sonneberg | 29:49 | 18:34 |
| Motor Suhl II | 19:64 | 9:43 |

# 1980/81

## Oberliga

| | | |
|---|---|---|
| Berliner FC Dynamo | 74:31 | 39:13 |
| **FC Carl Zeiss Jena** | **57:29** | **36:16** |
| 1. FC Magdeburg | 58:35 | 34:18 |
| SG Dynamo Dresden | 49:37 | 34:18 |
| FC Vorwärts Frankfurt/Oder | 58:40 | 31:21 |
| 1. FC Lokomotive Leipzig | 46:35 | 28:24 |
| **FC Rot-Weiß Erfurt** | **37:49** | **27:25** |
| Hallescher FC Chemie | 41:41 | 25:27 |
| FC Karl-Marx-Stadt | 37:54 | 21:31 |
| FC Hansa Rostock | 35:47 | 20:32 |
| BSG Sachsenring Zwickau | 32:51 | 18:34 |
| BSG Wismut Aue | 34:60 | 18:34 |
| BSG Stahl Riesa | 38:64 | 17:35 |
| BSG Chemie Böhlen | 25:48 | 16:36 |

## Aufstiegsrunde zur Oberliga

| | | |
|---|---|---|
| BSG Energie Cottbus | 15:7 | 12:4 |
| BSG Chemie Buna Schkopau | 16:12 | 10:6 |
| 1. FC Union Berlin | 17:11 | 8:8 |
| BSG Schiffahrt/Hafen Rostock | 15:18 | 7:9 |
| **BSG Motor Suhl** | **9:24** | **3:13** |

## DDR-Liga

### Staffel E

| | | |
|---|---|---|
| **Motor Suhl** | **36:20** | **29:15** |
| **Wismut Gera** | **42:24** | **28:16** |
| **Motor Nordhausen** | **41:25** | **28:16** |
| **Kali Werra Tiefenort** | **40:35** | **23:21** |
| **Motor Weimar** | **34:33** | **23:21** |
| **Glückauf Sondershausen** | **44:41** | **22:22** |
| **Chemie Industriewerk Ilmenau** | **34:31** | **22:22** |
| **Motor Rudisleben** | **34:42** | **21:23** |
| **Fortschritt Weida** | **47:39** | **20:24** |
| **Motor Hermsdorf** | **23:27** | **20:24** |
| **Landbau Bad Langensalza** | **31:43** | **18:26** |
| **Motor Steinach** | **32:78** | **10:34** |

## Bezirksliga Erfurt

| | | |
|---|---|---|
| Motor Eisenach | 66:26 | 46:14 |
| Glückauf Bleicherode | 62:28 | 44:16 |
| TSG Ruhla | 63:32 | 39:21 |
| Union Mühlhausen | 57:36 | 39:21 |
| Robotron Sömmerda | 48:27 | 37:23 |
| ZSG Leinefelde | 41:37 | 33:27 |
| Motor Heiligenstadt | 58:49 | 31:29 |
| Einheit Kölleda | 49:57 | 29:31 |
| Umformtechnik Erfurt | 50:46 | 28:32 |
| Motor Gotha | 42:44 | 28:32 |
| Aktivist Menteroda | 43:47 | 28:32 |
| Empor Walschleben | 49:60 | 25:35 |
| Obertrikotagen Apolda | 45:58 | 25:35 |
| Motor Tambach-Dietharz | 51:66 | 22:38 |
| ZSG Schlotheim | 49:89 | 17:43 |
| Empor Greußen | 21:92 | 9:51 |

## Bezirksliga Gera

| | | |
|---|---|---|
| Stahl Silbitz | 73:40 | 43:21 |
| Motor Zeulenroda | 62:42 | 43:21 |
| Rotasym Pößneck | 63:35 | 42:22 |
| Elektronik Lobenstein | 45:33 | 40:24 |
| Wismut Gera II | 63:45 | 34:30 |
| Motor Neustadt/Orla | 52:47 | 33:31 |
| Traktor Frießnitz | 66:60 | 32:32 |
| Chemie Jena | 48:54 | 32:32 |
| Bekleidung Tanna | 55:66 | 32:32 |
| Greika Greiz | 50:53 | 31:33 |
| Dynamo Gera | 72:70 | 30:34 |
| Wismut Seelingstädt | 38:40 | 30:34 |
| Modedruck Gera | 48:54 | 30:34 |
| Stahl Maxhütte | 44:53 | 28:36 |
| Glaswerk Jena | 50:70 | 25:39 |
| Chemie Kahla | 33:64 | 23:41 |
| Möbelwerke Eisenberg | 53:89 | 16:48 |

## Bezirksliga Suhl

### Staffel 1

| | | |
|---|---|---|
| ESKA Hildburghausen | 76:44 | 36:16 |
| Fortschritt Geschwenda | 60:32 | 32:20 |
| EIO Sonneberg | 45:36 | 32:20 |
| Chemie Waldau | 44:42 | 29:23 |
| Lokomotive Schleusingen | 46:39 | 27:25 |
| Isolator Neuhaus-Schierschnitz | 34:32 | 26:26 |
| Motor Veilsdorf | 49:42 | 25:27 |
| Chemie Industriewerk Ilmenau II | 41:33 | 24:28 |
| Relaistechnik Großbreitenbach | 40:54 | 24:28 |
| Traktor Steinheid | 42:59 | 24:28 |
| Chemie Fehrenbach | 28:35 | 23:29 |
| Motor Rauenstein | 32:52 | 23:29 |
| NARVA Oberweißbach | 26:49 | 21:31 |
| Dynamo Suhl | 43:57 | 18:34 |

### Staffel 2

| | | |
|---|---|---|
| Werkzeugkombinat Schmalkalden | 51:14 | 42:10 |
| Vorwärts Bad Salzungen | 64:25 | 36:16 |
| Kali Werra Tiefenort II | 51:30 | 36:16 |
| Stahl Bad Salzungen | 36:25 | 32:20 |
| Lokomotive Meiningen | 44:48 | 23:29 |
| Stahl Brotterode | 39:44 | 23:29 |
| Kabelwerk Vacha | 29:37 | 23:29 |
| Motor Steinbach-Hallenberg | 39:40 | 22:30 |
| Plattenwerk Walldorf | 36:52 | 22:30 |
| Motor Schweina | 33:50 | 22:30 |
| Traktor Jüchsen | 26:44 | 22:30 |
| Stahl Trusetal | 38:59 | 21:31 |
| Robotron Zella-Mehlis West | 42:42 | 20:32 |
| Motor Suhl II | 22:40 | 20:32 |

Entscheidungsspiele der beiden Staffelsieger um die Bezirksmeisterschaft: **Motor Schmalkalden** - ESKA Hildburghausen 3:0/1:1.

# 1981/82

## Oberliga

| | | |
|---|---|---|
| Berliner FC Dynamo | 74:27 | 41:11 |
| SG Dynamo Dresden | 50:24 | 34:18 |
| 1. FC Lokomotive Leipzig | 53:29 | 33:19 |
| FC Vorwärts Frankfurt/Oder | 56:39 | 33:19 |
| **FC Carl Zeiss Jena** | **49:27** | **32:20** |
| 1. FC Magdeburg | 49:42 | 32:20 |
| **FC Rot-Weiß Erfurt** | **55:44** | **28:24** |
| FC Hansa Rostock | 37:40 | 25:27 |
| FC Karl-Marx-Stadt | 50:38 | 24:28 |
| BSG Wismut Aue | 33:48 | 23:29 |
| Hallescher FC Chemie | 28:46 | 23:29 |
| BSG Sachsenring Zwickau | 24:57 | 14:38 |
| BSG Energie Cottbus | 21:62 | 11:41 |
| BSG Chemie Buna Schkopau | 21:77 | 11:41 |

## Aufstiegsrunde zur Oberliga

| | | |
|---|---|---|
| BSG Chemie Böhlen | 16:4 | 13:3 |
| 1. FC Union Berlin | 11:8 | 11:5 |
| ASG Vorwärts Stralsund | 7:9 | 7:9 |
| BSG Stahl Riesa | 10:11 | 6:10 |
| **BSG Motor Nordhausen** | **5:17** | **3:13** |

## DDR-Liga

### Staffel C

| | | |
|---|---|---|
| Chemie Böhlen | 53:19 | 33:11 |
| Vorwärts Dessau | 45:24 | 33:11 |
| Dynamo Eisleben | 43:21 | 28:16 |
| Chemie Leipzig | 40:25 | 27:17 |
| Stahl Blankenburg | 26:25 | 22:22 |
| Einheit Wernigerode | 35:41 | 22:22 |
| Lokomotive Stendal | 30:31 | 21:23 |
| **Motor Altenburg** | **29:34** | **20:24** |
| Stahl Thale | 32:31 | 19:25 |
| Stahl Nordwest Leipzig | 28:34 | 18:26 |
| Chemie Zeitz | 19:51 | 13:31 |
| Empor Halle | 19:63 | 8:36 |

### Staffel E

| | | |
|---|---|---|
| **Motor Nordhausen** | **56:16** | **37:7** |
| **Wismut Gera** | **61:16** | **35:9** |
| **Motor Suhl** | **47:20** | **32:12** |
| **Chemie Industriewerk Ilmenau** | **30:23** | **28:16** |
| **Motor Weimar** | **31:32** | **24:20** |
| **Kali Werra Tiefenort** | **26:21** | **22:22** |
| **Motor Rudisleben** | **20:22** | **21:23** |
| **Motor Eisenach** | **36:32** | **19:25** |
| **Fortschritt Weida** | **35:49** | **16:28** |
| **Glückauf Sondershausen** | **33:47** | **16:28** |
| **Werkzeugkombinat Schmalkalden** | **17:63** | **8:36** |
| **Stahl Silbitz** | **15:66** | **6:38** |

Entscheidungsspiele um den Verbleib in der Liga: **Glückauf Sondershausen** - Fortschritt Weida 3:0/4:1.

## Bezirksliga Erfurt

| | | |
|---|---|---|
| TSG Ruhla | 58:20 | 47:13 |
| Robotron Sömmerda | 58:25 | 47:13 |
| Landbau Bad Langensalza | 62:23 | 43:17 |
| Motor Heiligenstadt | 49:40 | 35:25 |
| Union Mühlhausen | 64:35 | 33:27 |
| Glückauf Bleicherode | 54:47 | 32:28 |
| Traktor Auleben | 49:43 | 31:29 |
| Motor Gotha | 35:40 | 29:31 |
| Empor Walschleben | 40:46 | 29:31 |
| Einheit Kölleda | 40:46 | 28:32 |
| Aktivist Menteroda | 33:49 | 26:34 |
| ZSG Leinefelde | 36:45 | 25:35 |
| Umformtechnik Erfurt | 24:43 | 24:36 |
| Vorwärts Eisenach | 30:44 | 23:37 |
| Fortschritt Erfurt | 26:66 | 17:43 |
| Obertrikotagen Apolda | 34:80 | 11:49 |

## Bezirksliga Gera

| | | |
|---|---|---|
| Motor Hermsdorf | 89:30 | 51:13 |
| Rotasym Pößneck | 54:28 | 40:24 |
| Dynamo Gera | 82:67 | 40:24 |
| Motor Zeulenroda | 67:53 | 37:27 |
| Traktor Niederpöllnitz-Frießnitz | 73:54 | 36:28 |
| Elektronik Lobenstein | 56:41 | 36:28 |
| Greika Greiz | 75:48 | 35:29 |
| Wismut Gera II | 61:42 | 35:29 |
| Chemie Schwarza | 65:53 | 35:29 |
| Chemie Jena | 57:49 | 35:29 |
| Bekleidung Tanna | 67:67 | 33:31 |
| Modedruck Gera | 50:55 | 31:33 |
| Wismut Seelingstädt | 46:62 | 29:35 |
| Motor Neustadt/Orla | 42:54 | 27:37 |
| Turbine Auma | 48:83 | 18:46 |
| Stahl Wünschendorf | 37:113 | 15:49 |
| Fortschritt Münchenbernsdorf | 35:105 | 11:53 |

# Bezirksliga Suhl

## Staffel 1

| | | |
|---|---|---|
| Motor Steinach | 71:23 | 40:12 |
| Chemie Thermometerwerk Geraberg | 46:30 | 34:18 |
| Lokomotive Schleusingen | 42:26 | 32:20 |
| EIO Sonneberg | 56:44 | 31:21 |
| Relaistechnik Großbreitenbach | 52:35 | 30:22 |
| Chemie Fehrenbach | 44:37 | 30:22 |
| Motor Veilsdorf | 57:33 | 28:24 |
| Stahlbau Geschwenda | 56:46 | 24:28 |
| Traktor Steinheid | 43:45 | 24:28 |
| Chemie Industriewerk Ilmenau II | 41:44 | 22:30 |
| Chemie Waldau | 33:49 | 20:32 |
| Isolator Neuhaus-Schierschnitz | 24:45 | 19:33 |
| NARVA Oberweißbach | 30:63 | 19:33 |
| Motor Rauenstein | 18:93 | 11:41 |

## Staffel 2

| | | |
|---|---|---|
| Vorwärts Bad Salzungen | 65:24 | 41:11 |
| ESKA Hildburghausen | 67:33 | 39:13 |
| Lokomotive Meiningen | 60:41 | 32:20 |
| Kabelwerk Vacha | 51:38 | 29:23 |
| Plattenwerk Walldorf | 49:44 | 29:23 |
| Stahl Brotterode | 49:42 | 28:24 |
| Stahl Bad Salzungen | 37:31 | 26:26 |
| Kali Werra Tiefenort II | 43:45 | 25:27 |
| Motor Steinbach-Hallenberg | 52:62 | 25:27 |
| Robotron Zella-Mehlis | 26:38 | 20:32 |
| Stahl Trusetal | 23:47 | 19:33 |
| Motor Schweina | 35:54 | 18:34 |
| TSG Suhl-Mäbendorf | 28:59 | 18:34 |
| Traktor Jüchsen | 26:53 | 15:37 |

Entscheidungsspiele der beiden Staffelsieger um die Bezirksmeisterschaft: Vorwärts Bad Salzungen - **Motor Steinach** 1:3/3:3.

# 1982/83

## Oberliga

| | | |
|---|---|---|
| Berliner FC Dynamo | 72:22 | 46:6 |
| FC Vorwärts Frankfurt/Oder | 56:29 | 34:18 |
| **FC Carl Zeiss Jena** | **46:29** | **34:18** |
| 1. FC Lokomotive Leipzig | 45:27 | 31:21 |
| **FC Rot-Weiß Erfurt** | **45:37** | **31:21** |
| 1. FC Magdeburg | 52:32 | 29:23 |
| SG Dynamo Dresden | 51:43 | 29:23 |
| FC Hansa Rostock | 38:40 | 28:24 |
| FC Karl-Marx-Stadt | 41:41 | 26:26 |
| BSG Wismut Aue | 30:45 | 20:32 |
| Hallescher FC Chemie | 41:53 | 17:35 |
| 1. FC Union Berlin | 23:50 | 17:35 |
| BSG Chemie Böhlen | 31:80 | 13:39 |
| BSG Sachsenring Zwickau | 21:64 | 9:43 |

## Aufstiegsrunde zur Oberliga

| | | |
|---|---|---|
| BSG Stahl Riesa | 20:4 | 12:4 |
| BSG Chemie Leipzig | 13:9 | 11:5 |
| BSG Stahl Brandenburg | 13:9 | 8:8 |
| **BSG Wismut Gera** | **14:17** | **7:9** |
| BSG Schiffahrt/Hafen Rostock | 7:28 | 2:14 |

# DDR-Liga

## Staffel C

| | | |
|---|---|---|
| Chemie Leipzig | 43:9 | 41:3 |
| Vorwärts Dessau | 56:23 | 37:7 |
| Chemie Buna Schkopau | 45:23 | 30:14 |
| Dynamo Eisleben | 42:43 | 21:23 |
| Stahl Thale | 27:29 | 21:23 |
| Chemie Markkleeberg | 28:29 | 20:24 |
| Einheit Wernigerode | 24:37 | 18:26 |
| Chemie Wolfen | 29:41 | 17:27 |
| Motor Schönebeck | 28:43 | 17:27 |
| Lokomotive Stendal | 20:31 | 16:28 |
| **Motor Altenburg** | **22:44** | **14:30** |
| Stahl Blankenburg | 26:38 | 12:32 |

## Staffel E

| | | |
|---|---|---|
| **Wismut Gera** | **62:17** | **33:11** |
| **Motor Nordhausen** | **45:24** | **30:14** |
| **Motor Suhl** | **35:21** | **28:16** |
| **Chemie Industriewerk Ilmenau** | **31:21** | **27:17** |
| **Glückauf Sondershausen** | **51:38** | **26:18** |
| **Motor Rudisleben** | **39:28** | **25:19** |
| **Kali Werra Tiefenort** | **26:15** | **25:19** |
| **TSG Ruhla** | **25:35** | **20:24** |
| **Motor Weimar** | **31:35** | **19:25** |
| **Motor Hermsdorf** | **22:46** | **16:28** |
| **Motor Eisenach** | **21:38** | **11:33** |
| **Motor Steinach** | **13:83** | **4:40** |

# Bezirksliga Erfurt

| | | |
|---|---|---|
| Robotron Sömmerda | 92:25 | 48:12 |
| Landbau Bad Langensalza | 58:30 | 46:14 |
| Motor Nordhausen II | 50:38 | 36:24 |
| Aktivist Menteroda | 55:41 | 35:25 |
| Glückauf Bleicherode | 52:40 | 34:26 |
| Einheit Kölleda | 50:40 | 34:26 |
| Union Mühlhausen | 46:52 | 32:28 |
| Motor Heiligenstadt | 46:39 | 30:30 |
| Umformtechnik Erfurt | 33:36 | 28:32 |
| ZSG Leinefelde | 49:55 | 28:32 |
| Traktor Auleben | 33:67 | 26:34 |
| Empor Walschleben | 38:41 | 24:36 |
| Vorwärts Eisenach | 28:62 | 23:37 |
| Motor Gotha | 36:51 | 22:38 |
| Aufbau Erfurt | 37:53 | 19:41 |
| Pflanzenproduktion Großengottern | 26:59 | 15:45 |

# Bezirksliga Gera

| | | |
|---|---|---|
| Fortschritt Weida | 88:35 | 50:18 |
| Greika Greiz | 78:54 | 42:26 |
| Traktor Niederpöllnitz-Frießnitz | 73:59 | 42:26 |
| Glaswerk Jena | 56:40 | 41:27 |
| Rotasym Pößneck | 49:34 | 40:28 |
| Dynamo Gera | 97:75 | 39:29 |
| Wismut Gera II | 45:37 | 37:31 |
| Vorwärts Gera | 69:57 | 36:32 |
| Chemie Schwarza | 32:38 | 34:34 |
| Motor Zeulenroda | 44:42 | 32:36 |
| Elektronik Lobenstein | 48:58 | 32:36 |
| Jenapharm Jena | 52:63 | 32:36 |
| Stahl Maxhütte | 53:75 | 31:37 |
| Stahl Silbitz | 51:61 | 29:39 |
| Wismut Seelingstädt | 40:51 | 28:40 |
| Modedruck Gera | 48:76 | 27:41 |
| Einheit Triebes | 43:73 | 22:46 |
| Bekleidung Tanna | 59:97 | 18:50 |

# Bezirksliga Suhl

## Staffel 1

| | | |
|---|---|---|
| ESKA Hildburghausen | 70:23 | 40:12 |
| Motor Veilsdorf | 45:16 | 35:17 |
| Stahlbau Geschwenda | 53:28 | 35:17 |
| Relaistechnik Großbreitenbach | 39:35 | 29:23 |
| Isolator Neuhaus-Schierschnitz | 44:34 | 27:25 |
| Lokomotive Schleusingen | 35:39 | 26:26 |
| Chemie Industriewerk Ilmenau II | 44:27 | 24:28 |
| Mikroelektronik Neuhaus | 40:51 | 23:29 |
| Chemie Fehrenbach | 30:41 | 23:29 |
| Chemie Waldau | 26:45 | 23:29 |
| Zierporzellan Lichte | 31:40 | 22:30 |
| EIO Sonneberg | 33:57 | 22:30 |
| Chemie Thermometerwerk Geraberg | 39:46 | 21:31 |
| Traktor Steinheid | 34:81 | 12:40 |

## Staffel 2

| | | |
|---|---|---|
| Werkzeugkombinat Schmalkalden | 46:15 | 37:15 |
| Lokomotive Meiningen | 58:35 | 32:20 |
| Vorwärts Bad Salzungen | 59:38 | 31:21 |
| Stahl Trusetal | 43:40 | 31:21 |
| Kabelwerk Vacha | 48:32 | 30:22 |
| Plattenwerk Walldorf | 49:40 | 29:23 |
| Stahl Brotterode | 29:44 | 24:28 |
| Robotron Zella-Mehlis | 39:43 | 23:29 |
| Kali Werra Tiefenort II | 27:44 | 23:29 |
| Motor Suhl II | 36:43 | 22:30 |
| Stahl Bad Salzungen | 35:42 | 22:30 |
| SG Bremen/Rhön | 28:44 | 22:30 |
| Motor Steinbach-Hallenberg | 38:51 | 20:32 |
| Motor Schweina | 33:57 | 8:34 |

Entscheidungsspiele der beiden Staffelsieger um die Bezirksmeisterschaft: ESKA Hildburghausen - **Werkzeugkombinat Schmalkalden** 1:2/1:0 (erstmals nach Auswärtstor-Regel entschieden).

# 1983/84

## Oberliga

| | | |
|---|---|---|
| Berliner FC Dynamo | 66:36 | 39:13 |
| SG Dynamo Dresden | 61:28 | 37:15 |
| 1. FC Lokomotive Leipzig | 56:28 | 37:15 |
| FC Vorwärts Frankfurt/Oder | 56:36 | 33:19 |
| 1. FC Magdeburg | 56:33 | 32:20 |
| FC Karl-Marx-Stadt | 37:34 | 30:22 |
| **FC Rot-Weiß Erfurt** | **36:39** | **28:24** |
| BSG Wismut Aue | 28:34 | 25:27 |
| FC Hansa Rostock | 32:41 | 24:28 |
| **FC Carl Zeiss Jena** | **50:63** | **20:32** |
| BSG Stahl Riesa | 41:55 | 20:32 |
| 1. FC Union Berlin | 27:55 | 14:38 |
| BSG Chemie Leipzig | 21:49 | 14:38 |
| Hallescher FC Chemie | 32:68 | 11:41 |

Es gab zwei Entscheidungsspiele um den Verbleib in der Oberliga: 1. FC Union Berlin - **Chemie Leipzig** 1:1/1:2.

## Aufstiegsrunde zur Oberliga

| | | |
|---|---|---|
| BSG Stahl Brandenburg | 21:7 | 13:3 |
| **BSG Motor Suhl** | **13:9** | **10:6** |
| ASG Vorwärts Dessau | 18:17 | 7:9 |
| BSG Sachsenring Zwickau | 11:16 | 5:11 |
| SG Dynamo Schwerin | 10:24 | 5:11 |

## DDR-Liga

### Staffel E

| | | |
|---|---|---|
| **Motor Suhl** | **36:21** | **31:13** |
| **Motor Nordhausen** | **30:15** | **30:14** |
| **Glückauf Sondershausen** | **34:18** | **29:15** |
| **Robotron Sömmerda** | **32:22** | **27:17** |
| **Kali Werra Tiefenort** | **25:19** | **27:17** |
| **Wismut Gera** | **31:26** | **26:18** |
| **Motor Rudisleben** | **25:28** | **20:24** |
| **Motor Weimar** | **24:25** | **19:25** |
| **Chemie Industriewerk Ilmenau** | **18:26** | **18:26** |
| **TSG Ruhla** | **17:27** | **17:27** |
| **Fortschritt Weida** | **18:33** | **14:30** |
| **Werkzeugkombinat Schmalkalden** | **12:42** | **6:38** |

## Bezirksliga Erfurt

| | | |
|---|---|---|
| FC Rot-Weiß Erfurt II | 93:19 | 55:5 |
| Motor Eisenach | 56:25 | 43:17 |
| Motor Nordhausen II | 53:31 | 37:23 |
| Umformtechnik Erfurt | 48:29 | 36:24 |
| Glückauf Bleicherode | 47:39 | 36:24 |
| Landbau Bad Langensalza | 52:32 | 35:25 |
| Funkwerk Kölleda | 44:37 | 34:26 |
| Union Mühlhausen | 50:50 | 31:29 |
| ZSG Leinefelde | 35:39 | 31:29 |
| Empor Walschleben | 48:49 | 30:30 |
| Motor Heiligenstadt | 30:47 | 25:35 |
| Aktivist Menteroda | 36:52 | 24:36 |
| Motor Rudisleben II | 23:46 | 18:42 |
| Motor Weimar II | 29:44 | 17:43 |
| Traktor Auleben | 30:71 | 14:46 |
| ZSG Breitenworbis | 27:91 | 14:46 |

## Bezirksliga Gera

| | | |
|---|---|---|
| FC Carl Zeiss Jena II | 122:16 | 64:8 |
| Jenaer Glaswerk | 69:46 | 49:23 |
| Motor Zeulenroda | 66:32 | 48:24 |
| Motor Hermsdorf | 64:47 | 46:26 |
| Vorwärts Gera | 92:54 | 42:30 |
| Dynamo Gera | 83:69 | 41:31 |
| Wismut Gera II | 56:39 | 39:33 |
| Chemie Schwarza | 62:63 | 36:36 |
| Elektronik Lobenstein | 48:54 | 36:36 |
| Jenapharm Jena | 55:63 | 34:38 |
| Greika Greiz | 71:68 | 33:39 |
| Traktor Niederpöllnitz-Frießnitz | 56:60 | 33:39 |
| Stahl Silbitz | 59:64 | 33:39 |
| Stahl Maxhütte | 54:60 | 33:39 |
| Rotasym Pößneck | 48:55 | 32:40 |
| Motor Neustadt/Orla | 55:85 | 29:43 |
| Wismut Ronneburg | 42:75 | 28:44 |
| Möbelwerke Eisenberg | 37:123 | 17:55 |
| Aufbau Jena | 31:97 | 11:61 |

## Bezirksliga Suhl

### Staffel 1

| | | |
|---|---|---|
| Stahlbau Geschwenda | 69:32 | 40:12 |
| Motor Veilsdorf | 71:18 | 38:14 |
| Motor Steinach | 49:26 | 34:18 |
| Chemie Waldau | 39:28 | 31:21 |
| Chemie Lauscha | 46:41 | 31:21 |
| Mikroelektronik Neuhaus | 42:37 | 31:21 |
| Chemie Fehrenbach | 35:23 | 30:22 |
| Isolator Neuhaus-Schierschnitz | 40:45 | 26:26 |
| EIO Sonneberg | 28:37 | 22:30 |
| Relaistechnik Großbreitenbach | 26:48 | 20:32 |
| Chemie Industriewerk Ilmenau II | 31:48 | 19:33 |
| Lokomotive Schleusingen | 30:48 | 19:33 |
| Zierporzellan Lichte | 21:64 | 15:37 |
| Motor Katzhütte | 27:59 | 8:44 |

### Staffel 2

| | | |
|---|---|---|
| Lokomotive Meiningen | 62:26 | 39:13 |
| Vorwärts Bad Salzungen | 56:17 | 37:15 |
| Plattenwerk Walldorf | 55:26 | 34:18 |
| ESKA Hildburghausen | 49:27 | 33:19 |
| Stahl Bad Salzungen | 51:33 | 33:19 |
| Traktor Jüchsen | 42:38 | 32:20 |
| Kali Werra Tiefenort II | 53:33 | 29:23 |
| SG Bremen/Rhön | 32:39 | 25:27 |
| Kabelwerk Vacha | 34:46 | 24:28 |
| Motor Suhl II | 36:50 | 19:33 |
| Traktor Haina | 28:56 | 16:36 |
| Stahl Brotterode | 29:61 | 15:37 |
| Stahl Trusetal | 39:76 | 15:37 |
| Robotron Zella-Mehlis | 28:66 | 13:39 |

Entscheidungsspiele der beiden Staffelsieger um die Bezirksmeisterschaft: Stahlbau Geschwenda - **Lokomotive Meiningen** 1:2/1:4.

# 1984/85
## Oberliga

| | | |
|---|---|---|
| Berliner FC Dynamo | 90:28 | 44:8 |
| SG Dynamo Dresden | 69:34 | 38:14 |
| 1. FC Lokomotive Leipzig | 55:26 | 38:14 |
| BSG Wismut Aue | 38:33 | 32:20 |
| 1. FC Magdeburg | 53:35 | 31:21 |
| **FC Rot-Weiß Erfurt** | **47:39** | **30:22** |
| **FC Carl Zeiss Jena** | **36:27** | **25:27** |
| FC Vorwärts Frankfurt/Oder | 41:38 | 22:30 |
| FC Karl-Marx-Stadt | 39:48 | 21:31 |
| FC Hansa Rostock | 37:51 | 21:31 |
| BSG Stahl Brandenburg | 25:39 | 20:32 |
| BSG Stahl Riesa | 29:55 | 20:32 |
| BSG Chemie Leipzig | 26:56 | 17:35 |
| **BSG Motor Suhl** | **16:92** | **5:47** |

## DDR-Liga

### Staffel B

| | | |
|---|---|---|
| Sachsenring Zwickau | 73:27 | 54:14 |
| Hallescher FC Chemie | 77:30 | 49:19 |
| Dynamo Dresden II | 71:39 | 47:21 |
| Chemie Böhlen | 57:42 | 44:24 |
| Fortschritt Bischofswerda | 58:41 | 42:26 |
| Vorwärts Dessau | 50:48 | 34:34 |
| **Motor Nordhausen** | **35:41** | **34:34** |
| Chemie Markkleeberg | 52:49 | 33:35 |
| **Wismut Gera** | **52:45** | **31:37** |
| **FC Carl Zeiss Jena II** | **48:52** | **31:37** |
| Motor „Fritz Heckert" Karl-Marx-Stadt | 39:46 | 31:37 |
| **FC Rot-Weiß Erfurt II** | **43:61** | **31:37** |
| **Glückauf Sondershausen** | **39:57** | **31:37** |
| Motor Grimma | 42:61 | 30:38 |
| Dynamo Eisleben | 44:53 | 29:39 |
| Aufbau Krumhermersdorf | 31:58 | 26:42 |
| **Kali Werra Tiefenort** | **29:54** | **22:46** |
| **Robotron Sömmerda** | **30:66** | **13:55** |

## Bezirksliga Erfurt

| | | |
|---|---|---|
| Motor Weimar | 55:19 | 44:16 |
| Landbau Bad Langensalza | 57:35 | 42:18 |
| TSG Ruhla | 53:23 | 41:19 |
| Motor Nordhausen II | 41:28 | 41:19 |
| Motor Rudisleben | 51:33 | 40:20 |
| Motor Eisenach | 54:31 | 38:22 |
| Funkwerk Kölleda | 46:30 | 31:29 |
| Umformtechnik Erfurt | 37:41 | 29:31 |
| Union Mühlhausen | 39:49 | 26:34 |
| Motor Heiligenstadt | 38:50 | 26:34 |
| Glückauf Bleicherode | 46:58 | 25:35 |
| Motor Gotha | 32:37 | 24:36 |
| Glückauf Sondershausen | 35:52 | 23:37 |
| Robotron Sömmerda II | 32:48 | 22:38 |
| ZSG Leinefelde | 32:59 | 17:43 |
| Empor Walschleben | 20:75 | 11:49 |

## Bezirksliga Gera

| | | |
|---|---|---|
| Fortschritt Weida | 104:30 | 56:12 |
| Elektronik Lobenstein | 58:35 | 49:19 |
| Jenaer Glaswerk | 68:42 | 46:22 |
| Motor Hermsdorf | 60:38 | 44:24 |
| Dynamo Gera | 76:62 | 41:27 |
| Chemie Schwarza | 73:62 | 40:28 |
| Wismut Gera II | 60:41 | 39:29 |
| Motor Zeulenroda | 70:48 | 38:30 |
| Traktor Niederpöllnitz-Frießnitz | 64:53 | 38:30 |
| Greika Greiz | 65:61 | 32:36 |
| Chemie Greiz | 44:42 | 32:36 |
| Vorwärts Gera | 61:70 | 29:39 |
| Jenapharm Jena | 50:74 | 26:42 |
| Einheit Triebes | 44:72 | 26:42 |
| Chemie Kahla | 44:75 | 25:43 |
| Stahl Maxhütte | 38:63 | 23:45 |
| Stahl Silbitz | 39:69 | 21:47 |
| KIM St. Gangloff | 24:105 | 7:61 |

## Bezirksliga Suhl

| | | |
|---|---|---|
| Chemie Industriewerk Ilmenau | 90:19 | 52:8 |
| Vorwärts Bad Salzungen | 53:21 | 43:17 |
| ESKA Hildburghausen | 67:38 | 39:21 |
| Plattenwerk Walldorf | 51:35 | 39:21 |
| Lokomotive Meiningen | 66:39 | 36:24 |
| Stahl Bad Salzungen | 52:34 | 35:25 |
| Motor Steinbach-Hallenberg | 50:39 | 32:28 |
| Werkzeugkombinat Schmalkalden | 40:35 | 31:29 |
| Motor Veilsdorf | 40:39 | 29:31 |
| Stahlbau Geschwenda | 40:47 | 28:32 |
| Motor Steinach | 45:52 | 27:33 |
| Traktor Jüchsen | 39:42 | 26:34 |
| Chemie Waldau | 32:57 | 19:41 |
| Chemie Lauscha | 40:90 | 19:41 |
| Mikroelektronik Neuhaus | 28:88 | 14:46 |
| Chemie Thermometerwerk Geraberg | 33:91 | 11:49 |

# 1985/86
## Oberliga

| | | |
|---|---|---|
| Berliner FC Dynamo | 46:31 | 34:18 |
| 1. FC Lokomotive Leipzig | 33:22 | 32:20 |
| **FC Carl Zeiss Jena** | **32:18** | **31:21** |
| 1. FC Magdeburg | 39:33 | 29:23 |
| BSG Stahl Brandenburg | 27:23 | 29:23 |
| SG Dynamo Dresden | 40:39 | 28:24 |
| 1. FC Union Berlin | 32:31 | 27:25 |
| FC Karl-Marx-Stadt | 33:32 | 26:26 |
| FC Vorwärts Frankfurt/Oder | 37:35 | 25:27 |
| **FC Rot-Weiß Erfurt** | **41:34** | **24:28** |
| BSG Wismut Aue | 31:40 | 24:28 |
| BSG Stahl Riesa | 27:36 | 22:30 |
| FC Hansa Rostock | 31:46 | 20:32 |
| BSG Sachsenring Zwickau | 27:56 | 13:39 |

## DDR-Liga

### Staffel B

| | | |
|---|---|---|
| Fortschritt Bischofswerda | 61:23 | 52:16 |
| Hallescher FC Chemie | 85:36 | 47:21 |
| Chemie Böhlen | 59:44 | 39:29 |
| Motor Grimma | 43:39 | 38:30 |
| **FC Carl Zeiss Jena II** | **45:45** | **38:30** |
| Dynamo Dresden II | 57:50 | 37:31 |
| Dynamo Eisleben | 42:45 | 36:32 |
| **Glückauf Sondershausen** | **50:53** | **34:34** |
| **Motor Weimar** | **38:39** | **33:35** |
| **Motor Nordhausen** | **40:53** | **33:35** |
| Chemie Buna Schkopau | 35:38 | 32:36 |
| **Wismut Gera** | **46:51** | **32:36** |
| Chemie Markkleeberg | 51:53 | 31:37 |
| **Motor Suhl** | **38:52** | **31:37** |
| **Chemie Industriewerk Ilmenau** | **40:51** | **28:40** |
| **FC Rot-Weiß Erfurt II** | **41:57** | **28:40** |
| Motor „Fritz Heckert" Karl-Marx-Stadt | 31:44 | 26:42 |
| Wismut Aue II | 37:66 | 17:51 |

## Bezirksliga Erfurt

| | | |
|---|---|---|
| Robotron Sömmerda | 66:21 | 45:15 |
| Landbau Bad Langensalza | 74:33 | 45:15 |
| Motor Nordhausen II | 48:28 | 39:21 |
| Funkwerk Kölleda | 44:31 | 39:21 |
| Motor Eisenach | 56:31 | 36:24 |
| Glückauf Sondershausen II | 46:37 | 34:26 |
| TSG Ruhla | 40:33 | 33:27 |
| Motor Rudisleben | 38:30 | 29:31 |
| Glückauf Bleicherode | 54:70 | 29:31 |
| Motor Weimar II | 34:49 | 26:34 |
| Umformtechnik Erfurt | 48:56 | 25:35 |
| Motor Gotha | 23:39 | 25:35 |
| Solidor Heiligenstadt | 38:47 | 23:37 |
| Union Mühlhausen | 38:56 | 22:38 |
| Motor Tambach-Dietharz | 27:84 | 17:43 |
| Vorwärts Mühlhausen | 32:61 | 13:47 |

## Bezirksliga Gera

| | | |
|---|---|---|
| Jenaer Glaswerk | 79:24 | 53:15 |
| Fortschritt Weida | 99:34 | 52:16 |
| Wismut Gera II | 82:33 | 50:18 |
| Rotasym Pößneck | 53:35 | 42:26 |
| Motor Zeulenroda | 48:30 | 42:26 |
| Traktor Niederpöllnitz-Frießnitz | 59:49 | 36:32 |
| Motor Hermsdorf | 62:56 | 34:34 |
| Wismut Seelingstädt | 51:49 | 34:34 |
| Elektronik Lobenstein | 35:40 | 34:34 |
| Chemie Greiz | 40:51 | 33:35 |
| Chemie Kahla | 41:47 | 30:38 |
| Jenapharm Jena | 40:49 | 30:38 |
| Dynamo Gera | 63:75 | 30:38 |
| Vorwärts Gera | 53:62 | 28:40 |
| Chemie Schwarza | 40:58 | 28:40 |
| Greika Greiz | 55:68 | 25:43 |
| Bekleidung Tanna | 40:107 | 18:50 |
| Einheit Triebes | 32:105 | 13:55 |

## Bezirksliga Suhl

| | | |
|---|---|---|
| Kali Werra Tiefenort | 84:16 | 51:9 |
| Lokomotive Meiningen | 66:37 | 39:21 |
| Werkzeugkombinat Schmalkalden | 53:27 | 37:23 |
| Vorwärts Bad Salzungen | 57:47 | 34:26 |
| Motor Veilsdorf | 50:46 | 31:29 |
| Plattenwerk Walldorf | 53:56 | 31:29 |
| Motor Steinach | 46:44 | 30:30 |
| Motor Steinbach-Hallenberg | 45:57 | 30:30 |
| Stahl Bad Salzungen | 45:46 | 29:31 |
| EIO Sonneberg | 42:46 | 28:32 |
| ESKA Hildburghausen | 56:61 | 28:32 |
| Kabelwerk Vacha | 40:54 | 27:33 |
| Motor Suhl II | 55:64 | 26:34 |
| Traktor Jüchsen | 28:42 | 25:35 |
| Stahlbau Geschwenda | 38:55 | 22:38 |
| Chemie Waldau | 29:89 | 12:48 |

# 1986/87

## Oberliga

| | | |
|---|---|---|
| Berliner FC Dynamo | 59:20 | 42:10 |
| SG Dynamo Dresden | 52:24 | 36:16 |
| 1. FC Lokomotive Leipzig | 34:22 | 34:18 |
| BSG Wismut Aue | 40:26 | 32:20 |
| 1. FC Magdeburg | 42:32 | 28:24 |
| **FC Carl Zeiss Jena** | **32:31** | **28:24** |
| **FC Rot-Weiß Erfurt** | **33:33** | **24:28** |
| FC Karl-Marx-Stadt | 27:34 | 24:28 |
| BSG Stahl Brandenburg | 27:34 | 23:29 |
| FC Vorwärts Frankfurt/Oder | 23:32 | 21:31 |
| 1. FC Union Berlin | 26:52 | 19:33 |
| BSG Stahl Riesa | 29:39 | 18:34 |
| BSG Energie Cottbus | 19:45 | 18:34 |
| BSG Fortschritt Bischofswerda | 25:44 | 17:35 |

## DDR-Liga

### Staffel B

| | | |
|---|---|---|
| Hallescher FC Chemie | 63:28 | 53:15 |
| Sachsenring Zwickau | 64:28 | 48:20 |
| Chemie Böhlen | 48:26 | 44:24 |
| Aktivist Schwarze Pumpe | 48:35 | 41:27 |
| **Motor Nordhausen** | **54:45** | **37:31** |
| Motor Schönebeck | 40:37 | 37:31 |
| Chemie Buna Schkopau | 46:44 | 36:32 |
| **Wismut Gera** | **51:45** | **35:33** |
| Motor Grimma | 43:54 | 33:35 |
| Chemie Markkleeberg | 44:42 | 32:36 |
| **Motor Suhl** | **38:39** | **32:36** |
| Dynamo Dresden II | 42:50 | 30:38 |
| **Motor Weimar** | **32:45** | **30:38** |
| **FC Carl Zeiss Jena II** | **27:46** | **29:39** |
| **Kali Werra Tiefenort** | **32:47** | **26:42** |
| Dynamo Eisleben | 26:57 | 24:44 |
| **Glückauf Sondershausen** | **39:47** | **23:45** |
| **Chemie Industriewerk Ilmenau** | **28:50** | **22:46** |

## Bezirksliga Erfurt

| | | |
|---|---|---|
| Robotron Sömmerda | 70:11 | 51:9 |
| FC Rot-Weiß Erfurt II | 54:24 | 39:21 |
| TSG Ruhla | 36:27 | 39:21 |
| Motor Eisenach | 55:31 | 38:22 |
| Motor Gotha | 44:26 | 36:24 |
| Glückauf Sondershausen II | 45:35 | 36:24 |
| Motor Rudisleben | 43:31 | 35:25 |
| Funkwerk Kölleda | 51:33 | 34:26 |
| Landbau Bad Langensalza | 41:32 | 32:28 |
| Motor Nordhausen II | 22:32 | 26:34 |
| Mikroelektronik Erfurt | 32:50 | 26:34 |
| Motor Weimar II | 31:43 | 25:35 |
| Umformtechnik Erfurt | 32:48 | 24:36 |
| Glückauf Bleicherode | 38:58 | 17:43 |
| Traktor Auleben | 21:65 | 11:49 |
| Empor Erfurt | 13:82 | 9:51 |

## Bezirksliga Gera

| | | |
|---|---|---|
| Fortschritt Weida | 98:23 | 61:7 |
| Wismut Gera II | 66:31 | 46:22 |
| Rotasym Pößneck | 57:35 | 44:24 |
| Motor Zeulenroda | 51:26 | 43:25 |
| Chemie Kahla | 67:54 | 41:27 |
| Jenaer Glaswerk | 57:42 | 37:31 |
| Wismut Seelingstädt | 45:41 | 36:32 |
| Chemie Schwarza | 47:62 | 33:35 |
| Jenapharm Jena | 36:40 | 32:36 |
| Traktor Niederpöllnitz-Frießnitz | 57:64 | 32:36 |
| Elektronik Lobenstein | 30:44 | 31:37 |
| Motor Hermsdorf | 49:48 | 30:38 |
| Vorwärts Gera | 39:64 | 26:42 |
| Wismut Ronneburg | 37:49 | 25:43 |
| Chemie Greiz | 29:54 | 25:43 |
| Dynamo Gera | 44:72 | 25:43 |
| Carl Zeiss Saalfeld | 28:60 | 23:45 |
| Motor Neustadt/Orla | 35:63 | 22:46 |

## Bezirksliga Suhl

| | | |
|---|---|---|
| Lokomotive Meiningen | 80:31 | 47:13 |
| Werkzeugkombinat Schmalkalden | 55:38 | 40:20 |
| Kabelwerk Vacha | 42:31 | 39:21 |
| ESKA Hildburghausen | 68:35 | 38:22 |
| Elektro-Keramik Veilsdorf | 55:33 | 37:23 |
| Plattenwerk Walldorf | 52:45 | 32:28 |
| Motor Suhl II | 41:46 | 31:29 |
| Stahl Bad Salzungen | 43:40 | 30:30 |
| Motor Steinbach-Hallenberg | 53:47 | 28:32 |
| Kali Werra Tiefenort II | 45:46 | 27:33 |
| Motor Steinach | 47:55 | 26:34 |
| Robotron Zella-Mehlis | 42:58 | 25:35 |
| Isolator Neuhaus-Schierschnitz | 26:50 | 23:37 |
| EIO Sonneberg | 32:70 | 21:39 |
| Vorwärts Bad Salzungen | 47:66 | 19:41 |
| Traktor Jüchsen | 27:64 | 17:43 |

# 1987/88

## Oberliga

| | | |
|---|---|---|
| Berliner FC Dynamo | 59:30 | 37:15 |
| 1. FC Lokomotive Leipzig | 42:21 | 37:15 |
| SG Dynamo Dresden | 47:24 | 33:19 |
| BSG Stahl Brandenburg | 44:37 | 29:23 |
| Hallescher FC Chemie | 33:33 | 26:26 |
| **FC Carl Zeiss Jena** | **28:29** | **26:26** |
| 1. FC Magdeburg | 34:33 | 25:27 |
| FC Karl-Marx-Stadt | 40:45 | 25:27 |
| FC Hansa Rostock | 42:49 | 23:29 |
| BSG Wismut Aue | 24:34 | 23:29 |
| 1. FC Union Berlin | 35:54 | 22:30 |
| **FC Rot-Weiß Erfurt** | **40:49** | **21:31** |
| FC Vorwärts Frankfurt/Oder | 33:43 | 21:31 |
| BSG Stahl Riesa | 23:43 | 16:36 |

## DDR-Liga

### Staffel B

| | | |
|---|---|---|
| Sachsenring Zwickau | 66:34 | 50:18 |
| Stahl Thale | 57:40 | 42:26 |
| Vorwärts Dessau | 52:38 | 42:26 |
| Dynamo Dresden II | 57:35 | 41:27 |
| Fortschritt Bischofswerda | 58:41 | 41:27 |
| Chemie Leipzig | 40:33 | 41:27 |
| Chemie Buna Schkopau | 49:43 | 39:29 |
| TSG Markkleeberg | 53:50 | 35:33 |
| **Wismut Gera** | **47:41** | **34:34** |
| **Motor Suhl** | **38:43** | **33:35** |
| **Robotron Sömmerda** | **47:50** | **32:36** |
| Motor Grimma | 41:54 | 30:38 |
| Chemie Böhlen | 36:43 | 29:39 |
| **Motor Weimar** | **36:52** | **28:40** |
| **Motor Nordhausen** | **39:47** | **27:41** |
| **Fortschritt Weida** | **40:54** | **27:41** |
| **Kali Werra Tiefenort** | **40:56** | **26:42** |
| **FC Carl Zeiss Jena II** | **29:71** | **15:53** |

## Bezirksliga Erfurt

| | | |
|---|---|---|
| Glückauf Sondershausen | 55:15 | 45:15 |
| FC Rot-Weiß Erfurt II | 54:19 | 42:18 |
| Motor Gotha | 42:16 | 42:18 |
| Motor Eisenach | 51:25 | 40:20 |
| Funkwerk Kölleda | 45:23 | 40:20 |
| Union Mühlhausen | 52:33 | 37:23 |
| Landbau Bad Langensalza | 46:41 | 29:31 |
| Motor Rudisleben | 34:33 | 28:32 |
| TSG Ruhla | 25:31 | 27:33 |
| Motor Nordhausen II | 31:39 | 26:34 |
| ZSG Leinefelde | 30:47 | 26:34 |
| Robotron Sömmerda II | 34:47 | 25:35 |
| Mikroelektronik Erfurt | 27:45 | 23:37 |
| Umformtechnik Erfurt | 22:44 | 21:39 |
| Motor Weimar II | 18:40 | 20:40 |
| Glückauf Bleicherode | 21:89 | 9:51 |

## Bezirksliga Gera

| | | |
|---|---|---|
| Elektronik Lobenstein | 71:28 | 49:19 |
| Chemie Schwarza | 61:23 | 47:21 |
| Rotasym Pößneck | 54:30 | 45:23 |
| Jenapharm Jena | 69:37 | 43:25 |
| Motor Hermsdorf | 75:47 | 41:27 |
| Dynamo Gera | 63:47 | 41:27 |
| Wismut Gera II | 62:36 | 40:28 |
| Jenaer Glaswerk | 48:42 | 40:28 |
| Traktor Niederpöllnitz-Frießnitz | 68:45 | 37:31 |
| Chemie Kahla | 69:52 | 37:31 |
| Wismut Seelingstädt | 43:34 | 37:31 |
| Vorwärts Gera | 58:62 | 34:34 |
| Motor Zeulenroda | 35:41 | 31:37 |
| Wismut Ronneburg | 36:59 | 28:40 |
| Bekleidung Tanna | 40:83 | 20:48 |
| Greika Greiz | 40:85 | 18:50 |
| Chemie Greiz | 33:85 | 18:50 |
| Chemie Bad Blankenburg | 15:104 | 6:62 |

## Bezirksliga Suhl

| | | |
|---|---|---|
| Chemie Industriewerk Ilmenau | 101:12 | 56:4 |
| Lokomotive Meiningen | 59:33 | 39:21 |
| Elektro-Keramik Veilsdorf | 54:41 | 35:25 |
| Kali Werra Tiefenort II | 44:34 | 34:26 |
| Werkzeugkombinat Schmalkalden | 56:55 | 33:27 |
| Robotron Zella-Mehlis | 42:39 | 32:28 |
| Motor Steinbach-Hallenberg | 40:39 | 31:29 |
| Plattenwerk Walldorf | 52:42 | 30:30 |
| ESKA Hildburghausen | 50:41 | 30:30 |
| Stahlbau Geschwenda | 34:39 | 30:30 |
| Stahl Bad Salzungen | 37:55 | 28:32 |
| Kabelwerk Vacha | 35:43 | 26:34 |
| Stahl Trusetal | 26:43 | 26:34 |
| Motor Suhl II | 35:51 | 25:35 |
| Motor Steinach | 23:54 | 19:41 |
| Chemie Lauscha | 19:86 | 6:54 |

# 1988/89

## Oberliga

| | | |
|---|---|---|
| SG Dynamo Dresden | 61:26 | 40:12 |
| Berliner FC Dynamo | 51:32 | 32:20 |
| FC Karl-Marx-Stadt | 38:36 | 30:22 |
| FC Hansa Rostock | 34:31 | 29:23 |
| 1. FC Lokomotive Leipzig | 39:26 | 28:24 |
| 1. FC Magdeburg | 35:30 | 28:24 |
| BSG Wismut Aue | 35:35 | 28:24 |
| **FC Carl Zeiss Jena** | **35:24** | **27:25** |
| Hallescher FC Chemie | 36:38 | 25:27 |
| BSG Energie Cottbus | 29:41 | 23:29 |
| BSG Stahl Brandenburg | 36:43 | 22:30 |
| **FC Rot-Weiß Erfurt** | **27:39** | **21:31** |
| BSG Sachsenring Zwickau | 25:49 | 16:36 |
| 1. FC Union Berlin | 22:53 | 15:37 |

## DDR-Liga

### Staffel B

| | | |
|---|---|---|
| Fortschritt Bischofswerda | 71:34 | 47:21 |
| Vorwärts Dessau | 51:26 | 42:26 |
| **Motor Suhl** | **51:36** | **42:26** |
| **Robotron Sömmerda** | **40:36** | **39:29** |
| **Wismut Gera** | **60:58** | **38:30** |
| Chemie Leipzig | 49:47 | 38:30 |
| Chemie Böhlen | 39:35 | 36:32 |
| TSG Markkleeberg | 49:46 | 34:34 |
| Dynamo Dresden II | 54:53 | 33:35 |
| Dynamo Eisleben | 41:43 | 33:35 |
| Stahl Riesa | 42:45 | 33:35 |
| Chemie Buna Schkopau | 53:59 | 32:36 |
| **Motor Weimar** | **41:46** | **31:37** |
| Stahl Thale | 35:43 | 31:37 |
| Motor „Fritz Heckert" Karl-Marx-Stadt | 46:50 | 29:39 |
| **Motor Nordhausen** | **37:49** | **28:40** |
| Aktivist Borna | 36:51 | 27:41 |
| Motor Grimma | 44:82 | 19:49 |

## Bezirksliga Erfurt

| | | |
|---|---|---|
| Union Mühlhausen | 53:22 | 50:10 |
| Funkwerk Kölleda | 61:19 | 47:13 |
| FC Rot-Weiß Erfurt II | 58:19 | 43:17 |
| Glückauf Sondershausen | 54:19 | 39:21 |
| Motor Gotha | 52:32 | 36:24 |
| Motor Eisenach | 54:30 | 35:25 |
| ZSG Leinefelde | 46:31 | 33:27 |
| Motor Rudisleben | 44:33 | 31:29 |
| Motor Nordhausen II | 36:37 | 30:30 |
| Landbau Bad Langensalza | 41:46 | 29:31 |
| Robotron Sömmerda II | 32:38 | 28:32 |
| Mikroelektronik Erfurt | 34:39 | 25:35 |
| TSG Ruhla | 19:36 | 25:35 |
| Solidor Heiligenstadt | 25:60 | 17:43 |
| Aktivist Menteroda | 16:88 | 6:54 |
| Traktor Wickerstedt | 21:97 | 6:54 |

## Bezirksliga Gera

| | | |
|---|---|---|
| Jenaer Glaswerk | 105:25 | 60:8 |
| Fortschritt Weida | 82:20 | 58:10 |
| Elektronik Gera | 54:28 | 48:20 |
| Motor Zeulenroda | 60:40 | 40:28 |
| FC Carl Zeiss Jena II | 55:45 | 38:30 |
| Elektronik Lobenstein | 39:30 | 38:30 |
| Motor Hermsdorf | 53:46 | 36:32 |
| Dynamo Gera | 46:55 | 34:34 |
| Wismut Seelingstädt | 34:49 | 34:34 |
| Wismut Gera II | 39:38 | 32:36 |
| Chemie Schwarza | 39:40 | 31:37 |
| Rotasym Pößneck | 31:49 | 26:42 |
| Traktor Niederpöllnitz-Frießnitz | 35:62 | 26:42 |
| Vorwärts Gera | 37:57 | 25:43 |
| Chemie Kahla | 33:56 | 24:44 |
| Stahl Maxhütte | 43:68 | 23:45 |
| Jenapharm Jena | 32:61 | 23:45 |
| Wismut Ronneburg | 21:69 | 16:52 |

## Bezirksliga Suhl

| | | |
|---|---|---|
| Chemie Industriewerk Ilmenau | 92:21 | 54:6 |
| Kali Werra Tiefenort | 89:24 | 50:10 |
| Werkzeugkombinat Schmalkalden | 71:26 | 48:12 |
| Plattenwerk Walldorf | 59:41 | 39:21 |
| Lokomotive Meiningen | 52:46 | 35:25 |
| Robotron Zella-Mehlis | 49:34 | 32:28 |
| Elektro-Keramik Veilsdorf | 48:50 | 31:29 |
| Stahl Bad Salzungen | 48:56 | 31:29 |
| Motor Steinbach-Hallenberg | 51:46 | 30:30 |
| Vorwärts Bad Salzungen | 53:74 | 24:36 |
| Stahlbau Geschwenda | 37:61 | 22:38 |
| Kabelwerk Vacha | 28:52 | 21:39 |
| ESKA Hildburghausen | 44:59 | 18:42 |
| Traktor Gräfinau-Angstedt | 33:71 | 16:44 |
| EIO Sonneberg | 29:74 | 15:45 |
| Stahl Trusetal | 19:67 | 14:46 |

# 1989/90

## Oberliga

| | | |
|---|---|---|
| SG Dynamo Dresden | 47:26 | 36:16 |
| FC Karl-Marx-Stadt | 35:20 | 36:16 |
| 1. FC Magdeburg | 39:22 | 34:18 |
| FC Berlin | 38:35 | 30:22 |
| **FC Carl Zeiss Jena** | **29:27** | **30:22** |
| FC Hansa Rostock | 38:33 | 27:25 |
| BSG Energie Cottbus | 36:37 | 27:25 |
| 1. FC Lokomotive Leipzig | 34:33 | 25:27 |
| Hallescher FC Chemie | 38:38 | 24:28 |
| BSG Stahl Brandenburg | 35:37 | 24:28 |
| **FC Rot-Weiß Erfurt** | **29:40** | **19:33** |
| BSG Stahl Eisenhüttenstadt | 22:31 | 18:34 |
| BSG Wismut Aue | 25:36 | 18:34 |
| BSG Fortschritt Bischofswerda | 22:52 | 16:36 |

## DDR-Liga

### Staffel B

| | | |
|---|---|---|
| Chemie Böhlen | 77:35 | 51:17 |
| Chemie Leipzig | 47:36 | 39:29 |
| Stahl Riesa | 49:38 | 38:30 |
| FSV Zwickau | 51:49 | 38:30 |
| Dessau 89 | 48:50 | 38:30 |
| Stahl Thale | 48:47 | 37:31 |
| TSG Meißen | 45:43 | 36:32 |
| **Robotron Sömmerda** | **41:36** | **35:33** |
| **Motor Suhl** | **42:39** | **34:34** |
| Motor „Fritz Heckert" Karl-Marx-Stadt | 46:46 | 34:34 |
| **Wismut Gera** | **46:49** | **33:35** |
| **Motor Weimar** | **41:50** | **33:35** |
| **Chemie Industriewerk Ilmenau** | **34:39** | **31:37** |
| Chemie Buna Schkopau | 51:59 | 30:38 |
| **MSV Eisleben** | **48:51** | **28:40** |
| dkk Krumhermersdorf | 36:53 | 28:40 |
| TSG Markkleeberg | 40:46 | 27:41 |
| **Union Mühlhausen** | **38:62** | **22:46** |

## Bezirksliga Erfurt

| | | |
|---|---|---|
| Wacker Nordhausen | 70:22 | 48:12 |
| Glückauf Sondershausen | 69:17 | 46:14 |
| Funkwerk Kölleda | 67:19 | 46:14 |
| ZSG Leinefelde | 39:31 | 33:27 |
| Mikroelektronik Erfurt | 45:44 | 33:27 |
| Landbau Bad Langensalza | 43:24 | 31:29 |
| Motor Gotha | 47:40 | 31:29 |
| Motor Eisenach | 46:39 | 31:29 |
| Solidor Heiligenstadt | 47:41 | 30:30 |
| Motor Rudisleben | 34:37 | 27:33 |
| TSG Ruhla | 24:32 | 24:36 |
| Robotron Sömmerda II | 26:43 | 24:36 |
| Empor Greußen | 35:64 | 23:37 |
| Umformtechnik Erfurt | 29:35 | 22:38 |
| Traktor Auleben | 31:81 | 20:40 |
| Traktor Wickerstedt | 16:99 | 11:49 |

## Bezirksliga Gera

| | | |
|---|---|---|
| Jenaer Glaswerk | 54:15 | 49:11 |
| Motor Zeulenroda | 66:26 | 45:15 |
| Elektronik Gera | 65:30 | 45:15 |
| Chemie Schwarza | 49:34 | 40:20 |
| ISG Greiz | 52:35 | 34:26 |
| Chemie Kahla | 40:37 | 34:26 |
| Elektronik Lobenstein | 35:33 | 31:29 |
| Wismut Gera II | 46:49 | 29:31 |
| Fortschritt Weida | 53:45 | 27:33 |
| Motor Hermsdorf | 32:47 | 23:37 |
| Traktor Niederpöllnitz-Frießnitz | 35:52 | 22:38 |
| Dynamo Gera | 35:53 | 22:38 |
| Rotasym Pößneck | 33:52 | 21:39 |
| Wismut Seelingstädt | 36:69 | 21:39 |
| Bekleidung Tanna | 32:61 | 20:40 |
| Einheit Rudolstadt | 43:68 | 17:43 |
| Vorwärts Gera | | aufgelöst |

## Bezirksliga Suhl

| | | |
|---|---|---|
| Kali Werra Tiefenort | 94:12 | 48:8 |
| Werkzeugkombinat Schmalkalden | 67:34 | 38:18 |
| Elektro-Keramik Veilsdorf | 54:34 | 37:19 |
| Motor Suhl II | 47:30 | 36:20 |
| Lokomotive Meiningen | 54:32 | 35:21 |
| Robotron Zella-Mehlis | 43:32 | 30:26 |
| Plattenwerk Walldorf | 56:43 | 29:27 |
| Stahlbau Geschwenda | 45:46 | 29:27 |
| Traktor Gräfinau-Angstedt | 41:61 | 26:30 |
| Motor Steinbach-Hallenberg | 43:52 | 25:31 |
| Stahl Bad Salzungen | 40:60 | 22:34 |
| ESKA Hildburghausen | 32:55 | 21:35 |
| Kabelwerk Vacha | 20:45 | 19:37 |
| Thuringia Oberlind | 29:66 | 16:40 |
| Motor Schweina | 23:86 | 9:47 |
| Vorwärts Bad Salzungen | | aufgelöst |

# 1990/91

## Oberliga Nordost

| | | |
|---|---|---|
| FC Hansa Rostock | 44:25 | 35:17 |
| 1. FC Dynamo Dresden | 48:28 | 32:20 |
| **FC Rot-Weiß Erfurt** | **30:26** | **31:21** |
| Hallescher FC Chemie | 40:31 | 29:23 |
| Chemnitzer FC | 24:23 | 29:23 |
| **FC Carl Zeiss Jena** | **41:36** | **28:24** |
| 1. FC Lokomotive Leipzig | 37:33 | 28:24 |
| BSV Stahl Brandenburg | 34:31 | 27:25 |
| Eisenhüttenstädter FC Stahl | 29:25 | 26:26 |
| 1. FC Magdeburg | 34:32 | 26:26 |
| FC Berlin | 25:39 | 22:30 |
| FC Sachsen Leipzig | 23:38 | 22:30 |
| FC Energie Cottbus | 21:38 | 16:36 |
| FC Victoria Frankfurt/Oder | 29:54 | 13:39 |

Aufsteiger zur 1. Bundesliga: FC Hansa Rostock, 1. FC Dynamo Dresden; Aufsteiger zur 2. Bundesliga: **FC Rot-Weiß Erfurt**, Hallescher FC Chemie, Chemnitzer FC, **FC Carl Zeiss Jena**, 1. FC Lokomotive Leipzig, BSV Stahl Brandenburg.

## Liga

### Staffel B

| | | |
|---|---|---|
| FSV Zwickau | 77:27 | 46:14 |
| FC Wismut Aue | 73:24 | 46:14 |
| SV Stahl Thale | 44:23 | 39:21 |
| Chemnitzer SV 51 | 54:40 | 39:21 |
| **FSV Soemtron Sömmerda** | **50:35** | **35:25** |
| **FSV Wismut Gera** | **54:35** | **33:27** |
| 1. FC Markkleeberg | 36:28 | 33:27 |
| TSG Meißen | 37:35 | 32:28 |
| BSV Borna | 45:44 | 31:29 |
| **SV Motor Weimar** | **45:44** | **27:33** |
| FC Stahl Riesa | 32:40 | 27:33 |
| **1. Suhler SV 06** | **26:39** | **26:34** |
| **FSV Wacker Nordhausen** | **29:42** | **23:37** |
| FC Anhalt Dessau | 39:50 | 21:39 |
| **FSV Kali Werra Tiefenort** | **38:90** | **19:41** |
| **SV Germania Ilmenau** | **16:99** | **3:57** |

## Landesliga Thüringen

| | | |
|---|---|---|
| FV Zeulenroda | 71:11 | 45:7 |
| SV Funkwerk Kölleda | 59:21 | 43:9 |
| FC Blau-Weiß Gera | 46:20 | 41:11 |
| SV Jenaer Glas | 53:19 | 34:18 |
| SV Glückauf Sondershausen | 37:27 | 31:21 |
| SV Elektro-Keramik Veilsdorf | 47:41 | 28:24 |
| SC 1912 Leinefelde | 23:40 | 23:29 |
| ESV Lokomotive Meiningen | 28:48 | 21:31 |
| SV Erfurt-West 90 | 25:33 | 20:32 |
| SV Arnoldi Gotha | 19:32 | 20:32 |
| SV Versco Walldorf | 29:39 | 19:33 |
| SV Preußen Bad Langensalza | 23:39 | 17:35 |
| SV Union Mühlhausen | 26:55 | 15:37 |
| SV 04 Schmalkalden | 15:76 | 7:45 |

## Bezirksliga Ostthüringen

| | | |
|---|---|---|
| FC Greiz | 60:22 | 44:12 |
| SV 1910 Kahla | 74:21 | 42:14 |
| SV Fortuna Pößneck | 57:24 | 40:16 |
| FSV Wismut Gera II | 67:35 | 39:17 |
| SV Carl Zeiss Saalfeld | 58:33 | 35:21 |
| FC Rudolstadt/Schwarza | 43:30 | 34:22 |
| SV Blau-Weiß Niederpöllnitz | 43:40 | 27:29 |
| FC Thüringen Weida | 27:53 | 27:29 |
| SV Einheit Elsterberg | 35:56 | 22:34 |
| VfB Gera | 28:43 | 21:35 |
| SV Grün-Weiß Triptis | 27:54 | 21:35 |
| FSV Glaswerk Schleiz | 29:44 | 20:36 |
| SV Hermsdorf | 27:43 | 17:39 |
| VfR Lobenstein | 27:64 | 17:39 |
| FSV Tanna | 25:65 | 14:42 |
| PSV Gera | zurückgezogen | |

## Bezirksliga Westthüringen

| | | |
|---|---|---|
| SV Ichtershausen/Rudisleben | 63:16 | 44:8 |
| TSG Salza | 43:22 | 35:17 |
| FSV Soemtron Sömmerda II | 41:26 | 33:19 |
| SV Blau-Weiß Greußen | 32:23 | 32:20 |
| SV Grün-Weiß Erfurt | 32:36 | 26:26 |
| 1. SC 1911 Heiligenstadt | 39:36 | 25:27 |
| EFC 08 Ruhla | 37:39 | 25:27 |
| LSG Blau-Weiß Großwechsungen | 35:42 | 25:27 |
| SV Umformtechnik Erfurt | 30:38 | 25:27 |
| SV Wartburgstadt Eisenach | 23:30 | 23:29 |
| SV National Auleben | 32:38 | 22:30 |
| FSV Wacker 90 Nordhausen | 29:38 | 19:33 |
| TSV Motor Gispersleben | 37:49 | 17:35 |
| SV Motor Tambach-Dietharz | 23:63 | 13:39 |

## Bezirksliga Südthüringen

| | | |
|---|---|---|
| FSV Grün-Weiß Steinbach-Hallenberg | 78:17 | 38:6 |
| SV Stahl Bad Salzungen | 44:26 | 28:16 |
| SV Wacker Steinheid | 39:25 | 27:17 |
| SV 05 Trusetal | 31:19 | 27:17 |
| FSV Gräfinau-Angstedt | 41:35 | 24:20 |
| FSV 06 Hildburghausen | 41:36 | 22:22 |
| SC 06 Oberlind | 25:33 | 21:23 |
| 1. Sonneberger SC 04 | 39:46 | 20:24 |
| Thüringer SV Geschwenda | 26:33 | 19:25 |
| SV Geraberger Thermometerwerk | 32:52 | 18:26 |
| 1. Suhler SV 06 II | 26:56 | 12:32 |
| FSV Kali Werra Tiefenort II | 13:57 | 8:36 |

# 1991/92

## 2. Bundesliga

### Staffel Süd

#### Qualifikationstabelle

| | | |
|---|---|---|
| SC Freiburg | 41:25 | 28:16 |
| 1. FC Saarbrücken | 38:24 | 27:17 |
| **FC Carl Zeiss Jena** | **28:21** | **27:17** |
| SV Waldhof Mannheim | 27:17 | 26:18 |
| Chemnitzer FC | 26:19 | 26:18 |
| FC 08 Homburg | 27:22 | 24:20 |
| FSV Mainz 05 | 29:25 | 21:23 |
| Hallescher FC | 27:32 | 20:24 |
| VfB Leipzig | 29:33 | 19:25 |
| TSV 1860 München | 19:24 | 19:25 |
| SV Darmstadt 98 | 26:36 | 19:25 |
| **FC Rot-Weiß Erfurt** | **21:60** | **8:36** |

#### Abschlusstabelle (Aufstieg)

| | | |
|---|---|---|
| 1. FC Saarbrücken | 52:30 | 42:22 |
| SV Waldhof Mannheim | 44:31 | 38:26 |
| SC Freiburg | 52:41 | 37:27 |
| Chemnitzer FC | 35:30 | 36:28 |
| **FC Carl Zeiss Jena** | **39:36** | **33:31** |
| FC 08 Homburg | 41:36 | 32:32 |

#### Abschlusstabelle (Abstieg)

| | | |
|---|---|---|
| VfB Leipzig | 42:42 | 31:33 |
| SV Darmstadt 98 | 41:49 | 31:33 |
| FSV Mainz 05 | 39:38 | 30:34 |
| TSV 1860 München | 31:32 | 30:34 |
| Hallescher FC | 35:47 | 27:37 |
| **FC Rot-Weiß Erfurt** | **36:75** | **17:47** |

## NOFV-Oberliga

### Staffel Süd

| | | |
|---|---|---|
| FSV Zwickau | 85:18 | 59:9 |
| FC Wismut Aue | 78:25 | 52:16 |
| Bischofswerdaer FV | 65:25 | 47:21 |
| 1. FC Markkleeberg | 59:32 | 45:23 |
| FC Sachsen Leipzig | 57:41 | 40:28 |
| FSV Hoyerswerda | 50:41 | 37:31 |
| **FSV Wacker Nordhausen** | **52:46** | **37:31** |
| **FSV Wismut Gera** | **44:44** | **36:32** |
| FC Meißen | 51:51 | 33:35 |
| Bornaer SV 91 | 35:51 | 32:36 |
| **FV Zeulenroda** | **48:45** | **30:38** |
| Riesaer SV | 43:43 | 30:38 |
| Chemnitzer SV | 56:58 | 30:38 |
| **SC 1903 Weimar** | **37:59** | **30:38** |
| **FSV Soemtron Sömmerda** | **45:61** | **28:40** |
| **1. Suhler SV 06** | **38:63** | **25:43** |
| SV Merseburg 99 | 35:79 | 17:51 |
| VFC Plauen | 12:108 | 4:64 |

## Landesliga Thüringen

| | | |
|---|---|---|
| SV Funkwerk Kölleda | 64:34 | 48:16 |
| FC Carl Zeiss Jena Amateure | 80:22 | 45:19 |
| SV Ichtershausen/Rudisleben | 53:29 | 42:22 |
| FC Greiz | 75:46 | 41:23 |
| SV Jenaer Glas | 48:29 | 41:23 |
| BSV Eintracht Sondershausen | 63:36 | 38:26 |
| SV 1990 Altenburg | 50:43 | 36:28 |
| SV Erfurt-West 90 | 53:49 | 35:29 |
| SV Motor Gotha | 34:32 | 31:33 |
| SC 1912 Leinefelde | 33:39 | 30:34 |
| SV Elektro-Keramik Veilsdorf | 55:58 | 29:35 |
| ESV Lokomotive Meiningen | 45:56 | 28:36 |
| SV Preußen Bad Langensalza | 30:43 | 27:37 |
| SV Germania Ilmenau | 44:64 | 24:40 |
| FSV Grün-Weiß Steinbach-Hallenberg | 37:74 | 21:43 |
| FSV Kali Werra Tiefenort | 22:63 | 14:50 |
| SV Versco Walldorf | 25:94 | 14:50 |

## Bezirksliga Ostthüringen

| | | |
|---|---|---|
| SV 1910 Kahla | 110:24 | 58:10 |
| SV WSD Pößneck | 72:26 | 51:17 |
| SV 1913 Schmölln | 64:42 | 46:22 |
| VfL 06 Saalfeld | 61:42 | 42:26 |
| SV Blau-Weiß Niederpöllnitz | 70:39 | 38:30 |
| FC Thüringen Weida | 60:43 | 37:31 |
| FSV Wismut Gera II | 56:44 | 37:31 |
| FC Rudolstadt/Schwarza | 49:51 | 37:31 |
| SV Jenapharm Jena | 47:40 | 33:35 |
| FSV Schleiz | 43:46 | 33:35 |
| SV Blau-Weiß 90 Neustadt/Orla | 52:71 | 33:35 |
| SV Einheit Elsterberg | 43:48 | 32:36 |
| VfR Lobenstein | 40:62 | 28:40 |
| SV Eintracht Eisenberg | 61:72 | 27:41 |
| VfB Gera | 43:65 | 25:43 |
| SV Grün-Weiß Triptis | 36:70 | 25:43 |
| FC Blau-Weiß Gera | 39:104 | 19:49 |
| SV Hermsdorf | 31:88 | 14:54 |

## Bezirksliga Westthüringen

| | | |
|---|---|---|
| SV Wartburgstadt Eisenach | 62:25 | 42:14 |
| FC Rot-Weiß Erfurt Amateure | 58:24 | 39:17 |
| SV Kali Roßleben | 56:37 | 32:24 |
| SV Blau-Weiß Greußen | 46:35 | 32:24 |
| TSG Salza | 44:41 | 32:24 |
| FSV Grün-Weiß Blankenhain | 44:37 | 29:27 |
| SV Umformtechnik Erfurt | 39:37 | 29:27 |
| LSG Blau-Weiß Großwechsungen | 40:42 | 28:28 |
| SV Glückauf Bleicherode | 33:44 | 28:28 |
| SV National Auleben | 35:40 | 25:31 |
| EFC 08 Ruhla | 35:44 | 25:31 |
| 1. SC 1911 Heiligenstadt | 33:41 | 24:32 |
| SV Empor Walschleben | 37:53 | 21:35 |
| SV Grün-Weiß Erfurt | 32:60 | 20:36 |
| SV Union Mühlhausen | 18:52 | 14:42 |
| FSV Soemtron Sömmerda II | zurückgezogen | |

## Bezirksliga Südthüringen

| | | |
|---|---|---|
| SV Wacker 04 Bad Salzungen | 53:14 | 36:12 |
| SV Nahetal Hinternah | 46:28 | 35:13 |
| SV Wacker 1920 Steinheid | 41:23 | 31:17 |
| VfB Grün-Weiß 28 Fehrenbach | 58:47 | 30:18 |
| FSV 06 Hildburghausen | 48:28 | 28:20 |
| FC 02 Barchfeld | 34:25 | 27:21 |
| SV 05 Trusetal | 31:26 | 25:23 |
| FSV 1928 Gräfinau-Angstedt | 29:30 | 24:24 |
| SV 08 Geraberg | 30:36 | 22:26 |
| SC 06 Oberlind | 17:29 | 19:29 |
| Thüringer SV 1886 Geschwenda | 24:51 | 15:33 |
| 1. Sonneberger SC 04 | 20:55 | 13:35 |
| SV 04 Schmalkalden | 19:58 | 7:41 |
| 1. Suhler SV 06 II | zurückgezogen | |

# 1992/93

## 2. Bundesliga

| | | |
|---|---|---|
| SC Freiburg | 102:57 | 65:27 |
| MSV Duisburg | 65:40 | 60:32 |
| VfB Leipzig | 66:45 | 58:34 |
| SV Waldhof Mannheim | 66:53 | 55:37 |
| Hertha BSC Berlin | 82:55 | 53:39 |
| Fortuna Köln | 56:44 | 50:42 |
| Chemnitzer FC | 64:56 | 50:42 |
| **FC Carl Zeiss Jena** | **66:59** | **50:42** |
| Hannoverscher SV 96 | 60:60 | 48:44 |
| SV Meppen | 41:43 | 47:45 |
| FC Hansa Rostock | 54:52 | 46:46 |
| FSV Mainz 05 | 54:58 | 46:46 |
| Wuppertaler SV | 55:50 | 45:47 |
| VfL Wolfsburg | 65:69 | 45:47 |
| Stuttgarter Kickers | 60:59 | 43:49 |
| FC 08 Homburg | 50:53 | 43:49 |
| FC St. Pauli | 47:52 | 43:49 |
| SpVgg. Unterhaching | 58:67 | 42:50 |
| Eintracht Braunschweig | 65:73 | 41:51 |
| VfL Osnabrück | 63:72 | 41:51 |
| Fortuna Düsseldorf | 45:65 | 34:58 |
| VfB Oldenburg | 57:90 | 34:58 |
| FC Remscheid | 50:83 | 33:59 |
| SV Darmstadt 98 | 43:79 | 32:60 |

## Oberliga Nordost

### Staffel Süd

| | | |
|---|---|---|
| FC Sachsen Leipzig | 62:14 | 51:13 |
| Bischofswerdaer FV | 54:16 | 51:13 |
| **FC Rot-Weiß Erfurt** | **76:27** | **49:15** |
| 1. FC Markkleeberg | 57:24 | 45:19 |
| FSV Zwickau | 66:31 | 43:21 |
| FSV Hoyerswerda | 38:30 | 37:27 |
| FC Erzgebirge Aue | 45:39 | 36:28 |
| **FSV Wacker Nordhausen** | **41:54** | **31:33** |
| Dresdner SC | 36:42 | 29:35 |
| **FV Zeulenroda** | **35:42** | **27:37** |
| Chemnitzer SV 51 | 33:55 | 26:38 |
| **FSV Wismut Gera** | **33:47** | **24:40** |
| FC Meißen | 35:54 | 24:40 |
| Bornaer SV 91 | 29:47 | 23:41 |
| **SC 1903 Weimar** | **32:62** | **19:45** |
| Riesaer SV | 22:59 | 17:47 |
| **SV Funkwerk Kölleda** | **26:81** | **10:54** |

## Landesliga Thüringen

| | | |
|---|---|---|
| 1. Suhler SV 06 | 70:21 | 46:14 |
| FC Carl Zeiss Jena Amateure | 68:21 | 44:16 |
| SV Jenaer Glas | 60:28 | 41:19 |
| SV Wartburgstadt Eisenach | 52:31 | 40:20 |
| FC Greiz | 53:46 | 38:22 |
| SV 1990 Altenburg | 51:37 | 37:23 |
| SV 1910 Kahla | 58:31 | 36:24 |
| BSV Eintracht Sondershausen | 43:42 | 31:29 |
| FSV Sömmerda | 30:34 | 30:30 |
| SV Elektro-Keramik Veilsdorf | 41:43 | 28:32 |
| SV Ichtershausen/Rudisleben | 31:49 | 26:34 |
| SC 1912 Leinefelde | 30:49 | 22:38 |
| SV Erfurt-West 90 | 29:56 | 22:38 |
| SV Wacker 04 Bad Salzungen | 27:49 | 21:39 |
| VfL 04 Meiningen | 23:80 | 10:50 |
| SV Motor Gotha | 14:63 | 8:52 |

## Bezirksliga Ostthüringen

| | | |
|---|---|---|
| FC Thüringen Weida | 54:24 | 46:14 |
| SV Eintracht Eisenberg | 44:23 | 41:19 |
| SV WSD Pößneck | 43:27 | 37:23 |
| SV Blau-Weiß Niederpöllnitz | 54:28 | 36:24 |
| FC Rudolstadt/Schwarza | 47:31 | 35:25 |
| VfL 06 Saalfeld | 49:41 | 33:27 |
| SV 1913 Schmölln | 49:40 | 32:28 |
| SV Jenapharm Jena | 55:39 | 31:29 |
| SV Blau-Weiß 90 Neustadt/Orla | 44:63 | 30:30 |
| SV 1879 Ehrenhain | 39:47 | 29:31 |
| VfR Lobenstein | 35:44 | 28:32 |
| FSV Schleiz | 32:38 | 27:33 |
| Kraftsdorfer SV 03 | 45:55 | 25:35 |
| FSV Wismut Gera II | 37:52 | 21:39 |
| SSV Lobeda | 33:71 | 15:45 |
| SV Stahl Unterwellenborn | 27:64 | 14:46 |

## Bezirksliga Westthüringen

| | | |
|---|---|---|
| FC Rot-Weiß Erfurt II | 71:40 | 42:18 |
| TSG Salza | 62:41 | 40:20 |
| 1. SC 1911 Heiligenstadt | 54:35 | 38:22 |
| SSV Erfurt-Nord | 42:24 | 34:26 |
| SV Blau-Weiß Greußen | 44:42 | 33:27 |
| SV Kali Roßleben | 60:55 | 32:28 |
| SV 1911 Dingelstädt | 43:49 | 30:30 |
| LSG Blau-Weiß Großwechsungen | 44:46 | 29:31 |
| SV Empor Walschleben | 46:43 | 27:33 |
| SV Preußen Bad Langensalza | 39:45 | 27:33 |
| SV Bad Berka | 37:44 | 27:33 |
| FSV Grün-Weiß Blankenhain | 35:44 | 27:33 |
| SSV 07 Schlotheim | 38:48 | 26:34 |
| EFC 08 Ruhla | 40:47 | 25:35 |
| SV Glückauf Bleicherode | 34:44 | 25:35 |
| SV National Auleben | 29:71 | 18:42 |

## Bezirksliga Südthüringen

| | | |
|---|---|---|
| FSV 04 Viernau | 74:26 | 43:9 |
| FSV Kali Werra Tiefenort | 59:35 | 36:16 |
| SV Germania Ilmenau | 66:36 | 35:17 |
| SV 05 Trusetal | 53:41 | 30:22 |
| SV Wacker 1920 Steinheid | 50:41 | 29:23 |
| FC 02 Barchfeld | 40:34 | 29:23 |
| SV Versco Walldorf | 33:36 | 26:26 |
| Post-SV Suhl | 49:54 | 25:27 |
| FSV 06 Hildburghausen | 49:51 | 24:28 |
| FSV Grün-Weiß Steinbach-Hallenberg | 46:48 | 23:29 |
| SV Nahetal Hinternah | 50:54 | 21:31 |
| VfB Grün-Weiß 28 Fehrenbach | 43:67 | 20:32 |
| FSV 1928 Gräfinau-Angstedt | 33:71 | 14:38 |
| SV 08 Steinach | 27:78 | 9:43 |

# 1993/94

## 2. Bundesliga

| | | |
|---|---|---|
| VfL Bochum | 56:34 | 48:28 |
| Bayer 05 Uerdingen | 49:30 | 47:29 |
| TSV 1860 München | 55:38 | 47:29 |
| FC St. Pauli | 47:39 | 45:31 |
| VfL Wolfsburg | 47:45 | 40:36 |
| SV Waldhof Mannheim | 45:45 | 40:36 |
| SV Meppen | 48:52 | 39:37 |
| FC Hansa Rostock | 51:56 | 39:37 |
| Chemnitzer FC | 34:44 | 39:37 |
| FC 08 Homburg | 53:46 | 37:39 |
| Hertha BSC Berlin | 48:42 | 37:39 |
| Hannoverscher SV 96 | 49:46 | 37:39 |
| FSV Mainz 05 | 46:51 | 37:39 |
| 1. FC Saarbrücken | 58:69 | 37:39 |
| Fortuna Köln | 53:49 | 36:40 |
| Stuttgarter Kickers | 42:50 | 35:41 |
| **FC Carl Zeiss Jena** | **38:41** | **34:42** |
| Wuppertaler SV | 44:52 | 31:45 |
| Rot-Weiß Essen | 44:60 | 29:47 |
| Tennis Borussia Berlin | 42:60 | 26:50 |

## NOFV-Oberliga

### Staffel Süd

| | | |
|---|---|---|
| FSV Zwickau | 67:16 | 54:6 |
| **FC Rot-Weiß Erfurt** | **71:17** | **50:10** |
| FC Erzgebirge Aue | 60:23 | 41:19 |
| FC Sachsen Leipzig | 49:24 | 39:21 |
| 1. FC Markkleeberg | 37:15 | 38:22 |
| Bischofswerdaer FV | 36:26 | 34:26 |
| **FSV Wacker Nordhausen** | **27:35** | **30:30** |
| **1. Suhler SV 06** | **24:43** | **25:35** |
| Chemnitzer SV 51 | 34:59 | 25:35 |
| **1. SV Gera** | **39:51** | **24:36** |
| Bornaer SV 91 | 22:37 | 22:38 |
| FC Meißen | 27:54 | 22:38 |
| **FV Zeulenroda** | **27:42** | **21:39** |
| Chemnitzer FC Amateure | 20:40 | 19:41 |
| FSV Hoyerswerda | 20:46 | 18:42 |
| Dresdner SC | 21:51 | 18:42 |

## Landesliga Thüringen

| | | |
|---|---|---|
| FC Carl Zeiss Jena Amateure | 90:22 | 49:11 |
| SV 1910 Kahla | 65:20 | 44:16 |
| SC 1903 Weimar | 59:36 | 40:20 |
| SV Jenaer Glas | 47:27 | 36:24 |
| BSV Eintracht Sondershausen | 43:35 | 35:25 |
| SC 1912 Leinefelde | 45:41 | 33:27 |
| SV Funkwerk Kölleda | 47:42 | 32:28 |
| FC Greiz | 35:41 | 32:28 |
| FC Rot-Weiß Erfurt II | 44:37 | 31:29 |
| SV 1990 Altenburg | 46:43 | 29:31 |
| FSV 04 Viernau | 34:53 | 27:33 |
| FC Thüringen Weida | 30:43 | 26:34 |
| SV Elektro-Keramik Veilsdorf | 46:59 | 24:36 |
| SV Ichtershausen/Rudisleben | 22:58 | 18:42 |
| SV Wartburgstadt Eisenach | 25:63 | 17:43 |
| FSV Sömmerda | 14:72 | 7:53 |

## Bezirksliga Ostthüringen

| | | |
|---|---|---|
| SV Blau-Weiß Niederpöllnitz | 55:24 | 45:15 |
| SG Rudolstadt/Schwarza/Volkstedt | 59:29 | 43:17 |
| FSV Schleiz | 54:41 | 36:24 |
| SV Jenapharm Jena | 52:28 | 34:26 |
| VfB Gera | 38:30 | 34:26 |
| SV WSD Pößneck | 43:34 | 32:28 |
| SV 1913 Schmölln | 41:43 | 31:29 |
| VfL 06 Saalfeld | 37:39 | 30:30 |
| SG Traktor Teichel | 57:68 | 28:32 |
| SV Grün-Weiß Triptis | 32:37 | 26:34 |
| SV Blau-Weiß 90 Neustadt/Orla | 47:55 | 26:34 |
| VfR Lobenstein | 40:51 | 26:34 |
| SV Eintracht Eisenberg | 37:53 | 26:34 |
| SV 1879 Ehrenhain | 33:48 | 24:36 |
| SV Rositz | 29:54 | 21:39 |
| Kraftsdorfer SV 03 | 44:64 | 18:42 |

## Bezirksliga Westthüringen

| | | |
|---|---|---|
| SG Eintracht 46 Kirchheim | 79:35 | 47:13 |
| SV Blau-Weiß Greußen | 53:36 | 41:19 |
| SSV Erfurt-Nord | 70:30 | 40:20 |
| 1. SC 1911 Heiligenstadt | 74:39 | 40:20 |
| SV Normania Treffurt | 73:48 | 37:23 |
| SV Empor Walschleben | 47:39 | 35:25 |
| SV Motor Gotha | 49:33 | 33:27 |
| SV Kali Roßleben | 54:53 | 33:27 |
| TSG Salza | 51:51 | 29:31 |
| SV Erfurt-West 90 | 42:56 | 25:35 |
| SV 1911 Dingelstädt | 47:60 | 24:36 |
| SV Preußen Bad Langensalza | 35:58 | 24:36 |
| FSV Grün-Weiß Blankenhain | 31:53 | 22:38 |
| SC 1910 Apolda | 39:63 | 21:39 |
| LSG Blau-Weiß Großwechsungen | 32:70 | 15:45 |
| SV Bad Berka | 25:77 | 14:46 |

## Bezirksliga Südthüringen

| | | |
|---|---|---|
| SV Germania Ilmenau | 67:24 | 41:11 |
| SV Wacker 04 Bad Salzungen | 66:31 | 39:13 |
| VfL 04 Meiningen | 58:31 | 35:17 |
| FSV Kali Werra Tiefenort | 80:40 | 32:20 |
| SV Versco Walldorf | 47:31 | 29:23 |
| FSV Grün-Weiß Steinbach-Hallenberg | 49:49 | 27:25 |
| FC 02 Barchfeld | 24:28 | 27:25 |
| SG Glücksbrunn Schweina | 39:51 | 23:29 |
| SV Wacker 1920 Steinheid | 32:41 | 21:31 |
| Post-SV Suhl | 41:64 | 21:31 |
| SV 05 Trusetal | 38:47 | 20:32 |
| FSV 06 Hildburghausen | 34:58 | 18:34 |
| SV Elektro-Keramik Veilsdorf II | 39:67 | 18:34 |
| SC 09 Effelder | 39:91 | 13:39 |

# 1994/95

## Regionalliga Nordost

| | | |
|---|---|---|
| **FC Carl Zeiss Jena** | **74:17** | **54:14** |
| FC Sachsen Leipzig | 63:24 | 51:17 |
| 1. FC Union Berlin | 75:36 | 47:21 |
| Tennis Borussia Berlin | 69:33 | 47:21 |
| **FC Rot-Weiß Erfurt** | **66:34** | **44:24** |
| Reinickendorfer Füchse | 53:41 | 40:28 |
| FC Energie Cottbus | 54:40 | 38:30 |
| FC Stahl Eisenhüttenstadt | 52:48 | 37:31 |
| FC Erzgebirge Aue | 53:47 | 32:36 |
| Hertha Zehlendorf | 42:55 | 30:38 |
| FC Berlin | 53:64 | 28:40 |
| Bischofswerdaer FV 08 | 36:48 | 28:40 |
| Hertha BSC Berlin Amateure | 49:67 | 28:40 |
| Spandauer SV | 49:77 | 27:41 |
| Optik Rathenow | 36:55 | 26:42 |
| Lokomotive Altmark Stendal | 33:56 | 26:42 |
| BSV Brandenburg | 33:85 | 15:53 |
| Türkiyemspor Berlin | 24:87 | 14:54 |

## Oberliga Nordost

**Staffel Süd**

| | | |
|---|---|---|
| **FSV Wacker Nordhausen** | **58:21** | **44:16** |
| VFC Plauen | 54:23 | 43:17 |
| Chemnitzer FC | 54:25 | 42:18 |
| **FV Zeulenroda** | **49:26** | **38:22** |
| FSV Hoyerswerda | 43:38 | 37:23 |
| Chemnitzer SV 51 | 42:40 | 32:28 |
| **1. SV Gera** | **47:42** | **30:30** |
| **FC Carl Zeiss Jena II** | **39:41** | **30:30** |
| **1. Suhler SV 06** | **38:39** | **29:31** |
| 1. FC Wernigerode | 54:52 | 28:32 |
| Bornaer SV 91 | 32:38 | 27:33 |
| FC Meißen | 37:44 | 26:34 |
| FSV Brieske-Senftenberg | 26:45 | 25:35 |
| SV Merseburg 99 | 33:45 | 24:36 |
| 1. FC Aschersleben | 31:52 | 22:38 |
| Hallescher FC | 17:83 | 3:57 |

## Landesliga Thüringen

| | | |
|---|---|---|
| SC 1903 Weimar | 47:20 | 45:15 |
| SV 1910 Kahla | 53:19 | 43:17 |
| SV Jenaer Glas | 51:29 | 37:23 |
| BSV Eintracht Sondershausen | 50:27 | 36:24 |
| SV Funkwerk Kölleda | 41:33 | 35:25 |
| 1. FC Greiz | 39:36 | 34:26 |
| SC 1912 Leinefelde | 47:43 | 32:28 |
| SV 1990 Altenburg | 44:39 | 30:30 |
| FC Rot-Weiß Erfurt II | 51:50 | 29:31 |
| SV Elektro-Keramik Veilsdorf | 35:40 | 27:33 |
| FC Thüringen Weida | 38:50 | 26:34 |
| SV Germania Ilmenau | 33:55 | 26:34 |
| SV Ichtershausen/Rudisleben | 41:51 | 25:35 |
| FSV 04 Viernau | 28:41 | 25:35 |
| SV Blau-Weiß Niederpöllnitz | 36:55 | 22:38 |
| SG Eintracht 46 Kirchheim | 32:78 | 8:52 |

## Bezirksliga Ostthüringen

| | | |
|---|---|---|
| FC Rudolstadt/Schwarza | 64:28 | 46:14 |
| VfL 06 Saalfeld | 59:34 | 42:18 |
| SV Blau-Weiß 90 Neustadt/Orla | 52:31 | 42:18 |
| VfB 09 Pößneck | 51:18 | 37:23 |
| TSV 1880 Gera-Zwötzen | 55:38 | 36:24 |
| SV Grün-Weiß Tanna | 43:36 | 35:25 |
| SV Jenapharm Jena | 42:33 | 33:27 |
| VfR Lobenstein | 45:44 | 31:29 |
| VfB Gera | 51:52 | 30:30 |
| TSV Bad Blankenburg | 40:45 | 30:30 |
| FSV Schleiz | 38:35 | 26:34 |
| SG Traktor Teichel | 42:55 | 25:35 |
| SV 1913 Schmölln | 34:63 | 23:37 |
| SV Eintracht Eisenberg | 41:62 | 22:38 |
| SV 1879 Ehrenhain | 41:70 | 19:41 |
| SV Grün-Weiß Triptis | 24:78 | 3:57 |

## Bezirksliga Westthüringen

| | | |
|---|---|---|
| SSV Erfurt-Nord | 78:17 | 51:9 |
| SV Empor Walschleben | 64:42 | 42:18 |
| SV Wacker 07 Gotha | 45:27 | 40:20 |
| SV Wartburgstadt Eisenach | 53:32 | 37:23 |
| SV 1899 Mühlhausen | 53:29 | 35:25 |
| EFC 08 Ruhla | 43:30 | 35:25 |
| SV Kali Roßleben | 37:36 | 33:27 |
| VfB 1919 Artern | 45:48 | 29:31 |
| TSG Salza | 54:58 | 29:31 |
| 1. SC 1911 Heiligenstadt | 61:53 | 28:32 |
| SV Blau-Weiß Greußen | 36:44 | 28:32 |
| SV Normania Treffurt | 35:37 | 24:36 |
| SV Erfurt-West 90 | 28:47 | 23:37 |
| SV 1911 Dingelstädt | 25:63 | 21:39 |
| FSV Sömmerda | 29:56 | 18:42 |
| SV Preußen Bad Langensalza | 16:83 | 7:53 |

## Bezirksliga Südthüringen

| | | |
|---|---|---|
| FSV Kali Werra Tiefenort | 101:24 | 46:6 |
| VfL 04 Meiningen | 43:23 | 37:15 |
| SV Wacker 04 Bad Salzungen | 49:30 | 34:18 |
| FSV Grün-Weiß Steinbach-Hallenberg | 49:42 | 31:21 |
| SC 06 Oberlind | 44:30 | 29:23 |
| SV Wacker 1920 Steinheid | 39:36 | 29:23 |
| SV 08 Geraberg | 39:47 | 25:27 |
| SV 05 Trusetal | 31:51 | 24:28 |
| SV 04 Schmalkalden | 30:40 | 22:30 |
| SV Versco Walldorf | 40:51 | 21:31 |
| Post-SV Suhl | 40:57 | 20:32 |
| FSV 06 Hildburghausen | 29:48 | 20:32 |
| FC 02 Barchfeld | 23:36 | 17:35 |
| SG Glücksbrunn Schweina | 28:70 | 9:43 |

# 1995/96

## 2. Bundesliga

| | | |
|---|---|---|
| VfL Bochum | 68:30 | 69 |
| Arminia Bielefeld | 55:45 | 57 |
| MSV Duisburg | 55:37 | 56 |
| SpVgg. Unterhaching | 52:38 | 52 |
| FSV Zwickau | 39:48 | 49 |
| **FC Carl Zeiss Jena** | **49:54** | **48** |
| SV Waldhof Mannheim | 49:47 | 46 |
| Fortuna Köln | 37:37 | 46 |
| VfB Leipzig | 35:49 | 45 |
| SV Meppen | 45:43 | 44 |
| FSV Mainz 05 | 37:41 | 44 |
| VfL Wolfsburg | 41:46 | 44 |
| VfB Lübeck | 40:45 | 44 |
| Hertha BSC Berlin | 37:35 | 42 |
| Chemnitzer FC | 43:51 | 42 |
| Hannoverscher SV 96 | 38:48 | 37 |
| 1. FC Nürnberg | 33:40 | 33 |
| SG Wattenscheid 09 | 38:57 | 31 |

## Regionalliga Nordost

| | | |
|---|---|---|
| Tennis Borussia Berlin | 72:25 | 79 |
| 1. FC Union Berlin | 72:23 | 72 |
| FC Energie Cottbus | 67:23 | 71 |
| 1. FC Dynamo Dresden | 46:23 | 67 |
| FC Erzgebirge Aue | 52:35 | 57 |
| FC Sachsen Leipzig | 50:45 | 50 |
| **FC Rot-Weiß Erfurt** | **31:26** | **50** |
| Lokomotive Altmark Stendal | 32:47 | 44 |
| Reinickendorfer Füchse | 36:33 | 43 |
| Spandauer SV | 36:52 | 41 |
| **FSV Wacker Nordhausen** | **35:37** | **40** |
| Hertha Zehlendorf | 31:47 | 39 |
| FC Berlin | 44:68 | 35 |
| FC Stahl Eisenhüttenstadt | 43:68 | 35 |
| FSV Velten | 46:80 | 33 |
| Bischofswerdaer FV 08 | 24:41 | 32 |
| Hertha BSC Berlin Amateure | 46:61 | 30 |
| Optik Rathenow | 20:49 | 20 |

## Oberliga Nordost

**Staffel Süd**

| | | |
|---|---|---|
| VFC Plauen | 50:17 | 66 |
| Chemnitzer FC Amateure | 69:28 | 56 |
| **FC Carl Zeiss Jena Amateure** | **49:31** | **55** |
| Dresdner SC | 52:29 | 54 |
| VfB Chemnitz | 45:27 | 50 |
| **FV Zeulenroda** | **52:42** | **49** |
| **1. Suhler SV 06** | **35:35** | **45** |
| FC Meißen | 39:37 | 43 |
| VfL Halle | 43:40 | 40 |
| SV Hoyerswerda | 33:30 | 40 |
| Bornaer SV 91 | 31:31 | 36 |
| **SC 1903 Weimar** | **28:46** | **36** |
| 1. FC Wernigerode | 30:58 | 31 |
| SV Merseburg 99 | 28:55 | 25 |
| VfB 1910 Senftenberg | 32:55 | 24 |
| **1. SV Gera** | **15:70** | **5** |

## Landesliga Thüringen

| | | |
|---|---|---|
| SV 1910 Kahla | 71:32 | 65 |
| SV Jenaer Glas | 65:30 | 65 |
| SV Funkwerk Kölleda | 63:36 | 55 |
| SV 1990 Altenburg | 51:29 | 54 |
| SV Elektro-Keramik Veilsdorf | 44:35 | 49 |
| BSV Eintracht Sondershausen | 43:29 | 48 |
| SV Rudisleben | 43:38 | 47 |
| FSV Kali Werra Tiefenort | 55:67 | 42 |
| SSV Erfurt-Nord | 48:38 | 40 |
| FSV 04 Viernau | 41:47 | 37 |
| FC Rot-Weiß Erfurt II | 36:42 | 34 |
| FC Thüringen Weida | 36:51 | 34 |
| SC 1912 Leinefelde | 39:57 | 30 |
| 1. FC Greiz | 35:56 | 30 |
| SV Germania Ilmenau | 35:82 | 20 |
| FC Rudolstadt/Schwarza | 33:69 | 11 |

## Landesklasse

### Staffel Ost

| | | |
|---|---|---|
| VfB 09 Pößneck | 81:14 | 78 |
| 1. Sonneberger SC 04 | 67:36 | 48 |
| FV Rodatal Zöllnitz | 42:32 | 45 |
| VfB Gera | 58:51 | 43 |
| SV Blau-Weiß Niederpöllnitz | 51:42 | 42 |
| VfB 1919 Artern | 40:38 | 42 |
| SC 06 Oberlind | 43:36 | 39 |
| SV Kali Roßleben | 35:39 | 37 |
| SV Grün-Weiß Tanna | 43:70 | 37 |
| VfR Lobenstein | 43:54 | 35 |
| SV Jenapharm Jena | 44:54 | 32 |
| VfL 06 Saalfeld | 37:43 | 31 |
| SV Blau-Weiß 90 Neustadt/Orla | 47:56 | 31 |
| TSV 1880 Gera-Zwötzen | 38:58 | 21 |
| SV Wacker 1920 Steinheid | 29:75 | 18 |

### Staffel West

| | | |
|---|---|---|
| SV Wacker 07 Gotha | 59:21 | 61 |
| 1. SC 1911 Heiligenstadt | 52:32 | 51 |
| EFC 08 Ruhla | 44:28 | 48 |
| SV 1899 Mühlhausen | 43:32 | 48 |
| SV Wartburgstadt Eisenach | 48:35 | 47 |
| VfL 04 Meiningen | 44:37 | 42 |
| SV 04 Schmalkalden | 47:42 | 39 |
| SV Empor Walschleben | 38:38 | 39 |
| FSV Grün-Weiß Steinbach-Hallenberg | 49:42 | 37 |
| SV 08 Geraberg | 43:51 | 35 |
| SV Wacker 04 Bad Salzungen | 29:38 | 34 |
| TSG Salza-Nordhausen | 44:52 | 33 |
| SG Eintracht 46 Kirchheim | 40:50 | 33 |
| TSV 1862 Großfahner | 39:55 | 28 |
| SV 05 Trusetal | 16:82 | 6 |

## 1996/97

### 2. Bundesliga

| | | |
|---|---|---|
| 1. FC Kaiserslautern | 74:28 | 68 |
| VfL Wolfsburg | 52:29 | 58 |
| Hertha BSC Berlin | 57:38 | 58 |
| FSV Mainz 05 | 50:34 | 54 |
| Stuttgarter Kickers | 38:27 | 53 |
| SpVgg. Unterhaching | 35:29 | 49 |
| Eintracht Frankfurt | 43:46 | 48 |
| VfB Leipzig | 53:54 | 46 |
| KFC Uerdingen 05 | 46:44 | 44 |
| SV Meppen | 44:48 | 44 |
| Fortuna Köln | 52:47 | 42 |
| **FC Carl Zeiss Jena** | **44:49** | **42** |
| FC Gütersloh | 43:51 | 42 |
| FSV Zwickau | 34:48 | 42 |
| SV Waldhof Mannheim | 45:56 | 40 |
| VfB Lübeck | 32:53 | 36 |
| Rot-Weiß Essen | 47:64 | 29 |
| VfB Oldenburg | 33:67 | 27 |

## Regionalliga Nordost

| | | |
|---|---|---|
| FC Energie Cottbus | 80:17 | 82 |
| FC Erzgebirge Aue | 60:32 | 71 |
| **FC Rot-Weiß Erfurt** | **80:39** | **66** |
| Chemnitzer FC | 60:27 | 64 |
| 1. FC Union Berlin | 51:37 | 62 |
| Tennis Borussia Berlin | 60:27 | 61 |
| 1. FC Dynamo Dresden | 57:38 | 57 |
| FC Stahl Eisenhüttenstadt | 56:57 | 49 |
| FC Sachsen Leipzig | 61:52 | 46 |
| VFC Plauen | 44:50 | 44 |
| Lokomotive Altmark Stendal | 38:34 | 43 |
| **FSV Wacker Nordhausen** | **41:62** | **36** |
| FC Berlin | 29:48 | 35 |
| Reinickendorfer Füchse | 32:42 | 32 |
| Hertha Zehlendorf | 26:52 | 27 |
| Spandauer SV | 33:72 | 25 |
| SC Charlottenburg | 29:74 | 17 |
| FSV Velten | 25:102 | 17 |

## Oberliga Nordost

### Staffel Süd

| | | |
|---|---|---|
| Dresdner SC | 58:20 | 62 |
| Fortuna Magdeburg | 58:35 | 61 |
| VfL Halle | 50:38 | 50 |
| FV Dresden-Nord | 39:27 | 48 |
| VfB Chemnitz | 38:27 | 45 |
| **FV Zeulenroda** | **40:48** | **40** |
| **SV 1910 Kahla** | **32:33** | **39** |
| **FC Carl Zeiss Jena Amateure** | **27:25** | **36** |
| Bischofswerdaer FV 08 | 27:32 | 36 |
| FSV Hoyerswerda | 23:26 | 35 |
| Bornaer SV 91 | 21:31 | 33 |
| **1. Suhler SV 06** | **29:44** | **31** |
| Meißner SV 08 | 34:52 | 31 |
| **SC 1903 Weimar** | **22:57** | **22** |
| Chemnitzer FC II | 19:65 | 18 |

## Landesliga Thüringen

| | | |
|---|---|---|
| SV Jenaer Glaswerk | 56:23 | 64 |
| VfB 09 Pößneck | 53:17 | 63 |
| FC Rot-Weiß Erfurt II | 60:31 | 56 |
| SV Funkwerk Kölleda | 53:26 | 55 |
| FSV Kali Werra Tiefenort | 52:48 | 52 |
| SV Rudisleben | 47:36 | 46 |
| SV Wacker 07 Gotha | 38:44 | 46 |
| SV Elektro-Keramik Veilsdorf | 34:40 | 39 |
| SSV Erfurt-Nord | 45:42 | 38 |
| SV 1990 Altenburg | 47:54 | 36 |
| 1. SV Gera | 35:40 | 35 |
| BSV Eintracht Sondershausen | 33:46 | 31 |
| FSV 04 Viernau | 37:55 | 30 |
| SC 1912 Leinefelde | 44:55 | 27 |
| FC Thüringen Weida | 29:59 | 24 |
| 1. FC Greiz | 25:72 | 21 |

## Landesklasse

### Staffel Ost

| | | |
|---|---|---|
| ZFC Meuselwitz | 67:22 | 60 |
| SV Kali Roßleben | 69:40 | 54 |
| VfB Gera | 57:35 | 54 |
| SV Blau-Weiß Niederpöllnitz | 44:28 | 48 |
| 1. Sonneberger SC 04 | 72:40 | 46 |
| FSV Schleiz | 47:45 | 44 |
| SC 06 Oberlind | 39:41 | 42 |
| FC Einheit Rudolstadt | 42:40 | 40 |
| SV Blau-Weiß Greußen | 35:33 | 33 |
| VfR Lobenstein | 46:52 | 33 |
| FV Rodatal Zöllnitz | 34:54 | 29 |
| SV Jenapharm Jena | 34:53 | 28 |
| VfL 06 Saalfeld | 22:48 | 27 |
| VfB 1919 Artern | 39:54 | 26 |
| SV Grün-Weiß Tanna | 30:92 | 9 |

### Staffel West

| | | |
|---|---|---|
| VfL 04 Meiningen | 63:35 | 65 |
| SV 04 Schmalkalden | 59:38 | 57 |
| TSG Salza-Nordhausen | 67:39 | 54 |
| EFC 08 Ruhla | 62:39 | 53 |
| SV Empor Erfurt | 60:48 | 51 |
| TSV 1908 Holzthaleben | 49:36 | 50 |
| SV 1899 Mühlhausen | 59:36 | 48 |
| FSV Grün-Weiß Steinbach-Hallenberg | 51:45 | 48 |
| 1. SC 1911 Heiligenstadt | 56:49 | 46 |
| SV Empor Walschleben | 58:46 | 42 |
| SV Germania Ilmenau | 43:60 | 35 |
| SV 08 Geraberg | 49:79 | 34 |
| SV Wacker 04 Bad Salzungen | 37:53 | 28 |
| FSV Eintracht 1919 Stadtlengsfeld | 30:59 | 27 |
| FSV 06 Hildburghausen | 35:74 | 21 |
| SV Wartburgstadt Eisenach | 34:76 | 16 |

## 1997/98

### 2. Bundesliga

| | | |
|---|---|---|
| Eintracht Frankfurt | 50:32 | 64 |
| SC Freiburg | 57:36 | 61 |
| 1. FC Nürnberg | 52:35 | 59 |
| FC St. Pauli | 43:31 | 56 |
| FC Gütersloh | 43:26 | 55 |
| Fortuna Köln | 53:53 | 46 |
| Fortuna Düsseldorf | 52:54 | 46 |
| FC Energie Cottbus | 38:36 | 45 |
| SpVgg. Greuther Fürth | 32:32 | 45 |
| FSV Mainz 05 | 55:48 | 44 |
| SpVgg. Unterhaching | 41:35 | 44 |
| Stuttgarter Kickers | 44:47 | 44 |
| KFC Uerdingen 05 | 36:40 | 43 |
| SG Wattenscheid 09 | 41:41 | 40 |
| VfB Leipzig | 31:51 | 39 |
| **FC Carl Zeiss Jena** | **39:61** | **33** |
| FSV Zwickau | 32:55 | 28 |
| SV Meppen | 35:61 | 27 |

## Regionalliga Nordost

| | | |
|---|---|---|
| Tennis Borussia Berlin | 86:7 | 92 |
| 1. FC Dynamo Dresden | 60:39 | 60 |
| FC Stahl Eisenhüttenstadt | 68:55 | 57 |
| FC Sachsen Leipzig | 60:36 | 56 |
| **FC Rot-Weiß Erfurt** | **59:49** | **56** |
| 1. FC Union Berlin | 46:36 | 54 |
| FC Erzgebirge Aue | 43:43 | 52 |
| Chemnitzer FC | 54:36 | 51 |
| Lokomotive Altmark Stendal | 50:56 | 51 |
| VFC Plauen | 55:51 | 48 |
| FC Berlin | 55:55 | 43 |
| 1. FC Magdeburg | 60:65 | 39 |
| Spandauer SV | 42:64 | 39 |
| SV Babelsberg 03 | 33:50 | 38 |
| Hertha Zehlendorf | 39:62 | 34 |
| Reinickendorfer Füchse | 27:64 | 31 |
| **FSV Wacker Nordhausen** | **32:58** | **29** |
| FC Hansa Rostock Amateure | 34:77 | 20 |

## Oberliga Nordost

### Staffel Süd

| | | |
|---|---|---|
| Dresdner SC 1898 | 61:21 | 64 |
| Fortuna Magdeburg | 58:22 | 62 |
| VfL Halle | 46:23 | 59 |
| Bischofswerdaer FV 08 | 50:30 | 53 |
| FV Dresden-Nord | 41:31 | 50 |
| **FC Carl Zeiss Jena Amateure** | **48:37** | **47** |
| **1. Suhler SV 06** | **47:35** | **46** |
| VfB Chemnitz | 30:33 | 38 |
| Bornaer SV 91 | 34:45 | 37 |
| FSV Hoyerswerda | 29:36 | 36 |
| SV 1919 Grimma | 47:71 | 35 |
| **SV Jenaer Glaswerk** | **31:48** | **31** |
| Hallescher FC | 39:47 | 30 |
| **FV Zeulenroda** | **33:55** | **29** |
| **SV 1910 Kahla** | **29:47** | **28** |
| FC Anhalt Dessau | 27:69 | 17 |

## Landesliga Thüringen

| | | |
|---|---|---|
| SSV Erfurt-Nord | 72:15 | 67 |
| VfB 09 Pößneck | 46:26 | 57 |
| 1. SV Gera | 52:44 | 50 |
| SV Funkwerk Kölleda | 39:45 | 42 |
| BSV Eintracht Sondershausen | 38:39 | 41 |
| ZFC Meuselwitz | 39:45 | 40 |
| SC 1903 Weimar | 30:30 | 39 |
| SV 1990 Altenburg | 48:50 | 39 |
| SV Elektro-Keramik Veilsdorf | 41:44 | 39 |
| FSV Kali Werra Tiefenort | 38:45 | 39 |
| FSV 04 Viernau | 38:42 | 38 |
| FC Rot-Weiß Erfurt II | 33:39 | 38 |
| SV Rudisleben | 40:44 | 37 |
| SV Wacker 07 Gotha | 39:44 | 34 |
| SC 1912 Leinefelde | 39:51 | 33 |
| VfL 04 Meiningen | 32:61 | 28 |

## Landesklasse

### Staffel Ost

| | | |
|---|---|---|
| SSV Lobeda | 68:32 | 61 |
| VfB Gera | 75:40 | 60 |
| 1. Sonneberger SC 04 | 76:42 | 58 |
| FSV Schleiz | 60:32 | 56 |
| 1. FC Greiz | 71:34 | 52 |
| TSV 1880 Gera-Zwötzen | 63:47 | 52 |
| FC Einheit Rudolstadt | 57:48 | 45 |
| SV Blau-Weiß Niederpöllnitz | 44:50 | 42 |
| SV Kali Roßleben | 52:69 | 41 |
| SV Jenapharm Jena | 39:39 | 39 |
| FC Thüringen Weida | 31:38 | 38 |
| FV Rodatal Zöllnitz | 41:57 | 38 |
| VfR Lobenstein | 51:63 | 34 |
| SC 06 Oberlind | 33:54 | 27 |
| TSV Bad Blankenburg | 37:86 | 23 |
| SV 1882 Mellenbach/Sitzendorf | 28:95 | 10 |

### Staffel West

| | | |
|---|---|---|
| SV 04 Schmalkalden | 87:33 | 66 |
| TSV 1908 Holzthaleben | 82:30 | 64 |
| SV Germania Ilmenau | 61:46 | 47 |
| SV Blau-Weiß Greußen | 43:46 | 43 |
| FSV Grün-Weiß Steinbach-Hallenberg | 53:43 | 41 |
| EFC 08 Ruhla | 43:38 | 39 |
| TSG Salza-Nordhausen | 55:55 | 39 |
| SV Empor Walschleben | 55:50 | 37 |
| SV Nahetal Hinternah | 61:63 | 37 |
| SG Blau-Weiß Schwallungen | 45:54 | 37 |
| 1. SC 1911 Heiligenstadt | 32:51 | 35 |
| FC Union Mühlhausen | 29:40 | 31 |
| SV 08 Geraberg | 28:59 | 25 |
| SV Germania Effelder | 39:84 | 21 |
| SV Empor Erfurt | 53:74 | 19 |

# 1998/99

## Regionalliga Nordost

| | | |
|---|---|---|
| Chemnitzer FC | 59:12 | 77 |
| VfB Leipzig | 59:28 | 70 |
| 1. FC Magdeburg | 55:35 | 64 |
| FSV Zwickau | 54:35 | 64 |
| VFC Plauen | 56:42 | 59 |
| 1. FC Union Berlin | 57:27 | 57 |
| FC Erzgebirge Aue | 49:39 | 53 |
| Berliner FC Dynamo | 47:37 | 53 |
| **FC Carl Zeiss Jena** | **36:38** | **48** |
| **FC Rot-Weiß Erfurt** | **40:45** | **45** |
| 1. FC Dynamo Dresden | 43:44 | 38 |
| Lokomotive Altmark Stendal | 35:58 | 38 |
| Dresdner SC | 31:51 | 36 |
| FC Sachsen Leipzig | 41:62 | 35 |
| SV Babelsberg 03 | 36:50 | 34 |
| Spandauer SV | 31:54 | 27 |
| FC Stahl Eisenhüttenstadt | 31:62 | 23 |
| SD Croatia Berlin | 20:61 | 21 |

## Oberliga Nordost

### Staffel Süd

| | | |
|---|---|---|
| VfL Halle | 74:27 | 73 |
| VfB Leipzig II | 52:23 | 63 |
| FSV Hoyerswerda | 43:20 | 53 |
| FC Energie Cottbus Amateure | 54:37 | 51 |
| Bischofswerdaer FV 08 | 41:29 | 50 |
| **FSV Wacker 90 Nordhausen** | **57:42** | **48** |
| SV 1919 Grimma | 41:32 | 48 |
| FV Dresden-Nord | 36:39 | 37 |
| **1. Suhler SV 06** | **30:42** | **37** |
| Bornaer SV 91 | 30:32 | 36 |
| Fortuna Magdeburg | 30:46 | 35 |
| **SSV Erfurt-Nord** | **35:54** | **35** |
| **SV Jenaer Glaswerk** | **36:55** | **32** |
| VfB Chemnitz | 33:48 | 26 |
| **FC Carl Zeiss Jena II** | **38:60** | **25** |
| 1. FC Aschersleben | 22:66 | 18 |

## Landesliga Thüringen

| | | |
|---|---|---|
| 1. SV Gera | 54:20 | 67 |
| VfB 09 Pößneck | 62:19 | 66 |
| BSV Eintracht Sondershausen | 72:23 | 63 |
| SV Rudisleben | 52:31 | 56 |
| ZFC Meuselwitz | 46:29 | 56 |
| SV 1910 Kahla | 43:40 | 47 |
| FSV Kali Werra Tiefenort | 46:29 | 45 |
| SV 04 Schmalkalden | 53:47 | 42 |
| SC 1903 Weimar | 48:45 | 42 |
| SV Motor Altenburg | 46:41 | 40 |
| FC Rot-Weiß Erfurt II | 48:57 | 35 |
| FV Zeulenroda | 43:59 | 31 |
| SV Elektro-Keramik Veilsdorf | 39:57 | 28 |
| FSV 04 Viernau | 29:66 | 22 |
| SSV Lobeda | 30:61 | 18 |
| SV Funkwerk Kölleda | 14:101 | 6 |

## Landesklasse

### Staffel Ost

| | | |
|---|---|---|
| SV Wacker 07 Gotha | 69:20 | 65 |
| TSV 1880 Gera-Zwötzen | 67:28 | 57 |
| 1. Sonneberger SC 04 | 63:31 | 54 |
| FC Thüringen Weida | 48:27 | 51 |
| SV 08 Steinach | 50:45 | 44 |
| SV Kali Roßleben | 48:44 | 40 |
| 1. FC Greiz | 48:41 | 39 |
| VfB Gera | 59:50 | 37 |
| FSV Schleiz | 38:40 | 35 |
| SV Blau-Weiß Niederpöllnitz | 43:48 | 31 |
| SV Jenapharm Jena | 36:55 | 28 |
| SV Grün-Weiß 90 Erfurt | 44:69 | 28 |
| FC Einheit Rudolstadt | 34:55 | 27 |
| SV 1913 Schmölln | 33:64 | 23 |
| LSV 1990 Schöngleina | 35:98 | 15 |

## Staffel West

| | | |
|---|---|---|
| SC 1912 Leinefelde | 98:11 | 72 |
| TSV 1908 Holzthaleben | 78:38 | 59 |
| SG Blau-Weiß Schwallungen | 54:34 | 49 |
| SV Nahetal Hinternah | 59:54 | 49 |
| SV Germania Ilmenau | 60:37 | 46 |
| EFC 08 Ruhla | 45:49 | 46 |
| FSV Grün-Weiß Steinbach-Hallenberg | 54:48 | 42 |
| FC Union Mühlhausen | 36:34 | 41 |
| 1. SC 1911 Heiligenstadt | 49:45 | 38 |
| SV Empor Walschleben | 42:46 | 36 |
| FSG 99 Salza-Nordhausen | 40:52 | 35 |
| SV Blau-Weiß Greußen | 33:45 | 35 |
| FSV Sömmerda | 44:63 | 34 |
| SV 1921 Walldorf | 36:80 | 29 |
| FSV Wacker 90 Nordhausen II | 24:67 | 24 |
| VfL 04 Meiningen | 45:94 | 22 |

Entscheidungsspiele der beiden Staffeldreizehnten um den Verbleib in der Landesklasse: FC Einheit Rudolstadt - **FSV Sömmerda** 1:3/3:4 (wurde dann aber gegenstandslos, da FSV 04 Viernau freiwillig aus der Landesliga ausschied und sich um zwei Klassen zurückstufen ließ).

# 1999/2000

## Regionalliga Nordost

| | | |
|---|---|---|
| 1. FC Union Berlin | 53:23 | 77 |
| Dresdner SC Fußball 98 | 65:30 | 60 |
| FC Erzgebirge Aue | 59:40 | 60 |
| **FC Carl Zeiss Jena** | **53:35** | **58** |
| SV Babelsberg 03 | 57:40 | 57 |
| FC Sachsen Leipzig | 46:34 | 57 |
| **FC Rot-Weiß Erfurt** | **39:41** | **57** |
| 1. FC Dynamo Dresden | 44:34 | 52 |
| VfB Leipzig | 43:36 | 49 |
| 1. FC Magdeburg | 64:44 | 47 |
| Hertha BSC Berlin Amateure | 42:55 | 43 |
| FC Stahl Eisenhüttenstadt | 40:61 | 40 |
| VFC Plauen | 39:51 | 35 |
| VfL Halle 96 | 35:65 | 35 |
| Tennis Borussia Berlin Amateure | 53:70 | 34 |
| Lokomotive Altmark Stendal | 38:60 | 34 |
| Berliner FC Dynamo | 39:56 | 28 |
| FSV Zwickau | 33:67 | 25 |

## Oberliga Nordost

### Staffel Süd

| | | |
|---|---|---|
| FSV Hoyerswerda | 75:18 | 71 |
| VfB Leipzig II | 46:34 | 50 |
| VfB Zittau | 49:39 | 47 |
| SV 1919 Grimma | 49:33 | 46 |
| Bischofswerdaer FV 08 | 41:33 | 45 |
| FV Dresden-Nord | 40:36 | 45 |
| **FSV Wacker 90 Nordhausen** | **37:37** | **45** |
| FC Energie Cottbus Amateure | 43:37 | 43 |
| VfB Chemnitz | 35:35 | 42 |
| FC Anhalt Dessau | 42:44 | 41 |
| Fortuna Magdeburg | 47:44 | 39 |
| **SSV Erfurt-Nord** | **31:49** | **36** |
| **1. Suhler SV 06** | **31:36** | **30** |
| **1. SV Gera** | **25:48** | **29** |
| **SV Jenaer Glaswerk** | **35:67** | **24** |
| Bornaer SV 91 | 30:65 | 18 |

## Landesliga Thüringen

| | | |
|---|---|---|
| BSV Eintracht Sondershausen | 75:22 | 68 |
| VfB 09 Pößneck | 44:33 | 50 |
| SV Rudisleben | 52:30 | 47 |
| FC Carl Zeiss Jena II | 52:29 | 43 |
| SC 1912 Leinefelde | 48:38 | 42 |
| ZFC Meuselwitz | 25:25 | 41 |
| SV 1910 Kahla | 32:26 | 40 |
| SV Wacker 07 Gotha | 33:26 | 38 |
| SV 04 Schmalkalden | 46:47 | 38 |
| SC 1903 Weimar | 47:61 | 38 |
| FC Rot-Weiß Erfurt II | 48:45 | 37 |
| SV Elektro-Keramik Veilsdorf | 36:51 | 32 |
| FSV Kali Werra Tiefenort | 43:59 | 27 |
| SV Motor Altenburg | 34:73 | 21 |
| SSV Lobeda | 25:75 | 17 |

## Landesklasse

### Staffel Ost

| | | |
|---|---|---|
| 1. Sonneberger SC 04 | 78:21 | 65 |
| SV 08 Steinach | 90:39 | 63 |
| TSV 1880 Gera-Zwötzen | 70:37 | 59 |
| FSV Schleiz | 77:30 | 57 |
| FC Einheit Rudolstadt | 48:32 | 46 |
| 1. FC Greiz | 55:43 | 45 |
| FC Thüringen Weida | 52:46 | 45 |
| SV Empor Erfurt | 42:50 | 38 |
| SV Blau-Weiß Niederpöllnitz | 35:43 | 29 |
| SV Kali Roßleben | 44:64 | 29 |
| FSV Sömmerda | 34:52 | 28 |
| Lusaner SC 1980 | 38:65 | 27 |
| SV Blau-Weiß 90 Neustadt/Orla | 25:52 | 25 |
| VfB Gera | 21:64 | 17 |
| SV Jenapharm Jena | 26:97 | 11 |
| SV Funkwerk Kölleda | ausgeschlossen | |

### Staffel West

| | | |
|---|---|---|
| FC Union Mühlhausen | 52:33 | 62 |
| SV Normania Treffurt | 62:26 | 56 |
| TSV 1908 Holzthaleben | 68:24 | 55 |
| SV Wacker 04 Bad Salzungen | 46:30 | 53 |
| SV Germania Ilmenau | 63:42 | 50 |
| SV Nahetal Hinternah | 56:46 | 50 |
| EFC 08 Ruhla | 47:38 | 49 |
| FSG 99 Salza-Nordhausen | 63:46 | 45 |
| 1. SC 1911 Heiligenstadt | 55:48 | 45 |
| VfB Grün-Weiß 1990 Erfurt | 66:63 | 44 |
| SG Blau-Weiß Schwallungen | 46:46 | 42 |
| FSV Grün-Weiß Steinbach-Hallenberg | 50:54 | 40 |
| SV Drei Gleichen Mühlberg | 53:52 | 39 |
| SV Blau-Weiß Greußen | 28:73 | 16 |
| SV Empor Walschleben | 20:87 | 16 |
| TSV 1911 Themar | 17:84 | 7 |

Entscheidungsspiele der beiden Staffeldreizehnten um den Verbleib in der Landesklasse: SV Blau-Weiß 90 Neustadt/Orla - **SV Drei Gleichen Mühlberg**

# Der Thüringer Frauen-Fußball in Zahlen

## 1992/93

### Landesliga

### Frauen

| | | |
|---|---|---|
| SV Grün-Weiß Erfurt | 34:4 | 14:2 |
| FSV Rot-Weiß Breitungen | 24:7 | 13:3 |
| Preußen Bad Langensalza | 15:14 | 9:7 |
| FSV Eintracht Wechmar | 12:25 | 3:13 |
| SV Finsterberg Schmiedefeld | 4:39 | 1:15 |

## 1993/94

### Landesliga

### Frauen

| | | |
|---|---|---|
| FSV Rot-Weiß Breitungen | 39:3 | 21:3 |
| SV Grün-Weiß Erfurt II | 27:14 | 16:8 |
| TSV 1880 Gera-Zwötzen | 25:19 | 14:10 |
| SV Germania Effelder | 32:14 | 13:11 |
| Preußen Bad Langensalza | 27:15 | 13:11 |
| FSV Eintracht Wechmar | 13:27 | 7:17 |
| SV 1883 Langula | 1:72 | 0:24 |

### Mädchen

| | | |
|---|---|---|
| SV Grün-Weiß Erfurt I | 134:5 | 75:5 |
| USV Jena I | 76:27 | 54:26 |
| TSV 1880 Gera | 53:39 | 41:39 |
| FSV Eintracht Wechmar | 26:75 | 28:52 |
| SV Grün-Weiß Erfurt II | 19:68 | 24:56 |
| USV Jena II | 20:114 | 18:62 |

## 1994/95

### Landesliga

### Frauen

| | | |
|---|---|---|
| FSV Rot-Weiß Breitungen | 82:4 | 33:3 |
| SV Grün-Weiß Erfurt II | 72:17 | 30:6 |
| USV Jena II | 48:17 | 26:10 |
| FSV Eintracht Wechmar | 22:34 | 17:19 |
| Preußen Bad Langensalza | 29:44 | 17:19 |
| Blau-Weiß 90 Neustadt/Orla | 28:49 | 17:19 |
| SV Eintracht Wipperdorf | 3:40 | 14:22 |
| SV Finsterberg Schmiedefeld | 16:34 | 13:23 |
| TSV 1880 Gera-Zwötzen II | 12:46 | 9:27 |
| SV 1883 Langula | 11:58 | 4:32 |

### Mädchen

| | | |
|---|---|---|
| SV Grün-Weiß Erfurt I | 145:3 | 76:4 |
| FSV Eintracht Wechmar | 55:39 | 49:31 |
| SV Grün-Weiß Erfurt II | 54:40 | 41:39 |
| USV Jena | 30:44 | 37:43 |
| TSV 1880 Gera I | 35:57 | 36:44 |
| TSV 1880 Gera II | 0:136 | 1:79 |

## 1995/96

### Landesliga

### Frauen

#### Staffel Ost

| | | |
|---|---|---|
| 1. FFV Grün-Weiß Erfurt II | 47:12 | 30 |
| USV Jena II | 39:10 | 26 |
| SC 03 Weimar | 24:21 | 19 |
| SV Blau-Weiß 90 Neustadt/Orla | 28:18 | 18 |
| FSV Grün-Weiß Stadtroda | 21:31 | 15 |
| TSV 1880 Gera-Zwötzen II | 10:35 | 9 |
| SV 1910 Kahla | 9:51 | 6 |

#### Staffel West

| | | |
|---|---|---|
| SC 09 Effelder | 74:12 | 37 |
| FSV Rot-Weiß Breitungen | 52:8 | 37 |
| SV Preußen Bad Salzungen | 24:11 | 26 |
| FSV Eintracht Wechmar | 28:21 | 23 |
| SV 1883 Langula | 15:33 | 15 |
| SV Eintracht Wipperdorf | 17:26 | 13 |
| SV Finsterberg Schmiedefeld | 17:35 | 11 |
| FSV Henningsleben | 1:82 | 0 |

Entscheidungsspiele der beiden Staffelersten und Staffelzweiten um die Landesmeister-schaft: 1. FFV Grün-Weiß Erfurt II - FSV Rot-Weiß Breitungen 0:2, USV Jena II - SC 09 Effelder 3:0; um Platz 3: 1. FFV Grün-Weiß Erfurt II - SC 09 Effelder 1:2 n. V.; Endspiel: **FSV Rot-Weiß Breitungen** - USV Jena II 0:0, 4:2 n. E.

## 1996/97

### Landesliga

### Frauen

#### Staffel Ost

| | | |
|---|---|---|
| USV Jena II | 37:8 | 35 |
| 1. FFV Grün-Weiß Erfurt II | 39:11 | 34 |
| FSV Grün-Weiß Stadtroda | 18:11 | 25 |
| SC 1903 Weimar | 23:22 | 20 |
| SV Blau-Weiß 90 Neustadt/Orla | 34:22 | 17 |
| TSV 1880 Gera-Zwötzen II | 24:23 | 15 |
| SV 1910 Kahla | 10:27 | 8 |
| SG Heinersdorf/Rottmar | 5:66 | 6 |

#### Staffel West

| | | |
|---|---|---|
| SC 09 Effelder | 91:11 | 37 |
| FSV Rot-Weiß Breitungen | 68:5 | 37 |
| FSV Eintracht Wechmar | 64:23 | 33 |
| SV Preußen Bad Langensalza | 23:40 | 18 |
| SV 1883 Langula | 23:34 | 16 |
| SV Finsterberg Schmiedefeld | 23:45 | 10 |
| FSV Henningsleben | 7:56 | 10 |
| SG Ohrdruf/Gräfenhain | 15:100 | 4 |

**Abschlusstabelle nach Play-off-Runde der Mannschaften auf Platz 1 bis 4 beider Staffeln um die Landesmeisterschaft**

| | | |
|---|---|---|
| 1. SC 09 Effelder | 42:10 | 25 |
| 2. USV Jena II | 20:6 | 22 |
| 3. FSV Rot-Weiß Breitungen | 30:7 | 19 |
| 4. 1. FFV Grün-Weiß Erfurt II | 13:17 | 16 |
| 5. FSV Eintracht Wechmar | 25:22 | 14 |
| 6. FSV Grün-Weiß Stadtroda | 9:14 | 12 |
| 7. SC 03 Weimar | 7:32 | 7 |
| 8. SV Preußen 01 Bad Langensalza | 5:43 | 0 |

**Abschlusstabelle nach Play-off-Runde der Mannschaften auf Platz 5 bis 8 beider Staffeln**

| | | |
|---|---|---|
| 9. SV Blau-Weiß 90 Neustadt/Orla | 35:14 | 22 |
| 10. SV 1883 Langula | 25:12 | 22 |
| 11. SV Finsterberg Schmiedefeld | 34:13 | 19 |
| 12. SV 1910 Kahla | 20:13 | 18 |
| 13. TSV Gera-Zwötzen II | 21:20 | 14 |
| 14. SG Ohrdruf/Gräfenhain | 19:37 | 8 |
| 15. FSV Henningsleben | 8:22 | 6 |
| 16. SG Heinersdorf/Rottmar | 7:38 | 5 |

### Mädchen
#### Abschlusstabelle nach Play-off-Runde

| | | |
|---|---|---|
| USV Jena | 127:12 | 49 |
| 1. FFV Grün-Weiß Erfurt | 81:31 | 33 |
| FSV Eintracht Wechmar | 63:32 | 28 |
| TSV 1880 Gera-Zwötzen | 58:37 | 27 |
| SG Salomonsborn/Marbach | 38:79 | 23 |
| ZLSG Wormstedt | 32: 88 | 18 |
| Uhlstädter SV | 23:88 | 17 |
| FSV Grün-Weiß Stadtroda | 19:88 | 6 |

## 1997/98

### Landesliga

### Frauen (Play-off-Runden)

#### Gruppe A

| | | |
|---|---|---|
| 1. FSV Eintracht Wechmar | 25:4 | 18 |
| 2. SC 09 Effelder | 25:12 | 12 |
| 3. USV Jena II | 7:12 | 3 |
| 4. SV Blau-Weiß 90 Neustadt | 6:35 | 3 |

#### Gruppe B

| | | |
|---|---|---|
| 5. FSV Rot-Weiß Breitungen | 14:2 | 15 |
| 6. SV Grün-Weiß Stadtroda | 5:5 | 9 |
| 7. VfB Gera | 4:7 | 7 |
| 8. SC 03 Weimar | 5:14 | 4 |

#### Gruppe C

| | | |
|---|---|---|
| 9. SV Finsterberg Schmiedefeld | 28:4 | 18 |
| 10. TSV 1880 Gera-Zwötzen II | 13:8 | 9 |
| 11. FSV Einheit Eisenberg | 12:13 | 9 |
| 12. SG Helba | 2:30 | 0 |

#### Gruppe D

| | | |
|---|---|---|
| 13. SV 1952 Gräfenwarth | 20:10 | 15 |
| 14. SV 1910 Kahla | 16:12 | 15 |
| 15. SV Preuß. Bad Langensalza | 8:12 | 6 |
| 16. FSV Henningsleben | 3:13 | 0 |

## 1998/99

### Landesliga

#### Frauen

| | | |
|---|---|---|
| SV Eintracht Wechmar | 85:13 | 50 |
| SV Handel Jena | 86:22 | 47 |
| 1. FFV Erfurt | 48:41 | 32 |
| SV Rennsteig | 49:43 | 31 |
| SC 09 Effelder | 54:32 | 23 |
| SC 03 Weimar | 34:50 | 23 |
| TSV 1880 Gera-Zwötzen II | 24:44 | 15 |
| VfB Gera | 11:52 | 13 |
| FSV Grün-Weiß Stadtroda | 18:44 | 12 |
| SV Blau-Weiß 90 Neustadt/Orla | 12:80 | 7 |

#### Mädchen

| | | |
|---|---|---|
| 1. SV Handel Jena | 72:8 | 40 |
| VfB Apolda | 68:15 | 33 |
| FSV Eintracht Wechmar | 46:14 | 30 |
| 1. FFV Erfurt | 47:24 | 22 |
| TSV 1880 Gera-Zwötzen | 23:26 | 19 |
| USV Jena | 24:36 | 11 |
| VfB Gera | 12:32 | 6 |
| SG Salomonsborn/Marbach | 1:138 | 1 |

## 1999/2000

### Landesliga

#### Frauen

| | | |
|---|---|---|
| FSV Eintracht Wechmar | 69:13 | 49 |
| SV Blau-Weiß 79 Erfurt | 65:27 | 39 |
| SC 09 Effelder | 37:30 | 33 |
| TSV Zella-Mehlis | 27:31 | 27 |
| SV Rennsteig | 58:55 | 26 |
| FSV Grün-Weiß Stadtroda | 30:33 | 25 |
| 1. FFV Erfurt | 46:44 | 23 |
| VfB Gera | 17:31 | 18 |
| SC 1903 Weimar | 30:67 | 12 |
| FSV Einheit Eisenberg | 11:59 | 8 |

#### Mädchen

| | | |
|---|---|---|
| TSV 1880 Gera-Zwötzen | 69:12 | 31 |
| VfB Apolda | 48:10 | 29 |
| USV Jena | 28:34 | 19 |
| VfB Gera | 12:21 | 16 |
| 1. FFV Erfurt | 25:35 | 14 |
| FSV Eintracht Wechmar | 24:39 | 10 |
| FSV Einheit Eisenberg | 8:63 | 2 |

# Die ewige Tabelle der DDR-Oberliga

## (Gesamtbilanz - Stand 1990/91)

| | Verein | Spiele | g | u | v | Tore | Diff. | Pkt. |
|---|---|---|---|---|---|---|---|---|
| 1. | **FC Carl Zeiss Jena** | **929** | **442** | **213** | **274** | **1544:1075** | **469** | **1097:761** |
| 2. | Berliner FC Dynamo | 897 | 441 | 210 | 246 | 1680:1093 | 587 | 1092:702 |
| 3. | 1. FC Dynamo Dresden | 832 | 437 | 203 | 192 | 1637: 982 | 655 | 1077:587 |
| 4. | BSG Wismut Aue | 1019 | 376 | 266 | 377 | 1406:1485 | -79 | 1016:1020 |
| 5. | FC Victoria Frankfurt/Oder | 939 | 388 | 238 | 313 | 1547:1294 | 253 | 1012:864 |
| 6. | **FC Rot-Weiß Erfurt** | **1001** | **351** | **270** | **380** | **1467:1479** | **-12** | **972:1030** |
| 7. | 1. FC Magdeburg | 793 | 365 | 190 | 238 | 1351:1046 | 305 | 920:666 |
| 8. | BSG Sachsenring Zwickau | 949 | 336 | 218 | 395 | 1310:1489 | -179 | 890:1008 |
| 9. | Hallescher FC Chemie | 923 | 309 | 256 | 358 | 1331:1428 | -97 | 874:972 |
| 10. | FC Hansa Rostock | 819 | 300 | 208 | 311 | 1114:1105 | 9 | 808:830 |
| 11. | 1. FC Lokomotive Leipzig | 702 | 312 | 174 | 216 | 1148:871 | 277 | 798:606 |
| 12. | Chemnitzer FC | 806 | 263 | 243 | 300 | 1048:1193 | -145 | 769:843 |
| 13. | FC Sachsen Leipzig | 546 | 181 | 158 | 207 | 727:796 | -69 | 520:572 |
| 14. | 1. FC Union Berlin | 518 | 144 | 134 | 240 | 569:865 | -296 | 422:614 |
| 15. | SC Aktivist Brieske-Senftenberg | 377 | 153 | 89 | 135 | 594:584 | 10 | 395:359 |
| 16. | BSG Lokomotive Stendal | 403 | 137 | 82 | 184 | 598:715 | -117 | 356:450 |
| 17. | BSG Stahl Riesa | 416 | 110 | 108 | 198 | 472:729 | -257 | 326:504 |
| 18. | SC Einheit Dresden | 325 | 117 | 86 | 122 | 541:549 | -8 | 320:330 |
| 19. | BSG Rotation Babelsberg | 260 | 103 | 49 | 108 | 466:502 | -36 | 255:265 |
| 20. | SC Rotation Leipzig | 249 | 84 | 73 | 92 | 370:386 | -16 | 241:257 |
| 21. | SC Lokomotive Leipzig | 221 | 87 | 58 | 76 | 324:279 | 45 | 232:210 |
| 22. | BSV Stahl Brandenburg | 182 | 58 | 58 | 66 | 228:244 | -16 | 174:190 |
| 23. | BSG Motor Dessau | 156 | 67 | 29 | 60 | 306:277 | 29 | 163:149 |
| 24. | BSG Stahl Thale | 130 | 47 | 27 | 56 | 207:230 | -23 | 121:139 |
| 25. | BSG Fortschritt Meerane | 150 | 44 | 29 | 77 | 246:320 | -74 | 117:183 |
| 26. | FC Energie Cottbus | 182 | 36 | 45 | 101 | 165:344 | -179 | 117:247 |
| 27. | **BSG Wismut Gera** | **180** | **36** | **41** | **103** | **225:392** | **-167** | **111:247** |
| 28. | SC Fortschritt Weißenfels | 130 | 33 | 36 | 61 | 167:226 | -59 | 102:158 |
| 29. | **BSG Stahl Altenburg** | **96** | **26** | **17** | **53** | **126:206** | **-80** | **69:123** |
| 30. | BSG Chemie Böhlen | 104 | 20 | 25 | 59 | 123:245 | -122 | 65:143 |
| 31. | Eisenhüttenstädter FC Stahl | 78 | 14 | 33 | 31 | 72:92 | -20 | 61:95 |
| 32. | BSG Empor Lauter | 60 | 21 | 18 | 21 | 98:99 | -1 | 60:60 |
| 33. | **BSG Motor Steinach** | **52** | **16** | **12** | **24** | **58:85** | **-27** | **44:60** |
| 34. | BSG Chemie Zeitz | 52 | 16 | 12 | 24 | 85:113 | -28 | 44:60 |
| 35. | BSG Motor Wismar | 62 | 16 | 9 | 37 | 90:137 | -47 | 41:83 |
| 36. | SG Dresden-Friedrichstadt | 26 | 18 | 3 | 5 | 87:29 | 58 | 39:13 |
| 37. | BSG Fortschritt Bischofswerda | 52 | 13 | 7 | 32 | 47:96 | -49 | 33:71 |
| 38. | ASG Vorwärts Stralsund | 52 | 10 | 13 | 29 | 41:94 | -53 | 33:71 |
| 39. | **BSG Turbine Weimar** | **34** | **10** | **6** | **18** | **45:71** | **-26** | **26:42** |
| 40. | BSG Einheit Pankow | 70 | 7 | 9 | 54 | 67:225 | -158 | 23:117 |
| 41. | SC Neubrandenburg | 26 | 7 | 6 | 13 | 34:58 | -24 | 20:32 |
| 42. | SG Lichtenberg 47 | 34 | 6 | 8 | 20 | 49:96 | -47 | 20:48 |
| 43. | SG Vorwärts Schwerin | 26 | 4 | 3 | 19 | 30:84 | -54 | 11:41 |
| 44. | BSG Chemie Buna Schkopau | 26 | 3 | 5 | 18 | 21:77 | -56 | 11:41 |
| 45. | **BSG Motor Suhl** | **26** | **1** | **3** | **22** | **16:92** | **-76** | **5:47** |

# Nachwort
## Notwendige Bemerkungen zum Buch und zur Chronik des TFV

Es ist vollbracht! Zum ersten Mal ist die Geschichte des Fußballs in Thüringen niedergeschrieben und in einem Buch veröffentlicht. Den Grundstein dafür legte Werner Triebel, der am 19. Mai 1999 verstorbene erste Präsident des Thüringer Fußball-Verbandes. Er hatte seit vielen Jahren geplant, die Geschichte des Thüringer Fußballs zu erforschen. Doch erst nach der Wende, da die Archive unterschiedlichster Art nun auch für den „normal Sterblichen" weitaus zugänglicher waren und ihm das „Rentnerdasein" die zum Forschen nötige Zeit ermöglichte, widmete er sich dieser Aufgabe. Da aber mit seiner ganzen Person und mit der Zielstrebigkeit, die ihn während seines gesamten Lebens auszeichnete. Es waren hunderte Stunden, die er in den Archiven zubrachte, dort zumeist in Zeitungen las, da kaum andere Unterlagen über Fußball vorhanden waren. Mehr als ein Dutzend Aktenordner und viele weitere Sammelmappen enthalten die handschriftlichen Aufzeichnungen und Kopien von Zeitungsausschnitten, die er in den Archiven anfertigte. Kaum anzunehmen, dass er zu Beginn seiner Forschungsarbeit wusste, wie schwierig das würde.

Die meisten Landesverbände des Deutschen Fußball-Bundes bestehen schon seit Jahrzehnten, haben zumeist umfangreiches, wenn auch nicht vollständiges Archivmaterial. Der Thüringer Fußball-Verband aber wurde erst am 9. Juni 1990 ins Leben gerufen. Bei ihm gibt es nur ein Archiv seit jenem Gründungstag. Aus der Geschichte vorher existiert in seinem Archiv nichts. Also war Werner Triebel fast ausschließlich auf die Zeitungsberichte angewiesen, die er in den Thüringer Staats- und Kreisarchiven fand. Aber auch diese Informationen waren immer mit einer gewissen Vorsicht zur Kenntnis zu nehmen. Nur ein Beispiel, was damit gemeint ist. So veröffentlichte die „Suhler Zeitung" in ihrer Ausgabe vom 23. März 1910 folgende Meldung: „Ebertshausen, 23. März. Die gestrige Mitteilung über das Fußballwettspiel am Sonntag ist nicht richtig. Das Spiel gewann Zella mit 1:2, auch wurde es von Ebertshausen 25 Minuten zu früh abgebrochen. (Wir müssen wiederholt bitten, besonders die gelegentlichen Mitarbeiter, sich stets streng an die Wahrheit zu halten. Im Uebrigen wollen die beteiligten Kreise Notiz davon nehmen, daß es nicht möglich ist, jedes Fußballwettspiel in der Zeitung zu erwähnen. Das würde doch wohl zu weit führen. D. Red.)"

So war das damals und auch noch viele Jahre später. Deshalb können weder Werner Triebel noch die anderen Autoren oder der Thüringer Fußball-Verband als Herausgeber Anspruch auf Vollständigkeit erheben. Und sie können auch keine Garantie übernehmen für alle Daten und Zahlen. Beispielsweise sind besonders im umfangreichen Tabellenteil, zumindest für die Zeit von 1919 bis 1945, Ungenauigkeiten durchaus möglich. Besonders aus den ersten Jahrzehnten des Fußballs und aus den Jahren des Zweiten Weltkrieges sind nicht alle Ergebnisse präzise übermittelt oder fehlen ganz und gar. Diese oder jene Tabelle enthält Fehler, wenn genau nachgerechnet wird. So manches Spielresultat ist unterschiedlich registriert worden. Es machte großes Kopfzerbrechen, herauszufinden, welches nun das richtige war. Sehr oft waren Punkt- oder Torabzüge nicht mehr nachzuvollziehen. Und es mag auch vorgekommen sein, dass solche Spiele, die für den Auf- oder Abstieg unwichtig waren, gegen Ende der Serien überhaupt nicht mehr ausgetragen wurden und die entsprechenden Tabellen deshalb Lücken aufweisen. So mancher Vereinsname ist von Spieljahr zu Spieljahr unterschiedlich geschrieben worden oder wurde unrichtig abgekürzt. Das ergab immer wieder zusätzliche Schwierigkeiten, herauszufinden, um welchen Verein es sich in Wirklichkeit handelte.

Trotz alledem haben Werner Triebel und die anderen Autoren versucht, über den Fußball der Vergangenheit in Thüringen so viel Material wie möglich zu sammeln, aufzubereiten und in dieser Chronik zu verarbeiten. Die größte Mühe bereitete dabei, das statistische Zahlenmaterial der Wettspiele, besonders für die Zeit von 1900 bis 1945, zusammenzustellen. Es blieben dennoch große Lücken. So fehlen bisher alle Tabellen für die Zeit von 1901 bis 1918 und viele Tabellen für die Zeit von 1939 bis 1945. Sie sind noch zu erforschen. Natürlich kann ein Buch wie dieses - mit dem immerhin beträchtlichen Umfang von fast 190 Seiten - nicht das komplette Fußballgeschehen von zehn Jahrzehnten wiedergeben. 100 Jahre Fußball in Thüringen, davon zehn Jahre Thüringer Fußball-Verband - hunderttausende Seiten müssten geschrieben werden, um über alles - von den höchsten bis zu den niedrigsten Spielklassen - zu berichten. Denn die Geschichte des Fußballs im grünen Herzen Deutschlands hat unzählige Kapitel, schöne, weniger schöne und leider auch traurige.

Sollte es Ihnen, liebe Leserin, lieber Leser, möglich sein, die eine oder andere Lücke in dieser Geschichte schließen zu helfen, dann lassen Sie uns das wissen. Das gilt auch für eventuelle Fehler, die Sie beim Lesen des Buches entdecken sollten. Die Autoren und der Thüringer Fußball-Verband als Herausgeber dieses ersten Thüringer Fußballbuches sind dankbar für jede Hilfe, das vorhandene, leider längst nicht vollständige Archivmaterial zum Thüringer Fußball zu verbessern und zu ergänzen. Und sollte dieses Buch den Anklang finden, den sich Autoren und TFV wünschen, dann werden solche Hinweise und Ergänzungen in einer Nachauflage berücksichtigt.

100 Jahre Fußball in Thüringen - ein Stück aufgeschriebener Sportgeschichte liegt nun vor. Sie begann mit jener Zeit, da unser „König Fußball" noch als „Fusslümmelei" bezeichnet wurde, mit den Gründerjahren. Setzte sich fort mit dem stetigen Wachstum dieses Sports. Es gab Höhen und Tiefen, Erfolge und Debakel. Bekannte Namen, Vereine, Spieler, Trainer, Schiedsrichter prägten diese 100 Jahre. All das, viele Fakten und Zahlen sind in diesem Buch zusammengefasst.